Kreditwesengesetz

3. Auflage 2018

Impressum

© MGJV-Verlag, Hans-Much-Weg 14, 20249 Hamburg, Telefon: 040/ 32030589; Bitte wenden Sie sich mit Ihren Anliegen auch auf elektronischem Wege an uns: MGJV.Verlag@gmail.com

Inhaltliche Verantwortung und Aktualität: Redaktion MGJV

Satz, Druck und Bindung: Externe Dienstleister; alle Rechte MGJV-Verlag

Umschlaggestaltung: Gustav Broedecker. Alle Rechte MGJV-Verlag

Wir sind bemüht, ein ansprechendes Produkt zu gestalten, dass angemessenen Ansprüchen an das Preis/Leistungsverhältnis und vernünftigen Qualitätserwartungen gerecht wird. Konstruktive Anregungen nutzen wir gerne, um künftige Auflagen zu ergänzen und anzupassen.

- - - - -

Über eine Bewertung bei Amazon oder anderen Distributoren freut sich die Redaktion. Mit Kritik und Verbesserungsvorschlägen für künftige Ausgaben wenden Sie sich auch gerne an MGJV.Verlag@gmail.com

Vielen Dank, Ihre Redaktion MGJV

Inhaltsverzeichnis

Gesetz über das Kreditwesen
Kreditwesengesetz – KWG

KWG

Ausfertigungsdatum: 10.07.1961

"Kreditwesengesetz in der Fassung der Bekanntmachung vom 9. September 1998 (BGBl. I S. 2776), das zuletzt durch Artikel 14 Absatz 2 des Gesetzes vom 17. Juli 2017 (BGBl. I S. 2446) geändert worden ist". Neugefasst durch Bek. v. 9.9.1998 I 2776; Zuletzt geändert durch Art. 14 Abs. 2 G v. 17.7.2017 I 2446.

Fußnote

(+++ Textnachweis Geltung ab: 1.1.1987 +++)
(+++ Zur Nichtanwendung vgl. § 2 Abs. 9a Satz 1 +++)
(+++ Zur Anwendung vgl. § 64h Abs. 6 u. 7 +++)
(+++ Zur Anwendung vgl. § 64o Abs. 2 u. 3 +++)
(+++ Zur Anwendung vgl. § 64r Abs. 1 bis 18 +++)
(+++ Zur Anwendung vgl. § 64w +++)
(+++ Zur Anwendung vgl. § 71 Abs. 3 u. 4 +++)
(+++ Zur Anwendung d. § 9 vgl. § 5 Abs. 5a u. § 8 KAGB u.
   § 53 Abs. 3 EinSiG +++)
(+++ Zur Anwendung d. § 23 vgl. § 33 KAGB +++)
(+++ Zur Anwendung d. § 23a Abs 1 Satz 2 u. 5 u. Abs. 2 vgl. § 32 KAGB +++)
(+++ Zur Anwendung d. § 24c Abs 4 vgl. § 305 Abs. 6 VAG 2016 +++)
(+++ Zur Anwendung d. § 28 vgl. § 38 Abs. 2 KAGB +++)
(+++ Zur Anwendung d. § 38 vgl. § 39 Abs. 4 KAGB +++)
(+++ Zur Anwendung d. §§ 42 u. 43 vgl. § 3 Abs. 5 KAGB +++)
(+++ Zur Anwendung d. § 45 Abs. 5 vgl. § 41 Satz 4 KAGB +++)
(+++ Zur Anwendung d. § 46b Abs. 1 vgl. § 43 Abs. 1 KAGB +++)
(+++ Zur Anwendung d. § 53 vgl. § 51 Abs. 1 Satz 3 KAGB +++)
(+++ Zur Anwendung d. § 45c vgl. § 88 Abs. 5 SAG +++)
(+++ Zur Anwendung d. § 46 vgl. § 91 Abs. 5 SAG +++)
(+++ Zur Anwendung d. § 46g vgl. § 91 Abs. 5 SAG +++)
(+++ Amtliche Hinweise des Normgebers auf EG-Recht:
   Umsetzung der
   EGRL 27/2009 (CELEX Nr: 32009L0027)
   EGRL 44/2009 (CELEX Nr: 32009L0044)
   EGRL 83/2009 (CELEX Nr: 32009L0083)
   EGRL 111/2009 (CELEX Nr: 32009L0111) vgl. G v. 19.11.2010 I 1592 +++)

Überschrift: Kurzbezeichnung u. Buchstabenabkürzung eingef. durch Art. 6 Nr. 1 G v. 21.6.2002 I 2010 mWv 1.7.2002

Erster Abschnitt
Allgemeine Vorschriften

1.
Kreditinstitute, Finanzdienstleistungsinstitute, Finanzholding-Gesellschaften, gemischte Finanzholding-Gesellschaften und gemischte Holdinggesellschaften sowie Finanzunternehmen

§ 1 Begriffsbestimmungen

(1) Kreditinstitute sind Unternehmen, die Bankgeschäfte gewerbsmäßig oder in einem Umfang betreiben, der einen in kaufmännischer Weise eingerichteten Geschäftsbetrieb erfordert. Bankgeschäfte sind

1.
   die Annahme fremder Gelder als Einlagen oder anderer unbedingt rückzahlbarer Gelder des Publikums, sofern der Rückzahlungsanspruch nicht in Inhaber- oder Orderschuldverschreibungen verbrieft wird, ohne Rücksicht darauf, ob Zinsen vergütet werden (Einlagengeschäft),

1a.
   die in § 1 Abs. 1 Satz 2 des Pfandbriefgesetzes bezeichneten Geschäfte (Pfandbriefgeschäft),

2.
   die Gewährung von Gelddarlehen und Akzeptkrediten (Kreditgeschäft);

3.
   der Ankauf von Wechseln und Schecks (Diskontgeschäft),

4.
   die Anschaffung und die Veräußerung von Finanzinstrumenten im eigenen Namen für fremde Rechnung (Finanzkommissionsgeschäft),

5.
   die Verwahrung und die Verwaltung von Wertpapieren für andere (Depotgeschäft),

6.
   die Tätigkeit als Zentralverwahrer im Sinne des Absatzes 6,

7.
   die Eingehung der Verpflichtung, zuvor veräußerte Darlehensforderungen vor Fälligkeit zurückzuerwerben,

8.
   die Übernahme von Bürgschaften, Garantien und sonstigen Gewährleistungen für andere (Garantiegeschäft),

9.
   die Durchführung des bargeldlosen Scheckeinzugs (Scheckeinzugsgeschäft), des Wechseleinzugs (Wechseleinzugsgeschäft) und die Ausgabe von Reiseschecks (Reisescheckgeschäft),

10.
   die Übernahme von Finanzinstrumenten für eigenes Risiko zur Plazierung oder die Übernahme gleichwertiger Garantien (Emissionsgeschäft),

11.
   (weggefallen)

12.
   die Tätigkeit als zentrale Gegenpartei im Sinne von Absatz 31.

(1a) Finanzdienstleistungsinstitute sind Unternehmen, die Finanzdienstleistungen für andere gewerbsmäßig oder in einem Umfang erbringen, der einen in kaufmännischer Weise eingerichteten Geschäftsbetrieb erfordert, und die keine Kreditinstitute sind. Finanzdienstleistungen sind

1.
   die Vermittlung von Geschäften über die Anschaffung und die Veräußerung von Finanzinstrumenten (Anlagevermittlung),

1a.
   die Abgabe von persönlichen Empfehlungen an Kunden oder deren Vertreter, die sich auf Geschäfte mit bestimmten Finanzinstrumenten beziehen, sofern die Empfehlung auf eine Prüfung der persönlichen Umstände des Anlegers gestützt oder als für ihn geeignet dargestellt wird und nicht ausschließlich über Informationsverbreitungskanäle oder für die Öffentlichkeit bekannt gegeben wird (Anlageberatung),

1b.

der Betrieb eines multilateralen Systems, das die Interessen einer Vielzahl von Personen am Kauf und Verkauf von Finanzinstrumenten innerhalb des Systems und nach festgelegten Bestimmungen in einer Weise zusammenbringt, die zu einem Vertrag über den Kauf dieser Finanzinstrumente führt (Betrieb eines multilateralen Handelssystems),

1c.

das Platzieren von Finanzinstrumenten ohne feste Übernahmeverpflichtung (Platzierungsgeschäft),

1d.

der Betrieb eines multilateralen Systems, bei dem es sich nicht um einen organisierten Markt oder ein multilaterales Handelssystem handelt und das die Interessen einer Vielzahl Dritter am Kauf und Verkauf von Schuldverschreibungen, strukturierten Finanzprodukten, Emissionszertifikaten oder Derivaten innerhalb des Systems auf eine Weise zusammenführt, die zu einem Vertrag über den Kauf dieser Finanzinstrumente führt (Betrieb eines organisierten Handelssystems),

2.

die Anschaffung und die Veräußerung von Finanzinstrumenten im fremden Namen für fremde Rechnung (Abschlußvermittlung),

3.

die Verwaltung einzelner in Finanzinstrumenten angelegter Vermögen für andere mit Entscheidungsspielraum (Finanzportfolioverwaltung),

4.

der Eigenhandel durch das

a)

kontinuierliche Anbieten des An- und Verkaufs von Finanzinstrumenten zu selbst gestellten Preisen für eigene Rechnung unter Einsatz des eigenen Kapitals,

b)

häufige organisierte und systematische Betreiben von Handel für eigene Rechnung in erheblichem Umfang außerhalb eines organisierten Marktes oder eines multilateralen oder organisierten Handelssystems, wenn Kundenaufträge außerhalb eines geregelten Marktes oder eines multilateralen oder organisierten Handelssystems ausgeführt werden, ohne dass ein multilaterales Handelssystem betrieben wird (systematische Internalisierung),

c)

Anschaffen oder Veräußern von Finanzinstrumenten für eigene Rechnung als Dienstleistung für andere oder

d)

Kaufen oder Verkaufen von Finanzinstrumenten für eigene Rechnung als unmittelbarer oder mittelbarer Teilnehmer eines inländischen organisierten Marktes oder eines multilateralen oder organisierten Handelssystems mittels einer hochfrequenten algorithmischen Handelstechnik, die gekennzeichnet ist durch

aa)

eine Infrastruktur zur Minimierung von Netzwerklatenzen und anderen Verzögerungen bei der Orderübertragung (Latenzen), die mindestens eine der folgenden Vorrichtungen für die Eingabe algorithmischer Aufträge aufweist: Kollokation, Proximity Hosting oder direkter elektronischer Hochgeschwindigkeitszugang,

bb)

die Fähigkeit des Systems, einen Auftrag ohne menschliche Intervention im Sinne des Artikels 18 der Delegierten Verordnung (EU) 2017/565 der Kommission vom 25. April 2016 zur Ergänzung der Richtlinie 2014/65/EU des Europäischen Parlaments und des Rates in Bezug auf die organisatorischen Anforderungen an Wertpapierfirmen und die Bedingungen für die Ausübung ihrer Tätigkeit sowie in Bezug auf die Definition bestimmter Begriffe für die Zwecke der genannten Richtlinie (ABl. L 87 vom 31.3.2017, S. 1) in der jeweils geltenden Fassung, einzuleiten, zu erzeugen, weiterzuleiten oder auszuführen und

cc)
ein hohes untertägiges Mitteilungsaufkommen im Sinne des Artikels 19 der Delegierten Verordnung (EU) 2017/565 in Form von Aufträgen, Kursangaben oder Stornierungen

auch ohne dass eine Dienstleistung für andere vorliegt (Hochfrequenzhandel),

5.
die Vermittlung von Einlagengeschäften mit Unternehmen mit Sitz außerhalb des Europäischen Wirtschaftsraums (Drittstaateneinlagenvermittlung),

6.
(weggefallen)

7.
der Handel mit Sorten (Sortengeschäft),

8.
(weggefallen)

9.
der laufende Ankauf von Forderungen auf der Grundlage von Rahmenverträgen mit oder ohne Rückgriff (Factoring),

10.
der Abschluss von Finanzierungsleasingverträgen als Leasinggeber und die Verwaltung von Objektgesellschaften im Sinne des § 2 Absatz 6 Satz 1 Nummer 17 außerhalb der Verwaltung eines Investmentvermögens im Sinne des § 1 Absatz 1 des Kapitalanlagegesetzbuchs (Finanzierungsleasing),

11.
die Anschaffung und die Veräußerung von Finanzinstrumenten außerhalb der Verwaltung eines Investmentvermögens im Sinne des § 1 Absatz 1 des Kapitalanlagegesetzbuchs für eine Gemeinschaft von Anlegern, die natürliche Personen sind, mit Entscheidungsspielraum bei der Auswahl der Finanzinstrumente, sofern dies ein Schwerpunkt des angebotenen Produktes ist und zu dem Zweck erfolgt, dass diese Anleger an der Wertentwicklung der erworbenen Finanzinstrumente teilnehmen (Anlageverwaltung),

12.
die Verwahrung und die Verwaltung von Wertpapieren ausschließlich für alternative Investmentfonds (AIF) im Sinne des § 1 Absatz 3 des Kapitalanlagegesetzbuchs (eingeschränktes Verwahrgeschäft).

Die Anschaffung und die Veräußerung von Finanzinstrumenten für eigene Rechnung, die nicht Eigenhandel im Sinne des § 1 Absatz 1a Satz 2 Nummer 4 ist (Eigengeschäft), gilt als Finanzdienstleistung, wenn das Eigengeschäft von einem Unternehmen betrieben wird, das

1.
dieses Geschäft, ohne bereits aus anderem Grunde Institut zu sein, gewerbsmäßig oder in einem Umfang betreibt, der einen in kaufmännischer Weise eingerichteten Geschäftsbetrieb erfordert, und

2.
einer Instituts-, einer Finanzholding- oder gemischten Finanzholding-Gruppe oder einem Finanzkonglomerat angehört, der oder dem ein CRR-Kreditinstitut angehört.

Ein Unternehmen, das als Finanzdienstleistung geltendes Eigengeschäft nach Satz 3 betreibt, gilt als Finanzdienstleistungsinstitut. Die Sätze 3 und 4 gelten nicht für Abwicklungsanstalten nach § 8a Absatz 1 Satz 1 des Finanzmarktstabilisierungsfondsgesetzes. Ob ein häufiger systematischer Handel im Sinne des Satzes 2 Nummer 4 Buchstabe b vorliegt, bemisst sich nach der Zahl der Geschäfte außerhalb eines Handelsplatzes im Sinne des § 2 Absatz 22 des Wertpapierhandelsgesetzes (OTC-Handel) mit einem Finanzinstrument zur Ausführung von Kundenaufträgen, die für eigene Rechnung durchgeführt werden. Ob ein Handel in erheblichem Umfang im Sinne des Satzes 2 Nummer 4 Buchstabe b vorliegt, bemisst sich entweder nach dem Anteil des OTC-Handels an dem Gesamthandelsvolumen des Unternehmens in einem bestimmten

Finanzinstrument oder nach dem Verhältnis des OTC-Handels des Unternehmens zum Gesamthandelsvolumen in einem bestimmten Finanzinstrument in der Europäischen Union. Die Voraussetzungen der systematischen Internalisierung sind erst dann erfüllt, wenn sowohl die in den Artikeln 12 bis 17 der Delegierten Verordnung (EU) 2017/565 bestimmte Obergrenze für häufige systematischen Handel als auch die in der vorgenannten Delegierten Verordnung bestimmte einschlägige Obergrenze für den Handel in erheblichem Umfang überschritten werden oder wenn ein Unternehmen sich freiwillig den für die systematische Internalisierung geltenden Regelungen unterworfen und einen entsprechenden Erlaubnisantrag bei der Bundesanstalt gestellt hat.

(1b) Institute im Sinne dieses Gesetzes sind Kreditinstitute und Finanzdienstleistungsinstitute.

(2) Geschäftsleiter im Sinne dieses Gesetzes sind diejenigen natürlichen Personen, die nach Gesetz, Satzung oder Gesellschaftsvertrag zur Führung der Geschäfte und zur Vertretung eines Instituts oder eines Unternehmens in der Rechtsform einer juristischen Person oder einer Personenhandelsgesellschaft berufen sind.

(3) Finanzunternehmen sind Unternehmen, die keine Institute und keine Kapitalverwaltungsgesellschaften oder extern verwaltete Investmentgesellschaften sind und deren Haupttätigkeit darin besteht,

1. Beteiligungen zu erwerben und zu halten,

2. Geldforderungen entgeltlich zu erwerben,

3. Leasing-Objektgesellschaft im Sinne des § 2 Abs. 6 Satz 1 Nr. 17 zu sein,

4. (weggefallen)

5. mit Finanzinstrumenten für eigene Rechnung zu handeln,

6. andere bei der Anlage in Finanzinstrumenten zu beraten,

7. Unternehmen über die Kapitalstruktur, die industrielle Strategie und die damit verbundenen Fragen zu beraten sowie bei Zusammenschlüssen und Übernahmen von Unternehmen diese zu beraten und ihnen Dienstleistungen anzubieten oder

8. Darlehen zwischen Kreditinstituten zu vermitteln (Geldmaklergeschäfte).

Das Bundesministerium der Finanzen kann nach Anhörung der Deutschen Bundesbank durch Rechtsverordnung weitere Unternehmen als Finanzunternehmen bezeichnen, deren Haupttätigkeit in einer Tätigkeit besteht, um welche die Liste in Anhang I der Richtlinie 2013/36/EU des Europäischen Parlaments und des Rates vom 26. Juni 2013 über den Zugang zur Tätigkeit von Kreditinstituten und die Beaufsichtigung von Kreditinstituten und Wertpapierfirmen, zur Änderung der Richtlinie 2002/87/EG und zur Aufhebung der Richtlinien 2006/48/EG und 2006/49/EG (ABl. L 176 vom 27.6.2013, S. 338) erweitert wird.

(3a) Datenbereitstellungsdienste im Sinne dieses Gesetzes sind genehmigte Veröffentlichungssysteme, Bereitsteller konsolidierter Datenticker und genehmigte Meldemechanismen im Sinne des § 2 Absatz 37, 38 und 39 des Wertpapierhandelsgesetzes.

(3b) (weggefallen)

(3c) (weggefallen)

(3d) CRR-Kreditinstitute im Sinne dieses Gesetzes sind Kreditinstitute im Sinne des Artikels 4 Absatz 1 Nummer 1 der Verordnung (EU) Nr. 575/2013 des Europäischen Parlaments und des Rates vom 26. Juni 2013 über Aufsichtsanforderungen an Kreditinstitute und Wertpapierfirmen und zur Änderung der Verordnung (EU) Nr. 646/2012 (ABl. L 176 vom 27.6.2013, S. 1). CRR-Wertpapierfirmen im Sinne dieses Gesetzes sind Wertpapierfirmen im Sinne des Artikels 4 Absatz 1 Nummer 2 der Verordnung (EU) Nr. 575/2013. CRR-Institute im Sinne dieses Gesetzes sind CRR-Kreditinstitute und CRR-Wertpapierfirmen. Wertpapierhandelsunternehmen sind Institute, die keine CRR-Kreditinstitute sind und die Bankgeschäfte im Sinne des Absatzes 1 Satz 2 Nr. 4 oder 10 betreiben oder Finanzdienstleistungen im Sinne des Absatzes 1a Satz 2 Nr. 1 bis 4 erbringen, es sei denn, die Bankgeschäfte oder Finanzdienstleistungen beschränken sich auf Devisen oder Rechnungseinheiten. Wertpapierhandelsbanken sind Kreditinstitute, die keine CRR-Kreditinstitute sind und die Bankgeschäfte im Sinne des Absatzes 1 Satz 2 Nr. 4 oder 10 betreiben oder Finanzdienstleistungen im Sinne des Absatzes 1a Satz 2 Nr. 1 bis 4 erbringen. E-Geld-Institute sind Unternehmen im Sinne des § 1 Absatz 2 Satz 1 Nummer 1 des Zahlungsdiensteaufsichtsgesetzes.

(3e) Wertpapier- oder Terminbörsen im Sinne dieses Gesetzes sind Wertpapier- oder Terminmärkte, die von den zuständigen staatlichen Stellen geregelt und überwacht werden, regelmäßig stattfinden und für das Publikum unmittelbar oder mittelbar zugänglich sind, einschließlich

1.

ihrer Betreiber, wenn deren Haupttätigkeit im Betreiben von Wertpapier- oder Terminmärkten besteht, und

2.

ihrer Systeme zur Sicherung der Erfüllung der Geschäfte an diesen Märkten (Clearingstellen), die von den zuständigen staatlichen Stellen geregelt und überwacht werden.

(4) Herkunftsstaat ist der Staat, in dem die Hauptniederlassung eines Instituts zugelassen ist.

(5) Als Aufsichtsbehörde im Sinne dieses Gesetzes gilt

1.

die Europäische Zentralbank, soweit sie in Ausübung ihrer gemäß Artikel 4 Absatz 1 Buchstabe a bis i und Artikel 4 Absatz 2 der Verordnung (EU) Nr. 1024/2013 des Rates vom 15. Oktober 2013 zur Übertragung besonderer Aufgaben im Zusammenhang mit der Aufsicht über Kreditinstitute auf die Europäische Zentralbank (ABl. L 287 vom 29.10.2013, S. 63) übertragenen Aufgaben handelt und diese Aufgaben nicht gemäß Artikel 6 Absatz 6 dieser Verordnung durch die Bundesanstalt für Finanzdienstleistungsaufsicht (Bundesanstalt) wahrgenommen werden,

2.

die Bundesanstalt, soweit nicht die Europäische Zentralbank nach Nummer 1 als Aufsichtsbehörde im Sinne dieses Gesetzes gilt.

(5a) Der Europäische Wirtschaftsraum im Sinne dieses Gesetzes umfaßt die Mitgliedstaaten der Europäischen Union sowie die anderen Vertragsstaaten des Abkommens über den Europäischen Wirtschaftsraum. Drittstaaten im Sinne dieses Gesetzes sind alle anderen Staaten.

(5b) (weggefallen)

(6) Ein Zentralverwahrer im Sinne dieses Gesetzes ist ein Unternehmen im Sinne des Artikels 2 Absatz 1 Nummer 1 der Verordnung (EU) Nr. 909/2014 des Europäischen Parlaments und des Rates vom 23. Juli 2014 zur Verbesserung der Wertpapierlieferungen und -abrechnungen in der Europäischen Union und über Zentralverwahrer sowie zur Änderung der Richtlinien 98/26/EG und 2014/65/EU und der Verordnung (EU) Nr. 236/2012 (ABl. L 257 vom 28.8.2014, S. 1).

(7) Schwesterunternehmen sind Unternehmen, die ein gemeinsames Mutterunternehmen haben.

(7a) (weggefallen)

(7b) (weggefallen)

(7c) (weggefallen)

(7d) (weggefallen)

(7e) (weggefallen)

(7f) (weggefallen)

(8) (weggefallen)

(9) Eine bedeutende Beteiligung im Sinne dieses Gesetzes ist eine qualifizierte Beteiligung gemäß Artikel 4 Absatz 1 Nummer 36 der Verordnung (EU) Nr. 575/2013 in der jeweils geltenden Fassung. Für die Berechnung des Anteils der Stimmrechte gelten § 33 Absatz 1 in Verbindung mit einer Rechtsverordnung nach Absatz 3, § 34 Absatz 1 und 2, § 35 Absatz 1 bis 3 in Verbindung mit einer Rechtsverordnung nach Absatz 6 und § 36 des Wertpapierhandelsgesetzes entsprechend.

Unberücksichtigt bleiben die Stimmrechte oder Kapitalanteile, die Institute im Rahmen des Emissionsgeschäfts nach Absatz 1 Satz 2 Nummer 10 halten, vorausgesetzt, diese Rechte werden nicht ausgeübt oder anderweitig benutzt, um in die Geschäftsführung des Emittenten einzugreifen, und sie werden innerhalb eines Jahres nach dem Zeitpunkt des Erwerbs veräußert.

(10) (weggefallen)

(11) Finanzinstrumente im Sinne der Absätze 1 bis 3 und 17 sowie im Sinne des § 2 Absatz 1 und 6 sind

1.
   Aktien und andere Anteile an in- oder ausländischen juristischen Personen, Personengesellschaften und sonstigen Unternehmen, soweit sie Aktien vergleichbar sind, sowie Hinterlegungsscheine, die Aktien oder Aktien vergleichbare Anteile vertreten,

2.
   Vermögensanlagen im Sinne des § 1 Absatz 2 des Vermögensanlagengesetzes mit Ausnahme von Anteilen an einer Genossenschaft im Sinne des § 1 des Genossenschaftsgesetzes,

3.
   Schuldtitel, insbesondere Genussscheine, Inhaberschuldverschreibungen, Orderschuldverschreibungen und diesen Schuldtiteln vergleichbare Rechte, die ihrer Art nach auf den Kapitalmärkten handelbar sind, mit Ausnahme von Zahlungsinstrumenten, sowie Hinterlegungsscheine, die diese Schuldtitel vertreten,

4.
   sonstige Rechte, die zum Erwerb oder zur Veräußerung von Rechten nach den Nummern 1 und 3 berechtigen oder zu einer Barzahlung führen, die in Abhängigkeit von solchen Rechten, von Währungen, Zinssätzen oder anderen Erträgen, von Waren, Indices oder Messgrößen bestimmt wird,

5.
   Anteile an Investmentvermögen im Sinne des § 1 Absatz 1 des Kapitalanlagegesetzbuchs,

6.
   Geldmarktinstrumente,

7.
   Devisen oder Rechnungseinheiten,

8.
   Derivate sowie

9.
   Berechtigungen, Emissionsreduktionseinheiten und zertifizierte Emissionsreduktionen im Sinne des § 3 Nummer 3, 6 und 16 des Treibhausgas-Emissionshandelsgesetzes, soweit sie im EU-Emissionshandelsregister gehalten werden dürfen (Emissionszertifikate).

Hinterlegungsscheine im Sinne dieses Gesetzes sind Wertpapiere, die auf dem Kapitalmarkt handelbar sind, ein Eigentumsrecht an Wertpapieren von Emittenten mit Sitz im Ausland verbriefen, zum Handel auf einem organisierten Markt zugelassen sind und unabhängig von den Wertpapieren des jeweiligen gebietsfremden Emittenten gehandelt werden können. Geldmarktinstrumente sind Instrumente im Sinne des Artikels 11 der Delegierten Verordnung (EU) 2017/565 mit Ausnahme von Zahlungsinstrumenten. Derivate sind

1.
   als Kauf, Tausch oder anderweitig ausgestaltete Festgeschäfte oder Optionsgeschäfte, die zeitlich verzögert zu erfüllen sind und deren Wert sich unmittelbar oder mittelbar vom Preis oder Maß eines Basiswertes ableitet (Termingeschäfte) mit Bezug auf die folgenden Basiswerte:

   a)
      Wertpapiere oder Geldmarktinstrumente,

   b)
      Devisen, soweit das Geschäft nicht die Voraussetzungen des Artikels 10 der Delegierten Verordnung (EU) 2017/565 erfüllt, oder Rechnungseinheiten,

   c)

17

Zinssätze oder andere Erträge,

d)

Indices der Basiswerte des Buchstaben a, b, c oder f andere Finanzindices oder Finanzmessgrößen,

e)

Derivate oder

f)

Emissionszertifikate;

2.

Termingeschäfte mit Bezug auf Waren, Frachtsätze, Klima- oder andere physikalische Variablen, Inflationsraten oder andere volkswirtschaftliche Variablen oder sonstige Vermögenswerte, Indices oder Messwerte als Basiswerte, sofern sie

a)

durch Barausgleich zu erfüllen sind oder einer Vertragspartei das Recht geben, einen Barausgleich zu verlangen, ohne dass dieses Recht durch Ausfall oder ein anderes Beendigungsereignis begründet ist,

b)

auf einem organisierten Markt oder in einem multilateralen oder organisierten Handelssystem geschlossen werden, soweit es sich nicht um über ein organisiertes Handelssystem gehandelte Energiegroßhandelsprodukte handelt, die effektiv geliefert werden müssen, oder

c)

die Merkmale anderer Derivatekontrakte im Sinne des Artikels 7 der Delegierten Verordnung (EU) 2017/565 aufweisen und nichtkommerziellen Zwecken dienen, und sofern sie keine Kassageschäfte im Sinne des Artikels 7 der Delegierten Verordnung (EU) 2017/565 sind;

3.

finanzielle Differenzgeschäfte;

4.

als Kauf, Tausch oder anderweitig ausgestaltete Festgeschäfte oder Optionsgeschäfte, die zeitlich verzögert zu erfüllen sind und dem Transfer von Kreditrisiken dienen (Kreditderivate);

5.

Termingeschäfte mit Bezug auf die in Artikel 8 der Delegierten Verordnung (EU) 2017/565 genannten Basiswerte, sofern sie die Bedingungen der Nummer 2 erfüllen.

(12) (weggefallen)
(13) (weggefallen)
(14) (weggefallen)
(15) (weggefallen)
(16) Ein System im Sinne von § 24b ist eine schriftliche Vereinbarung nach Artikel 2 Buchstabe a der Richtlinie 98/26/EG des Europäischen Parlaments und des Rates vom 19. Mai 1998 über die Wirksamkeit von Abrechnungen in Zahlungs- sowie Wertpapierliefer- und -abrechnungssystemen (ABl. L 166 vom 11.6.1998, S. 45), die durch die Richtlinie 2009/44/EG (ABl. L 146 vom 10.6.2009, S. 37) geändert worden ist, einschließlich der Vereinbarung zwischen einem Teilnehmer und einem indirekt teilnehmenden Kreditinstitut, die von der Deutschen Bundesbank oder der zuständigen Stelle eines anderen Mitgliedstaats oder Vertragsstaats des Europäischen Wirtschaftsraums der Europäischen Wertpapier- und Marktaufsichtsbehörde gemeldet wurde. Systeme aus Drittstaaten stehen den in Satz 1 genannten Systemen gleich, sofern sie im Wesentlichen den in Artikel 2 Buchstabe a der Richtlinie 98/26/EG angeführten Voraussetzungen entsprechen. System im Sinne des Satzes 1 ist auch ein System, dessen Betreiber eine Vereinbarung mit dem Betreiber eines anderen Systems oder den Betreibern anderer Systeme geschlossen hat, die eine Ausführung von Zahlungs- oder Übertragungsaufträgen zwischen den betroffenen Systemen zum Gegenstand hat (interoperables System); auch die anderen an der Vereinbarung beteiligten Systeme sind interoperable Systeme.
(16a) Systembetreiber im Sinne dieses Gesetzes ist derjenige, der für den Betrieb des Systems rechtlich verantwortlich ist.

(16b) Der Geschäftstag eines Systems umfasst Tag- und Nachtabrechnungen und beinhaltet alle Ereignisse innerhalb des üblichen Geschäftszyklus eines Systems.

(17) Finanzsicherheiten im Sinne dieses Gesetzes sind Barguthaben, Geldbeträge, Wertpapiere, Geldmarktinstrumente sowie Kreditforderungen im Sinne des Artikels 2 Absatz 1 Buchstabe o der Richtlinie 2002/47/EG des Europäischen Parlaments und des Rates vom 6. Juni 2002 über Finanzsicherheiten (ABl. L 168 vom 27.6.2002, S. 43), die durch die Richtlinie 2009/44/EG (ABl. L 146 vom 10.6.2009, S. 37) geändert worden ist, und Geldforderungen aus einer Vereinbarung, auf Grund derer ein Versicherungsunternehmen im Sinne des § 1 Absatz 1 des Versicherungsaufsichtsgesetzes einen Kredit in Form eines Darlehens gewährt hat, jeweils einschließlich jeglicher damit in Zusammenhang stehender Rechte oder Ansprüche, die als Sicherheit in Form eines beschränkten dinglichen Sicherungsrechts oder im Wege der Überweisung oder Vollrechtsübertragung auf Grund einer Vereinbarung zwischen einem Sicherungsnehmer und einem Sicherungsgeber, die einer der in Artikel 1 Abs. 2 Buchstabe a bis e der Richtlinie 2002/47/EG, die durch die Richtlinie 2009/44/EG geändert worden ist, aufgeführten Kategorien angehören, bereitgestellt werden; bei von Versicherungsunternehmen gewährten Kreditforderungen gilt dies nur, wenn der Sicherungsgeber seinen Sitz im Inland hat. Gehört der Sicherungsgeber zu den in Artikel 1 Abs. 2 Buchstabe e der Richtlinie 2002/47/EG genannten Personen oder Gesellschaften, so liegt eine Finanzsicherheit nur vor, wenn die Sicherheit der Besicherung von Verbindlichkeiten aus Verträgen oder aus der Vermittlung von Verträgen über

a)
    die Anschaffung und die Veräußerung von Finanzinstrumenten,

b)
    Pensions-, Darlehens- sowie vergleichbare Geschäfte auf Finanzinstrumente oder

c)
    Darlehen zur Finanzierung des Erwerbs von Finanzinstrumenten

dient. Gehört der Sicherungsgeber zu den in Artikel 1 Abs. 2 Buchstabe e der Richtlinie 2002/47/EG genannten Personen oder Gesellschaften, so sind eigene Anteile des Sicherungsgebers oder Anteile an verbundenen Unternehmen im Sinne von § 290 Abs. 2 des Handelsgesetzbuches keine Finanzsicherheiten; maßgebend ist der Zeitpunkt der Bestellung der Sicherheit. Sicherungsgeber aus Drittstaaten stehen den in Satz 1 genannten Sicherungsgebern gleich, sofern sie im Wesentlichen den in Artikel 1 Abs. 2 Buchstabe a bis e aufgeführten Körperschaften, Finanzinstituten und Einrichtungen entsprechen.

(18) Branchenvorschriften im Sinne dieses Gesetzes sind die Rechtsvorschriften der Europäischen Union im Bereich der Finanzaufsicht, insbesondere die Richtlinien 73/239/EWG, 98/78/EG, 2004/39/EG, 2006/48/EG, 2006/49/EG und 2009/65/EG sowie Anhang V Teil A der Richtlinie 2002/83/EG, die darauf beruhenden inländischen Gesetze, insbesondere dieses Gesetz, das Versicherungsaufsichtsgesetz, das Wertpapierhandelsgesetz, das Kapitalanlagegesetzbuch, das Pfandbriefgesetz, das Gesetz über Bausparkassen, das Geldwäschegesetz einschließlich der dazu ergangenen Rechtsverordnungen sowie der sonstigen im Bereich der Finanzaufsicht erlassenen Rechts- und Verwaltungsvorschriften.

(19) Finanzbranche im Sinne dieses Gesetzes sind folgende Branchen:

1.
    die Banken- und Wertpapierdienstleistungsbranche; dieser gehören Kreditinstitute im Sinne des Absatzes 1, Finanzdienstleistungsinstitute im Sinne des Absatzes 1a, Kapitalverwaltungsgesellschaften im Sinne des § 17 des Kapitalanlagegesetzbuchs, extern verwaltete Investmentgesellschaften im Sinne des § 1 Absatz 13 des Kapitalanlagegesetzbuchs, Finanzunternehmen im Sinne des Absatzes 3, Anbieter von Nebendienstleistungen oder entsprechende Unternehmen mit Sitz im Ausland sowie E-Geld-Institute im Sinne des § 1 Absatz 2 Satz 1 Nummer 1 des Zahlungsdiensteaufsichtsgesetzes sowie Zahlungsinstitute im Sinne des § 1 Absatz 1 Satz 1 Nummer 1 des Zahlungsdiensteaufsichtsgesetzes an;

2.
    die Versicherungsbranche; dieser gehören Erst- und Rückversicherungsunternehmen im Sinne des § 7 Nummer 33 des Versicherungsaufsichtsgesetzes, Versicherungs-

Holdinggesellschaften im Sinne des § 7 Nummer 31 des Versicherungsaufsichtsgesetzes oder entsprechende Unternehmen mit Sitz im Ausland an; zu den Versicherungsunternehmen im Sinne des ersten Halbsatzes gehören weder die Sterbekassen noch die in § 1 Absatz 4 und § 3 des Versicherungsaufsichtsgesetzes genannten Unternehmen und Einrichtungen.

(20) Finanzkonglomerat ist eine Gruppe oder Untergruppe von Unternehmen im Sinne des § 1 Absatz 2 des Finanzkonglomerate-Aufsichtsgesetzes.

(21) (weggefallen)

(22) (weggefallen)

(23) (weggefallen)

(24) Refinanzierungsunternehmen sind Unternehmen, die Gegenstände oder Ansprüche auf deren Übertragung aus ihrem Geschäftsbetrieb an folgende Unternehmen zum Zwecke der eigenen Refinanzierung oder der Refinanzierung des Übertragungsberechtigten veräußern oder für diese treuhänderisch verwalten:

1.
   Zweckgesellschaften,
2.
   Refinanzierungsmittler,
3.
   Kreditinstitute mit Sitz in einem Staat des Europäischen Wirtschaftsraums,
4.
   Versicherungsunternehmen mit Sitz in einem Staat des Europäischen Wirtschaftsraums,
5.
   Pensionsfonds oder Pensionskassen im Sinne des Gesetzes zur Verbesserung der betrieblichen Altersversorgung (Betriebsrentengesetz) oder
6.
   eine in § 2 Absatz 1 Nummer 1, 2 oder 3a genannte Einrichtung.

Unschädlich ist, wenn die Refinanzierungsunternehmen daneben wirtschaftliche Risiken weitergeben, ohne dass damit ein Rechtsübergang einhergeht.

(25) Refinanzierungsmittler sind Kreditinstitute, die von Refinanzierungsunternehmen oder anderen Refinanzierungsmittlern Gegenstände aus dem Geschäftsbetrieb eines Refinanzierungsunternehmens oder Ansprüche auf deren Übertragung erwerben, um diese an Zweckgesellschaften oder Refinanzierungsmittler zu veräußern; unschädlich ist, wenn sie daneben wirtschaftliche Risiken weitergeben, ohne dass damit ein Rechtsübergang einhergeht.

(26) Zweckgesellschaften sind Unternehmen, deren wesentlicher Zweck darin besteht, durch Emission von Finanzinstrumenten oder auf sonstige Weise Gelder aufzunehmen oder andere vermögenswerte Vorteile zu erlangen, um von Refinanzierungsunternehmen oder Refinanzierungsmittlern Gegenstände aus dem Geschäftsbetrieb eines Refinanzierungsunternehmens oder Ansprüche auf deren Übertragung zu erwerben; unschädlich ist, wenn sie daneben wirtschaftliche Risiken übernehmen, ohne dass damit ein Rechtsübergang einhergeht.

(27) Interne Ansätze im Sinne dieses Gesetzes sind die Ansätze nach Artikel 143 Absatz 1, Artikel 221, 225 und 259 Absatz 3, Artikel 283, 312 Absatz 2 und Artikel 363 der Verordnung (EU) Nr. 575/2013 in der jeweils geltenden Fassung.

(28) Hartes Kernkapital im Sinne dieses Gesetzes ist das harte Kernkapital gemäß Artikel 26 der Verordnung (EU) Nr. 575/2013 in der jeweils geltenden Fassung.

(29) Wohnungsunternehmen mit Spareinrichtung im Sinne dieses Gesetzes sind Unternehmen in der Rechtsform der eingetragenen Genossenschaft,

1.
   die keine CRR-Institute oder Finanzdienstleistungsinstitute sind und keine Beteiligung an einem Institut oder Finanzunternehmen besitzen,
2.
   deren Unternehmensgegenstand überwiegend darin besteht, den eigenen Wohnungsbestand zu bewirtschaften,

3.

    die daneben als Bankgeschäft ausschließlich das Einlagengeschäft im Sinne des Absatzes 1 Satz 2 Nummer 1 betreiben, jedoch beschränkt auf

    a)

        die Entgegennahme von Spareinlagen,

    b)

        die Ausgabe von Namensschuldverschreibungen und

    c)

        die Begründung von Bankguthaben mit Zinsansammlung zu Zwecken des § 1 Absatz 1 des Altersvorsorgeverträge-Zertifizierungsgesetzes vom 26. Juni 2001 (BGBl. I S. 1310, 1322) in der jeweils geltenden Fassung, und

4.

    die kein Handelsbuch führen, es sei denn,

    a)

        der Anteil des Handelsbuchs überschreitet in der Regel nicht 5 Prozent der Gesamtsumme der bilanz- und außerbilanzmäßigen Geschäfte,

    b)

        die Gesamtsumme der einzelnen Positionen des Handelsbuchs überschreitet in der Regel nicht den Gegenwert von 15 Millionen Euro und

    c)

        der Anteil des Handelsbuchs überschreitet zu keiner Zeit 6 Prozent der Gesamtsumme der bilanz- und außerbilanzmäßigen Geschäfte und die Gesamtsumme aller Positionen des Handelsbuchs überschreitet zu keiner Zeit den Gegenwert von 20 Millionen Euro.

Spareinlagen im Sinne des Satzes 1 Nummer 3 Buchstabe a sind

1.

    unbefristete Gelder, die

    a)

        durch Ausfertigung einer Urkunde, insbesondere eines Sparbuchs, als Spareinlagen gekennzeichnet sind,

    b)

        nicht für den Zahlungsverkehr bestimmt sind,

    c)

        nicht von Kapitalgesellschaften, Genossenschaften, wirtschaftlichen Vereinen, Personenhandelsgesellschaften oder von Unternehmen mit Sitz im Ausland mit vergleichbarer Rechtsform angenommen werden, es sei denn, diese Unternehmen dienen gemeinnützigen, mildtätigen oder kirchlichen Zwecken oder bei den von diesen Unternehmen angenommenen Geldern handelt es sich um Sicherheiten gemäß § 551 des Bürgerlichen Gesetzbuchs, und

    d)

        eine Kündigungsfrist von mindestens drei Monaten aufweisen;

2.

    Einlagen, deren Sparbedingungen dem Kunden das Recht einräumen, über seine Einlagen mit einer Kündigungsfrist von drei Monaten bis zu einem bestimmten Betrag, der je Sparkonto und Kalendermonat 2 000 Euro nicht überschreiten darf, ohne Kündigung zu verfügen;

3.

    Geldbeträge, die auf Grund von Vermögensbildungsgesetzen geleistet werden.

(30) Das Risiko einer übermäßigen Verschuldung im Sinne dieses Gesetzes ist das Risiko, das aus der Anfälligkeit eines Instituts auf Grund einer Verschuldung oder bedingten Verschuldung erwächst, die unvorhergesehene Korrekturen des Geschäftsplans erforderlich machen könnte, einschließlich einer durch eine Notlage erzwungenen Veräußerung von Bilanzaktiva, die zu Verlusten oder zu Bewertungsanpassungen für die verbleibenden Bilanzaktiva führen könnte.

(31) Eine zentrale Gegenpartei ist ein Unternehmen im Sinne des Artikels 2 Nummer 1 der Verordnung (EU) Nr. 648/2012 des Europäischen Parlaments und des Rates vom 4. Juli 2012 über

OTC-Derivate, zentrale Gegenparteien und Transaktionsregister (ABl. L 201 vom 27.7.2012, S. 1) in der jeweils geltenden Fassung.

(32) Terrorismusfinanzierung im Sinne dieses Gesetzes ist

1.

    die Bereitstellung oder Sammlung finanzieller Mittel in Kenntnis dessen, dass sie ganz oder teilweise dazu verwendet werden oder verwendet werden sollen,

    a)

        eine Tat nach § 129a, auch in Verbindung mit § 129b des Strafgesetzbuchs, oder

    b)

        eine andere der in Artikel 1 bis 3 des Rahmenbeschlusses 2002/475/JI des Rates vom 13. Juni 2002 zur Terrorismusbekämpfung (ABl. EG Nr. L 164 S. 3) umschriebenen Straftaten

    zu begehen oder zu einer solchen Tat anzustiften oder Beihilfe zu leisten sowie

2.

    die Begehung einer Tat nach § 89c des Strafgesetzbuchs oder die Teilnahme an einer solchen Tat.

(33) Systemisches Risiko ist das Risiko einer Störung im Finanzsystem, die schwerwiegende negative Auswirkungen für das Finanzsystem und die Realwirtschaft haben kann.

(34) Modellrisiko ist der mögliche Verlust, den ein Institut als Folge von im Wesentlichen auf der Grundlage von Ergebnissen interner Modelle getroffenen Entscheidungen erleiden kann, die in der Entwicklung, Umsetzung oder Anwendung fehlerhaft sind.

(35) Im Übrigen gelten für die Zwecke dieses Gesetzes die Definitionen aus Artikel 4 Absatz 1 Nummer 5, 6, 8, 13 bis 18, 20 bis 22, 29 bis 31, 33, 35, 37, 38, 43, 44, 48, 51, 54, 57, 61, 67, 73, 74, 82 und 86 der Verordnung (EU) Nr. 575/2013.

Fußnote

(+++ § 1 Abs. 1a Satz 3 u. 4: Zur Anwendung ab 1.7.2015 vgl. § 64s Abs. 2 Satz 1 +++)

    § 1a Geltung der Verordnungen (EU) Nr. 575/2013 und (EG) Nr. 1060/2009 für Kredit- und Finanzdienstleistungsinstitute

(1) Für Kreditinstitute, die keine

1.

    CRR-Institute,

2.

    Kreditinstitute, die ausschließlich über eine Zulassung nach Artikel 16 Absatz 1 der Verordnung (EU) Nr. 909/2014 verfügen, die Tätigkeit als Zentralverwahrer nach Abschnitt A oder nach den Abschnitten A und B des Anhangs zur Verordnung (EU) Nr. 909/2014 auszuüben,

3.

    Wohnungsunternehmen mit Spareinrichtung

sind, gelten vorbehaltlich des § 2 Absatz 8a, 9 bis 9c und 9f die Vorgaben der Verordnung (EU) Nr. 575/2013 und der auf ihrer Grundlage erlassenen Rechtsakte, die Bestimmungen dieses Gesetzes, die auf Vorgaben der Verordnung (EU) Nr. 575/2013 verweisen, sowie die in Ergänzung der Verordnung (EU) Nr. 575/2013 erlassenen Rechtsverordnungen nach § 10 Absatz 1 Satz 1 und § 13 Absatz 1 so, als seien diese Kreditinstitute CRR-Kreditinstitute.

(2) Für Finanzdienstleistungsinstitute, die keine CRR-Institute sind, gelten vorbehaltlich § 2 Absatz 7 bis 9 die Vorgaben der Verordnung (EU) Nr. 575/2013 und der auf ihrer Grundlage erlassenen Rechtsakte, die Bestimmungen dieses Gesetzes, die auf Vorgaben der Verordnung (EU) Nr. 575/2013 verweisen, sowie die in Ergänzung der Verordnung (EU) Nr. 575/2013 erlassenen Rechtsverordnungen nach § 10 Absatz 1 Satz 1 und § 13 Absatz 1 so, als seien diese Finanzdienstleistungsinstitute CRR-Wertpapierfirmen.

(3) Für Kreditinstitute und Finanzdienstleistungsinstitute, die keine CRR-Institute und keine Wohnungsunternehmen mit Spareinrichtung sind, gelten die Vorgaben von Artikel 4 Absatz 1

Unterabsatz 1, Artikel 5a Absatz 1, der Artikel 8b bis 8d der Verordnung (EG) Nr. 1060/2009 des Europäischen Parlaments und des Rates vom 16. September 2009 über Ratingagenturen (ABl. L 302 vom 17.11.2009, S. 1), die zuletzt durch die Verordnung (EU) Nr. 462/2013 (ABl. L 146 vom 31.5.2013, S. 1) geändert worden ist, und die auf ihrer Grundlage erlassenen Rechtsakte so, als seien diese Kreditinstitute und Finanzdienstleistungsinstitute CRR-Institute.

§ 1b (weggefallen)

§ 2 Ausnahmen

(1) Als Kreditinstitut gelten vorbehaltlich der Absätze 2 und 3 nicht

1.
  die Deutsche Bundesbank und die vergleichbaren Institutionen in den anderen Mitgliedstaaten der Europäischen Union, sofern sie Mitglieder des Europäischen Systems der Zentralbanken sind;

1a.
  andere Behörden in den anderen Staaten des Europäischen Wirtschaftsraums, soweit sie Zentralbankaufgaben wahrnehmen;

1b.
  von zwei oder mehr Mitgliedstaaten der Europäischen Union gegründete internationale Finanzinstitute, die dem Zweck dienen, Finanzmittel zu mobilisieren und seinen Mitgliedern Finanzhilfen zu gewähren, sofern diese von schwerwiegenden Finanzierungsproblemen betroffen oder bedroht sind;

2.
  die Kreditanstalt für Wiederaufbau;

3.
  die Sozialversicherungsträger und die Bundesagentur für Arbeit;

3a.
  die öffentliche Schuldenverwaltung des Bundes, eines seiner Sondervermögen, eines Landes oder eines anderen Staates des Europäischen Wirtschaftsraums und deren Zentralbanken, sofern diese nicht fremde Gelder als Einlagen oder andere rückzahlbare Gelder des Publikums annimmt oder das Kreditgeschäft betreibt;

3b.
  Kapitalverwaltungsgesellschaften und extern verwaltete Investmentgesellschaften, sofern sie als Bankgeschäfte nur die kollektive Vermögensverwaltung, gegebenenfalls einschließlich der Gewährung von Gelddarlehen, oder daneben ausschließlich die in § 20 Absatz 2 und 3 des Kapitalanlagegesetzbuchs aufgeführten Dienstleistungen oder Nebendienstleistungen betreiben;

3c.
  EU-Verwaltungsgesellschaften und, unter der Voraussetzung, dass der Vertrieb der betreffenden Investmentvermögen im Inland nach dem Kapitalanlagegesetzbuch auf der Basis einer Vertriebsanzeige zulässig ist, ausländische AIF-Verwaltungsgesellschaften, sofern die EU-Verwaltungsgesellschaft oder die ausländische AIF-Verwaltungsgesellschaft als Bankgeschäfte nur die kollektive Vermögensverwaltung, gegebenenfalls einschließlich der Gewährung von Gelddarlehen, oder daneben ausschließlich die in Artikel 6 Absatz 3 der Richtlinie 2009/65/EG oder die in Artikel 6 Absatz 4 der Richtlinie 2011/61/EU aufgeführten Dienstleistungen oder Nebendienstleistungen betreibt; ein Vertrieb von ausländischen AIF oder EU-AIF an professionelle Anleger nach § 330 des Kapitalanlagegesetzbuchs gilt nicht als zulässiger Vertrieb im Sinne dieser Vorschrift;

3d.
  EU-Investmentvermögen und, unter der Voraussetzung, dass der Vertrieb der betreffenden Investmentvermögen im Inland nach dem Kapitalanlagegesetzbuch auf der Basis einer Vertriebsanzeige zulässig ist, ausländische AIF, sofern das EU-Investmentvermögen oder der ausländische AIF als Bankgeschäfte nur die kollektive Vermögensverwaltung, gegebenenfalls einschließlich der Gewährung von Gelddarlehen, oder daneben

ausschließlich die in Artikel 6 Absatz 3 der Richtlinie 2009/65/EG oder die in Artikel 6 Absatz 4 der Richtlinie 2011/61/EU aufgeführten Dienstleistungen oder Nebendienstleistungen betreibt; ein Vertrieb von ausländischen AIF oder EU-AIF an professionelle Anleger nach § 330 des Kapitalanlagegesetzbuchs gilt nicht als zulässiger Vertrieb im Sinne dieser Vorschrift;

4.

private und öffentlich-rechtliche Versicherungsunternehmen;

5.

Unternehmen des Pfandleihgewerbes, soweit sie dieses durch Gewährung von Darlehen gegen Faustpfand betreiben;

6.

Unternehmen, die auf Grund des Gesetzes über Unternehmensbeteiligungsgesellschaften als Unternehmensbeteiligungsgesellschaften anerkannt sind;

6a.

(weggefallen)

7.

Unternehmen, die Bankgeschäfte ausschließlich mit ihrem Mutterunternehmen oder ihren Tochter- oder Schwesterunternehmen betreiben;

8.

(weggefallen)

9.

Unternehmen, die außer dem Finanzkommissionsgeschäft und dem Emissionsgeschäft, jeweils ausschließlich mit Warentermingeschäften, Emissionszertifikaten und Derivaten auf Emissionszertifikate, kein Bankgeschäft betreiben und keinen Eigenhandel im Sinne des § 1 Absatz 1a Satz 2 Nummer 4 Buchstabe c und d erbringen, unter den weiteren Voraussetzungen, dass

a)

das Unternehmen nicht Teil einer Unternehmensgruppe ist, deren Haupttätigkeit in dem Betreiben von Bankgeschäften oder dem Erbringen von Finanzdienstleistungen im Sinne des § 1 Absatz 1a Satz 2 Nummer 1 bis 4 besteht,

b)

das Bankgeschäft des Unternehmens und der Gruppe im Verhältnis zu der sonstigen Tätigkeit des Unternehmens sowie der Gruppe auf individueller und aggregierter Basis eine Nebentätigkeit im Sinne des Artikels 1 der Delegierten Verordnung (EU) 2017/592 der Kommission vom 1. Dezember 2016 zur Ergänzung der Richtlinie 2014/65/EU des Europäischen Parlaments und des Rates durch technische Regulierungsstandards zur Festlegung der Kriterien, nach denen eine Tätigkeit als Nebentätigkeit zur Haupttätigkeit gilt (ABl. L 87 vom 31.3.2017, S. 492) in der jeweils geltenden Fassung, ist,

c)

dieses Nebengeschäft ausschließlich als Dienstleistung für die Kunden oder Zulieferer ihrer Haupttätigkeit betrieben wird und

d)

das Unternehmen die Inanspruchnahme dieser Ausnahme der Bundesanstalt jährlich anzeigt; für Zeitpunkt, Inhalt und Form der Anzeige und gegebenenfalls für die Führung eines öffentlichen Registers können nähere Bestimmungen in der Rechtsverordnung nach § 24 Absatz 4 erlassen werden; insbesondere kann dem Betreiber ein schreibender Zugriff auf die für dieses Unternehmen einzurichtende Seite des Registers eingeräumt und er mit der Verantwortung für die Richtigkeit und Aktualität der Seite belastet werden;

10.

Unternehmen, die das Finanzkommissionsgeschäft ausschließlich als Dienstleistung für Anbieter oder Emittenten von Vermögensanlagen im Sinne des § 1 Absatz 2 des Vermögensanlagengesetzes oder von geschlossenen AIF im Sinne des § 1 Absatz 5 des Kapitalanlagegesetzbuchs betreiben;

11.

Unternehmen, die das Emissionsgeschäft ausschließlich als Übernahme gleichwertiger Garantien im Sinne des § 1 Absatz 1 Satz 2 Nummer 10 für Anbieter oder Emittenten von Vermögensanlagen im Sinne des § 1 Absatz 2 des Vermögensanlagengesetzes oder von geschlossenen AIF im Sinne des § 1 Absatz 5 des Kapitalanlagegesetzbuchs betreiben;

12.

Unternehmen, die das Depotgeschäft im Sinne des § 1 Absatz 1 Satz 2 Nummer 5 ausschließlich für AIF betreiben und damit das eingeschränkte Verwahrgeschäft im Sinne des § 1 Absatz 1a Satz 2 Nummer 12 erbringen;

13.

soweit sie das Finanzkommissionsgeschäft und das Emissionsgeschäft im Sinne des § 1 Absatz 1 Satz 2 Nummer 4 und 10 des Kreditwesengesetzes in Bezug auf Warenderivate betreiben, die mit ihrer jeweiligen Haupttätigkeit in Zusammenhang stehen:

a)

Übertragungsnetzbetreiber im Sinne des Artikels 2 Nummer 4 der Richtlinie 2009/72/EG oder des Artikels 2 Nummer 4 der Richtlinie 2009/73/EG, wenn sie ihre Aufgaben gemäß diesen Richtlinien, der Verordnung (EG) Nr. 714/2009 des Europäischen Parlaments und des Rates vom 13. Juli 2009 über die Netzzugangsbedingungen für den grenzüberschreitenden Stromhandel und zur Aufhebung der Verordnung (EG) Nr. 1228/2003 (ABl. L 211 vom 14.8.2009, S. 15), die zuletzt durch die Verordnung (EU) Nr. 543/2013 (ABl. L 163 vom 15.6.2013, S. 1) geändert worden ist, der Verordnung (EG) Nr. 715/2009 des Europäischen Parlaments und des Rates vom 13. Juli 2009 über die Bedingungen für den Zugang zu den Erdgasfernleitungsnetzen und zur Aufhebung der Verordnung (EG) Nr. 1775/2005 (ABl. L 211 vom 14.8.2009, S. 36; L 229 vom 1.9.2009, S. 29; L 309 vom 24.11.2009, S. 87), die zuletzt durch die Verordnung Nr. 347/2013 (ABl. L 115 vom 25.4.2013, S. 39) geändert worden ist, oder gemäß den nach diesen Verordnungen erlassenen Netzcodes oder Leitlinien wahrnehmen,

b)

Personen, die in ihrem Namen als Dienstleister handeln, um die Aufgaben eines Übertragungsnetzbetreibers gemäß der Verordnung (EG) Nr. 714/2009, der Verordnung (EG) Nr. 715/2009 oder gemäß den nach diesen Verordnungen erlassenen Netzcodes oder Leitlinien wahrzunehmen, sowie

c)

Betreiber oder Verwalter eines Energieausgleichssystems, eines Rohrleitungsnetzes oder eines Systems zum Ausgleich von Energieangebot und -verbrauch;

14.

Zentralverwahrer, die gemäß Artikel 16 der Verordnung (EU) Nr. 909/2014 zugelassen sind, soweit sie das Finanzkommissionsgeschäft und das Emissionsgeschäft im Sinne des § 1 Absatz 1 Satz 2 Nummer 4 und 10 betreiben.

(2) Für die Kreditanstalt für Wiederaufbau gelten die §§ 14, 22a bis 22o, 53b Absatz 7 und die auf Grund von § 46g Absatz 1 Nummer 2 und § 46h getroffenen Regelungen; für die Sozialversicherungsträger, für die Bundesagentur für Arbeit, für Versicherungsunternehmen sowie für Unternehmensbeteiligungsgesellschaften gilt § 14.

(3) Für Unternehmen der in Absatz 1 Nr. 4 bis 6 bezeichneten Art gelten die Vorschriften dieses Gesetzes insoweit, als sie Bankgeschäfte betreiben, die nicht zu den ihnen eigentümlichen Geschäften gehören.

(4) Die Bundesanstalt für Finanzdienstleistungsaufsicht (Bundesanstalt) kann im Einzelfall bestimmen, daß auf ein Institut die §§ 1a, 2c, 10 bis 18, 24, 24a, 25, 25a bis 25e, 26 bis 38, 45, 46 bis 46c und 51 Absatz 1 dieses Gesetzes insgesamt nicht anzuwenden sind, solange das Unternehmen wegen der Art der von ihm betriebenen Geschäfte insoweit nicht der Aufsicht bedarf; auf der Grundlage einer Freistellung nach Halbsatz 1 kann sie auch bestimmen, dass auf das Institut auch § 6a und § 24c nicht anzuwenden sind, solange das Unternehmen wegen der Art der von ihm betriebenen Geschäfte auch insoweit nicht der Aufsicht bedarf. Die Entscheidung ist im Bundesanzeiger bekanntzumachen.

(5) Vorbehaltlich der Regelungen in Titel VIII der Verordnung (EU) Nr. 600/2014 des Europäischen Parlaments und des Rates vom 15. Mai 2014 über Märkte für Finanzinstrumente und zur Änderung der Verordnung (EU) Nr. 648/2012 (ABl. L 173 vom 12.6.2014, S. 84; L 6 vom 10.1.2015, S. 6; L 270 vom 15.10.2015, S. 4), die durch die Verordnung (EU) 2016/1033 (ABl. L 175 vom 30.6.2016, S. 1) geändert worden ist, kann die Bundesanstalt im Einzelfall bestimmen, dass auf ein Institut mit Sitz in einem Drittstaat, das im Inland im Wege des grenzüberschreitenden Dienstleistungsverkehrs gewerbsmäßig oder in einem Umfang, der einen in kaufmännischer Weise eingerichteten Geschäftsbetrieb erfordert, Bankgeschäfte betreiben oder Finanzdienstleistungen erbringen will, die §§ 1a, 2c, 10 bis 18, 24, 24a, 25, 25a bis 25e, 26 bis 38, 45, 46 bis 46c und 51 Absatz 1 insgesamt nicht anzuwenden sind, solange das Institut im Hinblick auf seine im Inland betriebenen Geschäfte wegen seiner Aufsicht durch die im Herkunftsstaat zuständige Behörde insoweit nicht zusätzlich der Aufsicht durch die Bundesanstalt bedarf. Auf Grundlage einer Freistellung nach Satz 1 kann sie auch bestimmen, dass auf das Institut auch § 24c nicht anzuwenden ist. Die Sätze 1 und 2 gelten entsprechend für Institute mit Sitz im Europäischen Wirtschaftsraum, für die der Marktzutritt nicht in § 53b Absatz 1 geregelt ist.

(6) Als Finanzdienstleistungsinstitute gelten nicht

1.

die Deutsche Bundesbank und vergleichbare Institutionen in den anderen Staaten der Europäischen Union, die Mitglieder des Europäischen Systems der Zentralbanken sind;

1a.

von zwei oder mehr Mitgliedstaaten der Europäischen Union gegründete internationale Finanzinstitute, die dem Zweck dienen, Finanzmittel zu mobilisieren und seinen Mitgliedern Finanzhilfen zu gewähren, sofern diese von schwerwiegenden Finanzierungsproblemen betroffen oder bedroht sind;

2.

die Kreditanstalt für Wiederaufbau;

3.

die öffentliche Schuldenverwaltung des Bundes, eines seiner Sondervermögen, eines Landes oder eines anderen Staates des Europäischen Wirtschaftsraums und deren Zentralbanken;

4.

private und öffentlich-rechtliche Versicherungsunternehmen;

5.

Unternehmen, die Finanzdienstleistungen im Sinne des § 1 Absatz 1a Satz 2 ausschließlich für ihre Mutterunternehmen oder ihre Tochter- oder Schwesterunternehmen erbringen;

5a.

Kapitalverwaltungsgesellschaften und extern verwaltete Investmentgesellschaften, sofern sie nur die kollektive Vermögensverwaltung erbringen oder neben der kollektiven Vermögensverwaltung ausschließlich die in § 20 Absatz 2 und 3 des Kapitalanlagegesetzbuchs aufgeführten Dienstleistungen oder Nebendienstleistungen als Finanzdienstleistungen erbringen;

5b.

EU-Verwaltungsgesellschaften und ausländische AIF-Verwaltungsgesellschaften, sofern sie nur die kollektive Vermögensverwaltung erbringen oder neben der kollektiven Vermögensverwaltung ausschließlich die in Artikel 6 Absatz 3 der Richtlinie 2009/65/EG oder die in Artikel 6 Absatz 4 der Richtlinie 2011/61/EU aufgeführten Dienstleistungen oder Nebendienstleistungen als Finanzdienstleistungen erbringen;

6.

Unternehmen, deren Finanzdienstleistung für andere ausschließlich in der Verwaltung eines Systems von Arbeitnehmerbeteiligungen an den eigenen oder an mit ihnen verbundenen Unternehmen besteht;

7.

Unternehmen, die ausschließlich Finanzdienstleistungen im Sinne sowohl der Nummer 5 als auch der Nummer 6 erbringen;

8.

Unternehmen, die als Finanzdienstleistungen für andere ausschließlich die Anlageberatung und die Anlagevermittlung zwischen Kunden und

a)

inländischen Instituten,

b)

Instituten oder Finanzunternehmen mit Sitz in einem anderen Staat des Europäischen Wirtschaftsraums, die die Voraussetzungen nach § 53b Abs. 1 Satz 1 oder Abs. 7 erfüllen,

c)

Unternehmen, die auf Grund einer Rechtsverordnung nach § 53c gleichgestellt oder freigestellt sind,

d)

Kapitalverwaltungsgesellschaften, extern verwalteten Investmentgesellschaften, EU-Verwaltungsgesellschaften oder ausländischen AIF-Verwaltungsgesellschaften oder

e)

Anbietern oder Emittenten von Vermögensanlagen im Sinne des § 1 Absatz 2 des Vermögensanlagengesetzes

betreiben, sofern sich diese Finanzdienstleistungen auf Anteile oder Aktien an inländischen Investmentvermögen, die von einer Kapitalverwaltungsgesellschaft ausgegeben werden, die eine Erlaubnis nach § 7 oder § 97 Absatz 1 des Investmentgesetzes in der bis zum 21. Juli 2013 geltenden Fassung erhalten hat, die für den in § 345 Absatz 2 Satz 1, Absatz 3 Satz 2, in Verbindung mit Absatz 2 Satz 1, oder Absatz 4 Satz 1 des Kapitalanlagegesetzbuchs vorgesehenen Zeitraum noch fortbesteht, oder eine Erlaubnis nach den §§ 20, 21 oder §§ 20, 22 des Kapitalanlagegesetzbuchs erhalten hat oder die von einer EU-Verwaltungsgesellschaft ausgegeben werden, die eine Erlaubnis nach Artikel 6 der Richtlinie 2009/65/EG oder der Richtlinie 2011/61/EU erhalten hat, oder auf Anteile oder Aktien an EU-Investmentvermögen oder ausländischen AIF, die nach dem Kapitalanlagegesetzbuch vertrieben werden dürfen, mit Ausnahme solcher AIF, die nach § 330a Kapitalanlagegesetzbuchs vertrieben werden dürfen, oder auf Vermögensanlagen im Sinne des § 1 Absatz 2 des Vermögensanlagengesetzes, die erstmals öffentlich angeboten werden, beschränken und die Unternehmen nicht befugt sind, sich bei der Erbringung dieser Finanzdienstleistungen Eigentum oder Besitz an Geldern oder Anteilen von Kunden zu verschaffen, es sei denn, das Unternehmen beantragt und erhält eine entsprechende Erlaubnis nach § 32 Abs. 1; Anteile oder Aktien an Hedgefonds im Sinne von § 283 des Kapitalanlagegesetzbuchs gelten nicht als Anteile an Investmentvermögen im Sinne dieser Vorschrift;

9.

(weggefallen)

10.

Angehörige freier Berufe, die Finanzdienstleistungen im Sinne des § 1 Abs. 1a Satz 2 Nr. 1 bis 4 nur gelegentlich im Sinne des Artikels 4 der Delegierten Verordnung (EU) 2017/565 und im Rahmen eines Mandatsverhältnisses als Freiberufler erbringen und einer Berufskammer in der Form der Körperschaft des öffentlichen Rechts angehören, deren Berufsrecht die Erbringung von Finanzdienstleistungen nicht ausschließt;

11.

Unternehmen, die außer Finanzdienstleistungen im Sinne des § 1 Absatz 1a Satz 2 Nummer 1 bis 3 und 4 Buchstabe a und b, jeweils ausschließlich mit Warentermingeschäften, Emissionszertifikaten und mit Derivaten auf Emissionszertifikate, keine Finanzdienstleistungen erbringen, unter den weiteren Voraussetzungen, dass

a)

das Unternehmen nicht Teil einer Unternehmensgruppe ist, die in der Haupttätigkeit Bankgeschäfte betreibt oder Finanzdienstleistungen im Sinne des § 1 Absatz 1a Satz 2 Nummer 1 bis 4 erbringt,

b)

die Finanzdienstleistung des Unternehmens und der Gruppe im Verhältnis zu der sonstigen Tätigkeit des Unternehmens sowie der Gruppe auf individueller und aggregierter Basis eine Nebentätigkeit im Sinne des Artikels 1 der Delegierten Verordnung (EU) 2017/592 ist,

c)

dieses Nebengeschäft, soweit das Unternehmen nicht die Finanzdienstleistung im Sinne des § 1 Absatz 1a Satz 2 Nummer 4 Buchstabe a erbringt, ausschließlich als Dienstleistung für die Kunden oder Zulieferer ihrer Haupttätigkeit betrieben wird und

d)

das Unternehmen die Inanspruchnahme dieser Ausnahme der Bundesanstalt jährlich anzeigt; für Zeitpunkt, Inhalt und Form der Anzeige und gegebenenfalls für die Führung eines öffentlichen Registers können nähere Bestimmungen in der Rechtsverordnung nach § 24 Absatz 4 erlassen werden; insbesondere kann dem Betreiber ein schreibender Zugriff auf die für dieses Unternehmen einzurichtende Seite des Registers eingeräumt und er mit der Verantwortung für die Richtigkeit und Aktualität der Seite belastet werden;

12.

Unternehmen, deren einzige Finanzdienstleistung im Sinne des § 1 Abs. 1a Satz 2 der Handel mit Sorten ist, sofern ihre Haupttätigkeit nicht im Sortengeschäft besteht;

13.

(weggefallen)

14.

(weggefallen)

15.

Unternehmen, die als Finanzdienstleistung im Sinne des § 1 Abs. 1a Satz 2 ausschließlich die Anlageberatung im Rahmen einer anderen beruflichen Tätigkeit erbringen, ohne sich die Anlageberatung besonders vergüten zu lassen;

16.

Betreiber organisierter Märkte, die neben dem Betrieb eines multilateralen oder organisierten Handelssystems keine anderen Finanzdienstleistungen im Sinne des § 1 Abs. 1a Satz 2 erbringen;

17.

Unternehmen, die als einzige Finanzdienstleistung im Sinne des § 1 Abs. 1a Satz 2 das Finanzierungsleasing betreiben, falls sie nur als Leasing-Objektgesellschaft für ein einzelnes Leasingobjekt tätig werden, keine eigenen geschäftspolitischen Entscheidungen treffen und von einem Institut mit Sitz im Europäischen Wirtschaftsraum verwaltet werden, das nach dem Recht des Herkunftsmitgliedstaates zum Betrieb des Finanzierungsleasing zugelassen ist;

18.

Unternehmen, die als Finanzdienstleistung nur die Anlageverwaltung betreiben und deren Mutterunternehmen die Kreditanstalt für Wiederaufbau oder ein Institut im Sinne des Satzes 2 ist. Institut im Sinne des Satzes 1 ist ein Finanzdienstleistungsinstitut, das die Erlaubnis für die Anlageverwaltung hat, oder ein CRR-Institut mit Sitz in einem anderen Staat des Europäischen Wirtschaftsraums im Sinne des § 53b Abs. 1 Satz 1, das in seinem Herkunftsmitgliedstaat über eine Erlaubnis für mit § 1 Abs. 1a Satz 2 Nr. 11 vergleichbare Geschäfte verfügt, oder ein Institut mit Sitz in einem Drittstaat, das für die in § 1 Abs. 1a Satz 2 Nr. 11 genannten Geschäfte nach Absatz 4 von der Erlaubnispflicht nach § 32 freigestellt ist;

19.

Unternehmen, die das Platzierungsgeschäft ausschließlich für Anbieter oder für Emittenten von Vermögensanlagen im Sinne des § 1 Absatz 2 des Vermögensanlagengesetzes oder von geschlossenen AIF im Sinne des § 1 Absatz 5 des Kapitalanlagegesetzbuchs erbringen;

20.

Unternehmen, die außer der Finanzportfolioverwaltung und der Anlageverwaltung keine Finanzdienstleistungen erbringen, sofern die Finanzportfolioverwaltung und

Anlageverwaltung nur auf Vermögensanlagen im Sinne des § 1 Absatz 2 des Vermögensanlagengesetzes oder von geschlossenen AIF im Sinne des § 1 Absatz 5 des Kapitalanlagegesetzbuchs beschränkt erbracht werden;

21.

soweit sie Finanzdienstleistungen im Sinne des § 1 Absatz 1a Satz 2 Nummer 1 bis 4 in Bezug auf Warenderivate erbringen, die mit ihren Haupttätigkeiten in Zusammenhang stehen:

a)

Übertragungsnetzbetreiber im Sinne des Artikels 2 Nummer 4 der Richtlinie 2009/72/EG oder des Artikels 2 Nummer 4 der Richtlinie 2009/73/EG, wenn sie ihre Aufgaben gemäß diesen Richtlinien, der Verordnung (EG) Nr. 714/2009, der Verordnung (EG) Nr. 715/2009 oder den nach diesen Verordnungen erlassenen Netzcodes oder Leitlinien wahrnehmen,

b)

Personen, die in ihrem Namen als Dienstleister handeln, um die Aufgaben eines Übertragungsnetzbetreibers gemäß der Verordnung (EG) Nr. 714/2009, der Verordnung (EG) Nr. 715/2009 oder den nach diesen Verordnungen erlassenen Netzcodes oder Leitlinien wahrnehmen, sowie

c)

Betreiber oder Verwalter eines Energieausgleichssystems, eines Rohrleitungsnetzes oder eines Systems zum Ausgleich von Energieangebot und -verbrauch bei der Wahrnehmung solcher Aufgaben;

22.

Zentralverwahrer, die gemäß Artikel 16 der Verordnung (EU) Nr. 909/2014 zugelassen sind, soweit sie Finanzdienstleistungen im Sinne des § 1 Absatz 1a Satz 2 Nummer 1 bis 4 erbringen.

Für Einrichtungen und Unternehmen im Sinne des Satzes 1 Nr. 3 und 4 gelten die Vorschriften dieses Gesetzes insoweit, als sie Finanzdienstleistungen erbringen, die nicht zu den ihnen eigentümlichen Geschäften gehören.

(7) Auf Finanzdienstleistungsinstitute, die außer der Drittstaateneinlagenvermittlung und dem Sortengeschäft keine weiteren Finanzdienstleistungen im Sinne des § 1 Absatz 1a Satz 2 erbringen, sind die §§ 10, 10c bis 10i, 11 bis 18 und 24 Absatz 1 Nummer 9, 14 bis 14b, die §§ 24a, 25a Absatz 5, die §§ 26a und 33 Absatz 1 Satz 1 Nummer 1 und die §§ 45 und 46 Absatz 1 Satz 2 Nummer 4 bis 6 und die §§ 46b und 46c dieses Gesetzes sowie die Artikel 24 bis 403 und 411 bis 455 der Verordnung (EU) Nr. 575/2013 nicht anzuwenden.

(7a) Auf Unternehmen, die ausschließlich Finanzdienstleistungen nach § 1 Absatz 1a Satz 2 Nummer 9 oder Nummer 10 erbringen, sind die §§ 10, 10c bis 10i, 11 bis 13c, 15 bis 18 und 24 Absatz 1 Nummer 4, 6, 9, 11, 14 bis 14b, 16 und 17, Absatz 1a Nummer 5, die §§ 25, 25a Absatz 5, §§ 26a und 33 Absatz 1 Satz 1 Nummer 1, die §§ 45 und 46 Absatz 1 Satz 2 Nummer 4 bis 6 und die §§ 46b und 46c dieses Gesetzes sowie die Artikel 24 bis 455 und 465 bis 519 der Verordnung (EU) Nr. 575/2013 nicht anzuwenden.

(8) Auf

1.

Anlageberater und Anlagevermittler, die jeweils

a)

nicht befugt sind, sich bei der Erbringung von Finanzdienstleistungen Eigentum oder Besitz an Geldern oder Wertpapieren von Kunden zu verschaffen, und

b)

nicht auf eigene Rechnung mit Finanzinstrumenten handeln, sowie

2.

Unternehmen, die auf Grund der Rückausnahme für die Erbringung grenzüberschreitender Geschäfte in Absatz 1 Nummer 8 oder Absatz 6 Nummer 9 als Institute einzustufen sind,

sind die §§ 10, 10c bis 10i, 11, 13, 14 bis 18, 24 Absatz 1 Nummer 14 bis 14b, 16 und 17, Absatz 1a Nummer 5, § 25a Absatz 2 und 5, die §§ 26a und 45 dieses Gesetzes sowie die Artikel 39, 41, 50 bis 403 und 411 bis 455 der Verordnung (EU) Nr. 575/2013 nicht anzuwenden.

(8a) Die Anforderungen des § 24 Absatz 1 Nummer 14 bis 14b, § 25a Absatz 5, des § 26a und der Artikel 39, 41, 89 bis 386 der Verordnung (EU) Nr. 575/2013 gelten, vorbehaltlich des § 64h Absatz 7, nicht für die Institute, deren Haupttätigkeit ausschließlich im Betreiben von Bankgeschäften oder der Erbringung von Finanzdienstleistungen im Zusammenhang mit Derivaten nach § 1 Absatz 11 Satz 3 Nummer 2, 3 und 5 besteht.

(8b) Auf Finanzportfolioverwalter, Abschlussvermittler und Anlageverwalter, die nicht befugt sind, sich bei der Erbringung von Finanzdienstleistungen Eigentum oder Besitz an Geldern oder Wertpapieren von Kunden zu verschaffen, und die nicht auf eigene Rechnung mit Finanzinstrumenten handeln, ist § 10 Absatz 1, die §§ 10c bis 10i, 11, 13, 24 Absatz 1 Nummer 14 bis 14b und 16, Absatz 1a Nummer 5, § 25a Absatz 2 und 5 und § 26a dieses Gesetzes und die Artikel 41 sowie 89 bis 91, 95 Absatz 1 und 3, die Artikel 96, 98 bis 403 und 411 bis 455 der Verordnung (EU) Nr. 575/2013 nicht anzuwenden.

(9) Die Artikel 387 bis 403 der Verordnung (EU) Nr. 575/2013 sind nicht anzuwenden auf Finanzkommissionäre und Eigenhändler, die für eigene Rechnung ausschließlich zum Zwecke der Erfüllung oder Ausführung eines Kundenauftrags oder des möglichen Zugangs zu einem Abwicklungs- und Verrechnungssystem oder einer anerkannten Börse handeln, sofern sie im eigenen Namen für fremde Rechnung tätig sind oder einen Kundenauftrag ausführen.

(9a) Auf Kreditinstitute, die ausschließlich über eine Erlaubnis verfügen, die Tätigkeit einer zentralen Gegenpartei im Sinne des § 1 Absatz 1 Satz 2 Nummer 12 auszuüben, sind die §§ 2c, 6b, 10, 10c bis 10i, 11, 12a bis 18, 24 Absatz 1 Nummer 6, 10, 14 bis 14b, 16, Absatz 1a Nummer 4 bis 8, die §§ 24a, 24c, 25 Absatz 1 Satz 2, die §§ 25a bis 25e, 26a, 32, 33, 34, 36 Absatz 3 und die §§ 45 bis 45b dieses Gesetzes sowie die Artikel 25 bis 455 der Verordnung (EU) Nr. 575/2013 nicht anzuwenden. § 24 Absatz 1 Nummer 9 gilt mit der Maßgabe, dass das Absinken des Anfangskapitals unter die Mindestanforderungen nach Artikel 16 der Verordnung (EU) Nr. 648/2012 anzuzeigen ist.

(9b) Sofern ein Kreditinstitut sowohl Tätigkeiten im Sinne des § 1 Absatz 1 Satz 2 Nummer 12 ausübt als auch weitere nach diesem Gesetz erlaubnispflichtige Bankgeschäfte betreibt oder Finanzdienstleistungen erbringt, ist auf die Tätigkeit im Sinne des § 1 Absatz 1 Satz 2 Nummer 12 der Absatz 9a anzuwenden; diese Kreditinstitute haben dafür Sorge zu tragen, dass sowohl die Anforderungen nach diesem Gesetz als auch die Anforderungen der Verordnung (EU) Nr. 648/2012 eingehalten werden. Bezüglich der Anforderungen an das Anfangskapital nach § 33 Absatz 1 sowie nach Artikel 16 Absatz 1 der Verordnung (EU) Nr. 648/2012 haben die betroffenen Kreditinstitute die im jeweiligen Einzelfall höheren Anforderungen zu erfüllen. Anzeige- und Informationspflichten, die sowohl nach § 2c Absatz 1 als auch nach Artikel 31 Absatz 2 der Verordnung (EU) Nr. 648/2012 bestehen, können in einer gemeinsamen Anzeige oder Mitteilung zusammengefasst werden.

(9c) Die §§ 10d und 24 Absatz 1 Nummer 16 dieses Gesetzes und die Artikel 411 bis 430 der Verordnung (EU) Nr. 575/2013 sind nicht auf Bürgschaftsbanken im Sinne des § 5 Absatz 1 Nummer 17 des Körperschaftsteuergesetzes anzuwenden.

(9d) Die Artikel 411 bis 428 der Verordnung (EU) Nr. 575/2013 sind nicht auf CRR-Wertpapierfirmen anzuwenden.

(9e) Auf Kreditinstitute, die ausschließlich über eine Zulassung nach Artikel 16 Absatz 1 der Verordnung (EU) Nr. 909/2014 verfügen, die Tätigkeit als Zentralverwahrer nach Abschnitt A oder nach den Abschnitten A und B des Anhangs zur Verordnung (EU) Nr. 909/2014 auszuüben, sind die §§ 2c, 6b Absatz 1 Nummer 1, Absatz 2 und 3, die §§ 10, 10c bis 18, 24 Absatz 1 Nummer 4, 6, 9, 11, 14, 14a, 16 und 17, Absatz 1a Nummer 4 bis 8, Absatz 1b, die §§ 24a, 24c, 25 Absatz 1 Satz 2, die §§ 25a bis 25e, 33 bis 33b, 36 Absatz 3, die §§ 45 bis 45b, 53 und 53a dieses Gesetzes nicht anzuwenden.

(9f) Auf Kreditinstitute, die ausschließlich über eine Zulassung nach Artikel 16 Absatz 1 der Verordnung (EU) Nr. 909/2014 verfügen, die Tätigkeit als Zentralverwahrer nach Abschnitt A oder nach den Abschnitten A und B des Anhangs zur Verordnung (EU) Nr. 909/2014 auszuüben sowie weitere Bankgeschäfte zu betreiben oder Finanzdienstleistungen zu erbringen, die zugleich

Wertpapierdienstleistungen im Sinne des § 2 Absatz 3 des Wertpapierhandelsgesetzes sind, sind die §§ 2c, 24 Absatz 1 Nummer 1 und 2, § 25c Absatz 1, § 33 Absatz 1 Nummer 2 und 4a und § 35 nicht anzuwenden.

(9g) Auf Institute, die nur Bankgeschäfte im Sinne des § 1 Absatz 1 Satz 2 Nummer 4 und 10 betreiben und Finanzdienstleistungen im Sinne des § 1 Absatz 1a Satz 2 Nummer 1 bis 4 in Bezug auf Warentermingeschäfte, Emissionszertifikate und Derivate auf Emissionszertifikate erbringen und die diese Dienstleistungen allein mit dem Ziel der Absicherung der Geschäftsrisiken ihrer Kunden erbringen, sind die §§ 1a, 10, 10c bis 10i, 11 bis 13c, 15 bis 18 und 24 Absatz 1 Nummer 4, 6, 9, 11, 14, 14a, 16 und 17, Absatz 1a Nummer 5, die §§ 24a, 25, 25a Absatz 5, die §§ 26a und 33 Absatz 1 Satz 1 Nummer 1, die §§ 45 und 46 Absatz 1 Satz 2 Nummer 4 bis 6 sowie die §§ 46b und 46c nicht anzuwenden, sofern diese Kunden

1.
    ausschließlich lokale Elektrizitätsunternehmen im Sinne des Artikels 2 Nummer 35 der Richtlinie 2009/72/EG, Erdgasunternehmen im Sinne des Artikels 2 Nummer 1 der Richtlinie 2009/73/EG oder Betreiber im Sinne des Artikels 3 Buchstabe f der Richtlinie 2003/87/EG des Europäischen Parlaments und des Rates vom 13. Oktober 2003 über ein System für den Handel mit Treibhausgasemissionszertifikaten in der Gemeinschaft und zur Änderung der Richtlinie 96/61/EG des Rates (ABl. L 275 vom 25.10.2003, S. 32), die zuletzt durch den Beschluss (EU) 2015/1814 (ABl. L 264 vom 9.10.2015, S. 1) geändert worden ist, sind,

2.
    zusammen 100 Prozent des Kapitals oder der Stimmrechte des Instituts halten und diese gemeinsam kontrollieren und

3.
    nach Absatz 1 Nummer 9 oder Absatz 6 Satz 1 Nummer 11 nicht als Kreditinstitut oder Finanzdienstleistungsinstitut gälten, wenn sie diese Dienstleistungen selbst erbrächten.

(9h) Auf Institute, die nur Bankgeschäfte im Sinne des § 1 Absatz 1 Satz 2 Nummer 4 und 10 betreiben und Finanzdienstleistungen im Sinne des § 1 Absatz 1a Satz 2 Nummer 1 bis 4 in Bezug auf Warentermingeschäfte, Emissionszertifikate und Derivate auf Emissionszertifikate erbringen und die diese Dienstleistungen allein mit dem Ziel der Absicherung der Geschäftsrisiken ihrer Kunden erbringen, sind die §§ 1a, 10, 10c bis 10i, 11 bis 13c, 15 bis 18 und 24 Absatz 1 Nummer 4, 6, 9, 11, 14, 14a, 16 und 17, Absatz 1a Nummer 5, die §§ 24a, 25, 25a Absatz 5, die §§ 26a und 33 Absatz 1 Satz 1 Nummer 1, die §§ 45 und 46 Absatz 1 Satz 2 Nummer 4 bis 6 sowie die §§ 46b und 46c nicht anzuwenden, sofern diese Kunden

1.
    ausschließlich Betreiber im Sinne des Artikels 3 Buchstabe f der Richtlinie 2003/87/EG sind,

2.
    zusammen 100 Prozent des Kapitals oder der Stimmrechte des Instituts halten und diese gemeinsam kontrollieren und

3.
    nach Absatz 1 Nummer 9 oder nach Absatz 6 Satz 1 Nummer 11 nicht als Kreditinstitut oder Finanzdienstleistungsinstitut gälten, wenn sie diese Dienstleistungen selbst erbrächten.

(10) Ein Unternehmen mit Sitz im Inland, das keine Bankgeschäfte im Sinne des § 1 Absatz 1 Satz 2 betreibt und das als Finanzdienstleistungen nur die Anlagevermittlung, die Anlageberatung oder das Platzierungsgeschäft erbringt und dies ausschließlich für Rechnung und unter der Haftung eines CRR-Kreditinstituts oder eines Wertpapierhandelsunternehmens, das seinen Sitz im Inland hat oder nach § 53b Absatz 1 Satz 1 oder Absatz 7 im Inland tätig ist (vertraglich gebundener Vermittler), gilt nicht als Finanzdienstleistungsinstitut, sondern als Finanzunternehmen, wenn das CRR-Institut oder Wertpapierhandelsunternehmen dies der Bundesanstalt zuvor angezeigt hat. Die Tätigkeit des vertraglich gebundenen Vermittlers wird dem haftenden Unternehmen zugerechnet. Ändern sich die von dem haftenden Unternehmen angezeigten Verhältnisse, sind die neuen Verhältnisse unverzüglich der Bundesanstalt anzuzeigen. Für den Inhalt der Anzeigen nach den Sätzen 1 und 3 und die beizufügenden Unterlagen und Nachweise können durch Rechtsverordnung nach § 24 Abs. 4 nähere Bestimmungen getroffen werden. Die Bundesanstalt führt über die ihr angezeigten vertraglich gebundenen Vermittler nach diesem Absatz ein

öffentliches Register im Internet, das das haftende Unternehmen, die vertraglich gebundenen Vermittler, das Datum des Beginns und des Endes der Tätigkeit nach Satz 1 ausweist. Für die Voraussetzungen zur Aufnahme in das Register, den Inhalt und die Führung des Registers können durch Rechtsverordnung nach § 24 Abs. 4 nähere Bestimmungen getroffen werden, insbesondere kann dem haftenden Unternehmen ein schreibender Zugriff auf die für dieses Unternehmen einzurichtende Seite des Registers eingeräumt und ihm die Verantwortlichkeit für die Richtigkeit und Aktualität dieser Seite übertragen werden. Die Bundesanstalt kann einem haftenden Unternehmen, das die Auswahl oder Überwachung seiner vertraglich gebundenen Vermittler nicht ordnungsgemäß durchgeführt hat oder die ihm im Zusammenhang mit der Führung des Registers übertragenen Pflichten verletzt hat, untersagen, vertraglich gebundene Vermittler im Sinne der Sätze 1 und 2 in das Unternehmen einzubinden.

(11) (weggefallen)

(12) Für Betreiber organisierter Märkte mit Sitz im Ausland, die als einzige Finanzdienstleistung ein multilaterales oder organisiertes Handelssystem im Inland betreiben, gelten die Anforderungen der §§ 25a, 25b und 33 Abs. 1 Nr. 1 bis 4 sowie die Anzeigepflichten nach § 2c Abs. 1 und 4 sowie § 24 Abs. 1 Nr. 1, 2 und 11 und Abs. 1a Nr. 2 entsprechend. Die in Satz 1 genannten Anforderungen gelten entsprechend auch für Träger einer inländischen Börse, die außer dem Freiverkehr nach § 48 des Börsengesetzes oder einem organisierten Handelssystem nach § 48b des Börsengesetzes als einzige Finanzdienstleistung ein multilaterales oder organisiertes Handelsystem im Inland betreiben. Es wird vermutet, dass Geschäftsführer einer inländischen Börse und Personen, die die Geschäfte eines ausländischen organisierten Marktes tatsächlich leiten, den Anforderungen nach § 33 Abs. 1 Nr. 2 und 4 genügen. Die Befugnisse der Bundesanstalt nach den §§ 2c und 25a Absatz 2 Satz 1 sowie den §§ 44 bis 46h gelten entsprechend. Die Bundesanstalt kann den in Satz 1 genannten Personen den Betrieb eines multilateralen oder organisierten Handelssystems in den Fällen des § 35 Absatz 2 Nummer 4 und 6 sowie dann untersagen, wenn sie die Anforderungen des § 33 Abs. 1 Satz 1 Nr. 1 bis 4 nicht erfüllen. Die in Satz 1 genannten Personen haben der Bundesanstalt die Aufnahme des Betriebs unverzüglich anzuzeigen.

Fußnote (+++ § 2 Abs. 8a: Gem. § 64h Abs. 7 längstens bis zum 31.12.2014 anzuwenden +++)

§ 2a Ausnahmen für gruppenangehörige Institute und Institute, die institutsbezogenen Sicherungssystemen angehören

(1) Institute können eine Freistellung nach Artikel 7 der Verordnung (EU) Nr. 575/2013 in der jeweils geltenden Fassung bei der Aufsichtsbehörde beantragen. Dem Antrag sind geeignete Unterlagen beizufügen, die nachweisen, dass die Voraussetzungen für eine Freistellung nach Artikel 7 der Verordnung (EU) Nr. 575/2013 vorliegen.

(2) Sofern die Voraussetzungen für eine Freistellung nach Artikel 7 der Verordnung (EU) Nr. 575/2013 vorliegen, kann die Aufsichtsbehörde Institute auf Antrag für das Management von Risiken mit Ausnahme des Liquiditätsrisikos von den Anforderungen gemäß § 25a Absatz 1 Satz 3 Nummer 1, 2 und 3 Buchstabe b und c bezüglich der Risikocontrolling-Funktion freistellen. Dem Antrag sind geeignete Unterlagen beizufügen, die nachweisen, dass die Voraussetzungen nach Satz 1 vorliegen.

(3) Institute können eine Freistellung nach Artikel 8 der Verordnung (EU) Nr. 575/2013 in der jeweils geltenden Fassung bei der Aufsichtsbehörde beantragen. Dem Antrag sind geeignete Unterlagen beizufügen, die nachweisen, dass die Voraussetzungen für eine Freistellung nach Artikel 8 der Verordnung (EU) Nr. 575/2013 vorliegen.

(4) Sofern die Voraussetzungen für eine Freistellung nach Artikel 8 der Verordnung (EU) Nr. 575/2013 vorliegen und eine Freistellung nach Artikel 8 der Verordnung (EU) Nr. 575/2013 gewährt wird, kann die Aufsichtsbehörde Institute auf Antrag für das Management von Liquiditätsrisiken von den Anforderungen gemäß § 25a Absatz 1 Satz 3 Nummer 1, 2 und 3 Buchstabe b und c bezüglich der Risikocontrolling-Funktion freistellen. Dem Antrag sind geeignete Unterlagen beizufügen, die nachweisen, dass die Voraussetzungen nach Satz 1 vorliegen.

(5) Für Institute und übergeordnete Unternehmen, die von der Regelung im Sinne des § 2a Absatz 1, 5 oder 6 in der bis zum 31. Dezember 2013 geltenden Fassung Gebrauch gemacht haben, gilt die Freistellung nach Absatz 1 oder 2 als gewährt.

(6) Die Aufsichtsbehörde kann das Institut oder das übergeordnete Unternehmen auch nach einer nach den Absätzen 1 bis 4 gewährten oder nach einer nach Absatz 5 fortgeltenden Freistellung auffordern, die erforderlichen Nachweise für die Einhaltung der Voraussetzungen vorzulegen. Sie kann sie auch dazu auffordern, Vorkehrungen zu treffen, die geeignet und erforderlich sind, bestehende Mängel zu beseitigen und hierfür eine angemessene Frist bestimmen. Werden die Nachweise nicht oder nicht fristgerecht vorgelegt oder werden die Mängel nicht oder nicht fristgerecht behoben, kann die Aufsichtsbehörde die Freistellung aufheben oder anordnen, dass das Institut die Vorschriften, auf die sich die Freistellung bezog, wieder anzuwenden hat.

§ 2b Rechtsform

(1) Kreditinstitute, die eine Erlaubnis nach § 32 Abs. 1 benötigen, dürfen nicht in der Rechtsform des Einzelkaufmanns betrieben werden.

(2) Bei Wertpapierhandelsunternehmen in der Rechtsform des Einzelkaufmanns oder der Personenhandelsgesellschaft sind die Risikoaktiva des Inhabers oder der persönlich haftenden Gesellschafter in die Beurteilung der Solvenz des Instituts gemäß Artikel 92 der Verordnung (EU) Nr. 575/2013 einzubeziehen; das freie Vermögen des Inhabers oder der Gesellschafter bleibt jedoch bei der Berechnung der Eigenmittel des Instituts unberücksichtigt. Wird ein solches Institut in der Rechtsform eines Einzelkaufmanns betrieben, hat der Inhaber angemessene Vorkehrungen für den Schutz seiner Kunden für den Fall zu treffen, daß auf Grund seines Todes, seiner Geschäftsunfähigkeit oder aus anderen Gründen das Institut seine Geschäftstätigkeit einstellt.

§ 2c Inhaber bedeutender Beteiligungen

(1) Wer beabsichtigt, allein oder im Zusammenwirken mit anderen Personen oder Unternehmen eine bedeutende Beteiligung an einem Institut zu erwerben (interessierter Erwerber), hat dies der Bundesanstalt und der Deutschen Bundesbank nach Maßgabe des Satzes 2 unverzüglich schriftlich anzuzeigen. In der Anzeige hat der interessierte Erwerber die für die Höhe der Beteiligung und die für die Begründung des maßgeblichen Einflusses, die Beurteilung seiner Zuverlässigkeit und die Prüfung der weiteren Untersagungsgründe nach Absatz 1b Satz 1 wesentlichen Tatsachen und Unterlagen, die durch Rechtsverordnung nach § 24 Abs. 4 näher zu bestimmen sind, sowie die Personen oder Unternehmen anzugeben, von denen er die entsprechenden Anteile erwerben will. In der Rechtsverordnung, insbesondere auch als Einzelfallentscheidung oder allgemeine Regelung, vorgesehen werden, dass der interessierte Erwerber die in § 32 Abs. 1 Satz 2 Nr. 6 Buchstabe d und e genannten Unterlagen vorzulegen hat. Ist der interessierte Erwerber eine juristische Person oder Personenhandelsgesellschaft, hat er in der Anzeige die für die Beurteilung der Zuverlässigkeit seiner gesetzlichen oder satzungsmäßigen Vertreter oder persönlich haftenden Gesellschafter wesentlichen Tatsachen anzugeben. Der Inhaber einer bedeutenden Beteiligung hat jeden neu bestellten gesetzlichen oder satzungsmäßigen Vertreter oder neuen persönlich haftenden Gesellschafter mit den für die Beurteilung von dessen Zuverlässigkeit wesentlichen Tatsachen der Bundesanstalt und der Deutschen Bundesbank unverzüglich schriftlich anzuzeigen. Der Inhaber einer bedeutenden Beteiligung hat der Bundesanstalt und der Deutschen Bundesbank ferner unverzüglich schriftlich anzuzeigen, wenn er beabsichtigt, allein oder im Zusammenwirken mit anderen Personen oder Unternehmen den Betrag der bedeutenden Beteiligung so zu erhöhen, dass die Schwellen von 20 vom Hundert, 30 vom Hundert oder 50 vom Hundert der Stimmrechte oder des Kapitals erreicht oder überschritten werden oder dass das Institut unter seine Kontrolle kommt. Die Bundesanstalt hat den Eingang einer vollständigen Anzeige nach Satz 1 oder Satz 6 umgehend, spätestens jedoch innerhalb von zwei Arbeitstagen nach deren Zugang schriftlich gegenüber dem Anzeigepflichtigen zu bestätigen.

(1a) Die Bundesanstalt hat die Anzeige nach Absatz 1 innerhalb von 60 Arbeitstagen ab dem Datum des Schreibens, mit dem sie den Eingang der vollständigen Anzeige schriftlich bestätigt hat, zu beurteilen (Beurteilungszeitraum). In der Bestätigung nach Absatz 1 Satz 7 hat die

Bundesanstalt dem Anzeigepflichtigen den Tag mitzuteilen, an dem der Beurteilungszeitraum endet. Bis spätestens zum 50. Arbeitstag innerhalb des Beurteilungszeitraums kann die Bundesanstalt schriftlich weitere Informationen anfordern, die für den Abschluss der Beurteilung notwendig sind. Die Anforderung ergeht schriftlich unter Angabe der zusätzlich benötigten Informationen. Die Bundesanstalt hat den Eingang der weiteren Informationen umgehend, spätestens jedoch innerhalb von zwei Arbeitstagen nach deren Zugang schriftlich gegenüber dem Anzeigepflichtigen zu bestätigen. Der Beurteilungszeitraum ist vom Zeitpunkt der Anforderung der weiteren Informationen bis zu deren Eingang bei der Bundesanstalt gehemmt. Der Beurteilungszeitraum beträgt im Falle einer Hemmung nach Satz 6 höchstens 80 Arbeitstage. Die Bundesanstalt kann Ergänzungen oder Klarstellungen zu diesen Informationen anfordern; dies führt nicht zu einer erneuten Hemmung des Beurteilungszeitraums. Abweichend von Satz 7 kann der Beurteilungszeitraum im Falle einer Hemmung auf höchstens 90 Arbeitstage ausgedehnt werden, wenn der Anzeigepflichtige

1.

   außerhalb des Europäischen Wirtschaftsraums ansässig ist oder beaufsichtigt wird oder

2.

   eine nicht der Beaufsichtigung nach der Richtlinie 2009/65/EG des Europäischen Parlaments und des Rates vom 13. Juli 2009 zur Koordinierung der Rechts- und Verwaltungsvorschriften betreffend bestimmte Organismen für gemeinsame Anlagen in Wertpapieren (OGAW) (ABl. L 302 vom 17.11.2009, S. 32), der Richtlinie 92/49/EWG des Rates vom 18. Juni 1992 zur Koordinierung der Rechts- und Verwaltungsvorschriften für die Direktversicherung mit Ausnahme der Lebensversicherung, der Richtlinie 2002/83/EG des Europäischen Parlaments und des Rates vom 5. November 2002 über Lebensversicherungen, der Richtlinie 2014/65/EU des Europäischen Parlaments und des Rates vom 15. Mai 2014 über Märkte für Finanzinstrumente sowie zur Änderung der Richtlinien 2002/92/EG und 2011/61/EU (ABl. L 173 vom 12.6.2014, S. 349; L 74 vom 18.3.2015, S. 38; L 188 vom 13.7.2016, S. 28; L 273 vom 8.10.2016, S. 35; L 64 vom 10.3.2017, S. 116), die zuletzt durch die Richtlinie (EU) 2016/1034 (ABl. L 175 vom 30.6.2016, S. 8) geändert worden ist, der Richtlinie 2005/68/EG des Rates vom 16. November 2002 über die Rückversicherung oder der Richtlinie 2013/36/EU unterliegende natürliche Person oder Unternehmen ist.

Soweit es sich bei der Anzeige um den Erwerb einer bedeutenden Beteiligung an einem CRR-Kreditinstitut handelt, legt die Bundesanstalt nach Abschluss ihrer Beurteilung der Europäischen Zentralbank einen Beschlussentwurf gemäß Artikel 15 Absatz 2 der Verordnung (EU) Nr. 1024/2013 vor. Auf diesen Beschlussentwurf der Bundesanstalt ist Absatz 1b entsprechend anzuwenden.

(1b) Die Aufsichtsbehörde kann innerhalb des Beurteilungszeitraums den beabsichtigten Erwerb der bedeutenden Beteiligung oder ihre Erhöhung untersagen, wenn Tatsachen die Annahme rechtfertigen, daß

1.

   der Anzeigepflichtige oder, wenn er eine juristische Person ist, auch ein gesetzlicher oder satzungsmäßiger Vertreter, oder, wenn er eine Personenhandelsgesellschaft ist, auch ein Gesellschafter, nicht zuverlässig ist oder aus anderen Gründen nicht den im Interesse einer soliden und umsichtigen Führung des Instituts zu stellenden Ansprüchen genügt; dies gilt im Zweifel auch dann, wenn Tatsachen die Annahme rechtfertigen, dass er die von ihm aufgebrachten Mittel für den Erwerb der bedeutenden Beteiligung durch eine Handlung erbracht hat, die objektiv einen Straftatbestand erfüllt;

2.

   das Institut nicht in der Lage sein oder bleiben wird, den Aufsichtsanforderungen insbesondere nach der Richtlinie 2013/36/EU, der Verordnung (EU) Nr. 575/2013 in ihrer jeweils geltenden Fassung, der Richtlinie 2014/65/EU, der Richtlinie 2009/110/EG des Europäischen Parlaments und des Rates vom 16. September 2009 über die Aufnahme, Ausübung und Beaufsichtigung der Tätigkeit von E-Geld-Instituten, zur Änderung der Richtlinien 2005/60/EG und 2006/48/EG sowie zur Aufhebung der Richtlinie 2000/46/EG, der Richtlinie (EU) 2015/2366 des Europäischen Parlaments und des Rates vom 25. November

2015 über Zahlungsdienste im Binnenmarkt, zur Änderung der Richtlinien 2002/65/EG, 2009/110/EG und 2013/36/EU und der Verordnung (EU) Nr. 1093/2010 sowie zur Aufhebung der Richtlinie 2007/64/EG (ABl. L 337 vom 23.12.2015, S. 35; L 169 vom 28.6.2016, S. 18), der Richtlinie 2002/87/EG des Europäischen Parlaments und des Rates vom 16. Dezember 2002 über die zusätzliche Beaufsichtigung der Kreditinstitute, Versicherungsunternehmen und Wertpapierfirmen eines Finanzkonglomerats und der Richtlinie 2006/49/EG des Europäischen Parlaments und des Rates vom 14. Juni 2006 über die angemessene Eigenkapitalausstattung von Wertpapierfirmen und Kreditinstituten zu genügen oder das Institut durch die Begründung oder Erhöhung der bedeutenden Beteiligung mit dem Inhaber der bedeutenden Beteiligung in einen Unternehmensverbund eingebunden würde, der durch die Struktur des Beteiligungsgeflechtes oder mangelhafte wirtschaftliche Transparenz eine wirksame Aufsicht über das Institut oder einen wirksamen Austausch von Informationen zwischen den zuständigen Stellen oder die Festlegung der Aufteilung der Zuständigkeiten zwischen diesen beeinträchtigt;

3.

das Institut durch die Begründung oder Erhöhung der bedeutenden Beteiligung Tochterunternehmen eines Instituts mit Sitz in einem Drittstaat würde, das im Staat seines Sitzes oder seiner Hauptverwaltung nicht wirksam beaufsichtigt wird oder dessen zuständige Aufsichtsstelle zu einer befriedigenden Zusammenarbeit mit der Aufsichtsbehörde nicht bereit ist;

4.

der künftige Geschäftsleiter nicht zuverlässig oder nicht fachlich geeignet ist;

5.

im Zusammenhang mit dem beabsichtigten Erwerb oder der Erhöhung der Beteiligung Geldwäsche oder Terrorismusfinanzierung im Sinne des Artikels 1 der Richtlinie 2005/60/EG stattfinden, stattgefunden haben, diese Straftaten versucht wurden oder der Erwerb oder die Erhöhung das Risiko eines solchen Verhaltens erhöhen könnte oder

6.

der Anzeigepflichtige nicht über die notwendige finanzielle Solidität verfügt; dies ist insbesondere dann der Fall, wenn der Anzeigepflichtige auf Grund seiner Kapitalausstattung oder Vermögenssituation nicht den besonderen Anforderungen gerecht werden kann, die von Gesetzes wegen an die Eigenmittel und die Liquidität eines Instituts gestellt werden.
Die Aufsichtsbehörde kann den Erwerb oder die Erhöhung der Beteiligung auch untersagen, wenn die Angaben nach Absatz 1 Satz 2 oder Satz 6 oder die zusätzlich nach Absatz 1a Satz 3 angeforderten Informationen unvollständig oder nicht richtig sind oder nicht den Anforderungen der Rechtsverordnung nach § 24 Abs. 4 entsprechen. Die Aufsichtsbehörde darf weder Vorbedingungen an die Höhe der zu erwerbenden Beteiligung oder der beabsichtigten Erhöhung der Beteiligung stellen noch darf sie bei ihrer Prüfung auf die wirtschaftlichen Bedürfnisse des Marktes abstellen. Entscheidet die Aufsichtsbehörde nach Abschluss der Beurteilung, den Erwerb oder die Erhöhung der Beteiligung zu untersagen, teilt sie dem Anzeigepflichtigen die Entscheidung innerhalb von zwei Arbeitstagen und unter Einhaltung des Beurteilungszeitraums schriftlich unter Angabe der Gründe mit. Bemerkungen und Vorbehalte der für den Anzeigepflichtigen zuständigen Stellen sind in der Entscheidung wiederzugeben; die Untersagung darf nur auf Grund der in den Sätzen 1 und 2 genannten Gründe erfolgen. Wird der Erwerb oder die Erhöhung der Beteiligung nicht innerhalb des Beurteilungszeitraums schriftlich untersagt, kann der Erwerb oder die Erhöhung vollzogen werden; die Rechte der Bundesanstalt nach Absatz 2 bleiben unberührt. Die Aufsichtsbehörde kann eine Frist setzen, nach deren Ablauf ihr der Anzeigepflichtige den Vollzug oder den Nichtvollzug des beabsichtigten Erwerbs oder der Erhöhung anzuzeigen hat. Nach Ablauf der Frist hat der Anzeigepflichtige die Anzeige unverzüglich bei der Bundesanstalt einzureichen.
(2) Die Bundesanstalt kann dem Inhaber einer bedeutenden Beteiligung sowie den von ihm kontrollierten Unternehmen die Ausübung der Stimmrechte untersagen und anordnen, daß über die Anteile nur mit ihrer Zustimmung verfügt werden darf, wenn

1.

die Voraussetzungen für eine Untersagungsverfügung nach Absatz 1b Satz 1 oder Satz 2 vorliegen,

2.

der Inhaber der bedeutenden Beteiligung seiner Pflicht nach Absatz 1 zur vorherigen Unterrichtung der Bundesanstalt und der Deutschen Bundesbank nicht nachgekommen ist und diese Unterrichtung innerhalb einer von ihr gesetzten Frist nicht nachgeholt hat oder

3.

die Beteiligung entgegen einer vollziehbaren Untersagung nach Absatz 1b Satz 1 oder Satz 2 erworben oder erhöht worden ist.

Im Falle einer Untersagung nach Satz 1 bestellt das Gericht am Sitz des Instituts auf Antrag der Bundesanstalt, des Instituts oder eines an ihm Beteiligten einen Treuhänder, auf den es die Ausübung der Stimmrechte überträgt. Der Treuhänder hat bei der Ausübung der Stimmrechte den Interessen einer soliden und umsichtigen Führung des Instituts Rechnung zu tragen. Über die Maßnahmen nach Satz 1 hinaus kann die Bundesanstalt den Treuhänder mit der Veräußerung der Anteile, soweit sie eine bedeutende Beteiligung begründen, beauftragen, wenn der Inhaber der bedeutenden Beteiligung ihr nicht innerhalb einer von ihr bestimmten angemessenen Frist einen zuverlässigen Erwerber nachweist; die Inhaber der Anteile haben bei der Veräußerung in dem erforderlichen Umfang mitzuwirken. Sind die Voraussetzungen des Satzes 1 entfallen, hat die Bundesanstalt den Widerruf der Bestellung des Treuhänders zu beantragen. Der Treuhänder hat Anspruch auf Ersatz angemessener Auslagen und auf Vergütung für seine Tätigkeit. Das Gericht setzt auf Antrag des Treuhänders die Auslagen und die Vergütung fest; die Rechtsbeschwerde gegen die Vergütungsfestsetzung ist ausgeschlossen. Für die Kosten, die durch die Bestellung des Treuhänders entstehen, die diesem zu gewährenden Auslagen sowie die Vergütung haften das Institut und der betroffene Inhaber der bedeutenden Beteiligung als Gesamtschuldner. Die Bundesanstalt schießt die Auslagen und die Vergütung vor.

(3) Wer beabsichtigt, eine bedeutende Beteiligung an einem Institut aufzugeben oder den Betrag seiner bedeutenden Beteiligung unter die Schwellen von 20 vom Hundert, 30 vom Hundert oder 50 vom Hundert der Stimmrechte oder des Kapitals abzusenken oder die Beteiligung so zu verändern, daß das Institut nicht mehr kontrolliertes Unternehmen ist, hat dies der Bundesanstalt und der Deutschen Bundesbank unverzüglich schriftlich anzuzeigen. Dabei ist die beabsichtigte verbleibende Höhe der Beteiligung anzugeben. Die Bundesanstalt kann eine Frist festsetzen, nach deren Ablauf ihr die Person oder Personenhandelsgesellschaft, welche die Anzeige nach Satz 1 erstattet hat, den Vollzug oder den Nichtvollzug der beabsichtigten Absenkung oder Veränderung anzuzeigen hat. Nach Ablauf der Frist hat die Person oder Personenhandelsgesellschaft, welche die Anzeige nach Satz 1 erstattet hat, die Anzeige unverzüglich bei der Bundesanstalt zu erstatten.

(4) Die Aufsichtsbehörde hat den Erwerb einer unmittelbaren oder mittelbaren Beteiligung an einem Institut, durch den das Institut zu einem Tochterunternehmen eines Unternehmens mit Sitz in einem Drittstaat würde, vorläufig zu untersagen oder zu beschränken, wenn ein entsprechender Beschluß der Kommission vorliegt, der nach Artikel 147 Absatz 2 der Richtlinie 2013/36/EU zustande gekommen ist. Die vorläufige Untersagung oder Beschränkung darf drei Monate vom Zeitpunkt des Beschlusses an nicht überschreiten. Beschließt der Rat die Verlängerung der Frist nach Satz 2, hat die Aufsichtsbehörde die Fristverlängerung zu beachten und die vorläufige Untersagung oder Beschränkung entsprechend zu verlängern.

Fußnote(+++ § 2c: Zur Nichtanwendung vgl. § 2 Abs. 9a Satz 1 +++)

§ 2d Leitungsorgane von Finanzholding-Gesellschaften und gemischten Finanzholding-Gesellschaften

(1) Personen, die die Geschäfte einer Finanzholding-Gesellschaft oder einer gemischten Finanzholding-Gesellschaft tatsächlich führen, müssen zuverlässig sein, die zur Führung der Gesellschaft erforderliche fachliche Eignung haben und der Wahrnehmung ihrer Aufgaben ausreichend Zeit widmen.

(2) Bei Finanzholding-Gesellschaften und gemischten Finanzholding-Gesellschaften, die nach § 10a Absatz 2 Satz 2 oder Satz 3 als übergeordnetes Unternehmen bestimmt worden sind, kann

die Bundesanstalt die Abberufung der Personen im Sinne des Absatzes 1 verlangen und ihnen die Ausübung ihrer Tätigkeit untersagen, wenn

1.

    sie die Voraussetzungen nach Absatz 1 nicht erfüllen oder

2.

    sie vorsätzlich oder leichtfertig gegen die Bestimmung dieses Gesetzes, gegen die zur Durchführung dieses Gesetzes erlassenen Verordnungen oder gegen Anordnungen der Bundesanstalt verstoßen haben und trotz Verwarnung durch die Bundesanstalt dieses Verhalten fortsetzen.

Fußnote

§ 2d Abs. 2 Eingangssatz Kursivdruck: IdF d. Art. 1 Nr. 9 Buchst. b G v. 28.8.2013 I 3395 mWv 1.1.2014 (abweichend vom Bundesgesetzblatt wurden an Stelle der Wörter „§ 10a Abs. 3 Satz 6 oder Satz 7 oder § 10a Absatz 3 Satz 6 oder 7" die Wörter „§ 10a Abs. 3 Satz 6 oder Satz 7 oder § 10a Absatz 3a Satz 6 oder 7" ersetzt durch „§ 10a Absatz 2 Satz 2 oder Satz 3")

§ 2e Ausnahmen für gemischte Finanzholding-Gesellschaften

(1) Unterliegt eine gemischte Finanzholding-Gesellschaft, insbesondere im Hinblick auf eine risikobasierte Beaufsichtigung, gleichwertigen Bestimmungen nach Maßgabe der Richtlinie 2006/48/EG, so kann die Bundesanstalt nach Konsultation der für die Beaufsichtigung von Tochterunternehmen zuständigen Stellen auf die gemischte Finanzholding-Gesellschaft nur die einschlägigen Bestimmungen der Richtlinie 2002/87/EG anwenden.
(2) Unterliegt eine gemischte Finanzholding-Gesellschaft, insbesondere im Hinblick auf eine risikobasierte Beaufsichtigung, gleichwertigen Bestimmungen nach Maßgabe der Richtlinie 2006/48/EG und der Richtlinie 2009/138/EG, so kann die Bundesanstalt im Einvernehmen mit der für die Gruppenaufsicht im Versicherungswesen zuständigen Stelle auf die gemischte Finanzholding-Gesellschaft nur die Bestimmungen der Richtlinie 2006/48/EG in Bezug auf die am stärksten vertretene Finanzbranche im Sinne des § 8 Absatz 2 des Finanzkonglomerate-Aufsichtsgesetzes anwenden.

§ 3 Verbotene Geschäfte

(1) Verboten sind

1.

    der Betrieb des Einlagengeschäftes, wenn der Kreis der Einleger überwiegend aus Betriebsangehörigen des Unternehmens besteht (Werksparkassen) und nicht sonstige Bankgeschäfte betrieben werden, die den Umfang dieses Einlagengeschäftes übersteigen;

2.

    die Annahme von Geldbeträgen, wenn der überwiegende Teil der Geldgeber einen Rechtsanspruch darauf hat, daß ihnen aus diesen Geldbeträgen Darlehen gewährt oder Gegenstände auf Kredit verschafft werden (Zwecksparunternehmen); dies gilt nicht für Bausparkassen;

3.

    der Betrieb des Kreditgeschäftes oder des Einlagengeschäftes, wenn es durch Vereinbarung oder geschäftliche Gepflogenheit ausgeschlossen oder erheblich erschwert ist, über den Kreditbetrag oder die Einlagen durch Barabhebung zu verfügen.

(2) CRR-Kreditinstituten und Unternehmen, die einer Institutsgruppe, einer Finanzholding-Gruppe oder einer gemischten Finanzholding-Gruppe angehören, der ein CRR-Kreditinstitut angehört, ist das Betreiben der in Satz 2 genannten Geschäfte nach Ablauf von 12 Monaten nach Überschreiten eines der folgenden Schwellenwerte verboten, wenn

1.

    bei nach internationalen Rechnungslegungsstandards im Sinne des § 315e des Handelsgesetzbuchs bilanzierenden CRR-Kreditinstituten und Institutsgruppen,

Finanzholding-Gruppen oder gemischten Finanzholding-Gruppen, denen ein CRR-Kreditinstitut angehört, die in den Kategorien als zu Handelszwecken und zur Veräußerung verfügbare finanzielle Vermögenswerte eingestuften Positionen im Sinne des Artikels 1 in Verbindung mit Nummer 9 IAS 39 des Anhangs der Verordnung (EG) Nr. 1126/2008 der Europäischen Kommission vom 3. November 2008 in der jeweils geltenden Fassung zum Abschlussstichtag des vorangegangenen Geschäftsjahrs den Wert von 100 Milliarden Euro übersteigen oder, wenn die Bilanzsumme des CRR-Kreditinstituts oder der Institutsgruppe, Finanzholding-Gruppe oder gemischten Finanzholding-Gruppe, der ein CRR-Kreditinstitut angehört, zum Abschlussstichtag der letzten drei Geschäftsjahre jeweils mindestens 90 Milliarden Euro erreicht, 20 Prozent der Bilanzsumme des CRR-Kreditinstituts, der Institutsgruppe, Finanzholding-Gruppe oder gemischten Finanzholding-Gruppe, der ein CRR-Kreditinstitut angehört, des vorausgegangenen Geschäftsjahrs übersteigen, es sei denn, die Geschäfte werden in einem Finanzhandelsinstitut im Sinne des § 25f Absatz 1 betrieben, oder

2.

bei den sonstigen der Rechnungslegung des Handelsgesetzbuchs unterliegenden CRR-Kreditinstituten und Institutsgruppen, Finanzholding-Gruppen oder gemischten Finanzholding-Gruppen, denen ein CRR-Kreditinstitut angehört, die dem Handelsbestand nach § 340e Absatz 3 des Handelsgesetzbuchs und der Liquiditätsreserve nach § 340e Absatz 1 Satz 2 des Handelsgesetzbuchs zuzuordnenden Positionen zum Abschlussstichtag des vorangegangenen Geschäftsjahrs den Wert von 100 Milliarden Euro übersteigen oder, wenn die Bilanzsumme des CRR-Kreditinstituts oder der Institutsgruppe, Finanzholding-Gruppe oder gemischten Finanzholding-Gruppe, der ein CRR-Kreditinstitut angehört, zum Abschlussstichtag der letzten drei Geschäftsjahre jeweils mindestens 90 Milliarden Euro erreicht, 20 Prozent der Bilanzsumme des CRR-Kreditinstituts, der Institutsgruppe, Finanzholding-Gruppe oder gemischten Finanzholding-Gruppe, der ein CRR-Kreditinstitut angehört, des vorausgegangenen Geschäftsjahrs übersteigen, es sei denn, die Geschäfte werden in einem Finanzhandelsinstitut im Sinne des § 25f Absatz 1 betrieben.

Nach Maßgabe von Satz 1 verbotene Geschäfte sind

1.

Eigengeschäfte;

2.

Kredit- und Garantiegeschäfte mit

a)

Hedgefonds im Sinne des § 283 Absatz 1 des Kapitalanlagegesetzbuches oder Dach-Hedgefonds im Sinne des § 225 Absatz 1 des Kapitalanlagegesetzbuches oder, sofern die Geschäfte im Rahmen der Verwaltung eines Hedgefonds oder Dach-Hedgefonds getätigt werden, mit deren Verwaltungsgesellschaften;

b)

EU-AIF oder ausländischen AIF im Sinne des Kapitalanlagegesetzbuches, die im beträchtlichem Umfang Leverage im Sinne des Artikels 111 der Delegierten Verordnung (EU) Nr. 231/2013 der Kommission vom 19. Dezember 2012 zur Ergänzung der Richtlinie 2011/61/EU des Europäischen Parlaments und des Rates im Hinblick auf Ausnahmen, die Bedingungen für die Ausübung der Tätigkeit, Verwahrstellen, Hebelfinanzierung, Transparenz und Beaufsichtigung (ABl. L 83 vom 22.3.2013, S. 1) einsetzen, oder, sofern die Geschäfte im Rahmen der Verwaltung des EU-AIF oder ausländischen AIF getätigt werden, mit deren EU-AIF-Verwaltungsgesellschaften oder ausländischen AIF-Verwaltungsgesellschaften;

3.

der Eigenhandel im Sinne des § 1 Absatz 1a Satz 2 Nummer 4 Buchstabe d mit Ausnahme der Market-Making-Tätigkeiten im Sinne des Artikels 2 Absatz 1 Buchstabe k der Verordnung (EU) Nr. 236/2012 vom 14. März 2012 über Leerverkäufe und bestimmte Aspekte von Credit Default Swaps (ABl. L 86 vom 24.3.2012, S. 1) (Market-Making-Tätigkeiten); die

Ermächtigung der Bundesanstalt zu Einzelfallregelungen nach Absatz 4 Satz 1 bleibt unberührt.

Nicht unter die Geschäfte im Sinne des Satzes 2 fallen:

1.

Geschäfte zur Absicherung von Geschäften mit Kunden außer AIF oder Verwaltungsgesellschaften im Sinne von Satz 2 Nummer 2;

2.

Geschäfte, die der Zins-, Währungs-, Liquiditäts-, und Kreditrisikosteuerung des CRR-Kreditinstituts, der Institutsgruppe, der Finanzholding-Gruppe, der gemischten Finanzholding-Gruppe oder des Verbundes dienen; einen Verbund in diesem Sinne bilden Institute, die demselben institutsbezogenen Sicherungssystem im Sinne des Artikels 113 Nummer 7 Buchstabe c der Verordnung des Europäischen Parlaments und des Rates über Aufsichtsanforderungen an Kreditinstitute und Wertpapierfirmen angehören;

3.

Geschäfte im Dienste des Erwerbs und der Veräußerung langfristig angelegter Beteiligungen sowie Geschäfte, die nicht zu dem Zweck geschlossen werden, bestehende oder erwartete Unterschiede zwischen den Kauf- und Verkaufspreisen oder Schwankungen von Marktkursen, -preisen, -werten oder Zinssätzen kurzfristig zu nutzen, um so Gewinne zu erzielen.

(3) CRR-Kreditinstitute und Unternehmen, die einer Institutsgruppe, einer Finanzholdinggruppe oder einer gemischten Finanzholdinggruppe angehören, der ein CRR-Kreditinstitut angehört, und die einen der Schwellenwerte des § 3 Absatz 2 Satz 1 Nummer 1 oder Nummer 2 überschreiten, haben

1.

binnen sechs Monaten nach dem Überschreiten eines der Schwellenwerte anhand einer Risikoanalyse zu ermitteln, welche ihrer Geschäfte im Sinne des Absatzes 2 Satz 1 verboten sind, und

2.

binnen 12 Monaten nach dem Überschreiten eines der Schwellenwerte die nach Satz 1 Nummer 1 ermittelten bereits betriebenen verbotenen Geschäfte zu beenden oder auf ein Finanzhandelsinstitut zu übertragen.

Die Risikoanalyse nach Satz 1 Nummer 1 hat plausibel, umfassend und nachvollziehbar zu sein und ist schriftlich zu dokumentieren. Die Bundesanstalt kann die Frist nach Satz 1 Nummer 2 im Einzelfall um bis zu 12 Monate verlängern; der Antrag ist zu begründen.

(4) Die Bundesanstalt kann einem CRR-Kreditinstitut oder einem Unternehmen, das einer Institutsgruppe, einer Finanzholding-Gruppe oder einer gemischten Finanzholding-Gruppe angehört, der auch ein CRR-Kreditinstitut angehört, unabhängig davon, ob die Geschäfte nach Absatz 2 den Wert nach Absatz 2 Satz 1 überschreiten, die nachfolgenden Geschäfte verbieten und anordnen, dass die Geschäfte einzustellen oder auf ein Finanzhandelsinstitut im Sinne des § 25f Absatz 1 zu übertragen sind, wenn zu besorgen ist, dass diese Geschäfte, insbesondere gemessen am sonstigen Geschäftsvolumen, am Ertrag oder an der Risikostruktur des CRR-Kreditinstituts oder des Unternehmens, das einer Institutsgruppe, einer Finanzholding-Gruppe oder einer gemischten Finanzholding-Gruppe angehört, der auch ein CRR-Kreditinstitut angehört, die Solvenz des CRR-Kreditinstituts oder des Unternehmens, das einer Institutsgruppe, einer Finanzholding-Gruppe oder einer gemischten Finanzholding-Gruppe angehört, der auch ein CRR-Kreditinstitut angehört, zu gefährden drohen:

1.

Market-Making-Tätigkeiten;

2.

sonstige Geschäfte im Sinne von Absatz 2 Satz 2 oder Geschäfte mit Finanzinstrumenten, die ihrer Art nach in der Risikointensität mit den Geschäften des Absatzes 2 Satz 2 oder des Satzes 1 Nummer 1 vergleichbar sind.

Die Bundesanstalt hat bei Anordnung im Sinne des Satzes 1 dem Institut eine angemessene Frist einzuräumen.

Fußnote(+++ § 3: Zur Anwendung vgl. § 64w +++)
(+++ § 3 Abs. 2 u. 3: Zur Anwendung ab 1.7.2015 vgl. § 64s Abs. 2 Satz 1 +++)
(+++ § 3 Abs. 4: Zur Anwendung ab 1.7.2016 vgl. § 64s Abs. 2 Satz 2 +++)

§ 4 Entscheidung der Bundesanstalt für Finanzdienstleistungsaufsicht

Die Bundesanstalt entscheidet in Zweifelsfällen, ob ein Unternehmen den Vorschriften dieses Gesetzes unterliegt. Ihre Entscheidungen binden die Verwaltungsbehörden.

2.
Bundesanstalt für Finanzdienstleistungsaufsicht

§ 5

(weggefallen)

§ 6 Aufgaben

(1) Die Bundesanstalt übt die Aufsicht über die Institute nach den Vorschriften dieses Gesetzes, den dazu erlassenen Rechtsverordnungen, der Verordnung (EU) Nr. 575/2013 in ihrer jeweils geltenden Fassung und der auf der Grundlage der Verordnung (EU) Nr. 575/2013 und der Richtlinie 2013/36/EU erlassenen Rechtsakte sowie nach den Vorschriften der Verordnung (EU) Nr. 1024/2013 und der Verordnung (EU) Nr. 468/2014 der Europäischen Zentralbank vom 16. April 2014 zur Einrichtung eines Rahmenwerks für die Zusammenarbeit zwischen der Europäischen Zentralbank und den nationalen zuständigen Behörden und den nationalen benannten Behörden innerhalb des einheitlichen Aufsichtsmechanismus (SSM-Rahmenverordnung) (EZB/2014/17) (ABl. L 141 vom 14.5.2014, S. 1) aus. Die Bundesanstalt ist die zuständige Behörde für die Anwendung des Artikels 458 der Verordnung (EU) Nr. 575/2013 sowie die zuständige Behörde nach Artikel 4 Absatz 1 der Richtlinie 2013/36/EU, soweit nicht die Europäische Zentralbank nach der Verordnung (EU) Nr. 1024/2013 als zuständige Behörde gilt. Die Deutsche Bundesbank ist zuständige Stelle nach Artikel 4 Absatz 1 der Richtlinie 2013/36/EU im Rahmen der ihr nach § 7 Absatz 1 auch in Verbindung mit Absatz 1a zugewiesenen Aufgaben, soweit nicht die Europäische Zentralbank nach der Verordnung (EU) Nr. 1024/2013 als zuständige Behörde gilt.
(1a) Die Bundesanstalt übt die Aufsicht über zentrale Gegenparteien zusätzlich auch nach der Verordnung (EU) Nr. 648/2012 sowie den auf ihrer Grundlage erlassenen Rechtsakten aus.
(1b) Für CRR-Institute ist die Bundesanstalt sektoral zuständige Behörde im Sinne des Artikels 25a der Verordnung (EG) Nr. 1060/2009 in der jeweils geltenden Fassung und setzt die Einhaltung der Anforderungen der Verordnung (EG) Nr. 1060/2009 in der jeweils geltenden Fassung durch, soweit nicht § 29 des Wertpapierhandelsgesetzes anzuwenden ist.
(1c) Die Bundesanstalt ist zuständige Behörde im Sinne der Artikel 11, 17 Absatz 1 und des Artikels 55 Absatz 1 der Verordnung (EU) Nr. 909/2014 des Europäischen Parlaments und des Rates vom 23. Juli 2014 zur Verbesserung der Wertpapierlieferungen und -abrechnungen in der Europäischen Union und über Zentralverwahrer sowie zur Änderung der Richtlinien 98/26/EG und 2014/65/EU und der Verordnung (EU) Nr. 236/2012 (ABl. L 257 vom 28.8.2014, S. 1).
(1d) Die Bundesanstalt ist die nach diesem Gesetz zuständige Behörde im Sinne der Verordnung (EU) Nr. 1286/2014 des Europäischen Parlaments und des Rates vom 26. November 2014 über Basisinformationsblätter für verpackte Anlageprodukte für Kleinanleger und Versicherungsanlageprodukte (PRIIP) (ABl. L 352 vom 9.12.2014, S. 1, L 358 vom 13.12.2014, S. 50) in der jeweils geltenden Fassung für Institute, die PRIP im Sinne des Artikels 4 Nummer 1 dieser Verordnung herstellen, verkaufen oder über diese beraten, sofern es sich bei diesen PRIP zugleich um strukturierte Einlagen im Sinne des § 2 Absatz 15 des Wertpapierhandelsgesetzes handelt.

(2) Die Bundesanstalt hat Mißständen im Kredit- und Finanzdienstleistungswesen entgegenzuwirken, welche die Sicherheit der den Instituten anvertrauten Vermögenswerte gefährden, die ordnungsmäßige Durchführung der Bankgeschäfte oder Finanzdienstleistungen beeinträchtigen oder erhebliche Nachteile für die Gesamtwirtschaft herbeiführen können.

(3) Die Bundesanstalt kann im Rahmen der ihr gesetzlich zugewiesenen Aufgaben gegenüber den Instituten und ihren Geschäftsleitern Anordnungen treffen, die geeignet und erforderlich sind, um Verstöße gegen aufsichtsrechtliche Bestimmungen zu verhindern oder zu unterbinden oder um Missstände in einem Institut zu verhindern oder zu beseitigen, welche die Sicherheit der dem Institut anvertrauten Vermögenswerte gefährden können oder die ordnungsgemäße Durchführung der Bankgeschäfte oder Finanzdienstleistungen beeinträchtigen. Die Anordnungsbefugnis nach Satz 1 besteht auch gegenüber Finanzholding-Gesellschaften oder gemischten Finanzholding-Gesellschaften sowie gegenüber den Personen, die die Geschäfte dieser Gesellschaften tatsächlich führen.

(4) Die Bundesanstalt hat bei der Ausübung ihrer Aufgaben in angemessener Weise die möglichen Auswirkungen ihrer Entscheidungen auf die Stabilität des Finanzsystems in den jeweils betroffenen Staaten des Europäischen Wirtschaftsraums zu berücksichtigen.

(5) (weggefallen)

§ 6a Besondere Aufgaben

(1) Liegen Tatsachen vor, die darauf schließen lassen, dass von einem Institut angenommene Einlagen, sonstige dem Institut anvertraute Vermögenswerte oder eine Finanztransaktion der Terrorismusfinanzierung nach § 89c des Strafgesetzbuchs oder der Finanzierung einer terroristischen Vereinigung nach § 129a, auch in Verbindung mit § 129b des Strafgesetzbuchs dienen oder im Falle der Durchführung einer Finanztransaktion dienen würden, kann die Bundesanstalt

1. der Geschäftsführung des Instituts Anweisungen erteilen,

2. dem Institut Verfügungen von einem bei ihm geführten Konto oder Depot untersagen,

3. dem Institut die Durchführung von sonstigen Finanztransaktionen untersagen.

(2) Tatsachen im Sinne des Absatzes 1 liegen in der Regel insbesondere dann vor, wenn es sich bei dem Inhaber eines Kontos oder Depots, dessen Verfügungsberechtigten oder dem Kunden eines Instituts um eine natürliche oder juristische Person oder eine nicht rechtsfähige Personenvereinigung handelt, deren Name in die im Zusammenhang mit der Bekämpfung des Terrorismus angenommene Liste des Rates der Europäischen Union zum Gemeinsamen Standpunkt des Rates 2001/931/GASP vom 27. Dezember 2001 über die Anwendung besonderer Maßnahmen zur Bekämpfung des Terrorismus (ABl. EG Nr. L 344 S. 93) in der jeweils geltenden Fassung aufgenommen wurde.

(3) Die Bundesanstalt kann Vermögenswerte, die einer Anordnung nach Absatz 1 unterliegen, im Einzelfall auf Antrag der betroffenen natürlichen oder juristischen Person oder einer nicht rechtsfähigen Personenvereinigung freigeben, soweit diese der Deckung des notwendigen Lebensunterhalts der Person oder ihrer Familienmitglieder, der Bezahlung von Versorgungsleistungen, Unterhaltsleistungen oder vergleichbaren Zwecken dienen.

(4) Eine Anordnung nach Absatz 1 ist aufzuheben, sobald und soweit der Anordnungsgrund nicht mehr vorliegt.

(5) Gegen eine Anordnung nach Absatz 1 kann das Institut oder ein anderer Beschwerter Widerspruch erheben.

(6) Die Möglichkeit zur Anordnung von Beschränkungen des Kapital- und Zahlungsverkehrs nach § 4 Absatz 1 des Außenwirtschaftsgesetzes bleibt unberührt.

§ 6b Aufsichtliche Überprüfung und Beurteilung

(1) Im Rahmen der Beaufsichtigung beurteilt die Aufsichtsbehörde die Regelungen, Strategien, Verfahren und Prozesse, die ein Institut zur Einhaltung der aufsichtlichen Anforderungen geschaffen hat, und beurteilt

1.

   die Risiken, denen es ausgesetzt ist oder sein könnte, insbesondere auch die Risiken, die unter Berücksichtigung der Art, des Umfangs und der Komplexität der Geschäftstätigkeit eines Instituts bei Stresstests festgestellt wurden, sowie

2.

   die Risiken, die es nach Maßgabe der Ermittlung und Messung des Systemrisikos gemäß Artikel 23 der Verordnung (EU) Nr. 1093/2010 und gegebenenfalls unter Berücksichtigung von Empfehlungen des European Systemic Risk Board (ESRB) für das Finanzsystem darstellt.

Die Bundesanstalt arbeitet hierbei mit der Deutschen Bundesbank nach Maßgabe des § 7 zusammen.

(2) Die Aufsichtsbehörde bewertet anhand der Überprüfung und Beurteilung zusammenfassend und zukunftsgerichtet, ob die von einem Institut geschaffenen Regelungen, Strategien, Verfahren und Prozesse sowie seine Liquiditäts- und Eigenmittelausstattung ein angemessenes und wirksames Risikomanagement und eine solide Risikoabdeckung gewährleisten. Neben Kreditrisiken, Marktrisiken und operationellen Risiken berücksichtigt sie dabei insbesondere

1.

   die Ergebnisse der internen Stresstests eines Instituts, das einen IRB-Ansatz verwendet oder das zur Berechnung der in den Artikeln 362 bis 377 der Verordnung (EU) Nr. 575/2013 in der jeweils geltenden Fassung festgelegten Eigenmittelanforderungen für das Marktrisiko ein internes Modell verwendet;

2.

   die Fähigkeit eines Instituts, auf Grund von gemäß Artikel 105 der Verordnung (EU) Nr. 575/2013 in der jeweils geltenden Fassung vorgenommenen Bewertungskorrekturen seine Positionen des Handelsbuchs unter normalen Marktbedingungen kurzfristig ohne wesentliche Verluste zu veräußern oder abzusichern;

3.

   das Ausmaß, in dem ein Institut Risikokonzentrationen ausgesetzt ist, und deren Steuerung durch das Institut, einschließlich der Erfüllung der aufsichtlichen Anforderungen;

4.

   die Auswirkung von Diversifikationseffekten und auf welche Art und Weise sie in das Risikomesssystem eines Instituts einbezogen werden;

5.

   die Robustheit, Eignung und Art der Anwendung der Grundsätze und Verfahren, die ein Institut für das Management des Risikos eingeführt hat, das trotz des Einsatzes anerkannter Kreditrisikominderungstechniken bei dem Institut verbleibt;

6.

   die Angemessenheit der Eigenmittel, die ein Institut für Verbriefungen hält, für die es als Originator gilt, unter Berücksichtigung der wirtschaftlichen Substanz der Transaktion und des Grads an erreichter Risikoübertragung; die Aufsichtsbehörde überwacht in diesem Zusammenhang, ob ein Institut außervertragliche Unterstützung für eine Transaktion leistet;

7.

   die Liquiditätsrisiken, denen ein Institut ausgesetzt ist, sowie deren Beurteilung und Steuerung einschließlich der Entwicklung von Alternativszenarioanalysen und wirksamer Notfallpläne sowie der Steuerung risikomindernder Faktoren, insbesondere Höhe, Zusammensetzung und Qualität von Liquiditätspuffern;

8.

   die Ergebnisse aufsichtlicher Stresstests nach Absatz 3 oder nach Artikel 32 der Verordnung (EU) Nr. 1093/2010;

9.

die geografische Verteilung der eingegangenen Risiken eines Instituts;

10.

das Geschäftsmodell;

11.

das Zinsänderungsrisiko eines Instituts aus Geschäften, die nicht unter das Handelsbuch fallen;

12.

die Verfahren zur Ermittlung und Sicherstellung der Risikotragfähigkeit eines Instituts nach § 25a;

13.

das Risiko einer übermäßigen Verschuldung eines Instituts, wie es aus den Indikatoren für eine übermäßige Verschuldung hervorgeht, wozu auch die gemäß Artikel 429 der Verordnung (EU) Nr. 575/2013 in der jeweils geltenden Fassung bestimmte Verschuldungsquote zählt; bei der Beurteilung der Angemessenheit der Verschuldungsquote eines Instituts und der vom Institut zur Steuerung des Risikos einer übermäßigen Verschuldung eingeführten Regelungen, Strategien, Verfahren und Mechanismen berücksichtigt die Aufsichtsbehörde das Geschäftsmodell des Instituts;

14.

die Regelungen zur Sicherstellung einer ordnungsgemäßen Geschäftsführung eines Instituts, die Art und Weise ihrer Implementierung und praktischen Durchführung sowie die Fähigkeit der Mitglieder des Leitungsorgans zur Erfüllung ihrer Pflichten;

15.

das nach Absatz 1 Satz 1 Nummer 2 bewertete systemische Risiko eines Instituts.

(3) Die Aufsichtsbehörde kann ein Institut aufsichtlichen Stresstests unterziehen oder, soweit die Bundesanstalt Aufsichtsbehörde ist, die Deutsche Bundesbank hierzu beauftragen. Hierzu kann die Aufsichtsbehörde und, soweit die Bundesanstalt Aufsichtsbehörde ist, auch die Deutsche Bundesbank

1.

das Institut auffordern, seine Risiko-, Eigenmittel- und Liquiditätspositionen unter Nutzung der institutseigenen Risikomanagement-Methoden bei aufsichtlich vorgegebenen Szenarien zu berechnen und die Daten sowie die Ergebnisse an die Aufsichtsbehörde, die Deutsche Bundesbank und, soweit Aufsichtsbehörde die Europäische Zentralbank ist, auch an die Bundesanstalt zu übermitteln und

2.

die Auswirkungen von Schocks auf das Institut auf der Grundlage aufsichtlicher Stresstest-Methoden anhand der verfügbaren Daten bestimmen.

(4) Die Aufsichtsbehörde bestimmt Häufigkeit und Intensität der Überprüfungen, Beurteilungen und möglicher aufsichtlicher Stresstests unter Berücksichtigung der Größe, der Systemrelevanz sowie der Art, des Umfangs und der Komplexität der Geschäfte eines Instituts. Die Überprüfungen und Beurteilungen werden mindestens einmal jährlich aktualisiert. Soweit die Bundesanstalt Aufsichtsbehörde ist, nimmt sie die Aufgaben nach Satz 1 in Abstimmung mit der Deutschen Bundesbank wahr.

Fußnote(+++ § 6b: Zur Nichtanwendung vgl. § 2 Abs. 9a Satz 1 +++)

§ 7 Zusammenarbeit mit der Deutschen Bundesbank

(1) Die Bundesanstalt und die Deutsche Bundesbank arbeiten nach Maßgabe dieses Gesetzes zusammen. Unbeschadet weiterer gesetzlicher Maßgaben umfasst die Zusammenarbeit die laufende Überwachung der Institute durch die Deutsche Bundesbank. Die laufende Überwachung beinhaltet insbesondere die Auswertung der von den Instituten eingereichten Unterlagen, der Prüfungsberichte nach § 26 und der Jahresabschlussunterlagen sowie die Durchführung und Auswertung der bankgeschäftlichen Prüfungen zur Beurteilung der angemessenen Eigenkapitalausstattung und Risikosteuerungsverfahren der Institute und das Bewerten von

Prüfungsfeststellungen. Die laufende Überwachung durch die Deutsche Bundesbank erfolgt in der Regel durch ihre Hauptverwaltungen.

(1a) Innerhalb des einheitlichen Aufsichtsmechanismus im Sinne des Artikels 2 Nummer 9 der Verordnung (EU) Nr. 1024/2013 ist Absatz 1 auch dann anzuwenden, wenn die Bundesanstalt die Europäische Zentralbank bei ihren Aufgaben im Sinne von Artikel 6 Absatz 2 und 3 der Verordnung (EU) Nr. 1024/2013 unterstützt. Bei der Zusammenarbeit nach Absatz 1 informieren sich die Bundesanstalt und die Deutsche Bundesbank unverzüglich über Anfragen der Europäischen Zentralbank und tauschen von dieser erhaltene Informationen aus. Übermittelt die Bundesanstalt oder die Deutsche Bundesbank im Rahmen der Wahrnehmung ihrer Aufgaben nach diesem Gesetz Beobachtungen, Feststellungen, Daten oder sonstige Informationen an die Europäische Zentralbank, übermittelt sie diese zeitgleich auch an die jeweils andere Stelle. Die Absätze 2 bis 5 finden auch im Rahmen des einheitlichen Aufsichtsmechanismus entsprechende Anwendung.

(2) Die Deutsche Bundesbank hat die Richtlinien der Bundesanstalt zu beachten. Die Richtlinien der Bundesanstalt zur laufenden Aufsicht ergehen im Einvernehmen mit der Deutschen Bundesbank. Innerhalb des einheitlichen Aufsichtsmechanismus beachtet die Bundesanstalt bei Erlass der Richtlinien die Vorgaben der Europäischen Zentralbank nach Artikel 6 Absatz 5 Buchstabe a der Verordnung (EU) Nr. 1024/2013. Kann ein Einvernehmen nicht innerhalb einer angemessenen Frist hergestellt werden, erlässt das Bundesministerium der Finanzen solche Richtlinien im Benehmen mit der Deutschen Bundesbank und unter Beachtung der innerhalb des einheitlichen Aufsichtsmechanismus erlassenen Vorgaben der Europäischen Zentralbank nach Artikel 6 Absatz 5 Buchstabe a der Verordnung (EU) Nr. 1024/2013. Die aufsichtsrechtlichen Maßnahmen, insbesondere Allgemeinverfügungen und Verwaltungsakte einschließlich Prüfungsanordnungen nach § 44 Absatz 1 Satz 2 und § 44b Absatz 2 Satz 1, trifft die Bundesanstalt gegenüber den Instituten. Die Bundesanstalt legt die von der Deutschen Bundesbank getroffenen Prüfungsfeststellungen und Bewertungen in der Regel ihren aufsichtsrechtlichen Maßnahmen zugrunde.

(3) Die Bundesanstalt und die Deutsche Bundesbank haben einander Beobachtungen und Feststellungen mitzuteilen, die für die Erfüllung ihrer Aufgaben erforderlich sind. Die Deutsche Bundesbank hat insoweit der Bundesanstalt auch die Angaben zur Verfügung zu stellen, die jene auf Grund statistischer Erhebungen nach § 18 des Gesetzes über die Deutsche Bundesbank erlangt. Sie hat vor Anordnung einer solchen Erhebung die Bundesanstalt zu hören; § 18 Satz 5 des Gesetzes über die Deutsche Bundesbank gilt entsprechend.

(4) Die Zusammenarbeit nach den Absätzen 1 und 1a sowie die Mitteilungen nach Absatz 3 schließen die Übermittlung der zur Erfüllung der Aufgaben der empfangenden Stelle erforderlichen personenbezogenen Daten ein. Zur Erfüllung ihrer Aufgaben nach diesem Gesetz dürfen die Bundesanstalt und die Deutsche Bundesbank gegenseitig die bei der anderen Stelle jeweils gespeicherten Daten im automatisierten Verfahren abrufen. Die Deutsche Bundesbank hat bei jedem zehnten von der Bundesanstalt durchgeführten Abruf personenbezogener Daten den Zeitpunkt, die Angaben, welche die Feststellung der aufgerufenen Datensätze ermöglichen, sowie die für den Abruf verantwortliche Person zu protokollieren. Die Protokolldaten dürfen nur für Zwecke der Datenschutzkontrolle, der Datensicherung oder zur Sicherstellung eines ordnungsmäßigen Betriebs der Datenverarbeitungsanlage verwendet werden. Sie sind am Ende des auf das Jahr der Protokollierung folgenden Kalenderjahres zu löschen, soweit sie nicht für ein laufendes Kontrollverfahren benötigt werden. Die Sätze 3 bis 5 gelten entsprechend für die Datenabrufe der Deutschen Bundesbank bei der Bundesanstalt. Im Übrigen bleiben die Bestimmungen des Bundesdatenschutzgesetzes unberührt.

(5) Die Bundesanstalt und die Deutsche Bundesbank können gemeinsame Dateien einrichten. Jede der beiden Stellen darf nur die von ihr eingegebenen Daten verändern, sperren oder löschen und ist nur hinsichtlich der von ihr eingegebenen Daten verantwortliche Stelle im Sinne des Bundesdatenschutzgesetzes. Hat eine der beiden Stellen Anhaltspunkte dafür, dass von der anderen Stelle eingegebene Daten unrichtig sind, teilt sie dies der anderen Stelle unverzüglich mit. Die andere Stelle hat die Richtigkeit der Daten unverzüglich zu prüfen und die Daten erforderlichenfalls unverzüglich zu berichtigen, zu sperren und zu löschen. Bei der Errichtung einer gemeinsamen Datei ist festzulegen, welche Stelle die technischen und organisatorischen Maßnahmen nach § 9 des Bundesdatenschutzgesetzes zu treffen hat. Die nach Satz 5 bestimmte

Stelle hat sicherzustellen, dass die Beschäftigten Zugang zu personenbezogenen Daten nur in dem Umfang erhalten, der zur Erfüllung ihrer Aufgaben erforderlich ist. Abrufe personenbezogener Daten, die nicht durch die eingebende Stelle erfolgen, sind in entsprechender Anwendung von Absatz 4 Satz 3 bis 5 zu protokollieren.

§ 7a Zusammenarbeit mit der Europäischen Kommission

(1) Die Bundesanstalt meldet der Europäischen Kommission

1.

das Erlöschen oder die Aufhebung einer Erlaubnis nach § 35 oder nach den Vorschriften des Verwaltungsverfahrensgesetzes unter Angabe der Gründe, die zur Aufhebung führten,

2.

die Erteilung einer Erlaubnis nach § 32 Absatz 1 an die Zweigstelle eines Unternehmens im Sinne des § 53 mit Sitz außerhalb der Staaten des Europäischen Wirtschaftsraums,

3.

die Anzahl und die Art der Fälle, in denen die Errichtung einer Zweigniederlassung in einem anderen Staat des Europäischen Wirtschaftsraums nicht zustande gekommen ist, weil die Bundesanstalt die Angaben nach § 24a Absatz 1 Satz 2 nicht an die zuständigen Stellen des Aufnahmemitgliedstaates weitergeleitet hat,

4.

die Anzahl und Art der Fälle, in denen Maßnahmen nach § 53b Absatz 4 Satz 2 und Absatz 5 Satz 1 ergriffen wurden,

5.

allgemeine Schwierigkeiten, die Wertpapierhandelsunternehmen bei der Errichtung von Zweigniederlassungen, der Gründung von Tochterunternehmen, beim Betreiben von Bankgeschäften, beim Erbringen von Finanzdienstleistungen oder bei Tätigkeiten nach § 1 Absatz 3 Satz 1 Nummer 2 bis 8 in einem Drittstaat haben, und

6.

den Erlaubnisantrag des Tochterunternehmens eines Unternehmens mit Sitz in einem Drittstaat, sofern die Kommission die Meldung solcher Antragseingänge verlangt hat.

(2) Die Bundesanstalt unterrichtet die Europäische Kommission über

1.

(weggefallen)

2.

die Grundsätze, die sie im Einvernehmen mit den anderen zuständigen Stellen im Europäischen Wirtschaftsraum in Bezug auf die Überwachung von gruppeninternen Transaktionen und Risikokonzentrationen anwendet,

3.

die gewählte Vorgehensweise in den Fällen des § 53d Absatz 3 und

4.

(weggefallen)

5.

das Verfahren zur Vermeidung der Umgehung der zusätzlichen Kapitalanforderungen bei Überschreitung der Gesamtbuch-Großkreditanforderungen.

(3) Die Bundesanstalt übermittelt der Europäischen Kommission Verzeichnisse der Finanzholding-Gesellschaften oder gemischten Finanzholding-Gesellschaften, bei denen die Bundesanstalt die Aufsicht auf zusammengefasster Basis ausübt.

§ 7b Zusammenarbeit mit der Europäischen Bankenaufsichtsbehörde, der Europäischen Wertpapier- und Marktaufsichtsbehörde und der Europäischen Aufsichtsbehörde für das Versicherungswesen und die betriebliche Altersversorgung

(1) Die Bundesanstalt beteiligt sich nach Maßgabe

1.

der Verordnung (EU) Nr. 1093/2010 des Europäischen Parlaments und des Rates vom 24. November 2010 zur Errichtung einer Europäischen Aufsichtsbehörde (Europäische Bankenaufsichtsbehörde), zur Änderung des Beschlusses Nr. 716/2009/EG und zur Aufhebung des Beschlusses 2009/78/EG der Kommission (ABl. L 331 vom 15.12.2010, S. 12),

2.

der Verordnung (EU) Nr. 1095/2010 des Europäischen Parlaments und des Rates vom 24. November 2010 zur Errichtung einer Europäischen Aufsichtsbehörde (Europäische Wertpapier- und Marktaufsichtsbehörde), zur Änderung des Beschlusses Nr. 716/2009/EG und zur Aufhebung des Beschlusses 2009/77/EG der Kommission (ABl. L 331 vom 15.12.2010, S. 84) sowie

3.

dieses Gesetzes

an den Tätigkeiten der Europäischen Bankenaufsichtsbehörde und der Europäischen Wertpapier- und Marktaufsichtsbehörde sowie an den Aktivitäten der sie betreffenden Aufsichtskollegien. Hierbei beteiligt sie die Deutsche Bundesbank nach Maßgabe der Verordnung (EU) Nr. 1093/2010 sowie nach Maßgabe dieses Gesetzes. Die Bundesanstalt stellt der Europäischen Bankenaufsichtsbehörde nach Maßgabe des Artikels 35 der Verordnung (EU) Nr. 1093/2010 und der Europäischen Wertpapier- und Marktaufsichtsbehörde nach Maßgabe des Artikels 35 der Verordnung (EU) Nr. 1095/2010 auf Verlangen unverzüglich alle für die Erfüllung ihrer Aufgaben erforderlichen Informationen zur Verfügung. Sie wendet die Leitlinien und Empfehlungen der Europäischen Bankenaufsichtsbehörde im Einklang mit Artikel 16 der Verordnung (EU) Nr. 1093/2010 und der Europäischen Wertpapier- und Marktaufsichtsbehörde bei Anwendung dieses Gesetzes an. Weicht die Bundesanstalt von diesen Leitlinien und Empfehlungen ab oder beabsichtigt sie dies, begründet sie dies gegenüber der betreffenden Europäischen Aufsichtsbehörde.

(2) Die Bundesanstalt meldet der Europäischen Bankenaufsichtsbehörde

1.

die Erteilung der Erlaubnis nach § 32 Absatz 1, das Erlöschen oder die Aufhebung der Erlaubnis nach § 35 an ein CRR-Kreditinstitut,

2.

die in § 7a Absatz 1 Nummer 1 bis 4 genannten Sachverhalte,

3.

die nach Artikel 450 Absatz 1 Buchstabe g und h der Verordnung (EU) Nr. 575/2013 in der jeweils geltenden Fassung gesammelten Informationen,

4.

die nach Artikel 450 Absatz 1 Buchstabe i der Verordnung (EU) Nr. 575/2013 in der jeweils geltenden Fassung gesammelten Informationen,

5.

Maßnahmen der Bundesanstalt nach § 6 Absatz 3 und nach § 10 Absatz 3, die darauf beruhen, dass die Bundesanstalt festgestellt hat, dass ein CRR-Institut, insbesondere auf Grund seines Geschäftsmodells oder der geografischen Verteilung der eingegangenen Risiken, ähnlichen Risiken ausgesetzt ist oder sein könnte oder für das Finanzsystem ähnliche Risiken begründet,

6.

die Funktionsweise der Überprüfungs- und Bewertungssysteme der Risiken, denen ein CRR-Institut ausgesetzt ist oder sein könnte, und der Risiken, die ein CRR-Institut nach Maßgabe der Ermittlung und Messung des Systemrisikos gemäß Artikel 23 der Verordnung (EU) Nr. 1093/2010 in der jeweils geltenden Fassung für das Finanzsystem darstellt, sowie die Methodik, nach der auf der Grundlage dieser Überprüfung Maßnahmen getroffen werden,

7.

die Ergebnisse aufsichtlicher Stresstests, soweit diese über die nach Artikel 32 der Verordnung (EU) Nr. 1093/2010 in der jeweils geltenden Fassung durchgeführten Stresstests hinaus erforderlich werden, um eine hinreichende Überprüfung und Überwachung des CRR-Instituts sicherzustellen,

8.

Anordnungen der Bundesanstalt nach § 10 Absatz 3 Nummer 5 oder § 10 Absatz 6 unter Angabe der Gründe,

9.

alle sonstigen Maßnahmen, die die Bundesanstalt gegenüber einem CRR-Institut trifft, wenn es gegen die Anforderungen der Verordnung (EU) Nr. 575/2013 oder die auf Grund der Richtlinie 2013/36/EU erlassenen Anforderungen verstößt oder voraussichtlich verstoßen wird, jeweils unter Angabe der Gründe und

10.

alle nach § 56 Absatz 6 Nummer 1 verhängten rechtskräftig gewordenen Bußgelder, einschließlich aller dauerhaften Untersagungen insbesondere nach § 36.

(3) Die Bundesanstalt unterrichtet die Europäische Bankenaufsichtsbehörde über

1.

(weggefallen)

2.

die gewählte Vorgehensweise in den Fällen des § 53d Absatz 3,

3.

das Verfahren zur Vermeidung der Umgehung der zusätzlichen Kapitalanforderungen bei Überschreitung der Gesamtbuch-Großkreditanforderungen,

4.

Entscheidungen nach § 2e,

5.

die Struktur von Institutsgruppen, Finanzholding-Gruppen oder gemischten Finanzholding-Gruppen, bei denen die Bundesanstalt die Aufsicht auf zusammengefasster Basis ausübt; dazu gehören insbesondere Informationen über die rechtliche und organisatorische Struktur sowie die Grundsätze einer ordnungsgemäßen Geschäftsführung der Gruppe,

6.

die Stellen im Sinne des § 9 Absatz 1 Satz 4, der die Bundesanstalt Tatsachen offenbaren kann, ohne gegen ihre Verschwiegenheitspflicht zu verstoßen, und

7.

die Genehmigung, ein weiteres Mandat in einem Verwaltungs- oder Aufsichtsorgan gemäß § 25c Absatz 2 Satz 5, § 25d Absatz 3 Satz 5 innezuhaben.

(3a) Die Bundesanstalt übermittelt der Europäischen Bankenaufsichtsbehörde Verzeichnisse im Sinne des § 7a Absatz 3.

(4) Die Bundesanstalt meldet der Europäischen Wertpapier- und Marktaufsichtsbehörde

1.

sofern ein Wertpapierdienstleistungsunternehmen im Sinne des § 2 Absatz 10 des Wertpapierhandelsgesetzes betroffen ist,

a)

die Erteilung sowie das Erlöschen oder die Aufhebung einer Erlaubnis nach § 32 und

b)

die Genehmigung, ein weiteres Mandat in dem Verwaltungs- oder Aufsichtsorgan gemäß § 25c Absatz 2 Satz 5 oder § 25d Absatz 3 Satz 5 innezuhaben,

2.

den in § 7a Absatz 1 Nummer 5 genannten Sachverhalt,

3.

jährlich eine Zusammenfassung von allen im Zusammenhang mit der Überwachung von Wertpapierdienstleistungsunternehmen und Datenbereitstellungsdiensten sowie gegenüber Instituten als Gegenparteien von Wertpapierfinanzierungsgeschäften ergriffenen Verwaltungsmaßnahmen und verhängten Sanktionen,

4.

jährlich in aggregierter und anonymisierter Form Daten über strafrechtliche Ermittlungen und verhängte strafrechtliche Sanktionen wegen Verstößen gegen § 54, sofern diese im Zusammenhang mit dem unerlaubten Erbringen von Finanzdienstleistungen erfolgten, die zugleich Wertpapierdienstleistungen im Sinne des § 2 Absatz 6 des Wertpapierhandelsgesetzes sind,

5.

zeitgleich mit der Bekanntmachung alle im Zusammenhang mit der Überwachung von Wertpapierdienstleistungsunternehmen und Datenbereitstellungsdiensten sowie nach den §§ 60b und 60c bekannt gemachten Verwaltungsmaßnahmen und Sanktionen, soweit sie Institute als finanzielle Gegenparteien von Wertpapierfinanzierungsgeschäften betreffen,

6.

alle Bußgeldentscheidungen, die nach Maßgabe des § 60d Absatz 3 Nummer 3 nicht bekannt gemacht wurden, sowie alle Rechtsmittel in Verbindung mit diesen Bußgeldentscheidungen und die Ergebnisse der Rechtsmittelverfahren und

7.

die Erteilung sowie das Erlöschen oder die Aufhebung einer Erlaubnis nach § 32 Absatz 1f.
(5) Die Bundesanstalt unterrichtet die Europäische Aufsichtsbehörde für das Versicherungswesen und die betriebliche Altersversorgung über die Entscheidungen nach § 2e.

Fußnote(+++ Hinweis: Gem. Art. 1 Nr. 13 Buchst. a DBuchst. bb G v. 28.8.2013 I 3395 sollen mWv 1.1.2014 in § 7b Abs. 1 Satz 4 nach dem Wort "Bankenaufsichtsbehörde" die Wörter "im Einklang mit Artikel 16 der Verordnung (EU) Nr. 1093/2010" eingefügt werden. Die Änderungsanweisung kann nicht ausgeführt werden. Sie bezieht sich offensichtlich auf Satz 3. +++)

§ 7c Zusammenarbeit mit dem Europäischen Bankenausschuss

Die Bundesanstalt meldet dem Europäischen Bankenausschuss die Erteilung einer Erlaubnis nach § 32 Absatz 1 an die Zweigstelle eines Unternehmens im Sinne des § 53 mit Sitz außerhalb der Staaten des Europäischen Wirtschaftsraums.

§ 7d Zusammenarbeit mit dem Europäischen Ausschuss für Systemrisiken

Die Bundesanstalt arbeitet eng mit dem Europäischen Ausschuss für Systemrisiken zusammen und berücksichtigt die von ihm nach Maßgabe von Artikel 16 der Verordnung (EU) Nr. 1092/2010 erlassenen Warnungen und Empfehlungen. Die Bundesanstalt meldet dem Europäischen Ausschuss für Systemrisiken für jedes Quartal die Quote für den antizyklischen Kapitalpuffer nach § 10d, die Berechnungsgrundlagen der Quote nach der Rechtsverordnung nach § 10 Absatz 1 Satz 1 Nummer 5 sowie die Anwendungsdauer der Quote und informiert über die Tatsache, dass die Bundesanstalt bei der Festlegung der Quote für den antizyklischen Kapitalpuffer Variablen im Sinne der Rechtsverordnung nach § 10 Absatz 1 Satz 1 Nummer 5 berücksichtigt und die Quote ohne deren Berücksichtigung niedriger ausgefallen wäre.

§ 8 Zusammenarbeit mit anderen Stellen

(1) (weggefallen)
(2) Werden gegen Inhaber oder Geschäftsleiter von Instituten sowie gegen Inhaber bedeutender Beteiligungen von Instituten oder deren gesetzliche oder satzungsmäßige Vertreter oder persönlich haftende Gesellschafter oder gegen Personen, die die Geschäfte einer Finanzholding-Gesellschaft oder einer gemischten Finanzholding-Gesellschaft tatsächlich führen, Steuerstrafverfahren eingeleitet oder unterbleibt dies auf Grund einer Selbstanzeige nach § 371 der Abgabenordnung, so steht § 30 der Abgabenordnung Mitteilungen an die Bundesanstalt über das Verfahren und über den zugrunde liegenden Sachverhalt nicht entgegen; das Gleiche gilt, wenn sich das Verfahren gegen Personen richtet, die das Vergehen als Bedienstete eines Instituts oder eines Inhabers einer bedeutenden Beteiligung an einem Institut begangen haben.
(3) Die Bundesanstalt und, soweit sie im Rahmen dieses Gesetzes tätig wird, die Deutsche Bundesbank arbeiten bei der Aufsicht über Institute, die in einem anderen Staat des Europäischen

Wirtschaftsraums Bankgeschäfte betreiben oder Finanzdienstleistungen erbringen, sowie bei der Aufsicht über Institutsgruppen, Finanzholding-Gruppen oder gemischte Finanzholding-Gruppen im Sinne des § 10a Abs. 1 bis 5 mit den zuständigen Stellen im Europäischen Wirtschaftsraum sowie der Europäischen Bankenaufsichtsbehörde und der Europäischen Wertpapier- und Marktaufsichtsbehörde zusammen. Bei der Beurteilung nach § 2c Abs. 1a und 1b arbeitet die Bundesanstalt mit den zuständigen Stellen im Europäischen Wirtschaftsraum zusammen, wenn der Anzeigepflichtige

1.

ein CRR-Institut, ein Erst- oder Rückversicherungsunternehmen oder eine Verwaltungsgesellschaft im Sinne des Artikels 2 Absatz 1 Buchstabe b der Richtlinie 2009/65/EG (OGAW-Verwaltungsgesellschaft) ist, das beziehungsweise die in einem anderen Mitgliedstaat oder anderen Sektor als dem, in dem der Erwerb beabsichtigt wird, zugelassen ist;

2.

ein Mutterunternehmen eines CRR-Instituts, eines Erst- oder Rückversicherungsunternehmens oder einer OGAW-Verwaltungsgesellschaft ist, das beziehungsweise die in einem anderen Mitgliedstaat oder anderen Sektor als dem, in dem der Erwerb beabsichtigt wird, zugelassen ist oder

3.

eine natürliche oder juristische Person ist, die ein CRR-Institut, ein Erst- oder Rückversicherungsunternehmen oder eine OGAW-Verwaltungsgesellschaft kontrolliert, das beziehungsweise die in einem anderen Mitgliedstaat oder anderen Sektor als dem, in dem der Erwerb beabsichtigt wird, zugelassen ist.

Vorbehaltlich des § 4b Abs. 1 in Verbindung mit § 15 Abs. 1 des Bundesdatenschutzgesetzes tauschen sie mit ihnen alle zweckdienlichen und grundlegenden Informationen aus, die für die Durchführung der Aufsicht erforderlich sind. Grundlegende Informationen können auch ohne entsprechende Anfrage der zuständigen Stelle weitergegeben werden. Als grundlegend in diesem Sinne gelten alle Informationen, die Einfluss auf die Beurteilung der Finanzlage eines Instituts in dem betreffenden Staat des Europäischen Wirtschaftsraums haben können. Hierzu gehören insbesondere:

1.

die Offenlegung der rechtlichen und organisatorischen Struktur sowie die Grundlagen einer ordnungsgemäßen Geschäftsführung der Gruppe, einschließlich aller beaufsichtigten Unternehmen, nichtbeaufsichtigten Unternehmen, nichtbeaufsichtigten Tochtergesellschaften und bedeutender Zweigniederlassungen der Gruppe, sowie Ermittlung der jeweils für die Aufsicht zuständigen Stellen,

2.

Verfahren für die Sammlung und Überprüfung von Informationen von gruppenangehörigen Instituten,

3.

nachteilige Entwicklungen bei Instituten oder anderen Unternehmen einer Gruppe, die die Institute ernsthaft beeinträchtigen könnten, und

4.

schwerwiegende oder außergewöhnliche bankaufsichtliche Maßnahmen, die die Bundesanstalt nach Maßgabe dieses Gesetzes oder der zu seiner Durchführung erlassenen Rechtsverordnungen ergriffen hat.

Die Bundesanstalt übermittelt der zuständigen Stelle im Aufnahmemitgliedstaat

1.

alle Informationen für die Beurteilung der Zuverlässigkeit und fachlichen Eignung der in § 1 Absatz 2 Satz 1 genannten Personen;

2.

alle Informationen für die Beurteilung der Zuverlässigkeit der Inhaber einer bedeutenden Beteiligung an Unternehmen derselben Gruppe mit Sitz im Inland, die erforderlich sind für die

Erteilung einer Erlaubnis und die laufende Aufsicht über ein Unternehmen im Sinne des §
33b Satz 1, das beabsichtigt, im Aufnahmemitgliedstaat Bankgeschäfte entsprechend § 1
Absatz 1 Satz 2 Nummer 1, 2, 4 und 10 oder Finanzdienstleistungen entsprechend § 1
Absatz 1a Satz 2 Nummer 1 bis 4 zu erbringen;

3.

unverzüglich bei der Überwachung der Liquidität des Instituts gewonnene Informationen und
Erkenntnisse, die für die Beaufsichtigung der Zweigstelle aus Gründen des Einleger- und
Anlegerschutzes oder der Finanzstabilität des Aufnahmemitgliedstaates notwendig sind, und

4.

Informationen darüber, dass Liquiditätsschwierigkeiten auftreten oder aller
Wahrscheinlichkeit nach zu erwarten sind, sowie Einzelheiten zur Planung und Umsetzung
eines Sanierungsplans und zu allen in diesem Zusammenhang ergriffenen aufsichtlichen
Maßnahmen.

Informationen nach Satz 6 Nummer 3 und 4 sind auch der zuständigen Stelle in dem
Aufnahmemitgliedstaat zu übermitteln, in dem ein CRR-Kreditinstitut über Zweigniederlassungen
verfügt, die als bedeutend eingestuft worden sind. Übermittelt eine zuständige Stelle in einem
anderen Staat des Europäischen Wirtschaftsraums erforderliche Informationen nicht, kann die
Bundesanstalt nach Maßgabe des Artikels 19 der Verordnung (EU) Nr. 1093/2010 die Europäische
Bankenaufsichtsbehörde um Hilfe ersuchen. Sie kann ferner die Europäische
Bankenaufsichtsbehörde oder die Europäische Wertpapier- und Marktaufsichtsbehörde nach
Maßgabe des Artikels 19 der Verordnung (EU) Nr. 1093/2010 und der Verordnung (EU) Nr.
1095/2010 um Hilfe ersuchen, wenn ein Ersuchen um Zusammenarbeit, insbesondere um
Informationsaustausch, von einer zuständigen Stelle zurückgewiesen oder einem solchen
Ersuchen nicht innerhalb einer angemessenen Frist nachgekommen wurde.

(3a) Die zuständige Stelle im Sinne des Absatzes 3 Satz 1 kann die Bundesanstalt um
Zusammenarbeit bei einer Überwachung, einer Prüfung oder Ermittlung ersuchen. Die
Bundesanstalt macht bei Ersuchen im Sinne des Satzes 1 zum Zwecke der Überwachung der
Einhaltung dieses Gesetzes und entsprechender Bestimmungen dieser Staaten von allen ihr nach
dem Gesetz zustehenden Befugnissen Gebrauch, soweit dies geeignet und erforderlich ist, den
Ersuchen nachzukommen. Die Bundesanstalt kann eine Untersuchung, die Übermittlung von
Informationen oder die Teilnahme von Bediensteten dieser ausländischen Stellen an solchen
Prüfungen verweigern, wenn

1.

hierdurch die Souveränität, die Sicherheit oder die öffentliche Ordnung der Bundesrepublik
Deutschland beeinträchtigt werden könnte oder

2.

auf Grund desselben Sachverhaltes gegen die betreffenden Personen bereits ein
gerichtliches Verfahren eingeleitet worden oder eine unanfechtbare Entscheidung ergangen
ist.

Kommt die Bundesanstalt einem entsprechenden Ersuchen nicht nach oder macht sie von ihrem
Recht nach Satz 1 Gebrauch, teilt sie dies der ersuchenden Stelle unverzüglich mit und legt die
Gründe dar; im Falle einer Verweigerung nach Satz 3 Nr. 2 sind genaue Informationen über das
gerichtliche Verfahren oder die unanfechtbare Entscheidung zu übermitteln.

(4) In den Fällen, in denen die Bundesanstalt für die Aufsicht über EU-Mutterinstitute oder Institute,
die von einer EU-Mutterfinanzholding-Gesellschaft oder einer gemischten EU-Mutterfinanzholding-
Gesellschaft kontrolliert werden, zuständig ist, übermittelt sie den zuständigen Stellen in den
anderen Staaten des Europäischen Wirtschaftsraums, die für die Aufsicht über
Tochterunternehmen dieser Institute zuständig sind, auf Anfrage alle zweckdienlichen
Informationen. Als zweckdienlich in diesem Sinne gelten alle Informationen, die die Beurteilung der
finanziellen Solidität eines Instituts in einem anderen Staat des Europäischen Wirtschaftsraums
wesentlich beeinflussen können. Der Umfang der Informationspflicht richtet sich insbesondere
nach der Bedeutung des Tochterunternehmens für das Finanzsystem des betreffenden Staates.

(5) Mitteilungen der zuständigen Stellen eines anderen Staates dürfen nur für folgende Zwecke
verwendet werden:

1.
zur Prüfung der Zulassung zum Geschäftsbetrieb eines Instituts,

2.
zur Überwachung der Tätigkeit der Institute auf Einzelbasis oder auf zusammengefasster Basis,

3.
für Anordnungen der Bundesanstalt sowie zur Verfolgung und Ahndung von Ordnungswidrigkeiten durch die Bundesanstalt,

4.
im Rahmen eines Verwaltungsverfahrens über Rechtsbehelfe gegen eine Entscheidung der Bundesanstalt oder

5.
im Rahmen von Verfahren vor Verwaltungsgerichten, Insolvenzgerichten, Staatsanwaltschaften oder für Straf- und Bußgeldsachen zuständigen Gerichten.

(6) Vor der Entscheidung über folgende Sachverhalte hört die Bundesanstalt regelmäßig die zuständigen Stellen im Europäischen Wirtschaftsraum an, sofern die Entscheidung von Bedeutung für deren Aufsichtstätigkeit ist:

1.
Änderungen in der Struktur der Inhaber, der Organisation oder der Geschäftsleitung gruppenangehöriger Institute, die der Zustimmung der Bundesanstalt bedürfen,

2.
schwerwiegende oder außergewöhnliche bankaufsichtliche Maßnahmen. In diesen Fällen ist stets zumindest die für die Aufsicht auf zusammengefasster Basis zuständige Stelle anzuhören, sofern diese Zuständigkeit nicht bei der Bundesanstalt liegt.

Die Bundesanstalt kann bei Gefahr im Verzug von einer vorherigen Anhörung der zuständigen Stellen absehen. Das Gleiche gilt, wenn die vorherige Anhörung die Wirksamkeit der Maßnahme gefährden könnte; in diesen Fällen informiert die Bundesanstalt die zuständigen Stellen unverzüglich nach Erlass oder Durchführung der Maßnahme.

(7) Ist die Bundesanstalt für die Aufsicht über eine Institutsgruppe, Finanzholding-Gruppe oder gemischte Finanzholding-Gruppe auf zusammengefasster Basis zuständig und tritt eine Krisensituation auf, insbesondere bei widrigen Entwicklungen an den Finanzmärkten, die eine Gefahr für die Marktliquidität und die Stabilität des Finanzsystems eines Staates innerhalb des Europäischen Wirtschaftsraums darstellt, in dem eines der gruppenangehörigen Unternehmen seinen Sitz hat oder eine Zweigniederlassung als bedeutend angesehen wurde, hat die Bundesanstalt unverzüglich das Bundesministerium der Finanzen, die Europäische Bankenaufsichtsbehörde, den Europäischen Ausschuss für Systemrisiken, die Deutsche Bundesbank sowie die Zentralregierungen der anderen Mitgliedstaaten, sofern sie betroffen sind, zu unterrichten und ihnen alle für die Durchführung ihrer Aufgaben wesentlichen Informationen zu übermitteln. Erhält die Bundesanstalt in sonstigen Fällen Kenntnis von einer Krisensituation im Sinne des Satzes 1, hat sie unverzüglich die für die Aufsicht auf zusammengefasster Basis über die betroffenen Institutsgruppen, Finanzholding-Gruppen oder gemischte Finanzholding-Gruppen zuständigen Stellen und die Europäische Bankenaufsichtsbehörde zu unterrichten. § 9 bleibt unberührt.

(8) Die Bundesanstalt teilt den zuständigen Stellen des Aufnahmemitgliedstaates Maßnahmen mit, die sie ergreifen wird, um Verstöße eines Instituts gegen Rechtsvorschriften des Aufnahmemitgliedstaates zu beenden, über die sie durch die zuständigen Stellen des Aufnahmemitgliedstaates unterrichtet worden ist.

(9) Hat die Bundesanstalt hinreichende Anhaltspunkte für einen Verstoß gegen Vorschriften dieses Gesetzes, gegen die Verordnung (EU) Nr. 575/2013 oder entsprechende Vorschriften der Staaten des Europäischen Wirtschaftsraums, teilt sie diese der für die Zusammenarbeit bei der Aufsicht über Institute zuständigen Stelle mit, auf dessen Gebiet die vorschriftswidrige Handlung stattgefunden hat. Erhält die Bundesanstalt eine entsprechende Mitteilung von zuständigen Stellen anderer Staaten, unterrichtet sie diese über die Ergebnisse daraufhin eingeleiteter Untersuchungen.

Fußnote(+++ § 8 Abs. 3 Satz 7: Zur Anwendung vgl. § 64r Abs. 1 +++)

§ 8a Besondere Aufgaben bei der Aufsicht auf zusammengefasster Basis

(1) Ist die Bundesanstalt für die Aufsicht auf zusammengefasster Basis über eine Institutsgruppe, eine Finanzholding-Gruppe oder eine gemischte Finanzholding-Gruppe im Sinne des § 10a zuständig, an deren Spitze ein EU-Mutterinstitut, eine EU-Mutterfinanzholding-Gesellschaft oder eine gemischte EU-Mutterfinanzholding-Gesellschaft steht, obliegen ihr neben den sonstigen, sich aus diesem Gesetz ergebenden Aufgaben folgende Aufgaben:

1.
   Koordinierung der Sammlung und Verbreitung zweckdienlicher und grundlegender Informationen nach § 8 Absatz 3 im Rahmen der laufenden Aufsicht und in Krisensituationen; dazu gehören auch die Sammlung und Weitergabe von Informationen über die rechtliche und organisatorische Struktur sowie die Sammlung und Weitergabe der Grundsätze ordnungsgemäßer Geschäftsführung;

2.
   Planung und Koordinierung der Aufsichtstätigkeiten im Rahmen der laufenden Aufsicht und in Krisensituationen, insbesondere bei widrigen Entwicklungen bei Instituten oder an den Finanzmärkten; die Bundesanstalt und, soweit sie im Rahmen dieses Gesetzes tätig wird, die Deutsche Bundesbank arbeiten hierbei, soweit erforderlich, mit den jeweils zuständigen Stellen der anderen Staaten des Europäischen Wirtschaftsraums zusammen; im Rahmen der laufenden Aufsicht umfasst die Zusammenarbeit insbesondere die laufende Überwachung des Risikomanagements der Institute, grenzüberschreitende Prüfungen, Maßnahmen bei organisatorischen Mängeln nach § 45b, die Offenlegung durch die Institute und die in den Artikeln 76 bis 87 und 92 bis 96 der Richtlinie 2013/36/EU genannten technischen Vorgaben für die Organisation und Behandlung von Risiken; in Krisensituationen, insbesondere bei widrigen Entwicklungen in Instituten oder an den Finanzmärkten, schließt die Zusammenarbeit die Anordnung von Maßnahmen nach den §§ 45 bis 46b, die Ausarbeitung gemeinsamer Bewertungen, die Durchführung von Notfallkonzepten und die Kommunikation mit der Öffentlichkeit ein;

3.
   die Übersendung der Verzeichnisse im Sinne des § 7a Absatz 3 an die jeweils zuständigen Stellen der anderen Staaten des Europäischen Wirtschaftsraums.

Arbeiten die zuständigen Stellen der anderen Staaten des Europäischen Wirtschaftsraums mit der Bundesanstalt nicht in dem Umfang zusammen, der zur Erfüllung der Aufgaben nach Satz 1 erforderlich ist, kann die Bundesanstalt nach Maßgabe des Artikels 19 der Verordnung (EU) Nr. 1093/2010 die Europäische Bankenaufsichtsbehörde um Hilfe ersuchen.

(2) Die Bundesanstalt und die zuständigen Stellen im Europäischen Wirtschaftsraum können in Kooperationsvereinbarungen die näheren Bestimmungen für die Beaufsichtigung von Institutsgruppen, Finanzholding-Gruppen oder gemischte Finanzholding-Gruppen im Sinne von § 10a regeln. In diesen Vereinbarungen können der jeweils für die Aufsicht auf zusammengefasster Basis zuständigen Stelle weitere Aufgaben übertragen und Verfahren für die Beschlussfassung und die Zusammenarbeit mit anderen zuständigen Behörden festgelegt werden.

(3) Ist die Bundesanstalt für die Beaufsichtigung einer Institutsgruppe, einer Finanzholding-Gruppe oder einer gemischten Finanzholding-Gruppe auf zusammengefasster Basis zuständig, an deren Spitze ein EU-Mutterinstitut, eine EU-Mutterfinanzholding-Gesellschaft oder eine gemischte EU-Mutterfinanzholding-Gesellschaft steht, so soll sie mit den für die Beaufsichtigung der gruppenangehörigen Unternehmen zuständigen Stellen im Europäischen Wirtschaftsraum eine gemeinsame Entscheidung treffen, 1. ob die Eigenmittelausstattung der Gruppe auf zusammengefasster Basis ihrer Finanzlage und ihrem Risikoprofil angemessen ist und 2. welche zusätzlichen Eigenmittelanforderungen für jedes gruppenangehörige Unternehmen und auf zusammengefasster Basis erforderlich sind. Die Entscheidung ist schriftlich umfassend zu begründen und hat angemessen die von den jeweils zuständigen Stellen durchgeführte Risikobewertung der Tochterunternehmen zu berücksichtigen. Die Bundesanstalt stellt die Entscheidung dem übergeordneten Unternehmen der Gruppe zu. Stimmen nicht alle für die

Beaufsichtigung der gruppenangehörigen Unternehmen zuständigen Stellen im Europäischen Wirtschaftsraum der Entscheidung der Bundesanstalt zu, beteiligt die Bundesanstalt von sich aus oder auf Antrag einer der anderen zuständigen Stellen die Europäische Bankenaufsichtsbehörde. Deren Stellungnahme ist im weiteren Verfahren zu berücksichtigen; erhebliche Abweichungen hiervon sind in der Entscheidung zu begründen.

(4) Kommt innerhalb von vier Monaten nach Übermittlung einer Risikobewertung der Gruppe an die zuständigen Stellen keine gemeinsame Entscheidung zustande, entscheidet die Bundesanstalt allein, ob die Eigenmittelausstattung der Institutsgruppe, Finanzholding-Gruppe oder gemischten Finanzholding-Gruppe auf zusammengefasster Basis sowie die Eigenmittelausstattung der gruppenangehörigen Unternehmen, die sie auf Einzelbasis oder unterkonsolidierter Basis beaufsichtigt, der Finanzlage und dem Risikoprofil angemessen sind oder ob zusätzliche Eigenmittelanforderungen erforderlich sind und gibt die Entscheidung dem übergeordneten Unternehmen der Gruppe bekannt. Dabei berücksichtigt die Bundesanstalt in angemessener Weise die von den jeweils zuständigen Stellen durchgeführten Risikobewertungen der Tochterunternehmen. Hat die Bundesanstalt oder eine zuständige Stelle in einem anderen Staat des Europäischen Wirtschaftsraums bis zum Ablauf der Viermonatsfrist nach Satz 1 nach Maßgabe des Artikels 19 der Verordnung (EU) Nr. 1093/2010 die Europäische Bankenaufsichtsbehörde um Hilfe ersucht, stellt die Bundesanstalt ihre Entscheidung nach Satz 1 bis zu einem Beschluss der Europäischen Bankenaufsichtsbehörde gemäß Artikel 19 Absatz 3 der Verordnung (EU) Nr. 1093/2010 zurück und entscheidet dann in Übereinstimmung mit einem solchen Beschluss. Nach Ablauf der Viermonatsfrist oder nachdem eine gemeinsame Entscheidung getroffen wurde, kann die Europäische Bankenaufsichtsbehörde nicht mehr um Hilfe ersucht werden. Hinsichtlich der Angemessenheit der Eigenmittelausstattung und der Notwendigkeit von zusätzlichen Eigenmittelanforderungen der gruppenangehörigen Unternehmen, die nicht von der Bundesanstalt auf Einzelbasis oder unterkonsolidierte Basis beaufsichtigt werden, übermittelt die Bundesanstalt ihre Auffassung an die jeweils zuständige Stelle. Erhält die Bundesanstalt von einer anderen zuständigen Stelle eine begründete Entscheidung, die der Risikobewertung und den Auffassungen Rechnung trägt, die die anderen zuständigen Stellen innerhalb des Zeitraums von vier Monaten durchgeführt und geäußert haben, übermittelt sie dieses Dokument allen betroffenen zuständigen Stellen sowie dem übergeordneten Unternehmen der Gruppe.

(5) Entscheidungen nach den Absätzen 3 und 4 sind in der Regel jährlich und ausnahmsweise dann unterjährig zu aktualisieren, wenn eine für die Beaufsichtigung eines gruppenangehörigen Unternehmens zuständige Stelle dies bei der Bundesanstalt schriftlich und umfassend begründet beantragt. In diesem Fall kann die Aktualisierung allein zwischen der Bundesanstalt und der zuständigen Stelle, die den Antrag gestellt hat, abgestimmt werden.

(6) Ist die Bundesanstalt im Sinne des Absatzes 3 Satz 1 für die Beaufsichtigung einer Institutsgruppe, einer Finanzholding-Gruppe oder einer gemischten Finanzholding-Gruppe zuständig, so hat sie eine gemeinsame Entscheidung im Sinne des Absatzes 3 über die von ihr beabsichtigten Maßnahmen im Rahmen der Liquiditätsaufsicht und über institutsspezifische Liquiditätsanforderungen herbeizuführen; Absatz 3 Satz 2 und 3 gilt entsprechend. Kommt innerhalb eines Monats nach Übermittlung einer Bewertung des Liquiditätsrisikoprofils der Gruppe an die zuständigen Stellen keine gemeinsame Entscheidung zustande, entscheidet die Bundesanstalt allein über die Maßnahmen und gibt die Entscheidung dem übergeordneten Unternehmen der Gruppe bekannt. Hat die Bundesanstalt oder eine zuständige Stelle in einem anderen Staat des Europäischen Wirtschaftsraums bis zum Ablauf der Einmonatsfrist nach Satz 1 die Europäische Bankenaufsichtsbehörde nach Maßgabe des Artikels 19 der Verordnung (EU) Nr. 1093/2010 um Hilfe ersucht, stellt die Bundesanstalt ihre Entscheidung nach Satz 1 bis zu einem Beschluss der Europäischen Bankenaufsichtsbehörde gemäß Artikel 19 Absatz 3 der Verordnung (EU) Nr. 1093/2010 zurück und entscheidet dann in Übereinstimmung mit einem solchen Beschluss. Nach Ablauf der Einmonatsfrist oder nachdem eine gemeinsame Entscheidung getroffen wurde, kann die Europäische Bankenaufsichtsbehörde nicht mehr um Hilfe ersucht werden. Absatz 5 gilt entsprechend.

§ 8b (weggefallen)

§ 8c Übertragung der Zuständigkeit für die Aufsicht über Institutsgruppen, Finanzholding-Gruppen, gemischte Finanzholding-Gruppen und gruppenangehörige Institute

(1) Die Bundesanstalt kann von der Beaufsichtigung einer Institutsgruppe, Finanzholding-Gruppe oder gemischten Finanzholding-Gruppe im Sinne des § 10a absehen und die Aufsicht auf zusammengefasster Basis widerruflich auf eine andere zuständige Stelle innerhalb des Europäischen Wirtschaftsraums übertragen, wenn die Beaufsichtigung durch die Bundesanstalt im Hinblick auf die betreffenden Institute und die Bedeutung ihrer Geschäftstätigkeit in dem anderen Staat unangemessen wäre und wenn bei

1.

Institutsgruppen das übergeordnete Unternehmen der Gruppe Tochterunternehmen eines CRR-Instituts mit Sitz in dem anderen Staat des Europäischen Wirtschaftsraums und dort in die Beaufsichtigung auf zusammengefasster Basis gemäß der Verordnung (EU) Nr. 575/2013 einbezogen ist oder

2.

Finanzholding-Gruppen oder gemischte Finanzholding-Gruppen diese von den zuständigen Stellen des anderen Staates des Europäischen Wirtschaftsraums auf zusammengefasster Basis gemäß der Verordnung (EU) Nr. 575/2013 beaufsichtigt werden.

Die Bundesanstalt stellt in diesen Fällen das übergeordnete Unternehmen widerruflich von den Vorschriften dieses Gesetzes über die Beaufsichtigung auf zusammengefasster Basis frei. Vor der Freistellung und der Übertragung der Zuständigkeit ist das übergeordnete Unternehmen anzuhören. Die Europäische Kommission und die Europäische Bankenaufsichtsbehörde sind über das Bestehen und den Inhalt dieser Vereinbarungen zu unterrichten.

(2) Übernimmt die Bundesanstalt auf Grund einer Übereinkunft mit einer zuständigen Stelle innerhalb des Europäischen Wirtschaftsraums die Aufsicht auf zusammengefasster Basis über eine Institutsgruppe, eine Finanzholding-Gruppe oder eine gemischte Finanzholding-Gruppe, kann sie ein Institut der Gruppe mit Sitz im Inland als übergeordnetes Unternehmen bestimmen. § 10a gilt entsprechend.

(3) Die Bundesanstalt kann nach Maßgabe des Artikels 28 der Verordnung (EU) Nr. 1093/2010 die Zuständigkeit für die Beaufsichtigung eines Instituts, für dessen Zulassung sie zuständig ist, widerruflich auf eine andere zuständige Stelle innerhalb des Europäischen Wirtschaftsraums übertragen, wenn das Institut Tochterunternehmen eines Instituts ist, für dessen Zulassung und Beaufsichtigung diese zuständige Stelle nach Maßgabe der Verordnung (EU) Nr. 575/2013 zuständig ist. Vor der Übertragung der Zuständigkeit ist dieses Institut anzuhören. Die Europäische Bankenaufsichtsbehörde ist über das Bestehen und den Inhalt dieser Vereinbarungen zu unterrichten.

§ 8d (weggefallen)

§ 8e Aufsichtskollegien

(1) Ist die Bundesanstalt für die Aufsicht auf zusammengefasster Basis über eine Institutsgruppe, Finanzholding-Gruppe oder gemischte Finanzholding-Gruppe zuständig, richtet sie Aufsichtskollegien ein. Ziel der Einrichtung von Aufsichtskollegien ist es, die Aufgabenwahrnehmung nach § 8 Absatz 7, § 8a und den Bestimmungen der Rechtsverordnung nach § 10 Absatz 1 Satz 1 Nummer 3 zu erleichtern und eine angemessene Zusammenarbeit mit den zuständigen Stellen im Europäischen Wirtschaftsraum, zu denen auch die Europäische Bankenaufsichtsbehörde gehört, sowie mit den zuständigen Stellen in Drittstaaten zu gewährleisten. Die Aufsichtskollegien dienen

1.

dem Austausch von Informationen,

2.

gegebenenfalls der Einigung über die freiwillige Übertragung von Aufgaben und Zuständigkeiten,

3.

der Festlegung aufsichtsrechtlicher Prüfungsprogramme auf der Grundlage der Risikobewertung einer Institutsgruppe, einer Finanzholding-Gruppe oder einer gemischten Finanzholding-Gruppe,

4.

der Beseitigung unnötiger aufsichtsrechtlicher Doppelanforderungen,

5.

der gleichmäßigen Anwendung der bestehenden aufsichtsrechtlichen Anforderungen auf alle Unternehmen der Gruppe unter Berücksichtigung bestehender Ermessensspielräume und Wahlrechte sowie

6.

der Planung und Koordinierung der Aufsichtstätigkeiten in Vorbereitung auf und in Krisensituationen unter Berücksichtigung der Arbeit anderer Foren, die in diesem Bereich eingerichtet werden.

(2) Die Bundesanstalt legt die Einrichtung und Funktionsweise des jeweiligen Aufsichtskollegiums im Benehmen mit den zuständigen Stellen schriftlich fest; § 8a Absatz 2 gilt entsprechend. Die Bundesanstalt leitet die Sitzungen des Aufsichtskollegiums und entscheidet, welche zuständigen Stellen neben der Bundesanstalt und der Deutschen Bundesbank an einer Sitzung oder Tätigkeiten des Aufsichtskollegiums teilnehmen. Neben den für die Beaufsichtigung von Tochterunternehmen der Gruppe zuständigen Stellen und den zuständigen Stellen des Aufnahmemitgliedstaates einer bedeutenden Zweigniederlassung kann die Bundesanstalt auch über die Teilnahme von zuständigen Stellen aus Drittstaaten an dem Aufsichtskollegium entscheiden, sofern diese über Geheimhaltungsvorschriften verfügen, die nach Auffassung aller am Kollegium beteiligten Stellen den Vorschriften des Titels VII Kapitel I Abschnitt II der Richtlinie 2013/36/EU gleichwertig sind.

(3) Die Bundesanstalt informiert alle Mitglieder des Aufsichtskollegiums vorab laufend und umfassend über die Organisation der Sitzungen, die wesentlichen zu erörternden Fragen und die in Betracht kommenden Tätigkeiten sowie rechtzeitig über das in den Sitzungen beschlossene Vorgehen und die durchgeführten Maßnahmen.

(4) Die Bundesanstalt berücksichtigt bei ihren nach Absatz 2 zu treffenden Entscheidungen die Bedeutung der zu planenden oder zu koordinierenden Aufsichtstätigkeiten für die zuständigen Stellen, insbesondere die möglichen Auswirkungen auf die Stabilität des Finanzsystems in den betroffenen Staaten.

(5) Die Bundesanstalt unterrichtet die Europäische Bankenaufsichtsbehörde über die Tätigkeit des Aufsichtskollegiums, insbesondere in Krisensituationen, und übermittelt ihr alle Informationen, die für die Zwecke der Vereinheitlichung der Aufsicht auf europäischer Ebene von besonderem Belang sind. Die Bediensteten der Europäischen Bankenaufsichtsbehörde können sich nach Maßgabe des Artikels 21 der Verordnung (EU) Nr. 1093/2010 an den Aktivitäten der Aufsichtskollegien beteiligen, einschließlich der Teilnahme an Prüfungen gemäß § 44 Absatz 1 und 2, wenn diese von der Bundesanstalt gemeinsam mit mindestens einer anderen zuständigen Stelle im Europäischen Wirtschaftsraum vorgenommen werden.

(6) In den Fällen, in denen die Bundesanstalt nicht für die Aufsicht über eine Institutsgruppe, Finanzholding-Gruppe oder gemischte Finanzholding-Gruppe auf zusammengefasster Basis zuständig ist, aber CRR-Kreditinstitute mit bedeutenden Zweigniederlassungen in anderen Staaten des Europäischen Wirtschaftsraums beaufsichtigt, richtet sie ein Aufsichtskollegium ein, um die Zusammenarbeit mit den zuständigen Stellen des Aufnahmemitgliedstaates nach § 8 Absatz 3 sowie in Krisensituationen zu erleichtern. Absatz 2 Satz 1 und 2 sowie die Absätze 3 und 4 gelten entsprechend.

(7) Bei der Wahrnehmung der Aufgaben nach den Absätzen 1 bis 6 arbeiten die Bundesanstalt und die Deutsche Bundesbank zusammen.

§ 8f Zusammenarbeit bei der Aufsicht über bedeutende Zweigniederlassungen

(1) Die Bundesanstalt stuft die Zweigniederlassung eines CRR-Instituts in einem Aufnahmemitgliedstaat oder einem Staat des Europäischen Wirtschaftsraums auf Verlangen der zuständigen Stelle insbesondere dann als bedeutend ein, wenn die Zweigniederlassung die

Anforderungen des § 53b Absatz 8 Satz 4 erfüllt; in diesem Fall übermittelt die Bundesanstalt der zuständigen Stelle

1.

  die Informationen nach § 8 Absatz 3 Satz 6 Nummer 3 und 4 und § 11 Absatz 3,

2.

  die Ergebnisse der Risikobewertungen des CRR-Instituts und

3.

  die Entscheidungen über das erstmalige oder das weitere Verwenden interner Ansätze und über Maßnahmen nach § 6 Absatz 3, sofern sie Auswirkungen auf die bedeutende Zweigniederlassung haben.

Die Bundesanstalt plant und koordiniert die Aufsichtstätigkeiten im Sinne des § 8a Absatz 1 Nummer 2 in Zusammenarbeit mit den zuständigen Stellen im Sinne von Satz 1.

(2) Die Bundesanstalt hört die zuständigen Stellen im Sinne von Absatz 1 Satz 1 über Entscheidungen im Hinblick auf den instituteigenen Plan zur Wiederherstellung der Liquidität an, wenn dies für Liquiditätsrisiken in Zusammenhang mit der Währung des Aufnahmemitgliedstaates oder des Staates des Europäischen Wirtschaftsraums relevant ist. Unterlässt sie dies oder hält die Bundesanstalt an ihrer Auffassung fest, kann die zuständige Stelle die Europäische Bankenaufsichtsbehörde nach Maßgabe des Artikels 19 der Verordnung (EU) Nr. 1093/2010 um Hilfe ersuchen.

(3) Erhält die Bundesanstalt Informationen und Erkenntnisse von der zuständigen Stelle im Sinne des Absatzes 1 Satz 1, hat die Bundesanstalt diese bei ihrer Prüfungsplanung zu berücksichtigen; sie hat hierbei der Stabilität des Finanzsystems des Aufnahmemitgliedstaates oder des Staates des Europäischen Wirtschaftsraums Rechnung zu tragen.

Fußnote(+++ § 8f: Zur Anwendung vgl. § 64r Abs. 2 +++)

§ 9 Verschwiegenheitspflicht

(1) Die bei der Bundesanstalt beschäftigten und die nach § 4 Abs. 3 des Finanzdienstleistungsaufsichtsgesetzes beauftragten Personen, die nach § 45c bestellten Sonderbeauftragten, die nach § 37 Absatz 1 Satz 2 und § 38 Absatz 2 Satz 2 und 3 bestellten Abwickler sowie die im Dienst der Deutschen Bundesbank stehenden Personen, soweit sie zur Durchführung dieses Gesetzes tätig werden, dürfen die ihnen bei ihrer Tätigkeit bekanntgewordenen Tatsachen, deren Geheimhaltung im Interesse des Instituts oder eines Dritten liegt, insbesondere Geschäfts- und Betriebsgeheimnisse, nicht unbefugt offenbaren oder verwerten, auch wenn sie nicht mehr im Dienst sind oder ihre Tätigkeit beendet ist. Die von den beaufsichtigten Instituten und Unternehmen zu beachtenden Bestimmungen des Bundesdatenschutzgesetzes bleiben unberührt. Dies gilt auch für andere Personen, die durch dienstliche Berichterstattung Kenntnis von den in Satz 1 bezeichneten Tatsachen erhalten. Ein unbefugtes Offenbaren oder Verwerten im Sinne des Satzes 1 liegt insbesondere nicht vor, wenn Tatsachen weitergegeben werden an

1.

  Strafverfolgungsbehörden oder für Straf- und Bußgeldsachen zuständige Gerichte,

2.

  kraft Gesetzes oder im öffentlichen Auftrag mit der Überwachung von Instituten, Kapitalverwaltungsgesellschaften, extern verwalteten Investmentgesellschaften, EU-Verwaltungsgesellschaften oder ausländischen AIF-Verwaltungsgesellschaften, Finanzunternehmen, Versicherungsunternehmen, der Finanzmärkte oder des Zahlungsverkehrs oder mit der Geldwäscheprävention betraute Stellen sowie von diesen beauftragte Personen,

3.

  mit der Liquidation, oder dem Insolvenzverfahren über das Vermögen eines Instituts befaßte Stellen,

4.

mit der gesetzlichen Prüfung der Rechnungslegung von Instituten oder Finanzunternehmen betraute Personen sowie Stellen, welche die vorgenannten Personen beaufsichtigen,

5.
eine Einlagensicherungseinrichtung oder Anlegerentschädigungseinrichtung,

6.
Wertpapier- oder Terminbörsen,

7.
Zentralnotenbanken,

8.
Betreiber von Systemen nach § 1 Abs. 16,

9.
die zuständigen Stellen in anderen Staaten des Europäischen Wirtschaftsraums sowie in Drittstaaten, mit denen die Bundesanstalt im Rahmen von Aufsichtskollegien nach § 8e zusammenarbeitet,

10.
die Europäische Zentralbank, das Europäische System der Zentralbanken, die Europäische Bankenaufsichtsbehörde, die Europäische Aufsichtsbehörde für das Versicherungswesen und die betriebliche Altersversorgung, die Europäische Wertpapier- und Marktaufsichtsbehörde, den Gemeinsamen Ausschuss der Europäischen Aufsichtsbehörden, den Europäischen Ausschuss für Systemrisiken oder die Europäische Kommission,

11.
Behörden, die für die Aufsicht über Zahlungs- und Abwicklungssysteme zuständig sind,

12.
Parlamentarische Untersuchungsausschüsse nach § 1 des Untersuchungsausschussgesetzes auf Grund einer Entscheidung über ein Ersuchen nach § 18 Absatz 2 des Untersuchungsausschussgesetzes,

13.
das Bundesverfassungsgericht,

14.
den Bundesrechnungshof, sofern sich sein Untersuchungsauftrag auf die Entscheidungen und sonstigen Tätigkeiten der Bundesanstalt nach diesem Gesetz oder der Verordnung (EU) Nr. 575/2013 bezieht,

15.
Verwaltungsgerichte in verwaltungsrechtlichen Streitigkeiten, in denen die Bundesanstalt Beklagte ist, mit Ausnahme von Klagen nach dem Informationsfreiheitsgesetz,

16.
die Bank für Internationalen Zahlungsausgleich einschließlich der bei ihr ansässigen multilateralen Gremien, insbesondere das Financial Stability Board (FSB),

17.
den Internationalen Währungsfonds, soweit dies zur Erfüllung seines satzungsmäßigen Auftrags oder besonderer von den Mitgliedern übertragener Aufgaben erforderlich ist,

18.
den Ausschuss für Finanzstabilität oder den Europäischen Ausschuss für Systemrisiken,

19.
die Bundesanstalt für Finanzmarktstabilisierung, das Gremium zum Finanzmarktstabilisierungsfonds im Sinne des § 10a Absatz 1 des Finanzmarktstabilisierungsfondsgesetzes oder den Lenkungsausschuss im Sinne des § 4 Absatz 1 Satz 2 des Finanzmarktstabilisierungsfondsgesetzes, oder

20.
Behörden im Sinne von Artikel 2 Absatz 1 Nummer 17 und 18 der Verordnung (EU) Nr. 909/2014,

soweit diese Stellen die Informationen zur Erfüllung ihrer Aufgaben benötigen. Für die bei den in Satz 4 Nummer 1 bis 11 und 13 bis 19 genannten Stellen beschäftigten Personen und die von diesen Stellen beauftragten Personen sowie für die Mitglieder der in Satz 4 Nummer 12 und 19 genannten Ausschüsse gilt die Verschwiegenheitspflicht nach Satz 1 entsprechend. Befindet sich eine in Satz 4 Nummer 1 bis 11 und 16 bis 18 genannte Stelle in einem anderen Staat, so dürfen die Tatsachen nur weitergegeben werden, wenn die bei dieser Stelle beschäftigten und die von dieser Stelle beauftragten Personen einer dem Satz 1 weitgehend entsprechenden Verschwiegenheitspflicht unterliegen. Die ausländische Stelle ist darauf hinzuweisen, daß sie Informationen nur zu dem Zweck verwenden darf, zu deren Erfüllung sie ihr übermittelt werden. Informationen, die aus einem anderen Staat stammen, dürfen nur mit ausdrücklicher Zustimmung der zuständigen Stellen, die diese Informationen mitgeteilt haben, und nur für solche Zwecke weitergegeben werden, denen diese Stellen zugestimmt haben.

(2) Ein unbefugtes Offenbaren oder Verwerten von Tatsachen im Sinne des Absatzes 1 Satz 1 liegt nicht vor, wenn die Ergebnisse von im Einklang mit Artikel 100 der Richtlinie 2013/36/EU oder Artikel 32 der Verordnung (EU) Nr. 1093/2010 in der jeweils geltenden Fassung durchgeführten Stresstests veröffentlicht oder der Europäischen Bankenaufsichtsbehörde zur Veröffentlichung EU-weiter Stresstestergebnisse übermittelt werden.

(3) Betrifft die Weitergabe von Tatsachen nach Absatz 1 personenbezogene Daten, ist das Bundesdatenschutzgesetz in der jeweils geltenden Fassung anzuwenden.

(4) Tritt eine Krisensituation ein, so kann die Bundesanstalt zu Aufsichtszwecken Tatsachen auch an die zuständigen Stellen in anderen Staaten weitergeben.

(5) Die §§ 93, 97 und 105 Absatz 1, § 111 Absatz 5 in Verbindung mit § 105 Absatz 1 sowie § 116 Absatz 1 der Abgabenordnung gelten für die in Absatz 1 bezeichneten Personen nur, soweit die Finanzbehörden die Kenntnisse für die Durchführung eines Verfahrens wegen einer Steuerstraftat sowie eines damit zusammenhängenden Besteuerungsverfahrens benötigen. Die in Satz 1 genannten Vorschriften sind jedoch nicht anzuwenden, soweit Tatsachen betroffen sind,

1.

die den in Absatz 1 Satz 1 oder Satz 3 bezeichneten Personen durch die zuständige Aufsichtsstelle eines anderen Staates oder durch von dieser Stelle beauftragte Personen mitgeteilt worden sind oder

2.

von denen bei der Bundesanstalt beschäftigte Personen dadurch Kenntnis erlangen, dass sie an der Aufsicht über direkt von der Europäischen Zentralbank beaufsichtigte Institute mitwirken, insbesondere in gemeinsamen Aufsichtsteams nach Artikel 2 Nummer 6 der Verordnung (EU) Nr. 468/2014 der Europäischen Zentralbank, und die nach den Regeln der Europäischen Zentralbank geheim sind.

Fußnote(+++ § 9: Zur Anwendung vgl. § 5 Abs. 5a u. § 8 KAGB u. § 53 Abs. 3 EinSiG +++)

Zweiter Abschnitt
Vorschriften für Institute, Institutsgruppen, Finanzholding-Gruppen, gemischte Finanzholding-Gruppen und gemischte Holdinggesellschaften

1.
Eigenmittel und Liquidität

§ 10 Ergänzende Anforderungen an die Eigenmittelausstattung von Instituten, Institutsgruppen, Finanzholding-Gruppen und gemischten Finanzholding-Gruppen; Verordnungsermächtigung

(1) Im Interesse der Erfüllung der Verpflichtungen der Institute, Institutsgruppen, Finanzholding-Gruppen und gemischten Finanzholding-Gruppen gegenüber ihren Gläubigern, insbesondere im Interesse der Sicherheit der ihnen anvertrauten Vermögenswerte, wird das Bundesministerium der Finanzen ermächtigt, durch Rechtsverordnung, die nicht der Zustimmung des Bundesrates bedarf, im Benehmen mit der Deutschen Bundesbank in Ergänzung der Verordnung (EU) Nr. 575/2013 nähere Bestimmungen über die angemessene Eigenmittelausstattung (Solvabilität) der Institute, Institutsgruppen, Finanzholding-Gruppen und gemischten Finanzholding-Gruppen zu erlassen, insbesondere

1.
ergänzende Bestimmungen zu den Anforderungen für eine Zulassung interner Ansätze,

2.
Bestimmungen zur laufenden Überwachung interner Ansätze durch die Aufsichtsbehörde, insbesondere zu Maßnahmen bei Nichteinhaltung von Anforderungen an interne Ansätze und zur Aufhebung der Zulassung interner Ansätze,

3.
nähere Verfahrensbestimmungen zur Zulassung, zur laufenden Überwachung und zur Aufhebung der Zulassung interner Ansätze,

4.
nähere Bestimmungen zur Überprüfung der Anforderungen an interne Ansätze durch die Aufsichtsbehörde, insbesondere zu Eignungs- und Nachschauprüfungen,

5.
nähere Bestimmungen zur

a)
Anordnung und Ermittlung der Quote für den antizyklischen Kapitalpuffer nach § 10d, insbesondere zur Bestimmung eines Puffer-Richtwerts, zum Verfahren der Anerkennung antizyklischer Kapitalpuffer von Staaten des Europäischen Wirtschaftsraums und Drittstaaten, zu den Veröffentlichungspflichten der Bundesanstalt und zur Berechnung der institutsspezifischen Kapitalpufferquote,

b)
Anordnung und Ermittlung der Quote für den Kapitalpuffer für systemische Risiken nach § 10e, insbesondere zur Berücksichtigung systemischer oder makroprudenzieller Risiken, zur Bestimmung der zu berücksichtigenden Risikopositionen und deren Belegenheit und zum Verfahren der Anerkennung der Kapitalpuffer für systemische Risiken von Staaten des Europäischen Wirtschaftsraums und Drittstaaten,

c)
Anordnung und Ermittlung der Quote für den Kapitalpuffer für global systemrelevante Institute nach § 10f, insbesondere zur Bestimmung der global systemrelevanten Institute und deren Zuordnung zu Größenklassen, zur Herauf- und Herabstufung zwischen den Größenklassen sowie zur Veröffentlichung der der quantitativen Analyse zugrunde liegenden Indikatoren,

d)
Anordnung und Ermittlung der Quote für den Kapitalpuffer für anderweitig systemrelevante Institute nach § 10g, insbesondere zur Bestimmung der anderweitig systemrelevanten Institute und zur Festlegung der Quote auf Einzelinstitutsebene, konsolidierter oder unterkonsolidierter Ebene,

e)
Höhe und zu den näheren Einzelheiten der Berechnung des maximal ausschüttungsfähigen Betrags für die kombinierte Kapitalpufferanforderung nach § 10i,

6.
nähere Bestimmungen zur Festsetzung der Prozentsätze und Faktoren nach Artikel 465 Absatz 2, Artikel 467 Absatz 3, Artikel 468 Absatz 3, Artikel 478 Absatz 3, Artikel 479 Absatz 4, Artikel 480 Absatz 3, Artikel 481 Absatz 5 und Artikel 486 Absatz 6 der Verordnung (EU) Nr. 575/2013,

7.
nähere Bestimmungen zu den in der Verordnung (EU) Nr. 575/2013 vorgesehenen Antrags- und Anzeigeverfahren und

8.
Vorgaben für die Bemessung des Beleihungswerts von Immobilien nach Artikel 4 Absatz 1 Nummer 74 der Verordnung (EU) Nr. 575/2013 in der jeweils geltenden Fassung,

9.
nähere Bestimmungen zum aufsichtlichen Benchmarking bei der Anwendung interner Ansätze zur Ermittlung der Eigenmittelanforderungen, insbesondere nähere Bestimmungen zum Verfahren und zu Art, Umfang und Häufigkeit der von den Instituten vorzulegenden

Informationen sowie nähere Bestimmungen über die von der Aufsichtsbehörde vorzugebenden Anforderungen an die Zusammensetzung besonderer Benchmarking-Portfolien und

10.

die Pflicht der CRR-Institute zur Offenlegung der in § 26a Absatz 1 Satz 2 genannten Angaben auf konsolidierter Ebene sowie der Kapitalrendite nach § 26a Absatz 1 Satz 4, einschließlich des Gegenstands der Offenlegungsanforderung, sowie des Mediums, des Übermittlungsweges, der Häufigkeit der Offenlegung und den Umfang der nach § 26a Absatz 1 Satz 5 vertraulich an die Europäische Kommission zu übermittelnden Daten.

Das Bundesministerium der Finanzen kann die Ermächtigung durch Rechtsverordnung auf die Bundesanstalt mit der Maßgabe übertragen, dass die Rechtsverordnung im Einvernehmen mit der Deutschen Bundesbank ergeht. Vor Erlass der Rechtsverordnung sind die Spitzenverbände der Institute zu hören.

(2) Institute dürfen personenbezogene Daten ihrer Kunden, von Personen, mit denen sie Vertragsverhandlungen über Adressenausfallrisiken begründende Geschäfte aufnehmen, sowie von Personen, die für die Erfüllung eines Adressenausfallrisikos einstehen sollen, für die Zwecke der Verordnung (EU) Nr. 575/2013 und der nach Absatz 1 Satz 1 zu erlassenden Rechtsverordnung erheben und verwenden, soweit diese Daten

1.

unter Zugrundelegung eines wissenschaftlich anerkannten mathematisch-statistischen Verfahrens nachweisbar für die Bestimmung und Berücksichtigung von Adressenausfallrisiken erheblich sind,

2.

zum Aufbau und Betrieb einschließlich der Entwicklung und Weiterentwicklung von internen Ratingsystemen für die Schätzung von Risikoparametern des Adressenausfallrisikos des Kreditinstituts oder der Wertpapierfirma erforderlich sind und

3.

es sich nicht um Angaben zur Staatsangehörigkeit oder um Daten nach § 3 Absatz 9 des Bundesdatenschutzgesetzes handelt.

Betriebs- und Geschäftsgeheimnisse stehen personenbezogenen Daten gleich. Zur Entwicklung und Weiterentwicklung der Ratingsysteme dürfen abweichend von Satz 1 Nummer 1 auch Daten erhoben und verwendet werden, die bei nachvollziehbarer wirtschaftlicher Betrachtungsweise für die Bestimmung und Berücksichtigung von Adressenausfallrisiken erheblich sein können. Für die Bestimmung und Berücksichtigung von Adressenausfallrisiken können insbesondere Daten erheblich sein, die den folgenden Kategorien angehören oder aus Daten der folgenden Kategorien gewonnen worden sind:

1.

Einkommens-, Vermögens- und Beschäftigungsverhältnisse sowie die sonstigen wirtschaftlichen Verhältnisse, insbesondere Art, Umfang und Wirtschaftlichkeit der Geschäftstätigkeit des Betroffenen,

2.

Zahlungsverhalten und Vertragstreue des Betroffenen,

3.

vollstreckbare Forderungen sowie Zwangsvollstreckungsverfahren und -maßnahmen gegen den Betroffenen,

4.

Insolvenzverfahren über das Vermögen des Betroffenen, sofern diese eröffnet worden sind oder die Eröffnung beantragt worden ist.

Diese Daten dürfen erhoben werden

1.

beim Betroffenen,

2.

bei Instituten, die derselben Institutsgruppe angehören,

3.
      bei Ratingagenturen und Auskunfteien und

4.
      aus allgemein zugänglichen Quellen.

Institute dürfen anderen Instituten derselben Institutsgruppe und in pseudonymisierter Form auch von den mit dem Aufbau und Betrieb einschließlich der Entwicklung und Weiterentwicklung von Ratingsystemen beauftragten Dienstleistern nach Satz 1 erhobene personenbezogene Daten übermitteln, soweit dies zum Aufbau und Betrieb einschließlich der Entwicklung und Weiterentwicklung von internen Ratingsystemen für die Schätzung von Risikoparametern des Adressenausfallrisikos erforderlich ist.

(3) Die Aufsichtsbehörde kann anordnen, dass ein Institut, eine Institutsgruppe, eine Finanzholding-Gruppe oder eine gemischte Finanzholding-Gruppe Eigenmittelanforderungen in Bezug auf nicht durch Artikel 1 der Verordnung (EU) Nr. 575/2013 erfasste Risiken und Risikoelemente einhalten muss, die über die Eigenmittelanforderungen nach der Verordnung (EU) Nr. 575/2013 und nach der Rechtsverordnung nach Absatz 1 hinausgehen. Die Aufsichtsbehörde ordnet solche zusätzlichen Eigenmittelanforderungen zumindest in den folgenden Fällen und zu folgenden Zwecken an:

1.
      wenn Risiken oder Risikoelemente nicht durch die Eigenmittelanforderungen nach der Verordnung (EU) Nr. 575/2013 und nach der Rechtsverordnung nach Absatz 1 abgedeckt sind oder die Anforderungen nach Artikel 393 der Verordnung (EU) Nr. 575/2013 zur Ermittlung und Steuerung von Großkrediten nicht eingehalten werden,

2.
      wenn die Risikotragfähigkeit des Instituts, der Institutsgruppe, der Finanzholding-Gruppe oder der gemischten Finanzholding-Gruppe nicht gewährleistet ist,

3.
      wenn die Überprüfung nach § 6b Absatz 2 Satz 2 Nummer 2 es wahrscheinlich erscheinen lässt, dass die vom Institut vorgenommenen Bewertungskorrekturen nicht ausreichen, um eine angemessene Eigenmittelausstattung zu gewährleisten,

4.
      wenn es wahrscheinlich erscheint, dass die Risiken trotz Einhaltung der Anforderungen nach diesem Gesetz, nach der Verordnung (EU) Nr. 575/2013 und nach den Rechtsverordnungen nach Absatz 1 und nach § 13 Absatz 1 unterschätzt werden,

5.
      um den Aufbau eines zusätzlichen Eigenmittelpuffers für Perioden wirtschaftlichen Abschwungs sicherzustellen,

6.
      um einer besonderen Geschäftssituation des Instituts, der Institutsgruppe, der Finanzholding-Gruppe oder der gemischten Finanzholding-Gruppe, etwa bei Aufnahme der Geschäftstätigkeit, Rechnung zu tragen,

7.
      wenn ein Institut eine Verbriefung mehr als einmal stillschweigend unterstützt hat; zu diesem Zwecke kann die Aufsichtsbehörde anordnen, dass der wesentliche Risikotransfer für sämtliche Verbriefungen, für die das Institut als Originator gilt, zur Berücksichtigung zu erwartender weiterer stillschweigender Unterstützungen nicht oder nur teilweise bei der Berechnung der erforderlichen Eigenmittel anerkannt wird,

8.
      wenn die aus den Ergebnissen der Stresstests für das Korrelationshandelsportfolio nach Artikel 377 Absatz 5 Satz 3, zweiter Halbsatz der Verordnung (EU) Nr. 575/2013 resultierenden Eigenmittelanforderungen wesentlich über die Eigenmittelanforderungen für das Korrelationshandelsportfolio gemäß Artikel 377 der Verordnung (EU) Nr. 575/2013 hinausgehen,

9.

andere Maßnahmen keine hinreichende Verbesserung der institutsinternen Verfahren, Prozesse und Methoden in einem angemessenen Zeithorizont erwarten lassen,

10.

wenn das Institut, die Institutsgruppe, die Finanzholding-Gruppe oder die gemischte Finanzholding-Gruppe nicht über eine ordnungsgemäße Geschäftsorganisation im Sinne des § 25a Absatz 1 verfügt.

Soweit Institute, die nach Einschätzung der Aufsichtsbehörde ähnliche Risikoprofile aufweisen, ähnlichen Risiken ausgesetzt sein könnten oder für das Finanzsystem ähnliche Risiken begründen, kann die Aufsichtsbehörde Anordnungen nach Satz 1 für diese Institute einheitlich treffen. Bei Instituten, für die Aufsichtskollegien nach § 8e eingerichtet sind, berücksichtigt die Aufsichtsbehörde bei der Entscheidung über eine Anordnung nach Satz 1 die Einschätzungen des jeweiligen Aufsichtskollegiums.

(4) Die Bundesanstalt kann von einzelnen Instituten, Institutsgruppen, Finanzholding-Gruppen und gemischten Finanzholding-Gruppen oder von einzelnen Arten oder Gruppen von Instituten, Institutsgruppen, Finanzholding-Gruppen und gemischten Finanzholding-Gruppen das Vorhalten von Eigenmitteln, die über die Eigenmittelanforderungen nach der Verordnung (EU) Nr. 575/2013 und nach der Rechtsverordnung nach Absatz 1 hinausgehen, für einen begrenzten Zeitraum auch verlangen, wenn diese Kapitalstärkung erforderlich ist,

1.

um einer drohenden Störung der Funktionsfähigkeit des Finanzmarktes oder einer Gefahr für die Finanzmarktstabilität entgegenzuwirken und

2.

um erhebliche negative Auswirkungen auf andere Unternehmen des Finanzsektors sowie auf das allgemeine Vertrauen der Einleger und anderer Marktteilnehmer in ein funktionsfähiges Finanzsystem zu vermeiden.

Eine drohende Störung der Funktionsfähigkeit des Finanzmarktes kann insbesondere dann gegeben sein, wenn auf Grund außergewöhnlicher Marktverhältnisse die Refinanzierungsfähigkeit mehrerer für den Finanzmarkt relevanter Institute beeinträchtigt zu werden droht. Soweit sie Aufsichtsbehörde ist, kann die Bundesanstalt in diesem Fall die Beurteilung der Angemessenheit der Eigenmittel nach von der Verordnung (EU) Nr. 575/2013 und von der Rechtsverordnung nach Absatz 1 abweichenden Maßstäben vornehmen, die diesen besonderen Marktverhältnissen Rechnung tragen. Zusätzliche Eigenmittel können insbesondere im Rahmen eines abgestimmten Vorgehens auf Ebene der Europäischen Union zur Stärkung des Vertrauens in die Widerstandsfähigkeit des europäischen Bankensektors und zur Abwehr einer drohenden Gefahr für die Finanzmarktstabilität in Europa verlangt werden. Bei der Festlegung von Höhe und maßgeblicher Zusammensetzung der zusätzlichen Eigenmittel und des maßgeblichen Zeitpunktes für die Einhaltung der erhöhten Eigenmittelanforderungen berücksichtigt die Bundesanstalt die Standards, auf deren Anwendung sich die zuständigen europäischen Stellen im Rahmen eines abgestimmten Vorgehens auf Unionsebene verständigt haben. In diesem Rahmen kann die Bundesanstalt verlangen, dass die Institute in einem Plan nachvollziehbar darlegen, durch welche Maßnahmen sie die erhöhten Eigenmittelanforderungen zu dem von der Bundesanstalt nach Satz 5 festgelegten Zeitpunkt einhalten werden. Soweit der Plan die Belange des Finanzmarktstabilisierungsfonds im Sinne des § 1 des Finanzmarktstabilisierungsfondsgesetzes berührt, erfolgt die Beurteilung des Plans im Einvernehmen mit dem Lenkungsausschuss nach § 4 Absatz 1 Satz 2 des Finanzmarktstabilisierungsfondsgesetzes (Lenkungsausschuss). Die Bundesanstalt kann die kurzfristige Nachbesserung des vorgelegten Plans verlangen, wenn sie die angegebenen Maßnahmen und Umsetzungsfristen für nicht ausreichend hält oder das Institut sie nicht einhält. In diesem Fall haben die Institute auch die Möglichkeit eines Antrags auf Stabilisierungsmaßnahmen nach dem Finanzmarktstabilisierungsfondsgesetz zu prüfen, wenn keine alternativen Maßnahmen zur Verfügung stehen. Sofern nach Feststellung der Bundesanstalt im Einvernehmen mit dem Lenkungsausschuss keine oder nur eine unzureichende Nachbesserung des Plans erfolgt ist, kann die Bundesanstalt einen Sonderbeauftragten im Sinne des § 45c Absatz 1 bestellen und ihn mit der Aufgabe nach § 45c Absatz 2 Nummer 7a beauftragen. Zudem kann sie anordnen, dass Entnahmen durch die Inhaber oder Gesellschafter, die Ausschüttung von Gewinnen und die Auszahlung variabler Vergütungsbestandteile nicht zulässig sind, solange die angeordneten erhöhten Eigenmittelanforderungen nicht erreicht sind. Entgegenstehende Beschlüsse über die Gewinnausschüttung sind nichtig; aus entgegenstehenden Regelungen in Verträgen können keine Rechte hergeleitet werden.

(5) § 309 Nummer 3 und die §§ 313, 314, 489, 490, 723 bis 725, 727 und 728 des Bürgerlichen Gesetzbuchs, die §§ 132 bis 135 des Handelsgesetzbuchs und § 254 des Aktiengesetzes sind nicht anzuwenden, wenn Zweck einer Kapitalüberlassung die Überlassung von Eigenmitteln im Sinne des Artikels 72 der Verordnung (EU) Nr. 575/2013 ist. § 309 Nummer 3 des Bürgerlichen Gesetzbuchs findet auch keine Anwendung auf Verbindlichkeiten des Instituts, welche die Voraussetzungen des § 49 Absatz 2 des Sanierungs- und Abwicklungsgesetzes mit Ausnahme von dessen Nummer 4 erfüllen und eine Mindestlaufzeit von einem Jahr haben.

(6) Die Bundesanstalt kann anordnen, dass ein Institut der Deutschen Bundesbank häufigere oder auch umfangreichere Meldungen zu seiner Solvabilität einreicht als in den Artikeln 99 bis 101 der Verordnung (EU) Nr. 575/2013 in der jeweils geltenden Fassung vorgesehen.

(7) Die Bundesanstalt kann auf die Eigenmittel nach Artikel 72 der Verordnung (EU) Nr. 575/2013 in der jeweils geltenden Fassung einen Korrekturposten festsetzen. Wird der Korrekturposten festgesetzt, um noch nicht bilanzwirksam gewordene Kapitalveränderungen zu berücksichtigen, wird die Festsetzung mit der Feststellung des nächsten für den Schluss eines Geschäftsjahres aufgestellten Jahresabschlusses gegenstandslos. Die Bundesanstalt hat die Festsetzung auf Antrag des Instituts aufzuheben, soweit die Voraussetzung für die Festsetzung wegfällt.

Fußnote(+++ § 10: Zur Nichtanwendung vgl. § 2 Abs. 9a Satz 1 +++)
(+++ § 10 Abs. 3 Satz 2 Nr. 5: Zur Anwendung vgl. § 64r Abs. 3 +++)

§ 10a Ermittlung der Eigenmittelausstattung von Institutsgruppen, Finanzholding-Gruppen und gemischten Finanzholding-Gruppen; Verordnungsermächtigung

(1) Eine Institutsgruppe, Finanzholding-Gruppe oder gemischte Finanzholding-Gruppe (Gruppe) besteht jeweils aus einem übergeordneten Unternehmen und einem oder mehreren nachgeordneten Unternehmen. Übergeordnete Unternehmen sind CRR-Institute, die nach Artikel 11 der Verordnung (EU) Nr. 575/2013 die Konsolidierung vorzunehmen haben, sowie Institute, die nach § 1a in Verbindung mit Artikel 11 der Verordnung (EU) Nr. 575/2013 die Konsolidierung vorzunehmen haben. Nachgeordnete Unternehmen sind Unternehmen, die nach Artikel 18 der Verordnung (EU) Nr. 575/2013 zu konsolidieren sind oder freiwillig konsolidiert werden; Institute, die nach § 1a als CRR-Institute gelten und nicht ausschließlich über eine Erlaubnis verfügen, die Tätigkeit einer zentralen Gegenpartei im Sinne des § 1 Absatz 1 Satz 2 Nummer 12 auszuüben, gelten hierbei als Institute im Sinne des Artikels 18 der Verordnung (EU) Nr. 575/2013. Ist ein Kreditinstitut, das nicht CRR-Kreditinstitut ist, übergeordnetes Unternehmen, so gelten als nachgeordnete Unternehmen auch Unternehmen, die als Bankgeschäfte ausschließlich das Einlagengeschäft nach § 1 Absatz 1 Satz 2 Nummer 1 betreiben. Abweichend von Satz 2 kann die Bundesanstalt auf Antrag des übergeordneten Unternehmens ein anderes gruppenangehöriges Institut als übergeordnetes Unternehmen bestimmen; das gruppenangehörige Institut ist vorab anzuhören. Erfüllt bei wechselseitigen Beteiligungen kein Unternehmen der Institutsgruppe die Voraussetzungen des Satzes 2, bestimmt die Bundesanstalt das übergeordnete Unternehmen der Gruppe. Bei einer horizontalen Unternehmensgruppe im Sinne von Artikel 18 Absatz 3 der Verordnung (EU) Nr. 575/2013 gilt das gruppenangehörige Institut mit Sitz im Inland mit der höchsten Bilanzsumme als übergeordnetes Unternehmen. Ist das übergeordnete Unternehmen ein Kreditinstitut, das ausschließlich über eine Erlaubnis verfügt, die Tätigkeit einer zentralen Gegenpartei im Sinne des § 1 Absatz 1 Satz 2 Nummer 12 auszuüben, ein Finanzdienstleistungsinstitut, das ausschließlich Finanzdienstleistungen im Sinne von § 1 Absatz 1a Satz 2 Nummer 9 oder 10 erbringt, besteht nur dann eine Institutsgruppe im Sinne dieser Vorschrift, wenn ihm mindestens ein CRR-Institut mit Sitz im Inland als Tochterunternehmen nachgeordnet ist.

(2) Sind einer Finanzholding-Gesellschaft im Sinne von Artikel 4 Absatz 1 Nummer 20 der Verordnung (EU) Nr. 575/2013 oder gemischten Finanzholding-Gesellschaft im Sinne von Artikel 4

Absatz 1 Nummer 21 der Verordnung (EU) Nr. 575/2013 mehrere Institute mit Sitz im Inland nachgeordnet, gilt als übergeordnetes Unternehmen das Institut mit der höchsten Bilanzsumme; auf Antrag des übergeordneten Unternehmens bestimmt die Bundesanstalt ein anderes gruppenangehöriges Institut mit Sitz im Inland als übergeordnetes Unternehmen; das gruppenangehörige Institut ist vorab anzuhören. Auf Antrag einer Finanzholding-Gesellschaft oder einer gemischten Finanzholding-Gesellschaft, die ihren Sitz im Inland hat, und nach Anhörung des beaufsichtigten Unternehmens, das nach Artikel 11 Absatz 2 oder Artikel 12 der Verordnung (EU) Nr. 575/2013 oder Satz 1 als übergeordnetes Unternehmen gilt oder durch die Bundesanstalt bestimmt wurde, kann die Bundesanstalt die Finanzholding-Gesellschaft oder die gemischte Finanzholding-Gesellschaft als übergeordnetes Unternehmen bestimmen, sofern diese dargelegt hat, dass sie über die zur Einhaltung der gruppenbezogenen Pflichten erforderliche Struktur und Organisation verfügt. Die Bundesanstalt kann eine Finanzholding-Gesellschaft oder eine gemischte Finanzholding-Gesellschaft, die ihren Sitz im Inland hat, nach Anhörung des beaufsichtigten Unternehmens, das nach Artikel 11 Absatz 2 oder Artikel 12 der Verordnung (EU) Nr. 575/2013 oder Satz 1 als übergeordnetes Unternehmen gilt oder gemäß Satz 1 durch die Bundesanstalt bestimmt wurde, auch ohne Antrag als übergeordnetes Unternehmen bestimmen, sofern dies aus bankaufsichtlichen Gründen, insbesondere solchen, die sich aus der Organisation und Struktur der Finanzholding-Gesellschaft oder gemischten Finanzholding-Gesellschaft ergeben, erforderlich ist. Die nach Satz 2 oder Satz 3 als übergeordnetes Unternehmen bestimmte Finanzholding-Gesellschaft oder gemischte Finanzholding-Gesellschaft hat die auf die gruppenbezogenen Pflichten eines übergeordneten Unternehmens zu erfüllen. Liegen die Voraussetzungen für eine Bestimmung als übergeordnetes Unternehmen nach Satz 2 oder Satz 3 nicht mehr vor, insbesondere, wenn die Finanzholding-Gesellschaft oder gemischte Finanzholding-Gesellschaft ihren Sitz in einen anderen Staat verlagert oder nicht mehr in der Lage ist, für die Einhaltung der gruppenbezogenen Pflichten zu sorgen, hat die Bundesanstalt die Bestimmung nach Anhörung der Finanzholding-Gesellschaft oder der gemischten Finanzholding-Gesellschaft aufzuheben; § 35 Absatz 4 gilt entsprechend. Die Bundesanstalt hat gegenüber einer nach Satz 2 oder Satz 3 zum übergeordneten Unternehmen bestimmten Finanzholding-Gesellschaft oder gemischten Finanzholding-Gesellschaft und deren Organen alle Befugnisse, die ihr gegenüber einem Institut als übergeordnetem Unternehmen und dessen Organen zustehen. Erfüllt bei wechselseitigen Beteiligungen kein Institut im Inland die Voraussetzung, selbst keinem anderen gruppenangehörigen Institut nachgeordnet zu sein, gilt als übergeordnetes Unternehmen regelmäßig das Institut mit der höchsten Bilanzsumme; auf Antrag des übergeordneten Unternehmens bestimmt die Bundesanstalt ein anderes gruppenangehöriges Institut, das seinen Sitz im Inland hat, als übergeordnetes Unternehmen; das gruppenangehörige Institut ist vorab anzuhören.

(3) Abweichend von Absatz 1 Satz 1 bis 3 besteht keine Finanzholding-Gruppe oder gemischte Finanzholding-Gruppe, wenn die Finanzholding-Gesellschaft im Sinne von Artikel 4 Absatz 1 Nummer 30 oder 31 der Verordnung (EU) Nr. 575/2013 oder die gemischte Finanzholding-Gesellschaft im Sinne von Artikel 4 Absatz 1 Nummer 32 oder 33 der Verordnung (EU) Nr. 575/2013 ihren Sitz in einem anderen Staat des Europäischen Wirtschaftsraums hat und

1.
   der Finanzholding-Gesellschaft oder der gemischten Finanzholding-Gesellschaft mindestens ein CRR-Institut mit Sitz in ihrem Sitzstaat als Tochterunternehmen nachgeordnet ist oder

2.
   der Finanzholding-Gesellschaft oder der gemischten Finanzholding-Gesellschaft mindestens ein CRR-Institut mit Sitz im Inland und kein CRR-Institut mit Sitz in ihrem Sitzstaat nachgeordnet ist und das CRR-Institut mit Sitz im Inland keine höhere Bilanzsumme hat als ein anderes der Finanzholding-Gesellschaft oder gemischten Finanzholding-Gesellschaft als Tochterunternehmen nachgeordnetes CRR-Institut mit Sitz in einem anderen Staat des Europäischen Wirtschaftsraums.

Sind in einer Finanzholding-Gruppe oder gemischten Finanzholding-Gruppe mehr als eine Finanzholding-Gesellschaft im Sinne von Artikel 4 Absatz 1 Nummer 30 oder 31 der Verordnung (EU) Nr. 575/2013 oder gemischte Finanzholding-Gesellschaft im Sinne von Artikel 4 Absatz 1

Nummer 32 oder 33 der Verordnung (EU) Nr. 575/2013 mit Sitz sowohl im Inland als auch in einem anderen Staat des Europäischen Wirtschaftsraums Mutterunternehmen und hat in jedem dieser Staaten mindestens ein CRR-Institut seinen Sitz, so besteht keine Finanzholding-Gruppe oder gemischte Finanzholding-Gruppe, wenn das CRR-Institut mit Sitz im Inland keine höhere Bilanzsumme hat als ein anderes der Finanzholding-Gruppe oder gemischten Finanzholding-Gruppe als Tochterunternehmen angehöriges CRR-Institut mit Sitz in einem anderen Staat des Europäischen Wirtschaftsraums.

(4) Zur Ermittlung der Angemessenheit der Eigenmittel nach den Artikeln 92 bis 386 der Verordnung (EU) Nr. 575/2013 in der jeweils geltenden Fassung auf konsolidierter Ebene und zur Begrenzung der Großkreditrisiken nach den Artikeln 387 bis 403 der Verordnung (EU) Nr. 575/2013 haben die übergeordneten Unternehmen jeweils die Eigenmittel und die maßgeblichen Risikopositionen der Gruppe zusammenzufassen. Von den nach Satz 1 zusammenzufassenden Eigenmitteln sind die auf gruppenangehörige Unternehmen entfallenden Buchwerte der Kapitalinstrumente gemäß Artikel 26 Absatz 1 Buchstabe a, Artikel 51 Buchstabe a und Artikel 62 Buchstabe a der Verordnung (EU) Nr. 575/2013 in der jeweils geltenden Fassung abzuziehen. Bei Beteiligungen, die über nicht gruppenangehörige Unternehmen vermittelt werden, sind solche Buchwerte jeweils quotal in Höhe desjenigen Anteils abzuziehen, der der durchgerechneten Kapitalbeteiligung entspricht. Ist der Buchwert einer Beteiligung höher als der nach Satz 1 unter Eigenmitteln zusammenzufassende Teil der Posten des harten Kernkapitals nach Artikel 26 Absatz 1 der Verordnung (EU) Nr. 575/2013 in der jeweils geltenden Fassung des nachgeordneten Unternehmens, hat das übergeordnete Unternehmen den Unterschiedsbetrag von dem harten Kernkapital gemäß Artikel 50 der Verordnung (EU) Nr. 575/2013 in der jeweils geltenden Fassung der Gruppe abzuziehen. Die Adressenausfallpositionen, die sich aus Rechtsverhältnissen zwischen gruppenangehörigen Unternehmen ergeben, sind nicht zu berücksichtigen. Bei nachgeordneten Unternehmen, die keine Tochterunternehmen sind, hat das übergeordnete Unternehmen seine Eigenmittel und die im Rahmen der Verordnung (EU) Nr. 575/2013 in der jeweils geltenden Fassung maßgeblichen Risikopositionen mit den Eigenmitteln und den maßgeblichen Risikopositionen der nachgeordneten Unternehmen jeweils quotal in Höhe desjenigen Anteils zusammenzufassen, der seiner Kapitalbeteiligung an dem nachgeordneten Unternehmen entspricht. Im Übrigen gelten die Sätze 2 bis 5, jeweils auch in Verbindung mit der Rechtsverordnung nach Absatz 7, entsprechend.

(5) Ist das übergeordnete Unternehmen einer Institutsgruppe verpflichtet, nach den Vorschriften des Handelsgesetzbuchs einen Konzernabschluss aufzustellen, oder ist es nach Artikel 4 der Verordnung (EG) Nr. 1606/2002 des Europäischen Parlaments und des Rates vom 19. Juli 2002 betreffend die Anwendung internationaler Rechnungslegungsstandards (ABl. L 243 vom 11.9.2002, S. 1) in der jeweils geltenden Fassung oder nach Maßgabe des § 315e Absatz 2 des Handelsgesetzbuchs verpflichtet, bei der Aufstellung des Konzernabschlusses die nach den Artikeln 3 und 6 der Verordnung (EG) Nr. 1606/2002 übernommenen internationalen Rechnungslegungsstandards anzuwenden, so hat es spätestens nach Ablauf von fünf Jahren nach Entstehen der jeweiligen Verpflichtung bei der Ermittlung der zusammengefassten Eigenmittel sowie der zusammengefassten Risikopositionen nach Maßgabe der Artikel 24 bis 386 der Verordnung (EU) Nr. 575/2013 in der jeweils geltenden Fassung den Konzernabschluss zugrunde zu legen. Wendet das übergeordnete Unternehmen einer Institutsgruppe die genannten internationalen Rechnungslegungsstandards nach Maßgabe des § 315e Absatz 3 des Handelsgesetzbuchs an, sind die Sätze 1 und 2 entsprechend anzuwenden; an die Stelle des Entstehens der Verpflichtung zur Anwendung der internationalen Rechnungslegungsstandards tritt deren erstmalige Anwendung. Absatz 4 ist in den Fällen der Sätze 1 bis 3 nicht anzuwenden. In diesen Fällen bleiben die Eigenmittel und sonstigen maßgeblichen Risikopositionen von Unternehmen, die in den Konzernabschluss einbezogen und keine gruppenangehörigen Unternehmen im Sinne dieser Vorschrift sind, unberücksichtigt. Eigenmittel und sonstige maßgebliche Risikopositionen nicht in den Konzernabschluss einbezogener Unternehmen, die gruppenangehörige Unternehmen im Sinne dieser Vorschrift sind, sind hinzuzurechnen, wobei das Verfahren nach Absatz 4 angewendet werden darf. Die Sätze 1 bis 6 gelten entsprechend für eine Finanzholding-Gruppe oder eine gemischte Finanzholding-Gruppe, wenn die Finanzholding-Gesellschaft oder die gemischte Finanzholding-Gesellschaft nach den genannten Vorschriften

verpflichtet ist, einen Konzernabschluss aufzustellen oder nach § 315e Absatz 3 des Handelsgesetzbuchs einen Konzernabschluss nach den genannten internationalen Rechnungslegungsstandards aufstellt.

(6) Eine Gruppe, die nach Absatz 5 bei der Ermittlung der zusammengefassten Eigenmittel sowie der zusammengefassten Risikopositionen den Konzernabschluss zugrunde zu legen hat, darf mit Zustimmung der Bundesanstalt für diese Zwecke das Verfahren nach Absatz 4 nutzen, wenn die Heranziehung des Konzernabschlusses im Einzelfall ungeeignet ist. Das übergeordnete Unternehmen der Gruppe muss das Verfahren nach Absatz 4 in diesem Fall in mindestens drei aufeinander folgenden Jahren anwenden.

(7) Das Bundesministerium der Finanzen wird ermächtigt, durch Rechtsverordnung, die nicht der Zustimmung des Bundesrates bedarf, im Benehmen mit der Deutschen Bundesbank nähere Bestimmungen über die Ermittlung der Eigenmittelausstattung von Gruppen zu erlassen, insbesondere über

1.
   die Überleitung von Angaben aus dem Konzernabschluss in die Ermittlung der zusammengefassten Eigenmittelausstattung bei Anwendung des Verfahrens nach Absatz 5,

2.
   die Behandlung der nach der Äquivalenzmethode bewerteten Beteiligungen bei Anwendung des Verfahrens nach Absatz 5.

Das Bundesministerium der Finanzen kann die Ermächtigung durch Rechtsverordnung auf die Bundesanstalt mit der Maßgabe übertragen, dass die Rechtsverordnung im Einvernehmen mit der Deutschen Bundesbank ergeht. Vor Erlass der Rechtsverordnung sind die Spitzenverbände der Institute anzuhören.

(8) Das übergeordnete Unternehmen ist für eine angemessene Eigenmittelausstattung der Gruppe verantwortlich. Es darf jedoch zur Erfüllung seiner Verpflichtungen nach Satz 1 auf die gruppenangehörigen Unternehmen nur einwirken, soweit dem das allgemein geltende Gesellschaftsrecht nicht entgegensteht.

(9) Gruppen sind von der Anwendung der Anforderungen auf konsolidierter Ebene nach den Artikeln 11 bis 23 der Verordnung (EU) Nr. 575/2013 befreit, wenn sämtliche gruppenangehörigen Institute die Artikel 92 bis 386 der Verordnung (EU) Nr. 575/2013 nicht auf Einzelebene anzuwenden haben, es sei denn, sie wurden nach Artikel 7 der Verordnung (EU) Nr. 575/2013 von der Anwendung der Artikel 92 bis 386 der Verordnung (EU) Nr. 575/2013 auf Einzelebene freigestellt.

(10) Für die Unterkonsolidierung gemäß Artikel 22 der Verordnung (EU) Nr. 575/2013 sind die Absätze 4 bis 9 entsprechend anzuwenden.

Fußnote(+++ § 10a: Zur Anwendung vgl. § 64w +++)
(+++ § 10a Abs. 4 Satz 4: Zur Anwendung vgl. § 64r Abs. 4 +++)

§ 10b (weggefallen)

§ 10c Kapitalerhaltungspuffer

(1) Ein Institut muss zusätzlich zum harten Kernkapital, das zur Einhaltung der Eigenmittelanforderung nach Artikel 92 der Verordnung (EU) Nr. 575/2013 und erhöhter Eigenmittelanforderungen zur Absicherung nicht von Artikel 1 der Verordnung (EU) Nr. 575/2013 abgedeckter Risiken und Risikoelemente nach § 10 Absatz 3 erforderlich ist, einen aus hartem Kernkapital bestehenden Kapitalerhaltungspuffer vorhalten. Seine Höhe beträgt 2,5 Prozent des nach Artikel 92 Absatz 3 der Verordnung (EU) Nr. 575/2013 ermittelten Gesamtforderungsbetrags.

(2) Absatz 1 gilt entsprechend für Institutsgruppen, Finanzholding-Gruppen und gemischte Finanzholding-Gruppen, denen mindestens ein Institut angehört, das die Anforderung in Absatz 1 auf Einzelinstitutsebene erfüllen muss, sowie für Institute im Sinne des Artikels 22 der Verordnung (EU) Nr. 575/2013.

§ 10d Antizyklischer Kapitalpuffer

(1) Ein Institut muss zusätzlich zum harten Kernkapital, das zur Einhaltung

1.
der Eigenmittelanforderung nach Artikel 92 der Verordnung (EU) Nr. 575/2013,

2.
erhöhter Eigenmittelanforderungen zur Absicherung nicht von Artikel 1 der Verordnung (EU) Nr. 575/2013 abgedeckter Risiken und Risikoelemente nach § 10 Absatz 3,

3.
erhöhter Eigenmittelanforderungen nach § 10 Absatz 4 und

4.
des Kapitalerhaltungspuffers nach § 10c

erforderlich ist, einen aus hartem Kernkapital bestehenden institutsspezifischen antizyklischen Kapitalpuffer vorhalten. Satz 1 gilt entsprechend für Institutsgruppen, Finanzholding-Gruppen und gemischte Finanzholding-Gruppen, denen mindestens ein Institut angehört, das die Anforderung in Satz 1 auf Einzelinstitutsebene erfüllen muss, sowie für Institute im Sinne des Artikels 22 der Verordnung (EU) Nr. 575/2013.

(2) Die institutsspezifische antizyklische Kapitalpuffer-Quote ist der gewichtete Durchschnitt der Quoten für die antizyklischen Kapitalpuffer, die im Inland, in den anderen Staaten des Europäischen Wirtschaftsraums und in Drittstaaten sowie in den zugehörigen europäischen und überseeischen Ländern, Hoheitsgebieten und Rechtsräumen, in denen die maßgeblichen Risikopositionen des Instituts belegen sind, gelten oder nach Maßgabe der nachfolgenden Absätze angewendet werden. Zur Berechnung des gewichteten Durchschnitts wenden die Institute die jeweils geltende Quote für antizyklische Kapitalpuffer auf den jeweiligen Quotienten aus den gemäß den Artikeln 107 bis 311 und 325 bis 377 der Verordnung (EU) Nr. 575/2013 bestimmten Eigenmittelgesamtanforderungen für das Kreditrisiko in dem betreffenden Staat des Europäischen Wirtschaftsraums, des betreffenden Drittstaates sowie in den zugehörigen europäischen und überseeischen Ländern, Hoheitsgebieten und Rechtsräumen und den Eigenmittelgesamtanforderungen für das Kreditrisiko bei allen maßgeblichen Risikopositionen an.

(3) Die Quote des inländischen antizyklischen Kapitalpuffers beträgt 0 bis 2,5 Prozent des nach Artikel 92 Absatz 3 der Verordnung (EU) Nr. 575/2013 ermittelten Gesamtforderungsbetrags. Die Quote wird von der Bundesanstalt in Schritten von 0,25 Prozentpunkten festgelegt und quartalsweise bewertet. Hierbei berücksichtigt die Bundesanstalt Abweichungen des Verhältnisses der Kredite zum Bruttoinlandsprodukt von seinem langfristigen Trend und etwaige Empfehlungen des Ausschusses für Finanzstabilität. Die Bundesanstalt kann, soweit erforderlich, eine höhere Quote als 2,5 Prozent festlegen.

(4) Legt die Bundesanstalt die Quote für den inländischen antizyklischen Kapitalpuffer erstmals auf einen Wert über Null fest oder erhöht sie die bisherige Quote, bestimmt sie den Tag, ab dem die Institute die erhöhte Quote zur Berechnung des institutsspezifischen antizyklischen Kapitalpuffers anwenden müssen. Dieser Tag darf nicht mehr als zwölf Monate nach dem Tag der Veröffentlichung der erstmaligen Festlegung oder der Erhöhung der Quote für den inländischen antizyklischen Kapitalpuffer liegen. Liegen zwischen dem Tag nach Satz 1 und der Veröffentlichung der Quote für den inländischen antizyklischen Kapitalpuffer weniger als zwölf Monate, muss diese kürzere Frist durch außergewöhnliche Umstände, etwa eine erhebliche Zunahme der durch übermäßiges Kreditwachstum bedingten Risiken oder eine Situation, in der die Ertragslage der Institute im Europäischen Wirtschaftsraum einen schnelleren Aufbau des inländischen antizyklischen Kapitalpuffers möglich macht, gerechtfertigt sein.

(5) Setzt die Bundesanstalt die bestehende Quote für den inländischen antizyklischen Kapitalpuffer herab, teilt sie gleichzeitig einen Zeitraum mit, in dem voraussichtlich keine Erhöhung der Quote für den inländischen antizyklischen Kapitalpuffer zu erwarten ist. Die Bundesanstalt kann das Verfahren jederzeit, auch vor Ablauf des mitgeteilten Zeitraums, wieder aufnehmen und die Quote für den inländischen antizyklischen Kapitalpuffer erneut festlegen oder erhöhen. Die Bundesanstalt

veröffentlicht die im jeweiligen Quartal festlegte Quote für den inländischen antizyklischen Kapitalpuffer sowie die Angaben nach den Absätzen 3 und 4 auf ihrer Internetseite.

(6) Die Bundesanstalt kann die von einem anderen Staat des Europäischen Wirtschaftsraums oder einem Drittstaat festgelegte Quote für den antizyklischen Kapitalpuffer für die Berechnung des institutsspezifischen antizyklischen Kapitalpuffers durch die im Inland zugelassenen Institute anerkennen, wenn die Quote 2,5 Prozent des in Artikel 92 Absatz 3 der Verordnung (EU) Nr. 575/2013 genannten Gesamtforderungsbetrags übersteigt. Solange die Bundesanstalt die höhere Quote nicht anerkannt hat, müssen die im Inland zugelassenen Institute bei der Berechnung des institutsspezifischen antizyklischen Kapitalpuffers eine Quote von 2,5 Prozent für die in diesem Staat belegenen Risikopositionen anwenden.

(7) Hat die zuständige Behörde eines Drittstaates keine Quote für den antizyklischen Kapitalpuffer festgelegt und veröffentlicht, darf die Bundesanstalt die Quote festlegen, die die im Inland zugelassenen Institute bei der Berechnung des institutsspezifischen antizyklischen Kapitalpuffers für die in diesem Staat belegenen Risikopositionen anwenden müssen.

(8) Hat die zuständige Behörde eines Drittstaates eine Quote für den antizyklischen Kapitalpuffer festgelegt und veröffentlicht, darf die Bundesanstalt eine höhere Quote für den antizyklischen Kapitalpuffer festlegen, den die im Inland zugelassenen Institute bei der Berechnung des institutsspezifischen antizyklischen Kapitalpuffers für die in diesem Staat belegenen Risikopositionen anwenden müssen, wenn sie hinreichend sicher davon ausgehen kann, dass die von der zuständigen Behörde des Drittstaates festgelegte Quote nicht ausreicht, um die Institute angemessen vor den Risiken eines übermäßigen Kreditwachstums in dem betreffenden Drittstaat zu schützen.

(9) Erkennt die Bundesanstalt eine Quote für den antizyklischen Kapitalpuffer nach Absatz 6 an oder legt sie eine Quote für den antizyklischen Kapitalpuffer nach den Absätzen 7 oder 8 fest, veröffentlicht die Bundesanstalt jeweils auf ihrer Internetseite diese Quote sowie mindestens folgende weitere Angaben:

1.

den Staat des Europäischen Wirtschaftsraums oder den Drittstaat, für den diese Quote gilt,

2.

den Tag, ab dem die im Inland zugelassenen Institute die Quote für den antizyklischen Kapitalpuffer zur Berechnung ihres institutsspezifischen antizyklischen Kapitalpuffers anwenden müssen,

3.

in den Fällen, in denen dieser Tag weniger als zwölf Monate nach dem Tag der Veröffentlichung nach diesem Absatz liegt, die außergewöhnlichen Umstände, die eine kürzere Frist für die Anwendung rechtfertigen.

(10) Das Nähere regelt die Rechtsverordnung nach § 10 Absatz 1 Satz 1 Nummer 5 Buchstabe a.

Fußnote(+++ § 10d: Zur Nichtanwendung vgl. § 2 Abs. 9a Satz 1 +++)
(+++ § 10d: Zur Anwendung vgl. § 64r Abs. 5 +++)

§ 10e Kapitalpuffer für systemische Risiken

(1) Die Bundesanstalt kann anordnen, dass alle Institute oder bestimmte Arten oder Gruppen von Instituten zusätzlich zum harten Kernkapital, das zur Einhaltung

1.

der Eigenmittelanforderung nach Artikel 92 der Verordnung (EU) Nr. 575/2013,

2.

erhöhter Eigenmittelanforderungen zur Absicherung nicht von Artikel 1 der Verordnung (EU) Nr. 575/2013 abgedeckter Risiken und Risikoelemente nach § 10 Absatz 3,

3.

erhöhter Eigenmittelanforderungen nach § 10 Absatz 4,

4.

des Kapitalerhaltungspuffers nach § 10c und

5.

des institutsspezifischen antizyklischen Kapitalpuffers nach § 10d erforderlich ist, einen aus hartem Kernkapital bestehenden Kapitalpuffer für systemische Risiken vorhalten müssen. Der Kapitalpuffer für systemische Risiken kann für Risikopositionen, die im Inland, in einem anderen Staat des Europäischen Wirtschaftsraums oder in einem Drittstaat belegen sind, angeordnet werden. Seine Quote beträgt mindestens 1,0 Prozent bezogen auf die risikogewichteten Positionswerte dieser Risikopositionen, die in den nach Artikel 92 Absatz 3 Verordnung (EU) Nr. 575/2013 zu berechnenden Gesamtforderungsbetrag einfließen und die Quote wird von der Bundesanstalt in Schritten von 0,5 Prozentpunkten festgesetzt. Die Sätze 1 bis 3 gelten entsprechend für Institutsgruppen, Finanzholding-Gruppen und gemischte Finanzholding-Gruppen, denen mindestens ein CRR-Kreditinstitut angehört, das die Anforderungen nach den Sätzen 1 bis 3 auf Einzelebene erfüllen muss, sowie für Kreditinstitute im Sinne des Artikels 22 der Verordnung (EU) Nr. 575/2013.

(2) Der Kapitalpuffer für systemische Risiken kann angeordnet werden, um langfristige, nicht zyklische systemische oder makroprudenzielle Risiken zu vermindern oder abzuwehren, die

1.

zu einer Störung mit bedeutenden Auswirkungen auf das nationale Finanzsystem und die Realwirtschaft im Inland führen können und

2.

nicht durch die Verordnung (EU) Nr. 575/2013 abgedeckt sind.

Der Kapitalpuffer für systemische Risiken darf nur angeordnet werden, wenn diese Risiken nicht hinreichend sicher durch andere Maßnahmen nach diesem Gesetz mit Ausnahme von Maßnahmen nach § 48t oder nach der Verordnung (EU) Nr. 575/2013 mit Ausnahme von Maßnahmen nach Artikel 458 und 459 der Verordnung (EU) Nr. 575/2013 vermindert oder abgewehrt werden können. Die Anordnung darf nur erfolgen, wenn der Kapitalpuffer für systemische Risiken keine unverhältnismäßige Beeinträchtigung des Finanzsystems oder von Teilen des Finanzsystems eines anderen Staates oder des Europäischen Wirtschaftsraums insgesamt darstellt, so dass das Funktionieren des Binnenmarkts des Europäischen Wirtschaftsraums behindert wird. Der Kapitalpuffer für systemische Risiken ist mindestens alle zwei Jahre zu überprüfen.

(3) Vor Anordnung eines Kapitalpuffers für systemische Risiken hat die Bundesanstalt die Absicht, einen solchen Kapitalpuffer anzuordnen, der Europäischen Kommission, der Europäischen Bankenaufsichtsbehörde, dem Europäischen Ausschuss für Systemrisiken sowie den zuständigen Behörden der betroffenen anderen Staaten des Europäischen Wirtschaftsraums und der betroffenen Drittstaaten anzuzeigen. Bei einem Kapitalpuffer in Höhe von bis zu 3 Prozent muss die Anzeige einen Monat vor der Anordnung erfolgen. Die Anzeigen sollen jeweils mindestens folgende Angaben enthalten:

1.

eine genaue Beschreibung der langfristigen, nicht zyklischen systemischen oder makroprudenziellen Risiken, die durch die Anordnung der Kapitalpuffer für systemische Risiken abgewehrt oder vermindert werden sollen;

2.

eine Begründung, warum die Risiken nach Nummer 1 eine Gefahr für die Finanzstabilität auf nationaler Ebene darstellen, die den Kapitalpuffer für systemische Risiken auch in der beabsichtigten Höhe rechtfertigt;

3.

eine Begründung, warum die Annahme gerechtfertigt ist, dass die Anordnung des Kapitalpuffers für systemische Risiken in seiner konkreten Ausgestaltung geeignet und verhältnismäßig ist, um die Risiken nach Nummer 1 abzuwehren oder zu vermindern;

4.

eine Beurteilung der wahrscheinlichen positiven oder negativen Auswirkungen der Anordnung des Kapitalpuffers für systemische Risiken auf den Binnenmarkt unter Berücksichtigung aller der Bundesanstalt zugänglichen Informationen;

5.

eine Begründung, warum eine andere Maßnahme oder eine Kombination anderer Maßnahmen nach diesem Gesetz oder der Verordnung (EU) Nr. 575/2013 mit Ausnahme von Maßnahmen nach Artikel 458 und 459 der Verordnung (EU) Nr. 575/2013 unter Berücksichtigung der jeweiligen Wirksamkeit der Maßnahme nicht gleich geeignet ist, die Risiken nach Nummer 1 abzuwehren oder zu vermindern;

6.

die beabsichtigte Höhe des Kapitalpuffers für systemische Risiken.

(4) Für Risikopositionen, die im Inland und in Drittstaaten belegen sind, kann ein Kapitalpuffer für systemische Risiken bis zur Höhe von 3,0 Prozent angeordnet werden. Für Risikopositionen, die in einem anderen Staat des Europäischen Wirtschaftsraums belegen sind, kann ein Kapitalpuffer für systemische Risiken in Höhe von bis zu 3,0 Prozent angeordnet werden, sofern dies einheitlich für alle Risikopositionen, die in Staaten des Europäischen Wirtschaftsraums belegen sind, erfolgt. Ein Kapitalpuffer für systemische Risiken, der in Höhe von über 3,0 Prozent festgelegt werden soll, kann erst nach Erlass eines zustimmenden Rechtsaktes der Europäischen Kommission gemäß Artikel 133 Absatz 15 der Richtlinie 2013/36/EU angeordnet werden.

(5) Abweichend von Absatz 4 Satz 3 kann die Bundesanstalt für Risikopositionen, die im Inland oder in Drittstaaten belegen sind, einen Kapitalpuffer für systemische Risiken in Höhe von über 3,0 Prozent bis zu 5,0 Prozent anordnen, nachdem

1.

die Europäische Kommission eine zustimmende Empfehlung abgegeben hat oder, sofern die Europäische Kommission eine ablehnende Empfehlung abgegeben hat,

2.

die Bundesanstalt gegenüber der Europäischen Kommission begründet hat, dass die Anordnung des Kapitalpuffers entgegen der Empfehlung der Europäischen Kommission erforderlich ist.

Sind von der Anordnung des Kapitalpuffers für systemische Risiken nach Satz 1 auch Institute betroffen, deren Mutterinstitut seinen Sitz in einem anderen Staat des Europäischen Wirtschaftsraums hat, kann die Bundesanstalt den Kapitalpuffer für systemische Risiken nur anordnen, wenn sie zuvor die zuständige Behörde des jeweiligen Staates, die Europäische Kommission und den Europäischen Ausschuss für Systemrisiken von der Absicht unterrichtet hat, einen Kapitalpuffer für systemische Risiken nach Satz 1 auch gegenüber diesen Instituten anzuordnen. Widerspricht die zuständige Behörde des betroffenen Staates des Europäischen Wirtschaftsraums innerhalb eines Monats der Anordnung des Kapitalpuffers für systemische Risiken nach Satz 1 gegenüber einem Institut, dessen Mutterinstitut seinen Sitz in diesem Staat hat, oder geben sowohl die Europäische Kommission als auch der Europäische Ausschuss für Systemrisiken innerhalb eines Monats ablehnende Empfehlungen ab, kann die Bundesanstalt die Angelegenheit der Europäischen Bankenaufsichtsbehörde zur Durchführung eines Verfahrens zur Beilegung von Meinungsverschiedenheiten nach Artikel 19 der Verordnung (EU) Nr. 1093/2010 vorlegen.

(6) Der Kapitalpuffer für systemische Risiken kann auch durch Allgemeinverfügung ohne vorherige Anhörung angeordnet und öffentlich bekannt gegeben werden. Die Anordnung des Kapitalpuffers für systemische Risiken ist auf der Internetseite der Bundesanstalt zu veröffentlichen. Die Veröffentlichung soll mindestens folgende Angaben enthalten:

1.

die Höhe des angeordneten Kapitalpuffers für systemische Risiken,

2.

die Institute, Arten oder Gruppen von Instituten, die den Kapitalpuffer für systemische Risiken einhalten müssen,

3.

eine Begründung der Anordnung des Kapitalpuffers für systemische Risiken,

4.

den Zeitpunkt, ab dem der Kapitalpuffer für systemische Risiken einzuhalten ist,

5.

die Staaten, bei denen Risikopositionen, die dort belegen sind, beim Kapitalpuffer für systemische Risiken zu berücksichtigen sind.
Die Veröffentlichung nach Nummer 3 hat zu unterbleiben, wenn zu befürchten ist, dass dadurch die Stabilität der Finanzmärkte gefährdet werden könnte.
(7) Für die Aufhebung der Anordnung eines Kapitalpuffers für systemische Risiken gilt Absatz 6 Satz 1 und 2 entsprechend.
(8) Die Bundesanstalt kann den Kapitalpuffer für systemische Risiken, der in einem anderen Staat des Europäischen Wirtschaftsraums angeordnet wurde, anerkennen, indem sie anordnet, dass alle Institute oder Arten oder Gruppen von Instituten den in diesem Staat angeordneten Kapitalpuffer für systemische Risiken anzuwenden haben, soweit er sich auf Risikopositionen bezieht, die in diesem Staat belegen sind. Absatz 6 gilt für die Anerkennung entsprechend. Bei der Entscheidung über die Anerkennung hat die Bundesanstalt die von dem anderen Staat bei Anordnung des Kapitalpuffers für systemische Risiken veröffentlichten Angaben zu berücksichtigen. Die Bundesanstalt hat die Europäische Kommission, die Europäische Bankenaufsichtsbehörde, den Europäischen Ausschuss für Systemrisiken und den Staat, in dem der Kapitalpuffer für systemische Risiken angeordnet wurde, von der Anerkennung zu unterrichten.
(9) Die Bundesanstalt kann den Europäischen Ausschuss für Systemrisiken ersuchen, eine Empfehlung nach Artikel 16 der Verordnung (EU) Nr. 1092/2010 zur Anerkennung eines Kapitalpuffers für systemische Risiken gegenüber einem oder mehreren anderen Staaten des Europäischen Wirtschaftsraums abzugeben.
(10) Das Nähere regelt die Rechtsverordnung nach § 10 Absatz 1 Satz 1 Nummer 5 Buchstabe b.

Fußnote(+++ § 10e: Zur Nichtanwendung vgl. § 2 Abs. 9a Satz 1 +++)
(+++ § 10e Abs 5: Zur erstmaligen Anwendung vgl. § 64r Abs. 6 +++)

§ 10f Kapitalpuffer für global systemrelevante Institute

(1) Die Bundesanstalt ordnet an, dass ein global systemrelevantes Institut zusätzlich zum harten Kernkapital, das zur Einhaltung

1.

    der Eigenmittelanforderungen nach Artikel 92 der Verordnung (EU) Nr. 575/2013,

2.

    erhöhter Eigenmittelanforderungen zur Absicherung nicht von Artikel 1 der Verordnung (EU) Nr. 575/2013 abgedeckter Risiken und Risikoelemente nach § 10 Absatz 3,

3.

    erhöhter Eigenmittelanforderungen nach § 10 Absatz 4,

4.

    des Kapitalerhaltungspuffers nach § 10c,

5.

    des institutsspezifischen antizyklischen Kapitalpuffers nach § 10d und

6.

    des systemischen Kapitalpuffers nach § 10e, soweit dieser nicht auf den Kapitalpuffer für global systemrelevante Institute angerechnet wird,

erforderlich ist, einen aus hartem Kernkapital bestehenden Kapitalpuffer für global systemrelevante Institute auf konsolidierter Ebene vorhalten muss. Seine Quote wird von der Bundesanstalt entsprechend der Zuordnung des global systemrelevanten Instituts zu einer Größenklasse auf eine Höhe von 1,0, 1,5, 2,0, 2,5 oder 3,5 Prozent des nach Artikel 92 Absatz 3 der Verordnung (EU) Nr. 575/2013 ermittelten Gesamtforderungsbetrags festgelegt und mindestens jährlich überprüft.
(2) Die Bundesanstalt bestimmt im Einvernehmen mit der Deutschen Bundesbank mindestens jährlich, welche Institute, EU-Mutterinstitute, EU-Mutterfinanzholdinggesellschaften oder gemischten EU-Mutterfinanzholdinggesellschaften mit Sitz im Inland auf Grund einer quantitativen Analyse auf konsolidierter Ebene als global systemrelevant eingestuft werden (global systemrelevante Institute). Sie berücksichtigt bei der quantitativen Analyse die nachfolgenden Kategorien:

71

1.
   Größe der Gruppe,
2.
   grenzüberschreitende Aktivitäten der Gruppe,
3.
   Vernetztheit der Gruppe mit dem Finanzsystem,
4.
   Ersetzbarkeit hinsichtlich der angebotenen Dienstleistungen und Finanzinfrastruktureinrichtungen der Gruppe sowie
5.
   Komplexität der Gruppe.

Die Institute sind verpflichtet, der Bundesanstalt und der Deutschen Bundesbank die zur Durchführung der quantitativen Analyse benötigten Einzeldaten jährlich zu melden.

(3) In Abhängigkeit von den Ergebnissen der quantitativen Analyse weist die Bundesanstalt ein global systemrelevantes Institut einer bestimmten Größenklasse zu. Die Bundesanstalt kann

1.
   ein global systemrelevantes Institut einer höheren Größenklasse zuordnen, oder
2.
   ein zur Teilnahme am quantitativen Verfahren verpflichtetes Institut, das im Rahmen der quantitativen Analyse nicht als global systemrelevantes Institut identifiziert wurde, als solches einstufen und einer der Größenklassen zuordnen, wenn im Rahmen der ergänzenden qualitativen Analyse Merkmale der Systemrelevanz festgestellt wurden, die im Rahmen der quantitativen Analyse nicht oder nicht ausreichend erfasst wurden.

(4) Die Institute, deren Gesamtrisikopositionsmessgröße im Sinne des Artikels 429 Absatz 4 der Verordnung (EU) Nr. 575/2013 den Wert von 200 Milliarden Euro übersteigt, sind verpflichtet, die Werte der der quantitativen Analyse zugrunde liegenden Indikatoren jährlich innerhalb von vier Monaten nach Abschluss eines jeden Geschäftsjahres, spätestens jedoch bis zum 31. Juli, auf ihrer Internetseite und in dem Medium zu veröffentlichen, welches gemäß Artikel 434 der Verordnung (EU) Nr. 575/2013 für die Veröffentlichung der in Teil 8 dieser Verordnung verlangten Angaben vorgesehen ist. Die Veröffentlichung hat mittels der ausgefüllten, im Anhang der Durchführungsverordnung (EU) Nr. 1030/2014 der Kommission vom 29. September 2014 zur Festlegung technischer Durchführungsstandards in Bezug auf einheitliche Formate und Daten für die Offenlegung der Werte zur Bestimmung global systemrelevanter Institute gemäß der Verordnung (EU) Nr. 575/2013 des Europäischen Parlaments und des Rates (ABl. L 284 vom 30.9.2014, S. 14) enthaltenen Bögen entsprechend den Angaben auf der Internetseite der Europäischen Bankenaufsichtsbehörde elektronisch zu erfolgen. Die Bundesanstalt übermittelt die Bögen an die Europäische Bankenaufsichtsbehörde zwecks zentraler Veröffentlichung auf ihrer Internetseite. Bei der Anordnung und Überprüfung des Kapitalpuffers für global systemrelevante Institute nach Absatz 1 und der Einstufung als global systemrelevante Institute sowie der Zuweisung zu einer Größenklasse nach den Absätzen 2 und 3 sind die insoweit bestehenden Vorgaben und Empfehlungen der Europäischen Bankenaufsichtsbehörde und des Europäischen Ausschusses für Systemrisiken nach freiem Ermessen der Bundesanstalt zu berücksichtigen.

(4a) Die in Absatz 4 genannten Institute sind verpflichtet, jährlich die Datenerfassungsbögen des Baseler Ausschusses für Bankenaufsicht auszufüllen und an die Bundesanstalt sowie die Deutsche Bundesbank zu senden. Die Deutsche Bundesbank übermittelt die ausgefüllten Datenerfassungsbögen an den Baseler Ausschuss für Bankenaufsicht. Darüber hinaus kann die Bundesanstalt die ausgefüllten Datenerfassungsbögen des Baseler Ausschusses für Bankenaufsicht auch an die Europäische Bankenaufsichtsbehörde weiterleiten.

(5) Die Bundesanstalt unterrichtet die Europäische Bankenaufsichtsbehörde, den Europäischen Ausschuss für Systemrisiken, die Europäische Kommission und die als global systemrelevant eingestuften Institute über die Entscheidungen nach den Absätzen 1 bis 3 und veröffentlicht Informationen über das Bestehen einer Anordnung sowie die Höhe des angeordneten Kapitalpuffers für global systemrelevante Institute sowie eine Liste der als global systemrelevant eingestuften Institute.

(6) Das Nähere regelt die Rechtsverordnung nach § 10 Absatz 1 Satz 1 Nummer 5 Buchstabe c.

Fußnote(+++ § 10f: Zur Nichtanwendung vgl. § 2 Abs. 9a Satz 1 +++)
(+++ § 10f Abs. 1: Zur Anwendung vgl. § 64r Abs. 7 +++)

§ 10g Kapitalpuffer für anderweitig systemrelevante Institute

(1) Die Bundesanstalt kann anordnen, dass ein anderweitig systemrelevantes Institut zusätzlich zum harten Kernkapital, das zur Einhaltung

1.
    der Eigenmittelanforderungen nach Artikel 92 der Verordnung (EU) Nr. 575/2013,
2.
    erhöhter Eigenmittelanforderungen zur Absicherung nicht von Artikel 1 der Verordnung (EU) Nr. 575/2013 abgedeckter Risiken und Risikoelemente nach § 10 Absatz 3,
3.
    erhöhter Eigenmittelanforderungen nach § 10 Absatz 4,
4.
    des Kapitalerhaltungspuffers nach § 10c,
5.
    des institutsspezifischen antizyklischen Kapitalpuffers nach § 10d und
6.
    des systemischen Kapitalpuffers nach § 10e, soweit dieser nicht auf den Kapitalpuffer für global systemrelevante Institute angerechnet wird,

erforderlich ist, einen aus hartem Kernkapital bestehenden Kapitalpuffer für anderweitig systemrelevante Institute in Höhe von bis zu 2,0 Prozent des nach Artikel 92 Absatz 3 der Verordnung (EU) Nr. 575/2013 ermittelten Gesamtforderungsbetrags auf konsolidierter, unterkonsolidierter oder auf Einzelinstitutsebene vorhalten muss.

(2) Die Bundesanstalt bestimmt im Einvernehmen mit der Deutschen Bundesbank mindestens jährlich, welche Institute, EU-Mutterinstitute, EU-Mutterfinanzholdinggesellschaften oder gemischte EU-Mutterfinanzholdinggesellschaften mit Sitz im Inland auf konsolidierter, unterkonsolidierter oder Einzelinstitutsebene als anderweitig systemrelevant eingestuft werden (anderweitig systemrelevante Institute). Bei der auf der relevanten Ebene durchgeführten qualitativen und quantitativen Analyse berücksichtigt sie jeweils für die untersuchte Einheit insbesondere die nachfolgenden Faktoren:

1.
    Größe,
2.
    wirtschaftliche Bedeutung für den Europäischen Wirtschaftsraum und die Bundesrepublik Deutschland,
3.
    grenzüberschreitende Aktivitäten sowie
4.
    Vernetztheit mit dem Finanzsystem.

(3) Die Bundesanstalt überprüft mindestens jährlich, ob und in welcher Höhe der Kapitalpuffer für anderweitig systemrelevante Institute erforderlich ist. Dabei sind jeweils die insoweit bestehenden Vorgaben und Empfehlungen der Europäischen Bankenaufsichtsbehörde und des Europäischen Ausschusses für Systemrisiken zu beachten. Die Anordnung darf nur erfolgen, wenn der Kapitalpuffer für anderweitig systemrelevante Institute keine unverhältnismäßige Beeinträchtigung des Finanzsystems oder von Teilen des Finanzsystems eines anderen Staates oder des Europäischen Wirtschaftsraums insgesamt darstellt, so dass das Funktionieren des Binnenmarkts des Europäischen Wirtschaftsraums behindert wird.

(3a) Die Bundesanstalt veröffentlicht die für die Einstufung der anderweitig systemrelevanten Institute und die Festsetzung der Höhe des Kapitalpuffers angewandte Methodik unter Berücksichtigung der maßgeblichen quantitativen und qualitativen Indikatoren und

Schwellenwerte. Dabei sind die insoweit bestehenden Leitlinien der Europäischen Bankenaufsichtsbehörde zu beachten.

(4) Mindestens einen Monat vor Bekanntgabe der Anordnung eines neuen oder veränderten Kapitalpuffers für anderweitig systemrelevante Institute hat die Bundesanstalt die beabsichtigte Anordnung der Europäischen Bankenaufsichtsbehörde, dem Europäischen Ausschuss für Systemrisiken und der Europäischen Kommission sowie den zuständigen Aufsichtsbehörden gegebenenfalls betroffener Staaten des Europäischen Wirtschaftsraums anzuzeigen. Die Anzeigen sollen jeweils mindestens folgende Angaben enthalten:

1.
    eine detaillierte Begründung, weshalb die Festsetzung eines Kapitalpuffers für anderweitig systemrelevante Institute gerechtfertigt und den identifizierten Risiken angemessen ist,

2.
    eine detaillierte Erläuterung der wahrscheinlichen positiven und negativen Auswirkungen des Kapitalpuffers auf den Binnenmarkt des Europäischen Wirtschaftsraums sowie

3.
    die Höhe des festgesetzten Kapitalpuffers.

(5) Die Bundesanstalt unterrichtet das jeweilige anderweitig systemrelevante Institut mit den jeweils festgesetzten Kapitalpuffern, die Europäische Bankenaufsichtsbehörde, den Europäischen Ausschuss für Systemrisiken und die Europäische Kommission über die Entscheidungen nach Absatz 1 und 2 und veröffentlicht eine Liste der als anderweitig systemrelevant eingestuften Institute. Die Liste enthält die wesentlichen quantitativen und qualitativen Ergebnisse der den Entscheidungen zugrunde liegenden Analyse unter Berücksichtigung der verwendeten Indikatoren und Schwellenwerte. Zudem übermittelt die Bundesanstalt der Europäischen Bankenaufsichtsbehörde die Werte der für die Analyse verwendeten Indikatoren für alle Institute, die nicht bereits auf Grund ihrer gemessen an der Bilanzsumme geringen Größe von der Analyse ausgeschlossen wurden. Dabei sind die insoweit bestehenden Leitlinien der Europäischen Bankenaufsichtsbehörde zu beachten.

(6) Ist das anderweitig systemrelevante Institut Tochterunternehmen

1.
    eines global systemrelevanten Instituts oder

2.
    eines EU-Mutterinstituts mit Sitz im Ausland, das ein anderweitig systemrelevantes Institut im Sinne des Artikels 131 Absatz 1 der Richtlinie 2013/36/EU ist und einem Kapitalpuffer für anderweitig systemrelevante Institute auf konsolidierter Ebene unterliegt,

darf der Kapitalpuffer des Absatzes 2 den höheren Wert von entweder 1,0 Prozent oder des Kapitalpuffers auf konsolidierter Ebene nach Maßgabe des Artikels 131 Absatz 4 oder 5 der Richtlinie 2013/36/EU nicht übersteigen.

(7) Das Nähere regelt die Rechtsverordnung nach § 10 Absatz 1 Satz 1 Nummer 5 Buchstabe d.

Fußnote(+++ § 10g: Zur Nichtanwendung vgl. § 2 Abs. 9a Satz 1 +++)
(+++ § 10g: Zur erstmaligen Anwendung vgl. § 64r Abs. 8 +++)

§ 10h Zusammenwirken der Kapitalpuffer für systemische Risiken, für global systemrelevante Institute und für anderweitig systemrelevante Institute

(1) Solange neben einem Kapitalpuffer für global systemrelevante Institute nach § 10f auch ein Kapitalpuffer für anderweitig systemrelevante Institute nach § 10g auf konsolidierter Ebene besteht, ist nur der höhere der beiden Kapitalpuffer einzuhalten.

(2) Solange neben einem Kapitalpuffer für global systemrelevante Institute nach § 10f auch

1.
    ein Kapitalpuffer für anderweitig systemrelevante Institute nach § 10g auf konsolidierter Ebene besteht und

2.

ein Kapitalpuffer für systemische Risiken nach § 10e auf konsolidierter Ebene besteht, der nicht nur für Risikopositionen angeordnet wurde, die in dem jeweils anordnenden Staat des Europäischen Wirtschaftsraums belegen sind,

ist nur der höchste der drei Kapitalpuffer einzuhalten.

(3) Solange neben einem Kapitalpuffer für anderweitig systemrelevante Institute nach § 10g auf Einzelinstitutsebene oder unterkonsolidierter Ebene oder konsolidierter Ebene ein Kapitalpuffer für systemische Risiken nach § 10e auf Einzelinstitutsebene oder unterkonsolidierter Ebene oder konsolidierter Ebene besteht, der nicht nur für Risikopositionen angeordnet wurde, die in dem jeweils anordnenden Staat des Europäischen Wirtschaftsraums belegen sind, ist nur der höhere der beiden Kapitalpuffer einzuhalten.

(4) Wurde ein Kapitalpuffer für systemische Risiken nach § 10e nur für Risikopositionen angeordnet, die in dem jeweils anordnenden Staat des Europäischen Wirtschaftsraums belegen sind, so ist dieser zusätzlich zu einem Kapitalpuffer für ein global systemrelevantes Institut nach § 10f oder einem Kapitalpuffer für anderweitig systemrelevante Institute nach § 10g einzuhalten.

Fußnote(+++ § 10h: Zur Nichtanwendung vgl. § 2 Abs. 9a Satz 1 +++)

§ 10i Kombinierte Kapitalpuffer-Anforderung

(1) Die kombinierte Kapitalpuffer-Anforderung ist das gesamte harte Kernkapital eines Instituts, das zur Einhaltung der folgenden Kapitalpuffer-Anforderungen erforderlich ist:

1.
   des Kapitalerhaltungspuffers nach § 10c,

2.
   des institutsspezifischen antizyklischen Kapitalpuffers nach § 10d, und

3.
   in den Fällen und nach Maßgabe
   a)
      des § 10h Absatz 1 des höheren der Kapitalpuffer für global systemrelevante Institute nach § 10f und für anderweitig systemrelevante Institute nach § 10g,
   b)
      des § 10h Absatz 2 des höchsten der Kapitalpuffer für global systemrelevante Institute nach § 10f, für anderweitig systemrelevante Institute nach § 10g und für systemische Risiken nach § 10e,
   c)
      des § 10h Absatz 3 des höheren der Kapitalpuffer für systemische Risiken nach § 10e oder anderweitig systemrelevante Institute nach § 10g, oder
   d)
      des § 10h Absatz 4 der Summe aus dem Kapitalpuffer für systemische Risiken nach § 10e sowie dem Kapitalpuffer für global systemrelevante Institute nach § 10f oder dem Kapitalpuffer für anderweitig systemrelevante Institute nach § 10g.

(2) Ein Institut, das die kombinierte Kapitalpuffer-Anforderung erfüllt, darf keine Ausschüttung aus dem harten Kernkapital oder auf harte Kernkapitalinstrumente nach Absatz 5 vornehmen, wenn dadurch sein hartes Kernkapital so stark abnehmen würde, dass die kombinierte Kapitalpuffer-Anforderung nicht mehr erfüllt wäre.

(3) Ein Institut, das die kombinierte Kapitalpuffer-Anforderung nicht oder nicht mehr erfüllt, muss den maximal ausschüttungsfähigen Betrag berechnen und der Bundesanstalt und der Deutschen Bundesbank anzeigen. Das Institut muss Vorkehrungen treffen, um zu gewährleisten, dass die Höhe der ausschüttungsfähigen Gewinne und der maximal ausschüttungsfähige Betrag genau berechnet werden, und muss in der Lage sein, der Bundesanstalt und der Deutschen Bundesbank die Genauigkeit der Berechnung auf Anfrage nachzuweisen. Bis zur Entscheidung der Bundesanstalt über die Genehmigung des Kapitalerhaltungsplans nach den Absätzen 7 und 8 darf das Kreditinstitut

1.

keine Ausschüttung aus dem hartem Kernkapital oder auf harte Kernkapitalinstrumente nach Absatz 5 vornehmen,

2.

keine Verpflichtung zur Zahlung einer variablen Vergütung oder zu freiwilligen Rentenzahlungen übernehmen oder eine variable Vergütung zahlen, wenn die entsprechende Verpflichtung in einem Zeitraum übernommen worden ist, in dem das Kreditinstitut die kombinierte Kapitalpuffer-Anforderung nicht erfüllt hat, und

3.

keine Zahlungen aus zusätzlichen Kernkapitalinstrumenten vornehmen.

Das Nähere regelt die Rechtsverordnung nach § 10 Absatz 1 Satz 1 Nummer 5 Buchstabe e.

(4) Ein Institut, das die kombinierte Kapitalpuffer-Anforderung nicht oder nicht mehr erfüllt und beabsichtigt, eine Ausschüttung ausschüttungsfähiger Gewinne oder eine Maßnahme nach Absatz 3 Satz 3 Nummer 1 bis 3 durchzuführen, teilt diese Absicht der Bundesanstalt und der Deutschen Bundesbank unter Angabe der folgenden Informationen mit:

1.

vom Institut vorgehaltene Eigenmittel, aufgeschlüsselt nach

a)

hartem Kernkapital;

b)

zusätzlichem Kernkapital;

c)

Ergänzungskapital;

2.

Höhe der Zwischengewinne und Gewinne zum Jahresende;

3.

Höhe des maximal ausschüttungsfähigen Betrages;

4.

Höhe der ausschüttungsfähigen Gewinne und deren beabsichtigte Aufteilung auf

a)

Ausschüttungen an Anteilseigner oder Eigentümer;

b)

Rückkauf oder Rückerwerb von Anteilen;

c)

Zahlungen aus zusätzlichen Kernkapitalinstrumenten;

d)

Zahlung einer variablen Vergütung oder freiwillige Rentenzahlungen, entweder auf Grund der Übernahme einer neuen Zahlungsverpflichtung oder einer Zahlungsverpflichtung, die in einem Zeitraum übernommen wurde, in dem das Kreditinstitut die kombinierte Anforderung an Kapitalpuffer nicht erfüllt hat.

(5) Eine Ausschüttung aus hartem Kernkapital oder auf harte Kernkapitalinstrumente umfasst

1.

Gewinnausschüttungen in bar,

2.

die Ausgabe von teilweise oder voll gezahlten Gratisaktien oder anderen in Artikel 26 Absatz 1 Buchstabe a der Verordnung (EU) Nr. 575/2013 aufgeführten Eigenmittelinstrumenten,

3.

eine Rücknahme oder einen Rückkauf eigener Aktien oder anderer Instrumente nach Artikel 26 Absatz 1 Buchstabe a der Verordnung (EU) Nr. 575/2013 durch ein Institut,

4.

eine Rückzahlung der in Verbindung mit den Eigenmittelinstrumenten nach Artikel 26 Absatz 1 Buchstabe a der Verordnung (EU) Nr. 575/2013 eingezahlten Beträge und

5.

eine Ausschüttung von in Artikel 26 Absatz 1 Buchstabe b bis e der Verordnung (EU) Nr. 575/2013 aufgeführten Positionen.

(6) Ein Institut, das die kombinierte Kapitalpuffer-Anforderung nicht oder nicht mehr erfüllt, muss über die Anforderungen der Absätze 3 bis 4 hinaus zusätzlich einen Kapitalerhaltungsplan erstellen und innerhalb von fünf Arbeitstagen, nachdem es festgestellt hat, dass es die kombinierte Kapitalpuffer-Anforderung nicht erfüllen kann, der Bundesanstalt und der Deutschen Bundesbank vorlegen. Die Bundesanstalt kann die Frist zur Vorlage auf längstens zehn Arbeitstage verlängern, wenn dies im Einzelfall und unter Berücksichtigung des Umfangs und der Komplexität der Geschäftstätigkeit des Instituts angemessen erscheint. Der Kapitalerhaltungsplan umfasst

1.
   eine Einnahmen- und Ausgabenschätzung und eine Bilanzprognose,
2.
   Maßnahmen zur Erhöhung der Kapitalquoten des Instituts,
3.
   Plan und Zeitplan für die Erhöhung der Eigenmittel, um die kombinierte Kapitalpuffer-Anforderung vollständig zu erfüllen, und
4.
   weitere Informationen, die die Bundesanstalt für die in Absatz 7 vorgeschriebene Bewertung als notwendig erachtet.

(7) Die Bundesanstalt bewertet den Kapitalerhaltungsplan und genehmigt ihn, wenn sie der Auffassung ist, dass durch seine Umsetzung sehr wahrscheinlich genügend Kapital erhalten oder aufgenommen wird, damit das Institut die kombinierte Kapitalpuffer-Anforderung innerhalb des von der Bundesanstalt als angemessen erachteten Zeitraums erfüllen kann. Die Bundesanstalt entscheidet über die Genehmigung innerhalb von 14 Tagen nach Eingang des Kapitalerhaltungsplans. Nach Genehmigung des Kapitalerhaltungsplans ist das Institut berechtigt, eine Ausschüttung ausschüttungsfähiger Gewinne sowie Maßnahmen nach Absatz 3 Satz 3 Nummer 1 bis 3 bis zu Höhe des maximal ausschüttungsfähigen Betrags durchzuführen.

(8) Genehmigt die Bundesanstalt den Kapitalerhaltungsplan nicht,

1.
   ordnet die Bundesanstalt an, dass die Ausschüttungsbeschränkungen des Absatzes 3 fortgelten, oder
2.
   erlaubt die Bundesanstalt dem Institut die Durchführung von Maßnahmen im Sinne des Absatzes 3 Satz 3 Nummer 1 bis 3 bis zu einem bestimmten Betrag, der den maximal ausschüttungsfähigen Betrag nicht übersteigen darf.

Daneben kann sie von dem Institut verlangen, seine Eigenmittel innerhalb eines bestimmten Zeitraums auf eine bestimmte Höhe aufzustocken.

(9) Die in dieser Vorschrift festgelegten Beschränkungen finden ausschließlich auf Zahlungen und Ausschüttungen Anwendung, die zu einer Verringerung des harten Kernkapitals oder der Gewinne führen, und sofern die Aussetzung einer Zahlung oder eine versäumte Zahlung weder einen Ausfall noch eine Voraussetzung für die Einleitung eines Verfahrens nach den für das Institut geltenden Insolvenzvorschriften darstellt.

Fußnote(+++ § 10i: Zur Nichtanwendung vgl. § 2 Abs. 9a Satz 1 +++)
(+++ § 10i: Zur Anwendung vgl. § 64r Abs. 9 +++)

§ 11 Liquidität

(1) Die Institute müssen ihre Mittel so anlegen, dass jederzeit eine ausreichende Zahlungsbereitschaft (Liquidität) gewährleistet ist. Das Bundesministerium der Finanzen wird ermächtigt, durch Rechtsverordnung im Benehmen mit der Deutschen Bundesbank nähere Anforderungen an die ausreichende Liquidität zu bestimmen, insbesondere über die

1.
   Methoden zur Beurteilung der ausreichenden Liquidität und die dafür erforderlichen technischen Grundsätze,
2.

als Zahlungsmittel und Zahlungsverpflichtungen zu berücksichtigenden Geschäfte einschließlich ihrer Bemessungsgrundlagen sowie

3.

Pflicht der Institute zur Übermittlung der zum Nachweis der ausreichenden Liquidität erforderlichen Angaben an die Aufsichtsbehörde und die Deutsche Bundesbank, einschließlich Bestimmungen zu Inhalt, Art, Umfang und Form der Angaben, zu der Häufigkeit ihrer Übermittlung und über die zulässigen Datenträger, Übertragungswege und Datenformate.

In der Rechtsverordnung ist an die Definition der Spareinlagen aus § 21 Abs. 4 der Kreditinstituts-Rechnungslegungsverordnung anzuknüpfen. Das Bundesministerium der Finanzen kann die Ermächtigung durch Rechtsverordnung auf die Bundesanstalt mit der Maßgabe übertragen, dass die Rechtsverordnung im Einvernehmen mit der Deutschen Bundesbank ergeht. Vor Erlass der Rechtsverordnung sind die Spitzenverbände der Institute zu hören.

(2) Die Bundesanstalt kann bei der Beurteilung der Liquidität im Einzelfall gegenüber Instituten über die in der Rechtsverordnung nach Absatz 1 festgelegten Vorgaben hinausgehende Liquiditätsanforderungen anordnen, wenn ohne eine solche Maßnahme die nachhaltige Liquidität eines Instituts nicht gesichert ist.

(3) Die Bundesanstalt kann bei der Beurteilung der Liquidität im Einzelfall gegenüber Instituten, Institutsgruppen, Finanzholding-Gruppen und gemischten Finanzholding-Gruppen spezifische über die Anforderungen der Artikel 411 bis 428 der Verordnung (EU) Nr. 575/2013 in der jeweils geltenden Fassung hinausgehende Liquiditätsanforderungen anordnen, um spezifische Risiken abzudecken, denen ein Institut ausgesetzt ist oder ausgesetzt sein könnte. Die Bundesanstalt beachtet dabei die in Artikel 105 der Richtlinie 2013/36/EU in der jeweils geltenden Fassung aufgeführten Erwägungsgründe. Die Bundesanstalt kann darüber hinaus auch die Fristentransformation einschränken. § 10a Absatz 1 bis 3 gilt entsprechend.

(4) Die Bundesanstalt kann anordnen, dass ein Institut, eine Institutsgruppe, eine Finanzholding-Gruppe oder eine gemischte Finanzholding-Gruppe häufigere oder auch umfangreichere Meldungen zu seiner Liquidität einzureichen hat.

Fußnote(+++ § 11: Zur Nichtanwendung vgl. § 2 Abs. 9a Satz 1 +++)

§ 12 (weggefallen)

§ 12a Begründung von Unternehmensbeziehungen

(1) Ein Institut, eine Finanzholding-Gesellschaft oder eine gemischte Finanzholding-Gesellschaft hat bei dem Erwerb einer Beteiligung an einem Unternehmen mit Sitz im Ausland oder der Begründung einer Unternehmensbeziehung mit einem solchen Unternehmen, wodurch das Unternehmen zu einem nachgeordneten Unternehmen im Sinne des § 10a wird, sicherzustellen, daß es, im Falle einer Finanzholding-Gesellschaft oder gemischten Finanzholding-Gesellschaft das für die Zusammenfassung verantwortliche übergeordnete Unternehmen, die für die Erfüllung der jeweiligen Pflichten nach den §§ 10a und 25 Absatz 1 erforderlichen Angaben erhält. Satz 1 ist hinsichtlich der für die Erfüllung der Pflichten nach § 10a erforderlichen Angaben nicht anzuwenden, wenn ein Institut für einzelne gruppenangehörige Unternehmen die erforderlichen Angaben für die Zusammenfassung nach § 10a nicht beschaffen kann und durch den gemäß Artikel 36 in Verbindung mit Artikel 19 Absatz 2 Buchstabe a der Verordnung (EU) Nr. 575/2013 in der jeweils geltenden Fassung vorzunehmenden Abzug der Buchwerte in einer der Zusammenfassung nach § 10a Absatz 4 oder 5 vergleichbaren Weise dem Risiko aus der Begründung der Beteiligung oder der Unternehmensbeziehung Rechnung getragen und es der Bundesanstalt ermöglicht wird, die Einhaltung dieser Voraussetzung zu überprüfen. Das Institut, die Finanzholding-Gesellschaft oder gemischte Finanzholding-Gesellschaft hat die Begründung, die Veränderung oder die Aufgabe einer in Satz 1 genannten Beteiligung oder Unternehmensbeziehung unverzüglich der Bundesanstalt und der Deutschen Bundesbank anzuzeigen.

(2) Die Bundesanstalt kann die Fortführung der Beteiligung oder der Unternehmensbeziehung untersagen, wenn das übergeordnete Unternehmen oder das Institut im Sinne des Artikels 22 der Verordnung (EU) Nr. 575/2013 die für die Erfüllung der Pflichten nach den §§ 10a, 13 Absatz 3, § 25 Absatz 1 oder nach den Rechtsverordnungen nach § 10 Absatz 1 Satz 1 oder § 13 Absatz 1 Satz 1 sowie nach den Artikeln 11 bis 17 der Verordnung (EU) Nr. 575/2013 in der jeweils geltenden Fassung erforderlichen Angaben nicht erhält. Die Ausnahme nach Absatz 1 Satz 2 gilt entsprechend für die Untersagungsermächtigung nach Satz 1.
(3) (weggefallen)

Fußnote(+++ § 12a: Zur Nichtanwendung vgl. § 2 Abs. 9a Satz 1 +++)

2.
Kreditgeschäft

§ 13 Großkredite; Verordnungsermächtigung

(1) Das Bundesministerium der Finanzen wird ermächtigt, durch Rechtsverordnung, die nicht der Zustimmung des Bundesrates bedarf, im Benehmen mit der Deutschen Bundesbank im Interesse des angemessenen Schutzes der Institute, Institutsgruppen, Finanzholding-Gruppen und gemischten Finanzholding-Gruppen vor Klumpenrisiken in Ergänzung der Verordnung (EU) Nr. 575/2013 für Großkredite nähere Regelungen zu erlassen über

1.
    die Beschlussfassungspflichten der Geschäftsleiter nach Absatz 2 sowie Ausnahmen davon,

2.
    Art, Umfang, Zeitpunkt und Form der Angaben, Übertragungswege und Datenformate der Großkreditstammdatenanzeigen sowie deren Rückmeldungen im Rahmen des Großkreditmeldeverfahrens nach Artikel 394 Absatz 1 bis 3 der Verordnung (EU) Nr. 575/2013 in der jeweils geltenden Fassung,

3.
    die Meldung des Anteils des Handelsbuchs an der Gesamtsumme der bilanzmäßigen und außerbilanzmäßigen Geschäfte sowie die Nutzung der Ausnahmeregelung nach Artikel 94 Absatz 1 der Verordnung (EU) Nr. 575/2013,

4.
    die bis zum Inkrafttreten der technischen Durchführungsstandards nach Artikel 394 Absatz 4 der Verordnung (EU) Nr. 575/2013 geltenden Vorgaben zu Art, Umfang, Zeitpunkt und Form der Angaben zu den zulässigen Datenträgern, Übertragungswegen und Datenformaten der Großkreditanzeigen nach Artikel 394 Absatz 1 bis 3 der Verordnung (EU) Nr. 575/2013 sowie zu den nach diesen Bestimmungen bestehenden Anzeigepflichten, die durch die Pflicht zur Erstattung von Sammelanzeigen ergänzt werden können, soweit dies zur Erfüllung der Aufgaben der Aufsichtsbehörde erforderlich ist, insbesondere um einheitliche Unterlagen zur Beurteilung der von den Instituten geöffneten Positionen zu erhalten, und

5.
    die Umsetzung der von Artikel 493 Absatz 3 der Verordnung (EU) Nr. 575/2013 in der jeweils geltenden Fassung zugelassenen Freistellung bestimmter Kredite von der Anwendung des Artikels 395 Absatz 1 der Verordnung (EU) Nr. 575/2013 in der jeweils geltenden Fassung.
Das Bundesministerium der Finanzen kann die Ermächtigung durch Rechtsverordnung auf die Bundesanstalt mit der Maßgabe übertragen, dass die Rechtsverordnung im Einvernehmen mit der Deutschen Bundesbank ergeht. Vor Erlass der Rechtsverordnung sind die Spitzenverbände der Institute zu hören.
(2) Ein Institut in der Rechtsform einer juristischen Person oder einer Personenhandelsgesellschaft darf unbeschadet der Wirksamkeit der Rechtsgeschäfte einen Großkredit nur auf Grund eines einstimmigen Beschlusses sämtlicher Geschäftsleiter gewähren. Der Beschluss soll vor der Kreditgewährung gefasst werden. Ist dies im Einzelfall wegen der Eilbedürftigkeit des Geschäftes nicht möglich, ist der Beschluss unverzüglich nachzuholen. Der Beschluss ist zu dokumentieren.

Ist der Großkredit ohne vorherigen einstimmigen Beschluss sämtlicher Geschäftsleiter gewährt worden und wird die Beschlussfassung nicht innerhalb eines Monats nach Gewährung des Kredits nachgeholt, hat das Institut dies der Aufsichtsbehörde, der Deutschen Bundesbank und, soweit Aufsichtsbehörde die Europäische Zentralbank ist, auch der Bundesanstalt unverzüglich anzuzeigen. Wird ein bereits gewährter Kredit durch Verringerung der nach Artikel 4 Absatz 1 Nummer 71 der Verordnung (EU) Nr. 575/2013 anrechenbaren Eigenmittel zu einem Großkredit, darf das Institut diesen Großkredit unbeschadet der Wirksamkeit des Rechtsgeschäftes nur auf Grund eines unverzüglich nachzuholenden einstimmigen Beschlusses sämtlicher Geschäftsleiter weitergewähren. Der Beschluss ist zu dokumentieren. Wird der Beschluss nicht innerhalb eines Monats ab dem Zeitpunkt, zu dem der Kredit zu einem Großkredit geworden ist, nachgeholt, hat das Institut dies der Aufsichtsbehörde, der Deutschen Bundesbank und, soweit Aufsichtsbehörde die Europäische Zentralbank ist, auch der Bundesanstalt unverzüglich anzuzeigen.

(3) Die Beschlussfassungspflichten nach Absatz 2 gelten entsprechend für das übergeordnete Unternehmen, wenn ein Unternehmen der Institutsgruppe, der Finanzholding-Gruppe oder der gemischten Finanzholding-Gruppe von Artikel 7 der Verordnung (EU) Nr. 575/2013 Gebrauch macht.

(4) Bei Krediten aus öffentlichen Fördermitteln, die die Förderinstitute des Bundes und der Länder auf Grund selbständiger Kreditverträge, gegebenenfalls auch über weitere Durchleitungsinstitute, über Hausbanken zu vorbestimmten Konditionen an Endkreditnehmer leiten (Hausbankprinzip), können für die beteiligten Institute in Bezug auf die Anwendung des Artikels 395 Absatz 1 der Verordnung (EU) Nr. 575/2013 die einzelnen Endkreditnehmer als Kreditnehmer des von ihnen gewährten Interbankkredits behandelt werden, wenn ihnen die Kreditforderungen zur Sicherheit abgetreten werden. Dies gilt entsprechend für aus eigenen oder öffentlichen Mitteln zinsverbilligte Kredite der Förderinstitute nach dem Hausbankprinzip (Eigenmittelprogramme) sowie für Kredite aus nichtöffentlichen Mitteln, die ein Kreditinstitut nach gesetzlichen Vorgaben, gegebenenfalls auch über weitere Durchleitungsinstitute, über Hausbanken an Endkreditnehmer leitet.

Fußnote(+++ § 13: Zur Nichtanwendung vgl. § 2 Abs. 9a Satz 1 +++)

§§ 13a u. 13b (weggefallen)

§ 13c Gruppeninterne Transaktionen mit gemischten Holdinggesellschaften

(1) Ein CRR-Institut, das Tochterunternehmen eines gemischten Unternehmens ist, hat der Aufsichtsbehörde, der Deutschen Bundesbank und, soweit Aufsichtsbehörde die Europäische Zentralbank ist, auch der Bundesanstalt bedeutende gruppeninterne Transaktionen mit gemischten Holdinggesellschaften oder deren anderen Tochterunternehmen anzuzeigen. Das Bundesministerium der Finanzen wird ermächtigt, durch eine im Benehmen mit der Deutschen Bundesbank zu erlassende Rechtsverordnung, die nicht der Zustimmung des Bundesrates bedarf, näher zu bestimmen:

1.
    die Arten der anzuzeigenden Transaktionen und Schwellenwerte, anhand derer die gruppeninternen Transaktionen als bedeutend anzusehen sind;

2.
    die Obergrenzen für gruppeninterne Transaktionen und Beschränkungen hinsichtlich der Art gruppeninterner Transaktionen;

3.
    Art, Umfang, Zeitpunkt und Form der Angaben sowie die zulässigen Datenträger und Übertragungswege.

Das Bundesministerium der Finanzen kann die Ermächtigung durch Rechtsverordnung auf die Bundesanstalt mit der Maßgabe übertragen, dass die Rechtsverordnung im Einvernehmen mit der Deutschen Bundesbank zu erlassen ist. Vor Erlass der Rechtsverordnung sind die Spitzenverbände der Institute anzuhören.

(2) Das CRR-Institut im Sinne von Absatz 1 Satz 1 darf unbeschadet der Wirksamkeit der Rechtsgeschäfte bedeutende gruppeninterne Transaktionen mit gemischten Holdinggesellschaften oder deren anderen Tochterunternehmen nur auf Grund eines einstimmigen Beschlusses sämtlicher Geschäftsleiter durchführen; § 13 Abs. 2 Satz 2 bis 5 gilt entsprechend.

(3) Unbeschadet der Wirksamkeit der Rechtsgeschäfte darf das CRR-Institut im Sinne des Absatzes 1 Satz 1 ohne Zustimmung der Aufsichtsbehörde keine bedeutenden gruppeninternen Transaktionen mit gemischten Holdinggesellschaften oder deren anderen Tochterunternehmen durchführen, die die in der Rechtsverordnung nach Absatz 1 Satz 2 festgelegten Obergrenzen überschreiten oder gegen die in der Rechtsverordnung festgelegten Beschränkungen hinsichtlich der Art bedeutender gruppeninterner Transaktionen verstoßen. Die Zustimmung nach Satz 1 steht im Ermessen der Aufsichtsbehörde. Unabhängig davon, ob die Aufsichtsbehörde die Zustimmung erteilt, hat das Institut das Überschreiten der Obergrenzen oder die Verstöße gegen die Beschränkungen hinsichtlich der Art gruppeninterner Transaktionen ihr, der Deutschen Bundesbank und, soweit Aufsichtsbehörde die Europäische Zentralbank ist, auch der Bundesanstalt unverzüglich anzuzeigen. Die Aufsichtsbehörde kann

1.
  von dem CRR-Institut im Sinne des Absatzes 1 Satz 1 bei einem Überschreiten der in der Rechtsverordnung nach Absatz 1 Satz 2 bestimmten Obergrenzen die Unterlegung des Überschreitungsbetrags mit Eigenmitteln verlangen;

2.
  Verstöße gegen die in der Rechtsverordnung nach Absatz 1 Satz 2 bestimmten Beschränkungen hinsichtlich der Art gruppeninterner Transaktionen durch geeignete und erforderliche Maßnahmen unterbinden.

(4) Zur Ermittlung, Quantifizierung, Überwachung und Steuerung bedeutender gruppeninterner Transaktionen innerhalb einer gemischten Unternehmensgruppe müssen die gruppenangehörigen CRR-Institute über ein angemessenes Risikomanagement und angemessene interne Kontrollverfahren, einschließlich eines ordnungsgemäßen Berichtswesens und ordnungsgemäßer Rechnungslegungsverfahren, verfügen; § 13 bleibt unberührt. § 10a Absatz 8, § 25a Abs. 1 Satz 2 sowie Artikel 11 Absatz 1 Satz 2 und 3 der Verordnung (EU) Nr. 575/2013 gelten entsprechend.

Fußnote

(+++ § 13c: Zur Nichtanwendung vgl. § 2 Abs. 9a Satz 1 +++)

§ 13d (weggefallen)

§ 14 Millionenkredite

(1) Kreditinstitute, CRR-Wertpapierfirmen, die für eigene Rechnung im Sinne des Anhangs I Nummer 3 der Richtlinie 2004/39/EG handeln, Finanzdienstleistungsinstitute im Sinne des § 1 Absatz 1a Satz 2 Nummer 4, 9 oder 10, Finanzinstitute im Sinne des Artikels 4 Absatz 1 Nummer 26 der Verordnung (EU) Nr. 575/2013 in Verbindung mit Anhang I Nummer 2 der Richtlinie 2013/36/EU, die das Factoring betreiben, und die in § 2 Absatz 2 genannten Unternehmen und Stellen (am Millionenkreditmeldeverfahren beteiligten Unternehmen) haben der bei der Deutschen Bundesbank geführten Evidenzzentrale vierteljährlich (Beobachtungszeitraum) die Kreditnehmer (Millionenkreditnehmer) anzuzeigen, deren Kreditvolumen 1 Million Euro oder mehr beträgt (Millionenkreditmeldegrenze); Anzeigeinhalte, Anzeigefristen und nähere Bestimmungen zum Beobachtungszeitraum sind durch die Rechtsverordnung nach § 22 zu regeln. Übergeordnete Unternehmen im Sinne des § 10a haben zugleich für die gruppenangehörigen Unternehmen deren Kreditnehmer im Sinne des entsprechend anzuwendenden Satzes 1 anzuzeigen. Dies gilt nicht, soweit diese Unternehmen selbst nach Satz 1 anzeigepflichtig sind oder nach § 2 Absatz 4, 7, 8, 9a oder 9e von der Anzeigepflicht befreit oder ausgenommen sind oder der Buchwert der Beteiligung an dem gruppenangehörigen Unternehmen gemäß Artikel 36 in Verbindung mit Artikel 19 Absatz 2 Buchstabe a der Verordnung (EU) Nr. 575/2013 in der jeweils gültigen Fassung von den Eigenmitteln des übergeordneten Unternehmens abgezogen wird. Die nicht selbst nach Satz 1

anzeigepflichtigen gruppenangehörigen Unternehmen haben dem übergeordneten Unternehmen die hierfür erforderlichen Angaben zu übermitteln. Satz 1 gilt bei Gemeinschaftskrediten von 1 Million Euro und mehr auch dann, wenn der Anteil des einzelnen Unternehmens 1 Million Euro nicht erreicht.

(2) Ergibt sich, dass einem Kreditnehmer von einem oder mehreren Unternehmen Millionenkredite gewährt worden sind, hat die Deutsche Bundesbank die anzeigenden Unternehmen zu benachrichtigen. Die Benachrichtigung umfasst Angaben über die Gesamtverschuldung des Kreditnehmers und über die Gesamtverschuldung der Kreditnehmereinheit, der dieser zugehört, über die Anzahl der beteiligten Unternehmen sowie Informationen über die prognostizierte Ausfallwahrscheinlichkeit im Sinne der Artikel 92 bis 386 der Verordnung (EU) Nr. 575/2013 für diesen Kreditnehmer, soweit ein Unternehmen selbst eine solche gemeldet hat. Die Benachrichtigung ist nach Maßgabe der Rechtsverordnung nach § 22 aufzugliedern. Die Deutsche Bundesbank teilt einem anzeigepflichtigen Unternehmen auf Antrag den Schuldenstand eines Kreditnehmers oder voraussichtlichen Kreditnehmers oder, sofern der Kreditnehmer oder der voraussichtliche Kreditnehmer einer Kreditnehmereinheit angehört, den Schuldenstand der Kreditnehmereinheit mit. Sofern es sich um einen voraussichtlichen Kreditnehmer handelt, hat das Unternehmen auf Verlangen der Deutschen Bundesbank die Höhe der beabsichtigten Kreditgewährung mitzuteilen und nachzuweisen, dass der voraussichtliche Kreditnehmer in die Mitteilung eingewilligt hat. Die am Millionenkreditmeldeverfahren beteiligten Unternehmen und die Deutsche Bundesbank dürfen die Meldung nach Absatz 1, die Benachrichtigung nach Satz 1 sowie die Mitteilung nach Satz 4 auch im Wege der elektronischen Datenübertragung durchführen. Einzelheiten des Verfahrens regelt die Rechtsverordnung nach § 22. Soweit es für die Zwecke der Zuordnung der Meldung nach Absatz 1 zu einem bestimmten Kreditnehmer unerlässlich ist, darf die Deutsche Bundesbank personenbezogene Daten mehrerer Kreditnehmer an das anzeigepflichtige Unternehmen übermitteln. Diese Daten dürfen keine Angaben über finanzielle Verhältnisse der Kreditnehmer enthalten. Die bei einem anzeigepflichtigen Unternehmen beschäftigten Personen dürfen Angaben, die dem Unternehmen nach diesem Absatz mitgeteilt werden, Dritten nicht offenbaren und nicht verwerten. Die Deutsche Bundesbank protokolliert zum Zwecke der Datenschutzkontrolle durch die jeweils zuständige Stelle bei jeder Datenübertragung den Zeitpunkt, die übertragenen Daten und die beteiligten Stellen. Eine Verwendung der Protokolldaten für andere Zwecke ist unzulässig. Die Protokolldaten sind mindestens 18 Monate aufzubewahren und spätestens nach 24 Monaten zu löschen.

(3) Gelten nach § 19 Abs. 2 mehrere Schuldner als ein Kreditnehmer, so sind in den Anzeigen nach Absatz 1 auch die Verschuldung und Informationen über die prognostizierten Ausfallwahrscheinlichkeiten der einzelnen Schuldner anzugeben. Die Verschuldung einzelner Schuldner sowie die Informationen über die prognostizierten Ausfallwahrscheinlichkeiten sind jeweils nur den Unternehmen mitzuteilen, die selbst oder deren gruppenangehörige Unternehmen im Sinne des Absatzes 1 diesen Schuldnern Kredite gewährt oder Informationen über die prognostizierten Ausfallwahrscheinlichkeiten dieses Schuldners gemeldet haben.

(4) Die Deutsche Bundesbank darf im Einvernehmen mit der Bundesanstalt nach Maßgabe des § 4b des Bundesdatenschutzgesetzes ausländischen Evidenzzentralen die bei ihr gespeicherten Daten über Kreditnehmer, auch zur Weitergabe an dort ansässige Kreditgeber, zur Verfügung stellen.

Fußnote(+++ § 14: Zur Nichtanwendung vgl. § 2 Abs. 9a Satz 1 +++)
(+++ § 14 Abs. 1: Zur Anwendung vgl. § 64r Abs. 10 +++)

§ 15 Organkredite

(1) Kredite an

1.

    Geschäftsleiter des Instituts,

2.

    nicht zu den Geschäftsleitern gehörende Gesellschafter des Instituts, wenn dieses in der Rechtsform einer Personenhandelsgesellschaft oder der Gesellschaft mit beschränkter

3. Haftung betrieben wird, sowie an persönlich haftende Gesellschafter eines in der Rechtsform der Kommanditgesellschaft auf Aktien betriebenen Instituts, die nicht Geschäftsleiter sind,

4. Mitglieder eines zur Überwachung der Geschäftsführung bestellten Organs des Instituts, wenn die Überwachungsbefugnisse des Organs durch Gesetz geregelt sind (Aufsichtsorgan),

5. Prokuristen und zum gesamten Geschäftsbetrieb ermächtigte Handlungsbevollmächtigte des Instituts,

6. Ehegatten, Lebenspartner und minderjährige Kinder der unter den Nummern 1 bis 4 genannten Personen,

7. stille Gesellschafter des Instituts,

8. Unternehmen in der Rechtsform einer juristischen Person oder einer Personenhandelsgesellschaft, wenn ein Geschäftsleiter, ein Prokurist oder ein zum gesamten Geschäftsbetrieb ermächtigter Handlungsbevollmächtigter des Instituts gesetzlicher Vertreter oder Mitglied des Aufsichtsorgans der juristischen Person oder Gesellschafter der Personenhandelsgesellschaft ist,

9. Unternehmen in der Rechtsform einer juristischen Person oder einer Personenhandelsgesellschaft, wenn ein gesetzlicher Vertreter der juristischen Person, ein Gesellschafter der Personenhandelsgesellschaft, ein Prokurist oder ein zum gesamten Geschäftsbetrieb ermächtigter Handlungsbevollmächtigter dieses Unternehmens dem Aufsichtsorgan des Instituts angehört,

10. Unternehmen, an denen das Institut oder ein Geschäftsleiter mit mehr als 10 vom Hundert des Kapitals des Unternehmens beteiligt ist oder bei denen das Institut oder ein Geschäftsleiter persönlich haftender Gesellschafter ist,

11. Unternehmen, die an dem Institut mit mehr als 10 vom Hundert des Kapitals des Instituts beteiligt sind,

12. Unternehmen in der Rechtsform einer juristischen Person oder einer Personenhandelsgesellschaft, wenn ein gesetzlicher Vertreter der juristischen Person oder ein Gesellschafter der Personenhandelsgesellschaft an dem Institut mit mehr als 10 vom Hundert des Kapitals beteiligt ist und

persönlich haftende Gesellschafter, Geschäftsführer, Mitglieder des Vorstands oder des Aufsichtsorgans, Prokuristen und an zum gesamten Geschäftsbetrieb ermächtigte Handlungsbevollmächtigte eines von dem Institut abhängigen Unternehmens oder das Institut beherrschenden Unternehmens sowie ihre Ehegatten, Lebenspartner und minderjährigen Kinder,

(Organkredite) dürfen nur auf Grund eines einstimmigen Beschlusses sämtlicher Geschäftsleiter des Instituts und außer im Rahmen von Mitarbeiterprogrammen nur zu marktmäßigen Bedingungen und nur mit ausdrücklicher Zustimmung des Aufsichtsorgans, im Falle der Nummer 12 des Aufsichtsorgans des das Institut beherrschenden Unternehmens, gewährt, werden; die vorstehenden Bestimmungen für Personenhandelsgesellschaften sind auf Partnerschaften entsprechend anzuwenden. Auf einen einstimmigen Beschluss sämtlicher Geschäftsleiter sowie die ausdrückliche Zustimmung des Aufsichtsorgans kann verzichtet werden, wenn für einen Kredit an ein Unternehmen nach Satz 1 Nr. 9 und 10 gemäß Artikel 113 der Verordnung (EU) Nr. 575/2013 ein KSA-Risikogewicht von null vom Hundert verwendet werden kann. Als Beteiligung im Sinne des Satzes 1 Nr. 9 bis 11 gilt jeder Besitz von Aktien oder Geschäftsanteilen des Unternehmens, wenn er mindestens ein Viertel des Kapitals (Nennkapital, Summe der

Kapitalanteile) erreicht, ohne daß es auf die Dauer des Besitzes ankommt. Der Gewährung eines Kredits steht die Gestattung von Entnahmen gleich, die über die einem Geschäftsleiter oder einem Mitglied des Aufsichtsorgans zustehenden Vergütungen hinausgehen, insbesondere auch die Gestattung der Entnahme von Vorschüssen auf Vergütungen. Organkredite, die nicht zu marktmäßigen Bedingungen gewährt werden, sind auf Anordnung der Bundesanstalt mit hartem Kernkapital nach Artikel 26 der Verordnung (EU) Nr. 575/2013 in der jeweils geltenden Fassung zu unterlegen.

(2) Die Bundesanstalt kann für die Gewährung von Organkrediten im Einzelfall Obergrenzen anordnen; dieses Recht besteht auch, nachdem der Organkredit gewährt worden ist. Organkredite, die die von der Bundesanstalt angeordneten Obergrenzen überschreiten, sind auf weitere Anordnung der Bundesanstalt auf die angeordneten Obergrenzen zurückzuführen; in der Zwischenzeit sind sie mit hartem Kernkapital nach Artikel 26 der Verordnung (EU) Nr. 575/2013 in der jeweils geltenden Fassung zu unterlegen.

(3) Absatz 1 gilt nicht

1.

> für Kredite an Prokuristen und zum gesamten Geschäftsbetrieb ermächtigte Handlungsbevollmächtigte sowie an ihre Ehegatten, Lebenspartner und minderjährigen Kinder, wenn der Kredit ein Jahresgehalt des Prokuristen oder des Handlungsbevollmächtigten nicht übersteigt,

2.

> für Kredite an in Absatz 1 Satz 1 Nr. 6 bis 11 genannte Personen oder Unternehmen, wenn der Kredit weniger als 1 vom Hundert der nach Artikel 4 Absatz 1 Nummer 71 der Verordnung (EU) Nr. 575/2013 anrechenbaren Eigenmittel des Instituts oder weniger als 50 000 Euro beträgt, und

3.

> für Kredite, die um nicht mehr als 10 vom Hundert des nach Absatz 1 Satz 1 beschlossenen Betrages erhöht werden.

(4) Der Beschluß der Geschäftsleiter und der Beschluß über die Zustimmung sind vor der Gewährung des Kredits zu fassen. Die Beschlüsse müssen Bestimmungen über die Verzinsung und Rückzahlung des Kredits enthalten. Sie sind aktenkundig zu machen. Ist die Gewährung eines Kredits nach Absatz 1 Satz 1 Nr. 6 bis 11 eilbedürftig, genügt es, daß sämtliche Geschäftsleiter sowie das Aufsichtsorgan der Kreditgewährung unverzüglich nachträglich zustimmen. Ist der Beschluß der Geschäftsleiter nicht innerhalb von zwei Monaten oder der Beschluß des Aufsichtsorgans nicht innerhalb von vier Monaten, jeweils vom Tage der Kreditgewährung an gerechnet, nachgeholt, hat das Institut dies der Bundesanstalt unverzüglich anzuzeigen. Der Beschluß der Geschäftsleiter und der Beschluß über die Zustimmung zu Krediten an die in Absatz 1 Satz 1 Nr. 1 bis 5 und 12 genannten Personen können für bestimmte Kreditgeschäfte und Arten von Kreditgeschäften im voraus, jedoch nicht für länger als ein Jahr gefaßt werden.

(5) Wird entgegen Absatz 1 oder 4 ein Kredit an eine in Absatz 1 Satz 1 Nr. 1 bis 5 und 12 genannte Person gewährt, ist dieser Kredit ohne Rücksicht auf entgegenstehende Vereinbarungen sofort zurückzuzahlen, wenn nicht sämtliche Geschäftsleiter sowie das Aufsichtsorgan der Kreditgewährung unverzüglich nachträglich zustimmen.

Fußnote(+++ § 15: Zur Nichtanwendung vgl. § 2 Abs. 9a Satz 1 +++)

§ 16 (aufgehoben)

Fußnote(+++ § 16: Zur Nichtanwendung vgl. § 2 Abs. 9a Satz 1 +++)

§ 17 Haftungsbestimmung

(1) Wird entgegen den Vorschriften des § 15 Kredit gewährt, so haften die Geschäftsleiter, die hierbei ihre Pflichten verletzen, und die Mitglieder des Aufsichtsorgans, die trotz Kenntnis gegen eine beabsichtigte Kreditgewährung pflichtwidrig nicht einschreiten, dem Institut als

Gesamtschuldner für den entstehenden Schaden; die Geschäftsleiter und die Mitglieder des Aufsichtsorgans haben nachzuweisen, daß sie nicht schuldhaft gehandelt haben.

(2) Der Ersatzanspruch des Instituts kann auch von dessen Gläubigern geltend gemacht werden, soweit sie von diesem keine Befriedigung erlangen können. Den Gläubigern gegenüber wird die Ersatzpflicht weder durch einen Verzicht oder Vergleich des Instituts noch dadurch aufgehoben, daß bei Instituten in der Rechtsform der juristischen Person die Kreditgewährung auf einem Beschluß des obersten Organs des Instituts (Hauptversammlung, Generalversammlung, Gesellschafterversammlung) beruht.

(3) Die Ansprüche nach Absatz 1 verjähren in fünf Jahren.

Fußnote(+++ § 17: Zur Nichtanwendung vgl. § 2 Abs. 9a Satz 1 +++)

§ 18 Kreditunterlagen

Ein Kreditinstitut darf einen Kredit, der insgesamt 750 000 Euro oder 10 vom Hundert des nach Artikel 4 Absatz 1 Nummer 71 der Verordnung (EU) Nr. 575/2013 anrechenbaren Eigenkapitals des Instituts überschreitet, nur gewähren, wenn es sich von dem Kreditnehmer die wirtschaftlichen Verhältnisse, insbesondere durch Vorlage der Jahresabschlüsse, offen legen lässt. Das Kreditinstitut kann hiervon absehen, wenn das Verlangen nach Offenlegung im Hinblick auf die gestellten Sicherheiten oder auf die Mitverpflichteten offensichtlich unbegründet wäre. Das Kreditinstitut kann von der laufenden Offenlegung absehen, wenn

1.

der Kredit durch Grundpfandrechte auf Wohneigentum, das vom Kreditnehmer selbst genutzt wird, gesichert ist,

2.

der Kredit vier Fünftel des Beleihungswertes des Pfandobjektes im Sinne des § 16 Abs. 1 und 2 des Pfandbriefgesetzes nicht übersteigt und

3.

der Kreditnehmer die von ihm geschuldeten Zins- und Tilgungsleistungen störungsfrei erbringt.

Eine Offenlegung ist nicht erforderlich bei Krediten an

1.

Zentralregierungen oder Zentralnotenbanken im Ausland, den Bund, die Deutsche Bundesbank oder ein rechtlich unselbständiges Sondervermögen des Bundes, wenn sie ungesichert ein Kreditrisiko-Standardansatz-Risikogewicht (KSA-Risikogewicht) von 0 Prozent erhalten würden,

2.

multilaterale Entwicklungsbanken oder internationale Organisationen, wenn sie ungesichert ein KSA-Risikogewicht von 0 Prozent erhalten würden, oder

3.

Regionalregierungen oder örtliche Gebietskörperschaften in einem anderen Staat des Europäischen Wirtschaftsraums, ein Land, eine Gemeinde, einen Gemeindeverband, ein rechtlich unselbständiges Sondervermögen eines Landes, einer Gemeinde oder eines Gemeindeverbandes oder Einrichtungen des öffentlichen Bereichs, wenn sie ungesichert ein KSA-Risikogewicht von 0 Prozent erhalten würden.

Fußnote(+++ § 18: Zur Nichtanwendung vgl. § 2 Abs. 9a Satz 1 +++)

§ 18a Verbraucherdarlehen und entgeltliche Finanzierungshilfen; Verordnungsermächtigung

(1) Die Kreditinstitute prüfen vor Abschluss eines Verbraucherdarlehensvertrags die Kreditwürdigkeit des Darlehensnehmers. Das Kreditinstitut darf den Verbraucherdarlehensvertrag nur abschließen, wenn aus der Kreditwürdigkeitsprüfung hervorgeht, dass bei einem Allgemein-Verbraucherdarlehensvertrag keine erheblichen Zweifel an der Kreditwürdigkeit bestehen und dass

es bei einem Immobiliar-Verbraucherdarlehensvertrag wahrscheinlich ist, dass der Darlehensnehmer seinen Verpflichtungen, die im Zusammenhang mit dem Darlehensvertrag stehen, vertragsgemäß nachkommen wird.

(2) Wird der Nettodarlehensbetrag nach Abschluss des Darlehensvertrags deutlich erhöht, so ist die Kreditwürdigkeit auf aktualisierter Grundlage neu zu prüfen, es sei denn, der Erhöhungsbetrag des Nettodarlehens wurde bereits in die ursprüngliche Kreditwürdigkeitsprüfung einbezogen.

(2a) Bei Immobiliar-Verbraucherdarlehensverträgen, die

1.

im Anschluss an einen zwischen den Vertragsparteien abgeschlossenen Darlehensvertrag ein neues Kapitalnutzungsrecht zur Erreichung des von dem Darlehensnehmer mit dem vorangegangenen Darlehensvertrag verfolgten Zwecks einräumen oder

2.

einen anderen Darlehensvertrag zwischen den Vertragsparteien zur Vermeidung von Kündigungen wegen Zahlungsverzuges des Darlehensnehmers oder zur Vermeidung von Zwangsvollstreckungsmaßnahmen gegen den Darlehensnehmer ersetzen oder ergänzen,

bedarf es einer erneuten Kreditwürdigkeitsprüfung nur unter den Voraussetzungen des Absatzes 2. Ist danach keine Kreditwürdigkeitsprüfung erforderlich, darf der Darlehensgeber den neuen Immobiliar-Verbraucherdarlehensvertrag nicht abschließen, wenn ihm bereits bekannt ist, dass der Darlehensnehmer seinen Verpflichtungen, die im Zusammenhang mit diesem Darlehensvertrag stehen, dauerhaft nicht nachkommen kann.

(3) Grundlage für die Kreditwürdigkeitsprüfung können Auskünfte des Darlehensnehmers und erforderlichenfalls Auskünfte von Stellen sein, die geschäftsmäßig personenbezogene Daten, die zur Bewertung der Kreditwürdigkeit von Verbrauchern genutzt werden dürfen, zum Zwecke der Übermittlung erheben, speichern, verändern oder nutzen. Das Kreditinstitut ist verpflichtet, die Informationen in angemessener Weise zu überprüfen, soweit erforderlich auch durch Einsichtnahme in unabhängig nachprüfbare Unterlagen.

(4) Bei Immobiliar-Verbraucherdarlehensverträgen hat das Kreditinstitut die Kreditwürdigkeit des Darlehensnehmers auf der Grundlage notwendiger, ausreichender und angemessener Informationen zu Einkommen, Ausgaben sowie zu anderen finanziellen und wirtschaftlichen Umständen des Darlehensnehmers eingehend zu prüfen. Dabei hat das Kreditinstitut die Faktoren angemessen zu berücksichtigen, die für die Einschätzung relevant sind, ob der Darlehensnehmer seinen Verpflichtungen aus dem Darlehensvertrag voraussichtlich nachkommen kann. Die Kreditwürdigkeitsprüfung darf sich nicht hauptsächlich darauf stützen, dass der Wert der Wohnimmobilie den Darlehensbetrag übersteigt, oder auf die Annahme, dass der Wert der Wohnimmobilie zunimmt, es sei denn, der Darlehensvertrag dient zum Bau oder zur Renovierung der Wohnimmobilie.

(5) Das Kreditinstitut ist verpflichtet, die Verfahren und Angaben, auf die sich die Kreditwürdigkeitsprüfung stützt, nach Maßgabe von § 25a Absatz 1 Satz 6 Nummer 2 zu dokumentieren und die Dokumentation aufzubewahren.

(6) Die mit der Vergabe von Immobiliar-Verbraucherdarlehen befassten internen und externen Mitarbeiter müssen über angemessene Kenntnisse und Fähigkeiten in Bezug auf das Gestalten, Anbieten, Vermitteln, Abschließen von Immobiliar-Verbraucherdarlehensverträgen oder das Erbringen von Beratungsleistungen in Bezug auf diese Verträge verfügen und ihre Kenntnisse und Fähigkeiten auf aktuellem Stand halten.

(7) Kreditinstitute, die grundpfandrechtlich oder durch eine Reallast besicherte Immobiliar-Verbraucherdarlehen vergeben, haben

1.

bei der Bewertung der Immobilie zuverlässige Standards zu verwenden und

2.

sicherzustellen, dass interne und externe Gutachter, die Immobilienbewertungen für sie vornehmen, fachlich kompetent und so unabhängig vom Darlehensvergabeprozess sind, dass sie eine objektive Bewertung vornehmen können.

Das Kreditinstitut ist verpflichtet, Bewertungen für Immobilien, die als Sicherheit für Immobiliar-Verbraucherdarlehen dienen, nach Maßgabe von § 25a Absatz 1 Satz 6 Nummer 2 auf einem dauerhaften Datenträger zu dokumentieren und die Dokumentation aufzubewahren.

(8) Soweit Kreditinstitute Beratungsleistungen gemäß § 511 des Bürgerlichen Gesetzbuchs zu Immobiliar-Verbraucherdarlehen oder Nebenleistungen gewähren, vermitteln oder erbringen, sind Informationen über die Umstände des Verbrauchers, von ihm angegebene konkrete Bedürfnisse und realistische Annahmen bezüglich der Risiken für die Situation des Verbrauchers während der Laufzeit des Darlehensvertrags zugrunde zu legen.

(8a) Eine Genehmigung für Koppelungsgeschäfte bei Immobiliar-Verbraucherdarlehensverträgen nach § 492b Absatz 3 des Bürgerlichen Gesetzbuchs darf nur erteilt werden, wenn der Darlehensgeber gegenüber der für ihn zuständigen Aufsichtsbehörde nachweisen kann, dass die zu ähnlichen Vertragsbedingungen angebotenen gekoppelten Produkte oder Produktkategorien, die nicht separat erhältlich sind, unter gebührender Berücksichtigung der Verfügbarkeit und der Preise der einschlägigen auf dem Markt angebotenen Produkte einen klaren Nutzen für den Verbraucher bieten und es sich um Produkte handelt, die nach dem 20. März 2014 vertrieben werden.

(9) Die Bestimmungen zum Schutz personenbezogener Daten bleiben unberührt.

(10) Die Absätze 1 bis 9 gelten auch für die jeweils entsprechenden entgeltlichen Finanzierungshilfen.

(10a) Das Bundesministerium der Finanzen und das Bundesministerium der Justiz und für Verbraucherschutz werden ermächtigt, durch gemeinsame Rechtsverordnung ohne Zustimmung des Bundesrates Leitlinien zu den Kriterien und Methoden der Kreditwürdigkeitsprüfung bei Immobiliar-Verbraucherdarlehensverträgen nach den Absätzen 1 bis 5 festzulegen. Durch die Rechtsverordnung können insbesondere Leitlinien festgelegt werden:

1.

        zu den Faktoren, die für die Einschätzung relevant sind, ob der Darlehensnehmer seinen Verpflichtungen aus dem Darlehensvertrag voraussichtlich nachkommen kann,

2.

        zu den anzuwendenden Verfahren und der Erhebung und Prüfung von Informationen.

(11) Das Bundesministerium der Finanzen wird ermächtigt, durch Rechtsverordnung, die nicht der Zustimmung des Bundesrates bedarf, nähere Bestimmungen über die nach Absatz 6 erforderlichen Kenntnisse und Fähigkeiten der mit der Darlehensvergabe befassten internen und externen Mitarbeiter zu erlassen. Das Bundesministerium der Finanzen kann die Ermächtigung nach Satz 1 durch Rechtsverordnung auf die Bundesanstalt übertragen.

§ 19 Begriff des Kredits für § 14 und des Kreditnehmers für die §§ 14, 15 und 18

(1) Kredite im Sinne des § 14 sind Bilanzaktiva, Derivate mit Ausnahme der Stillhalterverpflichtungen aus Kaufoptionen sowie die dafür übernommenen Gewährleistungen und andere außerbilanzielle Geschäfte. Bilanzaktiva im Sinne des Satzes 1 sind

1.

        Guthaben bei Zentralnotenbanken und Postgiroämtern,

2.

        Schuldtitel öffentlicher Stellen und Wechsel, die zur Refinanzierung bei Zentralnotenbanken zugelassen sind,

3.

        im Einzug befindliche Werte, für die entsprechende Zahlungen bereits bevorschußt wurden,

4.

        Forderungen an Kreditinstitute und Kunden, einschließlich der Warenforderungen von Kreditinstituten mit Warengeschäft sowie in der Bilanz aktivierte Ansprüche aus Leasingverträgen auf Zahlungen, zu denen der Leasingnehmer verpflichtet ist oder verpflichtet werden kann, und Optionsrechte des Leasingnehmers zum Kauf der Leasinggegenstände, die einen Anreiz zur Ausübung des Optionsrechts bieten,

5.

6. Schuldverschreibungen und andere festverzinsliche Wertpapiere, soweit sie kein Recht verbriefen, das unter die in Satz 1 genannten Derivate fällt,

7. Aktien und andere nicht festverzinsliche Wertpapiere, soweit sie kein Recht verbriefen, das unter die in Satz 1 genannten Derivate fällt,

8. Beteiligungen,

9. Anteile an verbundenen Unternehmen,

10. (weggefallen)

sonstige Vermögensgegenstände, sofern sie einem Adressenausfallrisiko unterliegen.
Als andere außerbilanzielle Geschäfte im Sinne des Satzes 1 sind anzusehen

1. den Kreditnehmern abgerechnete eigene Ziehungen im Umlauf,

2. Indossamentsverbindlichkeiten aus weitergegebenen Wechseln,

3. Bürgschaften und Garantien für Bilanzaktiva,

4. Erfüllungsgarantien und andere als die in Nummer 3 genannten Garantien und Gewährleistungen, soweit sie sich nicht auf die in Satz 1 genannten Derivate beziehen,

5. Eröffnung und Bestätigung von Akkreditiven,

6. unbedingte Verpflichtungen der Bausparkassen zur Ablösung fremder Vorfinanzierungs- und Zwischenkredite an Bausparer,

7. Haftung aus der Bestellung von Sicherheiten für fremde Verbindlichkeiten,

8. beim Pensionsgeber vom Bestand abgesetzte Bilanzaktiva, die dieser mit der Vereinbarung auf einen anderen übertragen hat, daß er sie auf Verlangen zurücknehmen muß,

9. Verkäufe von Bilanzaktiva mit Rückgriff, bei denen das Kreditrisiko bei dem verkaufenden Institut verbleibt,

10. Terminkäufe auf Bilanzaktiva, bei denen eine unbedingte Verpflichtung zur Abnahme des Liefergegenstandes besteht,

11. Plazierung von Termineinlagen auf Termin,

12. Ankaufs- und Refinanzierungszusagen,

13. noch nicht in Anspruch genommene Kreditzusagen,

14. Kreditderivate,

15. noch nicht in der Bilanz aktivierte Ansprüche aus Leasingverträgen auf Zahlungen, zu denen der Leasingnehmer verpflichtet ist oder verpflichtet werden kann, und Optionsrechte des Leasingnehmers zum Kauf der Leasinggegenstände, die einen Anreiz zur Ausübung des Optionsrechts bieten, sowie

16.

außerbilanzielle Geschäfte, sofern sie einem Adressenausfallrisiko unterliegen und von den Nummern 1 bis 14 nicht erfasst sind.

(1a) Derivate im Sinne dieser Vorschrift sind als Kauf, Tausch oder durch anderweitigen Bezug auf einen Basiswert ausgestaltete Festgeschäfte oder Optionsgeschäfte, deren Wert durch den Basiswert bestimmt wird und deren Wert sich infolge eines für wenigstens einen Vertragspartner zeitlich hinausgeschobenen Erfüllungszeitpunkts künftig ändern kann, einschließlich finanzieller Differenzgeschäfte. Basiswert im Sinne von Satz 1 kann auch ein Derivat sein.

(2) Als ein Kreditnehmer im Sinne des § 14 gelten

1.

zwei oder mehr natürliche oder juristische Personen oder Personenhandelsgesellschaften, wenn eine von ihnen unmittelbar oder mittelbar beherrschenden Einfluss auf die andere oder die anderen ausüben kann. Unmittelbar oder mittelbar beherrschender Einfluss liegt insbesondere vor,

a)

bei allen Unternehmen, die im Sinne des § 290 Absatz 2 des Handelsgesetzbuchs konsolidiert werden, oder

b)

bei allen Unternehmen, die durch Verträge verbunden sind, die vorsehen, dass das eine Unternehmen verpflichtet ist, seinen ganzen Gewinn an ein anderes abzuführen, oder

c)

beim Halten von Stimmrechts- oder Kapitalanteilen an einem Unternehmen in Höhe von 50 Prozent oder mehr durch ein anderes Unternehmen oder eine Person, unabhängig davon, ob diese Anteile im Rahmen eines Treuhandverhältnisses verwaltet werden,

2.

Personenhandelsgesellschaften oder Kapitalgesellschaften und jeder persönlich haftende Gesellschafter sowie Partnerschaften und jeder Partner,

3.

alle Unternehmen, die demselben Konzern im Sinne des § 18 des Aktiengesetzes angehören.

Die Zusammenfassungstatbestände nach den Nummern 1 bis 3 sind kumulativ anzuwenden.

(3) Als ein Kreditnehmer im Sinne der §§ 15 und 18 gelten zwei oder mehr natürliche oder juristische Personen, die gemäß Artikel 4 Absatz 1 Nummer 39 der Verordnung (EU) Nr. 575/2013 eine Gruppe verbundener Kunden bilden.

(4) (weggefallen)

(5) Bei dem entgeltlichen Erwerb von Geldforderungen gilt der Veräußerer der Forderungen als Kreditnehmer im Sinne der §§ 14 bis 18, wenn er für die Erfüllung der übertragenen Forderung einzustehen oder sie auf Verlangen des Erwerbers zurückzuerwerben hat; andernfalls gilt der Schuldner der Verbindlichkeit als Kreditnehmer.

(6) (weggefallen)

§ 20 Ausnahmen von den Verpflichtungen nach § 14

Als Kredite im Sinne des § 14 gelten nicht:

1.

Kredite bei Wechselkursgeschäften, die im Rahmen des üblichen Abrechnungsverfahrens innerhalb von zwei Geschäftstagen ab Vorleistung abgewickelt werden,

2.

Kredite bei Wertpapiergeschäften, die im Rahmen des üblichen Abrechnungsverfahrens innerhalb von fünf Geschäftstagen ab Vorleistung abgewickelt werden,

3.

im Fall der Durchführung des Zahlungsverkehrs, einschließlich der Ausführung von Zahlungsdiensten, der Verrechnung und Abwicklung in jedweder Währung und des Korrespondenzbankgeschäfts, oder der Erbringung von Dienstleistungen für Kunden zur

Verrechnung, Abwicklung und Verwahrung von Finanzinstrumenten, verspätete Zahlungseingänge bei Finanzierungen und andere Kredite im Kundengeschäft, die längstens bis zum folgenden Geschäftstag bestehen,

4.

Geldsicherheiten, die im Kontext von Finanzmarktgeschäften für Kunden hinterlegt werden und deren vereinbarte Laufzeit oder Kündigungsfrist einen Geschäftstag nicht überschreitet,

5.

Kredite, die im Fall der Durchführung des Zahlungsverkehrs, einschließlich der Ausführung von Zahlungsdiensten, der Verrechnung und Abwicklung in jedweder Währung und des Korrespondenzbankgeschäfts, an Institute vergeben werden, die diese Dienste erbringen, sofern die Kredite bis zum Geschäftsschluss zurückzuzahlen sind,

6.

abgeschriebene Kredite und

7.

Verfügungen über gutgeschriebene Beträge aus dem Lastschrifteinzugsverfahren, die mit dem Vermerk „Eingang vorbehalten" versehen werden.

§§ 20a bis 20c (weggefallen)

§ 21 Begriff des Kredits für die §§ 15 bis 18

(1) Kredite im Sinne der §§ 15 bis 18 sind

1.

Gelddarlehen aller Art, entgeltlich erworbene Geldforderungen, Akzeptkredite sowie Forderungen aus Namensschuldverschreibungen mit Ausnahme der auf den Namen lautenden Pfandbriefe und Kommunalschuldverschreibungen;

2.

die Diskontierung von Wechseln und Schecks;

3.

Geldforderungen aus sonstigen Handelsgeschäften eines Instituts, ausgenommen die Forderungen aus Warengeschäften der Kreditgenossenschaften, sofern diese nicht über die handelsübliche Frist hinaus gestundet werden;

4.

Bürgschaften, Garantien und sonstige Gewährleistungen eines Instituts sowie die Haftung eines Instituts aus der Bestellung von Sicherheiten für fremde Verbindlichkeiten;

5.

die Verpflichtung, für die Erfüllung entgeltlich übertragener Geldforderungen einzustehen oder sie auf Verlangen des Erwerbers zurückzuerwerben;

6.

der Besitz eines Instituts an Aktien oder Geschäftsanteilen eines anderen Unternehmens, der mindestens ein Viertel des Kapitals (Nennkapital, Summe der Kapitalanteile) des Beteiligungsunternehmens erreicht, ohne daß es auf die Dauer des Besitzes ankommt;

7.

Gegenstände, über die ein Institut als Leasinggeber Leasingverträge abgeschlossen hat, abzüglich bis zum Buchwert des ihm zugehörigen Leasinggegenstandes solcher Posten, die wegen der Erfüllung oder der Veräußerung von Forderungen aus diesen Leasingverträgen gebildet werden.

Zugunsten des Instituts bestehende Sicherheiten sowie Guthaben des Kreditnehmers bei dem Institut bleiben außer Betracht.

(2) Als Kredite im Sinne der §§ 15 bis 18 gelten nicht

1.

Kredite an den Bund, ein rechtlich unselbständiges Sondervermögen des Bundes oder eines Landes, ein Land, eine Gemeinde oder einen Gemeindeverband;

2.

ungesicherte Forderungen an andere Institute aus bei diesen unterhaltenen, nur der Geldanlage dienenden Guthaben, die spätestens in drei Monaten fällig sind; Forderungen eingetragener Genossenschaften an ihre Zentralbanken, von Sparkassen an ihre Girozentralen sowie von Zentralbanken und Girozentralen an ihre Zentralkreditinstitute können später fällig gestellt sein;

3.

von anderen Instituten angekaufte Wechsel, die von einem Institut angenommen, indossiert oder als eigene Wechsel ausgestellt sind, eine Laufzeit von höchstens drei Monaten haben und am Geldmarkt üblicherweise gehandelt werden;

4.

abgeschriebene Kredite.

(3) § 15 Abs. 1 Satz 1 Nr. 6 bis 11 und § 18 gelten nicht für

1.

Kredite, soweit sie den Erfordernissen des § 14 und des § 16 Abs. 1 und 2 des Pfandbriefgesetzes entsprechen (Realkredite);

2.

Kredite mit Laufzeiten von höchstens 15 Jahren gegen Bestellung von Schiffshypotheken, soweit sie den Erfordernissen des § 22 Abs. 1, 2 Satz 1 und Abs. 5 Satz 3, des § 23 Abs. 1 und 4 sowie des § 24 Abs. 2 in Verbindung mit Abs. 3 des Pfandbriefgesetzes entsprechen;

3.

Kredite an eine inländische juristische Person des öffentlichen Rechts, die nicht in Absatz 2 Nr. 1 genannt ist, die Europäische Union, die Europäische Atomgemeinschaft oder die Europäische Investitionsbank;

4.

Kredite, soweit sie vom Bund, einem Sondervermögen des Bundes, einem Land, einer Gemeinde oder einem Gemeindeverband verbürgt oder in anderer Weise gesichert sind (öffentlich verbürgte Kredite).

(4) Als Kredite im Sinne des § 18 gelten nicht

1.

Kredite auf Grund des entgeltlichen Erwerbs einer Forderung aus nicht bankmäßigen Handelsgeschäften, wenn

a)

Forderungen aus nicht bankmäßigen Handelsgeschäften gegen den jeweiligen Schuldner laufend erworben werden,

b)

der Veräußerer der Forderung nicht für deren Erfüllung einzustehen hat und

c)

die Forderung innerhalb von drei Monaten, vom Tage des Ankaufs an gerechnet, fällig ist;

2.

Kredite, soweit sie gedeckt sind durch Sicherheiten in Form von

a)

Bareinlagen bei dem kreditgewährenden Institut oder bei einem Drittinstitut, das Mutter- oder Tochterunternehmen des kreditgewährenden Instituts ist, oder Barmitteln, die das Institut im Rahmen der Emission einer Credit Linked Note erhält, oder

b)

Einlagenzertifikaten oder ähnlichen Papieren, die von dem kreditgewährenden Institut oder einem Drittinstitut, das Mutter- oder Tochterunternehmen des kreditgewährenden Instituts ist, ausgegeben wurden und bei diesen hinterlegt sind und die näheren Bestimmungen der Artikel 192 bis 241 der Verordnung (EU) Nr. 575/2013 zur Kreditrisikominderung erfüllt werden.

§ 22 Verordnungsermächtigung für Millionenkredite

Das Bundesministerium der Finanzen wird ermächtigt, durch Rechtsverordnung, die nicht der Zustimmung des Bundesrates bedarf, im Benehmen mit der Deutschen Bundesbank für Millionenkredite nähere Bestimmungen zu erlassen über

1.
    die Ermittlung der Kreditbeträge und Kreditnehmer,
2.
    die Ermittlung der Kreditäquivalenzbeträge von Derivaten sowie die Ermittlung von Pensions- und Leihgeschäften und von anderen mit diesen vergleichbaren Geschäften sowie der für diese Geschäfte übernommenen Gewährleistungen,
3.
    die Zurechnung von Krediten zu Kreditnehmern,
4.
    die Anzeigeinhalte, Anzeigefristen und den Beobachtungszeitraum nach § 14 Absatz 1 Satz 1,
5.
    weitere Angaben in der Benachrichtigung nach § 14 Absatz 2 Satz 2, soweit dies auf Grund von Informationen, die die Deutsche Bundesbank von ausländischen Evidenzzentralen erhalten hat, erforderlich ist,
6.
    Einzelheiten zu den Angaben in der Benachrichtigung nach § 14 Absatz 2 Satz 2, insbesondere zu den Voraussetzungen und den Inhalten der Rückmeldungen der Informationen über prognostizierte Ausfallwahrscheinlichkeiten, sowie die Aufgliederung dieser Benachrichtigung nach § 14 Absatz 2 Satz 3 und
7.
    Einzelheiten des Verfahrens der elektronischen Datenübertragung nach § 14 Absatz 2 Satz 6.

Das Bundesministerium der Finanzen kann die Ermächtigung durch Rechtsverordnung auf die Bundesanstalt mit der Maßgabe übertragen, dass die Rechtsverordnung im Einvernehmen mit der Deutschen Bundesbank ergeht. Vor Erlass der Rechtsverordnung sind die Spitzenverbände der Institute anzuhören.

2a.
Refinanzierungsregister

§ 22a Registerführendes Unternehmen

(1) Ist das Refinanzierungsunternehmen ein Kreditinstitut oder eine in § 2 Abs. 1 Nr. 1 bis 3a genannte Einrichtung und hat ein Unternehmen im Sinne des § 1 Absatz 24 Satz 1 Nummer 1 bis 6 einen Anspruch auf Übertragung einer Forderung des Refinanzierungsunternehmens oder eines Grundpfandrechts des Refinanzierungsunternehmens, das der Sicherung von Forderungen dient, können diese Gegenstände in ein vom Refinanzierungsunternehmen geführtes Refinanzierungsregister eingetragen werden; dies gilt entsprechend für Registerpfandrechte an einem Luftfahrzeug und für Schiffshypotheken. Für jede Refinanzierungstransaktion ist eine gesonderte Abteilung zu bilden.
(1a) Absatz 1 gilt entsprechend, wenn die Forderungen und Grundpfandrechte treuhänderisch von dem Refinanzierungsunternehmen verwaltet werden.
(2) Eine Pflicht des Refinanzierungsunternehmens oder des Refinanzierungsmittlers zur Führung eines Refinanzierungsregisters wird durch diesen Unterabschnitt nicht begründet. Die Registerführung kann nur unter den Voraussetzungen des § 22k beendet oder übertragen werden.
(3) Eine Auslagerung der Registerführung ist nicht statthaft.
(4) Die Absätze 1 bis 3 gelten sinngemäß für Refinanzierungsmittler, die Kreditinstitut oder eine in § 2 Abs. 1 Nr. 1 bis 3a genannte Einrichtung sind.

§ 22b Führung des Refinanzierungsregisters für Dritte

(1) Ist das Refinanzierungsunternehmen weder ein Kreditinstitut noch eine in § 2 Abs. 1 Nr. 1 bis 3a genannte Einrichtung, können die in § 22a Abs. 1 Satz 1 genannten Gegenstände des Refinanzierungsunternehmens, auf deren Übertragung *ein Unternehmen im Sinne des § 1 Absatz 24 Satz 1 Nummer 1 bis 6* einen Anspruch hat, in ein von einem Kreditinstitut oder von der Kreditanstalt für Wiederaufbau geführtes Refinanzierungsregister eingetragen werden. Enthält das Refinanzierungsregister daneben Gegenstände, deren Übertragung das registerführende oder ein anderes Unternehmen schuldet, so ist für jeden zur Übertragung Verpflichteten innerhalb desselben Refinanzierungsregisters eine gesonderte Abteilung und innerhalb dieser für jede Refinanzierungtransaktion eine Unterabteilung zu bilden.

(2) Ist das Refinanzierungsunternehmen ein Kreditinstitut, für welches die Führung eines eigenen Refinanzierungsregisters nach Art und Umfang seines Geschäftsbetriebs eine unangemessene Belastung darstellt, so soll die Bundesanstalt auf Antrag des Refinanzierungsunternehmens der Führung des Refinanzierungsregisters durch ein anderes Kreditinstitut zustimmen. Die Zustimmung der Bundesanstalt gilt als erteilt, wenn sie nicht binnen eines Monats nach Stellung des Antrages verweigert wird.

(3) Eintragungen, die für andere Kreditinstitute vorgenommen werden, ohne dass eine Zustimmung der Bundesanstalt nach Absatz 2 vorliegt, sind unwirksam.

(4) § 22a Abs. 2 und 3, auch in Verbindung mit Abs. 4, findet entsprechende Anwendung.

Fußnote § 22b Abs. 1 Satz 1 Kursivdruck: IdF d. Art. 1 Nr. 40 G v. 28.8.2013 I 3395 mWv 1.1.2014 (abweichend von der Änderungsanweisung wurde auch das Wort "oder" ersetzt)

§ 22c Refinanzierungsmittler

Die §§ 22d bis 22o gelten sinngemäß für Refinanzierungsregister, die gemäß § 22a Abs. 4 von einem Refinanzierungsmittler oder gemäß § 22b Abs. 4 für einen Refinanzierungsmittler geführt werden.

§ 22d Refinanzierungsregister

(1) Eine elektronische Führung des Refinanzierungsregisters ist zulässig, sofern sichergestellt ist, dass hinreichende Vorkehrungen gegen einen Datenverlust getroffen worden sind. Das Bundesministerium der Finanzen hat durch Rechtsverordnung, die nicht der Zustimmung des Bundesrates bedarf, Einzelheiten über die Form des Refinanzierungsregisters sowie der Art und Weise der Aufzeichnung zu bestimmen. Das Bundesministerium der Finanzen kann diese Ermächtigung durch Rechtsverordnung auf die Bundesanstalt für Finanzdienstleistungsaufsicht übertragen.

(2) In das Refinanzierungsregister sind von dem registerführenden Unternehmen einzutragen:

1.

   die Forderungen oder die Sicherheiten, auf deren Übertragung die im Register als übertragungsberechtigt eingetragenen Unternehmen im Sinne des § 1 Absatz 24 Satz 1 Nummer 1 bis 6 (Übertragungsberechtigte) einen Anspruch haben,

2.

   der Übertragungsberechtigte,

3.

   der Zeitpunkt der Eintragung,

4.

   falls ein Gegenstand als Sicherheit dient, den rechtlichen Grund, den Umfang, den Rang der Sicherheit und das Datum des Tages, an dem der den rechtlichen Grund für die Absicherung enthaltende Vertrag geschlossen wurde.

In den Fällen der Nummern 1 und 4 genügt es, wenn Dritten, insbesondere dem Verwalter, dem Sachwalter, der Bundesanstalt oder einem Insolvenzverwalter die eindeutige Bestimmung der einzutragenden Angaben möglich ist. Ist der Übertragungsberechtigte eine Pfandbriefbank, so ist diese sowie der gemäß § 7 Abs. 1 des Pfandbriefgesetzes bestellte Treuhänder von der

Eintragung zu unterrichten. Ist der Übertragungsberechtigte ein Versicherungsunternehmen, ist dieses sowie der nach § 128 des Versicherungsaufsichtsgesetzes bestellte Treuhänder von der Eintragung zu unterrichten.

(3) Soweit nach Absatz 2 erforderliche Angaben fehlen oder Eintragungen unrichtig sind oder keine eindeutige Bestimmung einzutragender Angaben zulassen, sind die betroffenen Gegenstände nicht ordnungsgemäß eingetragen.

(4) Forderungen sind auch dann eintragungsfähig und nach Eintragung an den Übertragungsberechtigten veräußerbar, wenn die Abtretung durch mündliche oder konkludente Vereinbarung mit dem Schuldner ausgeschlossen worden ist. § 354a des Handelsgesetzbuchs sowie gesetzliche Verfügungsverbote bleiben unberührt.

(5) Eintragungen können nur mit Zustimmung des Übertragungsberechtigten gelöscht werden. Sofern ein Übertragungsberechtigter eine Pfandbriefbank oder ein Versicherungsunternehmen ist, können Eintragungen nur mit Zustimmung des Treuhänders der Pfandbriefbank beziehungsweise des Treuhänders des Versicherungsunternehmens gelöscht werden. In jedem Fall ist der Zeitpunkt der Löschung einzutragen. Fehlerhafte Eintragungen können mit Zustimmung des Verwalters gelöscht werden; Absatz 2 Satz 3 und 4 gilt entsprechend. Die Korrektur, ihr Zeitpunkt und die Zustimmung des Verwalters sind im Refinanzierungsregister einzutragen. Die nochmalige Eintragung ohne Löschung der früheren Eintragung entfaltet keine Rechtswirkung.

(6) Der Übertragungsberechtigte kann jederzeit vom Verwalter einen Auszug über die ihn betreffenden Eintragungen im Refinanzierungsregister verlangen, auf dem der Verwalter die Übereinstimmung mit dem Refinanzierungsregister in Schriftform bestätigt hat.

§ 22e Bestellung des Verwalters

(1) Bei jedem registerführenden Unternehmen ist eine natürliche Person als Verwalter des Refinanzierungsregisters (Verwalter) zu bestellen. Das Amt erlischt mit der Beendigung der Registerführung oder der Bestellung eines personenverschiedenen Sachwalters des Refinanzierungsregisters nach § 22l Abs. 4 Satz 1.

(2) Die Bestellung erfolgt durch die Bundesanstalt auf Vorschlag des registerführenden Unternehmens. Die Bundesanstalt soll die vorgeschlagene Person zum Verwalter bestellen, wenn deren Unabhängigkeit, Zuverlässigkeit und Sachkunde gewährleistet erscheint. Bei ihrer Entscheidung hat die Bundesanstalt die Interessen der im Refinanzierungsregister eingetragenen oder einzutragenden Übertragungsberechtigten angemessen zu berücksichtigen.

(3) Die Bestellung kann befristet werden; die Bundesanstalt kann den Verwalter jederzeit aus sachlichem Grund abberufen. Absatz 2 Satz 3 gilt entsprechend. Steht der Verwalter zu einem an einer konkreten Refinanzierungstransaktion Beteiligten in einem Beschäftigungs- oder Mandatsverhältnis, so ruht sein Amt für diese Refinanzierungstransaktion.

(4) Auf Antrag des registerführenden Unternehmens ist ein Stellvertreter des Verwalters zu bestellen. Der Antrag ist zu jeder Zeit zulässig. Auf die Bestellung und Abberufung des Stellvertreters finden die Absätze 2 und 3 entsprechende Anwendung. Wird der Verwalter nach Absatz 3 Satz 1 abberufen, ruht sein Amt oder ist er verhindert, so tritt der Stellvertreter an seine Stelle.

(5) Ist ein Verwalter für einen nicht unerheblichen Zeitraum nicht vorhanden, an der Wahrnehmung seiner Aufgaben verhindert oder ruht sein Amt, ohne dass ein Stellvertreter an seine Stelle getreten ist, bestellt die Bundesanstalt ohne Anhörung des registerführenden Unternehmens einen geeigneten Verwalter. Absatz 2 Satz 3 gilt entsprechend. Das registerführende Unternehmen hat der Bundesanstalt unverzüglich mitzuteilen, wenn ein Umstand gemäß Satz 1 eingetreten ist.

(6) Der Verwalter und sein Stellvertreter haften dem registerführenden Unternehmen sowie den Übertragungsberechtigten aus ihrer Tätigkeit nur im Falle von Vorsatz oder grober Fahrlässigkeit. Die Ersatzpflicht des Verwalters oder des Stellvertreters beschränkt sich im Falle grob fahrlässigen Handelns auf 1 Million Euro. Sie kann nicht durch Vertrag ausgeschlossen oder beschränkt werden. Wird die Haftung des Verwalters oder des Stellvertreters durch eine Versicherung abgedeckt, ist ein Selbstbehalt in Höhe des Eineinhalbfachen der nach § 22i Absatz 1 festgesetzten jährlichen Vergütung vorzusehen. Das registerführende Unternehmen darf den

Versicherungsvertrag zugunsten des Verwalters und des Stellvertreters schließen und die Prämien zahlen.

§ 22f Verhältnis des Verwalters zur Bundesanstalt

(1) Der Verwalter hat der Bundesanstalt Auskunft über die von ihm im Rahmen seiner Tätigkeit getroffenen Feststellungen und Beobachtungen zu erteilen und auch unaufgefordert Mitteilungen zu machen, wenn Umstände auf eine nicht ordnungsgemäße Registerführung hindeuten.
(2) Der Verwalter ist an Weisungen der Bundesanstalt nicht gebunden.

§ 22g Aufgaben des Verwalters

(1) Der Verwalter wacht darüber, dass das Refinanzierungsregister ordnungsgemäß geführt wird. Zu seinen Aufgaben gehört es jedoch nicht zu prüfen, ob es sich bei den eingetragenen Gegenständen um solche des Refinanzierungsunternehmens oder um nach § 22d Abs. 2 eintragungsfähige Gegenstände handelt.
(2) Insbesondere hat der Verwalter des Refinanzierungsregisters darauf zu achten, dass

1.
    das Refinanzierungsregister die nach § 22d Abs. 2 erforderlichen Angaben enthält,
2.
    die im Refinanzierungsregister enthaltenen Zeitangaben der Richtigkeit entsprechen und
3.
    die Eintragungen nicht nachträglich verändert werden.
Im Übrigen hat der Verwalter des Refinanzierungsregisters die inhaltliche Richtigkeit des Refinanzierungsregisters nicht zu überprüfen.
(3) Der Verwalter kann sich bei der Durchführung seiner Aufgaben anderer Personen und Einrichtungen bedienen.

§ 22h Verhältnis des Verwalters zum registerführenden Unternehmen und zum Refinanzierungsunternehmen

(1) Der Verwalter ist befugt, jederzeit die Bücher und Papiere des registerführenden Unternehmens einzusehen, es sei denn, dass sie mit der Führung des Refinanzierungsregisters in keinem Zusammenhang stehen. In den Fällen des § 22b stehen dem Verwalter dieselben Befugnisse auch gegenüber dem Refinanzierungsunternehmen zu.
(2) Der Verwalter ist zur Verschwiegenheit über alle Tatsachen verpflichtet, von denen er durch Einsicht in die Bücher und Papiere des registerführenden Unternehmens oder des davon abweichenden Refinanzierungsunternehmens Kenntnis erlangt. Der Bundesanstalt darf er nur über Tatsachen Auskunft geben oder Mitteilung machen, die mit der Überwachung des Refinanzierungsregisters im Zusammenhang stehen.
(3) Streitigkeiten zwischen dem Verwalter und dem registerführenden Unternehmen oder dem davon abweichenden Refinanzierungsunternehmen entscheidet die Bundesanstalt.

§ 22i Vergütung des Verwalters

(1) Der Verwalter sowie sein Stellvertreter erhalten von dem registerführenden Unternehmen eine angemessene Vergütung, deren Höhe von der Bundesanstalt festgesetzt wird, und Ersatz der notwendigen Auslagen.
(2) (weggefallen)
(3) Außer in Fällen des Absatzes 1 sind Leistungen des registerführenden Unternehmens, des Refinanzierungsunternehmens, für welches das Register geführt wird, und der Übertragungsberechtigten an den Verwalter des Refinanzierungsregisters und dessen Stellvertreter unzulässig.

§ 22j Wirkungen der Eintragung in das Refinanzierungsregister

(1) Gegenstände des Refinanzierungsunternehmens, die ordnungsgemäß im Refinanzierungsregister eingetragen sind, können im Fall der Insolvenz des Refinanzierungsunternehmens vom Übertragungsberechtigten nach § 47 der Insolvenzordnung ausgesondert werden. Das Gleiche gilt für Gegenstände, die an die Stelle der ordnungsgemäß im Refinanzierungsregister eingetragenen Gegenstände treten. Gegen Verfügungen im Wege der Zwangsvollstreckung oder der Arrestvollziehung kann der Übertragungsberechtigte Widerspruch im Wege der Klage nach § 771 der Zivilprozessordnung erheben.

(2) Die Eintragung in das Refinanzierungsregister schränkt Einwendungen und Einreden Dritter gegen die eingetragenen Forderungen und Rechte nicht ein. Werden die im Refinanzierungsregister eingetragenen Gegenstände ausgesondert oder an den Übertragungsberechtigten beziehungsweise von dem Übertragungsberechtigten an einen Dritten übertragen, können alle Einwendungen und Einreden wie bei einer Abtretung geltend gemacht werden. Die Vorschrift des § 1156 Satz 1 des Bürgerlichen Gesetzbuchs findet keine Anwendung. Dienen im Refinanzierungsregister eingetragene Gegenstände der Absicherung anderer Gegenstände, so kann der Sicherungsgeber gegenüber dem Übertragungsberechtigten alle Einwendungen und Einreden aus dem Vertrag geltend machen, der den rechtlichen Grund für die Absicherung enthält. Die Vorschrift des § 1157 Satz 2 des Bürgerlichen Gesetzbuchs findet keine Anwendung. § 22d Abs. 4 in Verbindung mit § 22j Abs. 1 Satz 1 und 2 bleibt jedoch unberührt.

(3) Gegenüber den Ansprüchen des Übertragungsberechtigten auf Übertragung der ordnungsgemäß im Refinanzierungsregister eingetragenen Gegenstände kann das Refinanzierungsunternehmen nicht aufrechnen und keine Zurückbehaltungsrechte geltend machen. Anfechtungsrechte seiner Gläubiger nach dem Anfechtungsgesetz und den §§ 129 bis 147 der Insolvenzordnung bleiben unberührt.

(4) Den Wirkungen der Absätze 1 bis 3 steht nicht entgegen, dass das Refinanzierungsunternehmen im Rahmen der Veräußerung der eingetragenen Gegenstände an den Übertragungsberechtigten das Risiko deren Werthaltigkeit ganz oder teilweise trägt.

§ 22k Beendigung und Übertragung der Registerführung

(1) Willigen alle im Refinanzierungsregister eingetragenen Übertragungsberechtigten und, sofern ein Übertragungsberechtigter eine Pfandbriefbank oder ein Versicherungsunternehmen ist, der Treuhänder der Pfandbriefbank oder des Versicherungsunternehmens ein, kann die Führung des Refinanzierungsregisters einen Monat nach Anzeige an die Bundesanstalt beendet werden. Willigen alle im Refinanzierungsregister eingetragenen Übertragungsberechtigten und, sofern ein Übertragungsberechtigter eine Pfandbriefbank oder ein Versicherungsunternehmen ist, der Treuhänder der Pfandbriefbank oder des Versicherungsunternehmens ein, kann die Registerführung unter Aufsicht der Bundesanstalt auf ein geeignetes Kreditinstitut übertragen werden, sofern es sich bei den eingetragenen Gegenständen um solche des die Registerführung übernehmenden Kreditinstituts handelt oder die Voraussetzungen des § 22b über die Führung des Refinanzierungsregisters für Dritte vorliegen.

(2) Die Registerführung endet außerdem, wenn das registerführende Unternehmen nach Einschätzung der Bundesanstalt zur Registerführung ungeeignet ist. In diesem Fall wird die Führung des Registers unter Aufsicht der Bundesanstalt auf ein nach Einschätzung der Bundesanstalt zur Registerführung geeignetes Kreditinstitut übertragen. Die Vorschriften des § 22b über die Führung des Refinanzierungsregisters für Dritte finden sinngemäße Anwendung.

(3) Absatz 2 findet keine Anwendung, wenn über das Vermögen eines Unternehmens, das ein Refinanzierungsregister nicht nur für Dritte führt, das Insolvenzverfahren eröffnet wird.

§ 22l Bestellung des Sachwalters bei Eröffnung des Insolvenzverfahrens

(1) Ist über das Vermögen eines Unternehmens, das ein Refinanzierungsregister nicht nur für Dritte führt, das Insolvenzverfahren eröffnet, bestellt das Insolvenzgericht auf Antrag der Bundesanstalt eine oder zwei von der Bundesanstalt vorgeschlagene natürliche Personen als Sachwalter des Refinanzierungsregisters (Sachwalter). Das Gericht kann vom Vorschlag der Bundesanstalt abweichen, wenn dies zur Sicherstellung einer sachgerechten Zusammenarbeit

zwischen Insolvenzverwalter und Sachwalter erforderlich erscheint. Der Sachwalter erhält eine Urkunde über seine Ernennung, die er bei Beendigung seines Amtes dem Insolvenzgericht zurückzugeben hat.

(2) Die Bundesanstalt stellt einen Antrag nach Absatz 1 Satz 1, wenn dies nach Anhörung der Übertragungsberechtigten zur ordnungsgemäßen Verwaltung der im Refinanzierungsregister eingetragenen Gegenstände erforderlich erscheint. Als Sachwalter des Refinanzierungsregisters soll die Bundesanstalt den Verwalter des Refinanzierungsregisters vorschlagen, bei Fehlen oder dauernder Verhinderung desselben seinen Stellvertreter oder eine andere geeignete natürliche Person. Der Sachwalter des Refinanzierungsregisters ist auf Antrag der Bundesanstalt abzuberufen, wenn ein wichtiger Grund vorliegt.

(3) Erscheint die Bestellung eines zweiten Sachwalters des Refinanzierungsregisters zur ordnungsgemäßen Verwaltung der im Refinanzierungsregister eingetragenen Gegenstände erforderlich, kann die Bundesanstalt nach Anhörung der Übertragungsberechtigten einen weiteren Antrag nach Absatz 1 Satz 1 stellen. Stellt sie diesen Antrag, soll sie den Stellvertreter des Verwalters des Refinanzierungsregisters oder, wenn ein solcher fehlt, eine andere geeignete natürliche Person vorschlagen.

(4) Mit der Bestellung einer anderen Person als der des Verwalters zum Sachwalter erlischt das Amt des Verwalters. Das Amt wird vom Sachwalter des Refinanzierungsregisters fortgeführt. Die Sätze 1 und 2 gelten entsprechend für den Stellvertreter des Verwalters.

§ 22m Bekanntmachung der Bestellung des Sachwalters

(1) Das Insolvenzgericht hat die Ernennung und Abberufung des Sachwalters unverzüglich dem zuständigen Registergericht mitzuteilen und öffentlich bekannt zu machen. Die Ernennung und Abberufung des Sachwalters sind auf die Mitteilung von Amts wegen in das Handelsregister einzutragen. Die Eintragungen werden nicht bekannt gemacht. Die Vorschriften des § 15 des Handelsgesetzbuchs finden keine Anwendung.

(2) Sind in das Refinanzierungsregister Rechte des registerführenden Unternehmens eingetragen, für die eine Eintragung im Grundbuch besteht, so ist die Bestellung des Sachwalters auf Ersuchen des Insolvenzgerichts oder des Sachwalters in das Grundbuch einzutragen, wenn nach der Art der Rechte und den Umständen zu besorgen ist, dass ohne die Eintragung die Interessen der Übertragungsberechtigten gefährdet werden. Satz 1 gilt entsprechend für Rechte des registerführenden Unternehmens, die im Schiffsregister, Schiffsbauregister oder im Register für Pfandrechte an Luftfahrzeugen eingetragen sind.

§ 22n Rechtsstellung des Sachwalters

(1) Der Sachwalter steht unter der Aufsicht des Insolvenzgerichts. Das Insolvenzgericht kann vom Sachwalter insbesondere jederzeit einzelne Auskünfte oder einen Bericht über den Sachstand und die Geschäftsführung verlangen. Daneben obliegen dem Sachwalter die Pflichten eines Verwalters. Der Sachwalter und der Insolvenzverwalter haben einander alle Informationen mitzuteilen, die für das Insolvenzverfahren über das Vermögen des registerführenden Unternehmens und für die Verwaltung der im Refinanzierungsregister eingetragenen Gegenstände von Bedeutung sein können.

(2) Soweit das registerführende Unternehmen befugt war, die im Refinanzierungsregister eingetragenen Gegenstände zu verwalten und über sie zu verfügen, geht dieses Recht auf den Sachwalter über. In Abstimmung mit dem Insolvenzverwalter nutzt der Sachwalter alle Einrichtungen des registerführenden Unternehmens, die zur Verwaltung der eingetragenen Gegenstände erforderlich sind.

(3) Hat das registerführende Unternehmen nach der Bestellung des Sachwalters über einen im Refinanzierungsregister eingetragenen Gegenstand verfügt, so ist diese Verfügung unwirksam. Die Vorschriften der §§ 892, 893 des Bürgerlichen Gesetzbuchs, der §§ 16, 17 des Gesetzes über Rechte an eingetragenen Schiffen und Schiffsbauwerken und der §§ 16, 17 des Gesetzes über Rechte an Luftfahrzeugen bleiben unberührt. Hat das registerführende Unternehmen am Tage der Bestellung des Sachwalters des Refinanzierungsregisters verfügt, so wird vermutet, dass es nach der Bestellung verfügt hat.

(4) Der Sachwalter des Refinanzierungsregisters hat bei seiner Geschäftsführung die Sorgfalt eines ordentlichen und gewissenhaften Sachwalters anzuwenden. Verletzt der Sachwalter des Refinanzierungsregisters seine Pflichten, so können die Übertragungsberechtigten und das registerführende Unternehmen Ersatz des hierdurch entstehenden Schadens verlangen. Dies gilt nicht, wenn der Sachwalter des Refinanzierungsregisters die Pflichtverletzung nicht zu vertreten hat.

(5) Der Sachwalter des Refinanzierungsregisters erhält von der Bundesanstalt eine angemessene Vergütung und Ersatz seiner Aufwendungen. Die gezahlten Beträge sind der Bundesanstalt von den Übertragungsberechtigten anteilig nach der Anzahl der für sie eingetragenen Gegenstände gesondert zu erstatten und auf Verlangen der Bundesanstalt vorzuschießen. Soweit das Refinanzierungsregister für Dritte geführt wird, sind diese neben den Übertragungsberechtigten als Gesamtschuldner zur Erstattung und zum Vorschuss verpflichtet. § 22i Abs. 2 und 3 Satz 1 gilt sinngemäß. § 22i Abs. 3 Satz 2 findet mit der Maßgabe entsprechende Anwendung, dass die Bundesanstalt beim Insolvenzgericht einen Antrag auf Abberufung stellen soll.

§ 22o Bestellung des Sachwalters bei Insolvenzgefahr

(1) Unter den Voraussetzungen des § 46 bestellt das Gericht am Sitz des registerführenden Unternehmens auf Antrag der Bundesanstalt eine oder zwei Personen als Sachwalter. Die Bundesanstalt stellt einen Antrag nach Satz 1, wenn dies nach Anhörung der Übertragungsberechtigten zur ordnungsgemäßen Verwaltung der im Refinanzierungsregister eingetragenen Gegenstände erforderlich erscheint. Bei Gefahr im Verzuge ist auf die Anhörung zu verzichten. In diesem Fall ist die Anhörung unverzüglich nachzuholen.

(2) Für die Bestellung und Abberufung sowie für die Rechtsstellung eines unter diesen Umständen bestellten Sachwalters gelten die Vorschriften der §§ 22l bis 22n mit der Maßgabe entsprechend, dass an die Stelle des Insolvenzgerichts das Gericht am Sitz des registerführenden Unternehmens tritt. Ein wichtiger Grund im Sinne des § 22l Abs. 2 Satz 3 liegt insbesondere dann vor, wenn die Voraussetzungen des § 46 wieder entfallen sind. In diesem Fall soll die Bundesanstalt aus dem Kreis der Sachwalter den Verwalter bestellen.

(3) Wird das Insolvenzverfahren über das Vermögen des registerführenden Unternehmens nach Bestellung des Sachwalters nach Maßgabe der Absätze 1 und 2 eröffnet, so gilt der Sachwalter für die Zeit nach Eröffnung des Insolvenzverfahrens als mit Eröffnung des Insolvenzverfahrens vom Insolvenzgericht bestellt. Das Insolvenzgericht tritt an die Stelle des Gerichts am Sitz des registerführenden Unternehmens. Das Gericht am Sitz des registerführenden Unternehmens hat dem Insolvenzgericht alle mit der Bestellung und Aufsicht des Sachwalters des Refinanzierungsregisters in Zusammenhang stehenden Unterlagen zu übergeben.

3.
Kundenrechte

§ 22p (weggefallen)

4.
Werbung und Hinweispflichten der Institute

§ 23 Werbung

(1) Um Missständen bei der Werbung der Institute zu begegnen, kann die Bundesanstalt bestimmte Arten der Werbung untersagen. Ein Missstand liegt insbesondere vor, wenn Werbung für Verbraucherdarlehensverträge falsche Erwartungen in Bezug auf die Möglichkeit, ein Darlehen zu erhalten oder in Bezug auf die Kosten eines Darlehens weckt.

(2) Vor allgemeinen Maßnahmen nach Absatz 1 sind die Spitzenverbände der Institute und des Verbraucherschutzes zu hören.

Fußnote(+++ § 23: Zur Anwendung vgl. § 33 KAGB +++)

§ 23a Sicherungseinrichtung

(1) Ein Institut, das Bankgeschäfte im Sinne des § 1 Abs. 1 Satz 2 Nr. 1, 4 oder 10 betreibt oder Finanzdienstleistungen im Sinne des § 1 Abs. 1a Satz 2 Nr. 1 bis 4 erbringt, hat Kunden, die nicht Institute sind, im Preisaushang über die Zugehörigkeit zu einer Einrichtung zur Sicherung der Ansprüche von Einlegern und Anlegern (Sicherungseinrichtung) zu informieren. Das Institut hat ferner Kunden, die nicht Institute sind, vor Aufnahme der Geschäftsbeziehung in Textform in leicht verständlicher Form, soweit nicht die Sätze 3 bis 10 anzuwenden sind, über die für die Sicherung geltenden Bestimmungen einschließlich Umfang und Höhe der Sicherung zu informieren. Die Einleger bestätigen in Bezug auf ihre Ansprüche aus § 5 des Einlagensicherungsgesetzes den Empfang dieser Informationen auf dem im Anhang I dieses Gesetzes enthaltenen Informationsbogen. Die Bestätigung, dass es sich bei den Einlagen um entschädigungsfähige Einlagen handelt, erhalten die Einleger auf ihren Kontoauszügen, einschließlich eines Verweises auf den Informationsbogen in Anhang I. Die Internetseite des einschlägigen Einlagensicherungssystems wird auf dem Informationsbogen angegeben. Der in Anhang I festgelegte Informationsbogen wird dem Einleger mindestens einmal jährlich zur Verfügung gestellt. Nutzt ein Einleger das Internetbanking, so können ihm die Informationen elektronisch übermittelt werden. Auf Wunsch des Einlegers werden sie in Papierform zur Verfügung gestellt. Die dem Einleger gewährten Informationen dürfen für Werbezwecke nur auf das Einlagensicherungssystem und seine Funktionsweise hinweisen. § 3 Absatz 2 des Einlagensicherungsgesetzes gilt entsprechend. Sofern Einlagen und andere rückzahlbare Gelder nicht gesichert sind, hat das Institut auf diese Tatsache in den Allgemeinen Geschäftsbedingungen, im Preisaushang und an hervorgehobener Stelle in den Vertragsunterlagen vor Aufnahme der Geschäftsbeziehung hinzuweisen, es sei denn, die rückzahlbaren Gelder sind in Pfandbriefen, Kommunalschuldverschreibungen oder anderen Schuldverschreibungen, welche die Voraussetzungen des Artikels 52 Absatz 4 Satz 1 und 2 der Richtlinie 2009/65/EG erfüllen, verbrieft. Die Informationen in den Vertragsunterlagen gemäß Satz 11 dürfen keine anderen Erklärungen enthalten und sind gesondert von den Kunden zu bestätigen. Die Sätze 7 und 8 gelten entsprechend. Außerdem müssen auf Anfrage Informationen über die Bedingungen der Sicherung einschließlich der für die Geltendmachung der Entschädigungsansprüche erforderlichen Formalitäten erhältlich sein.

(2) Scheidet ein Institut aus einer Sicherungseinrichtung aus, hat es die Kunden, die nicht Institute sind, sowie die Bundesanstalt und die Deutsche Bundesbank hierüber unverzüglich in Textform zu unterrichten.

Fußnote(+++ § 23a Abs. 1 Satz 2 u. 12, Abs. 2: Zur Anwendung vgl. § 32 KAGB +++)

5.
Besondere Pflichten der Institute, ihrer Geschäftsleiter sowie der Finanzholding-Gesellschaften, der gemischten Finanzholding-Gesellschaften und der gemischten Holdinggesellschaften

§ 24 Anzeigen

(1) Ein Institut hat der Aufsichtsbehörde und der Deutschen Bundesbank unverzüglich anzuzeigen

1.
    die Absicht der Bestellung eines Geschäftsleiters und die Absicht der Ermächtigung einer Person zur Einzelvertretung des Instituts in dessen gesamten Geschäftsbereich, jeweils unter Angabe der Tatsachen, die für die Beurteilung der Zuverlässigkeit, der fachlichen Eignung und der ausreichenden zeitlichen Verfügbarkeit für die Wahrnehmung der jeweiligen Aufgaben wesentlich sind, sowie den Vollzug, die Aufgabe oder die Änderung einer solchen Absicht;

2.
    das Ausscheiden eines Geschäftsleiters sowie die Entziehung der Befugnis zur Einzelvertretung des Instituts in dessen gesamten Geschäftsbereich;

3.

die Änderung der Rechtsform, soweit nicht bereits eine Erlaubnis nach § 32 Abs. 1 erforderlich ist, und die Änderung der Firma;

4.

einen Verlust in Höhe von 25 vom Hundert der nach Artikel 72 der Verordnung (EU) Nr. 575/2013 anrechenbaren Eigenmittel;

5.

die Verlegung der Niederlassung oder des Sitzes;

6.

die Errichtung, die Verlegung und die Schließung einer Zweigstelle in einem Drittstaat sowie die Aufnahme und die Beendigung der Erbringung grenzüberschreitender Dienstleistungen ohne Errichtung einer Zweigstelle;

7.

die Einstellung des Geschäftsbetriebs;

8.

die Absicht seiner gesetzlichen und satzungsgemäßen Organe, eine Entscheidung über seine Auflösung herbeizuführen;

9.

das Absinken des Anfangskapitals unter die Mindestanforderungen nach § 33 Abs. 1 Satz 1 Nr. 1 sowie den Wegfall einer geeigneten Versicherung nach § 33 Abs. 1 Satz 2 und 3;

10.

den Erwerb oder die Aufgabe einer bedeutenden Beteiligung an dem eigenen Institut, das Erreichen, das Über- oder das Unterschreiten der Beteiligungsschwellen von 20 vom Hundert, 30 vom Hundert und 50 vom Hundert der Stimmrechte oder des Kapitals sowie die Tatsache, daß das Institut Tochterunternehmen eines anderen Unternehmens wird oder nicht mehr ist, sobald das Institut von der bevorstehenden Änderung dieser Beteiligungsverhältnisse Kenntnis erlangt;

11.

jeden Fall, in dem die Gegenpartei eines Pensionsgeschäftes, umgekehrten Pensionsgeschäftes oder Darlehensgeschäftes in Wertpapieren oder Waren ihren Erfüllungsverpflichtungen nicht nachgekommen ist;

12.

das Entstehen, die Änderung oder die Beendigung einer engen Verbindung zu einer anderen natürlichen Person oder einem anderen Unternehmen;

13.

das Entstehen, die Veränderungen in der Höhe oder die Beendigung einer bedeutenden Beteiligung an anderen Unternehmen;

14.

unter Vorlage desselben den Vorschlag zur Beschlussfassung gemäß § 25a Absatz 5 Satz 6;

14a.

unter Vorlage eines Auszugs aus der Versammlungsniederschrift den Beschluss über die Billigung einer höheren variablen Vergütung nach § 25a Absatz 5 Satz 5 einschließlich der Angabe aller gebilligten, über das Verhältnis gemäß § 25a Absatz 5 Satz 2 hinausgehenden Höchstwerte;

14b.

unter Vorlage eines Auszugs aus der Versammlungsniederschrift den Beschluss über die Änderung eines Beschlusses über die Billigung einer höheren variablen Vergütung nach § 25a Absatz 5 Satz 5 einschließlich der Angabe aller gebilligten, über das Verhältnis gemäß § 25a Absatz 5 Satz 2 hinausgehenden Höchstwerte;

15.

die Bestellung eines Mitglieds und stellvertretender Mitglieder des Verwaltungs- oder Aufsichtsorgans unter Angabe der Tatsachen, die zur Beurteilung ihrer Zuverlässigkeit, Sachkunde und der ausreichenden zeitlichen Verfügbarkeit für die Wahrnehmung ihrer Aufgaben notwendig sind;

15a.

das Ausscheiden eines Mitglieds und stellvertretender Mitglieder des Verwaltungs- oder Aufsichtsorgans;

16.

eine Änderung des Verhältnisses von bilanziellem Eigenkapital zur Summe aus der Bilanzsumme und den außerbilanziellen Verpflichtungen und des Wiedereindeckungsaufwands für Ansprüche aus außerbilanziellen Geschäften (modifizierte bilanzielle Eigenkapitalquote) um mindestens 5 vom Hundert auf der Grundlage von Informationen zur finanziellen Situation (Finanzinformation) nach § 25 Abs. 1 Satz 1 jeweils zum Ende eines Quartals im Verhältnis zum festgestellten Jahresabschluss des Instituts; soweit das Institut nach internationalen Rechnungslegungsstandards bilanziert oder auf Grund der Vorschriften des Wertpapierhandelsgesetzes zur Aufstellung von Zwischenabschlüssen verpflichtet ist, ist eine entsprechende Änderung der modifizierten bilanziellen Eigenkapitalquote auch auf der Grundlage eines Zwischenabschlusses im Verhältnis zum festgestellten Jahresabschluss nach internationalen Rechnungslegungsstandards anzuzeigen;

17.

Kredite

a)

an Kommanditisten, Gesellschafter einer Gesellschaft mit beschränkter Haftung, Aktionäre, Kommanditaktionäre oder Anteilseigner an einem Institut des öffentlichen Rechts, wenn diesen jeweils mehr als 25 Prozent des Kapitals (Nennkapital, Summe der Kapitalanteile) des Instituts gehören oder ihnen jeweils mehr als 25 Prozent der Stimmrechte an dem Institut zustehen und der Kredit zu nicht marktmäßigen Bedingungen gewährt oder nicht banküblich besichert worden ist, und

b)

an Personen, die Kapital, soweit es sich nicht um Kapital nach Buchstabe a handelt, nach Artikel 26 Absatz 1 Buchstabe a und Artikel 51 Buchstabe a der Verordnung (EU) Nr. 575/2013 in der jeweils geltenden Fassung gewährt haben, das mehr als 25 Prozent des Kernkapitals nach Artikel 25 der Verordnung (EU) Nr. 575/2013 in der jeweils geltenden Fassung ohne Berücksichtigung des Kapitals nach Artikel 26 Absatz 1 Buchstabe a und Artikel 51 Buchstabe a der Verordnung (EU) Nr. 575/2013 in der jeweils geltenden Fassung beträgt, wenn der Kredit zu nicht marktmäßigen Bedingungen gewährt oder nicht banküblich besichert worden ist.

(1a) Ein Institut hat der Aufsichtsbehörde und der Deutschen Bundesbank jährlich anzuzeigen:

1.

seine engen Verbindungen zu anderen natürlichen Personen oder Unternehmen,

2.

seine bedeutenden Beteiligungen an anderen Unternehmen,

3.

den Namen und die Anschrift des Inhabers einer bedeutenden Beteiligung an dem anzeigenden Institut und an den ihm nach § 10a nachgeordneten Unternehmen mit Sitz im Ausland sowie die Höhe dieser Beteiligungen,

4.

die Anzahl seiner inländischen Zweigstellen,

5.

die modifizierte bilanzielle Eigenkapitalquote auf der Grundlage des festgestellten Jahresabschlusses,

6.

die Einstufung als bedeutendes Institut im Sinne des § 17 der Institutsvergütungsverordnung vom 16. Dezember 2013 (BGBl. I S. 4270) sowie eine Änderung dieser Einstufung,

7.

soweit es sich um ein CRR-Institut handelt, das im Sinne der Rechtsverordnung gemäß § 25a Absatz 6 dieses Gesetzes als bedeutend eingestuft ist oder das von der Aufsichtsbehörde oder der Deutschen Bundesbank dazu aufgefordert wurde, die

Informationen, die für einen Vergleich der Vergütungstrends und -praktiken im Sinne des Artikels 75 Absatz 1 und 2 der Richtlinie 2013/36/EU erforderlich sind; der Vergleich umfasst auch die Vergütungstrends und -praktiken in Bezug auf die Mitglieder des Verwaltungs- und Aufsichtsorgans;

8.

soweit es sich um ein CRR-Institut handelt, die Informationen über Geschäftsleiter, Mitglieder des Verwaltungs- oder Aufsichtsorgans und Mitarbeiter mit jeweils einer Gesamtvergütung von jährlich mindestens 1 Million Euro im Sinne des Artikels 75 Absatz 3 der Richtlinie 2013/36/EU, die für eine aggregierte Veröffentlichung durch die Europäische Bankenaufsichtsbehörde erforderlich sind.

(1b) Bei der Anzeige eines Kredits nach Absatz 1 Nummer 17 hat das Institut die gestellten Sicherheiten und die Kreditbedingungen anzugeben. Es hat einen Kredit, den es nach Absatz 1 Nummer 17 angezeigt hat, unverzüglich erneut der Aufsichtsbehörde und der Deutschen Bundesbank anzuzeigen, wenn die gestellten Sicherheiten oder die Kreditbedingungen rechtsgeschäftlich geändert werden, und die entsprechenden Änderungen anzugeben. Die Aufsichtsbehörde kann von den Instituten fordern, ihr und der Deutschen Bundesbank alle fünf Jahre eine Sammelanzeige der nach Absatz 1 Nummer 17 anzuzeigenden Kredite einzureichen.

(1c) Die nach Artikel 4 Absatz 4 Satz 1 der Delegierten Verordnung (EU) Nr. 604/2014 der Kommission vom 4. März 2014 zur Ergänzung der Richtlinie 2013/36/EU des Europäischen Parlaments und des Rates im Hinblick auf technische Regulierungsstandards in Bezug auf qualitative und angemessene quantitative Kriterien zur Ermittlung der Mitarbeiterkategorien, deren berufliche Tätigkeit sich wesentlich auf das Risikoprofil eines Instituts auswirkt (ABl. L 167 vom 6.6.2014, S. 30), die durch die Delegierte Verordnung (EU) 2016/861 (ABl. L 144 vom 1.6.2016, S. 21) geändert worden ist, zu erstattenden Anzeigen sind unverzüglich, spätestens jedoch sechs Monate nach Ablauf des Geschäftsjahres, bei der Aufsichtsbehörde und der Deutschen Bundesbank einzureichen.

(2) Hat ein Institut die Absicht, sich mit einem anderen Institut im Sinne dieses Gesetzes, E-Geld-Institut im Sinne des Zahlungsdiensteaufsichtsgesetzes oder Zahlungsinstitut im Sinne des Zahlungsdiensteaufsichtsgesetzes zu vereinigen, hat es dies der Aufsichtsbehörde und der Deutschen Bundesbank unverzüglich anzuzeigen.

(2a) Ein Mitglied eines Verwaltungs- oder Aufsichtsorgans eines CRR-Instituts, das von erheblicher Bedeutung im Sinne des § 25d Absatz 3 Satz 8 ist, einer Finanzholding-Gesellschaft oder einer gemischten Finanzholding-Gesellschaft hat der Aufsichtsbehörde und der Deutschen Bundesbank die Aufnahme und die Beendigung einer Tätigkeit als Geschäftsleiter oder als Aufsichtsrats- oder Verwaltungsratsmitglied eines anderen Unternehmens unverzüglich anzuzeigen.

(3) Ein Geschäftsleiter eines Instituts und die Personen, die die Geschäfte einer Finanzholding-Gesellschaft oder einer gemischten Finanzholding-Gesellschaft tatsächlich führen, haben der Aufsichtsbehörde und der Deutschen Bundesbank unverzüglich anzuzeigen

1.

die Aufnahme und die Beendigung einer Tätigkeit als Geschäftsleiter oder als Aufsichtsrats- oder Verwaltungsratsmitglied eines anderen Unternehmens und

2.

die Übernahme und die Aufgabe einer unmittelbaren Beteiligung an einem Unternehmen sowie Veränderungen in der Höhe der Beteiligung.

Als unmittelbare Beteiligung im Sinne des Satzes 1 Nr. 2 gilt das Halten von mindestens 25 vom Hundert der Anteile am Kapital des Unternehmens.

(3a) Eine Finanzholding-Gesellschaft hat der Aufsichtsbehörde und der Deutschen Bundesbank unverzüglich anzuzeigen:

1.

die Absicht der Bestellung einer Person, die die Geschäfte der Finanzholding-Gesellschaft tatsächlich führen soll, unter Angabe der Tatsachen, die für die Beurteilung der Zuverlässigkeit, der fachlichen Eignung und der ausreichenden zeitlichen Verfügbarkeit für das Wahrnehmen seiner Aufgaben wesentlich sind, und den Vollzug einer solchen Absicht;

2.

3. das Ausscheiden einer Person, die die Geschäfte der Finanzholding-Gesellschaft tatsächlich geführt hat;

4. Änderungen der Struktur der Finanzholding-Gruppe in der Weise, dass die Gruppe künftig branchenübergreifend tätig wird;

5. die Bestellung eines Mitglieds und stellvertretender Mitglieder des Verwaltungs- oder Aufsichtsorgans unter Angabe der Tatsachen, die zur Beurteilung ihrer Zuverlässigkeit, Sachkunde und der ausreichenden zeitlichen Verfügbarkeit für die Wahrnehmung ihrer Aufgaben notwendig sind;

das Ausscheiden eines Mitglieds und stellvertretender Mitglieder des Verwaltungs- oder Aufsichtsorgans.

Eine Finanzholding-Gesellschaft hat der Aufsichtsbehörde und der Deutschen Bundesbank ferner einmal jährlich eine Sammelanzeige der Institute, Kapitalverwaltungsgesellschaften, Finanzunternehmen, Anbieter von Nebendienstleistungen und Zahlungsinstitute im Sinne des Zahlungsdiensteaufsichtsgesetzes, die ihr nachgeordnete Unternehmen im Sinne des § 10a sind, einzureichen. Die Aufsichtsbehörde übermittelt den zuständigen Stellen der anderen Staaten des Europäischen Wirtschaftsraums, der Europäischen Bankenaufsichtsbehörde und der Europäischen Kommission eine Aufstellung über die eingegangenen Sammelanzeigen nach Satz 2. Die Begründung, die Veränderung oder die Aufgabe solcher Beteiligungen oder Unternehmensbeziehungen sind der Aufsichtsbehörde und der Deutschen Bundesbank unverzüglich anzuzeigen. Für eine gemischte Finanzholding-Gesellschaft gelten Satz 1 Nummer 1 und 2 hinsichtlich der Personen, die die Geschäfte tatsächlich führen sollen und Satz 1 Nummer 4 und 5 hinsichtlich der Mitglieder des Verwaltungs- und Aufsichtsorgans dieser Gesellschaft sowie die Sätze 2 bis 4 entsprechend.

(3b) Die Bundesanstalt und die Deutsche Bundesbank können Instituten oder Arten oder Gruppen von Instituten zusätzliche Anzeige- und Meldepflichten auferlegen, insbesondere um vertieften Einblick in die Entwicklung der wirtschaftlichen Verhältnisse der Institute, deren Grundsätze einer ordnungsgemäßen Geschäftsführung und in die Fähigkeiten der Mitglieder der Organe des Instituts, zu erhalten, soweit dies zur Erfüllung der Aufgaben der Bundesanstalt und der Deutschen Bundesbank erforderlich ist.

(3c) Soweit die Europäische Zentralbank Aufsichtsbehörde ist, sind die Anzeigen nach den Absätzen 1 bis 3a auch gegenüber der Bundesanstalt abzugeben. Die Anzeigen gemäß Absatz 1 Nummer 1, 2, 15 und 15a sind nur gegenüber der Bundesanstalt und der Deutschen Bundesbank abzugeben. Soweit es sich bei Anzeigen nach Absatz 1 Nummer 6 um eine Zweigniederlassung oder grenzüberschreitende Dienstleistung in einem nicht am einheitlichen Aufsichtsmechanismus teilnehmenden Mitgliedstaat handelt, sind die Anzeigen ebenfalls nur gegenüber der Bundesanstalt und der Deutschen Bundesbank abzugeben.

(3d) Ein Datenbereitstellungsdienst hat der Bundesanstalt unverzüglich anzuzeigen:

1. die Absicht der Bestellung eines Geschäftsleiters unter Angabe der Tatsachen, die für die Beurteilung der Zuverlässigkeit, der fachlichen Eignung und der ausreichenden zeitlichen Verfügbarkeit für die Wahrnehmung der jeweiligen Aufgaben wesentlich sind, sowie den Vollzug einer solchen Absicht;

2. das Ausscheiden eines Geschäftsleiters;

3. die Bestellung eines Mitglieds und stellvertretender Mitglieder des Verwaltungs- oder Aufsichtsorgans unter Angabe der Tatsachen, die zur Beurteilung ihrer Zuverlässigkeit, Sachkunde und der ausreichenden zeitlichen Verfügbarkeit für die Wahrnehmung ihrer Aufgaben notwendig sind;

4.

das Ausscheiden eines Mitglieds und stellvertretender Mitglieder des Verwaltungs- oder Aufsichtsorgans.

(4) Das Bundesministerium der Finanzen kann im Benehmen mit der Deutschen Bundesbank durch Rechtsverordnung nähere Bestimmungen über Art, Umfang, Zeitpunkt und Form der nach diesem Gesetz vorgesehenen Anzeigen und Vorlagen von Unterlagen, über die zulässigen Datenträger, Übertragungswege und Datenformate und über zu verwendende und anzuzeigende Zusatzinformationen zu den Hauptinformationen, etwa besondere Rechtsträgerkennungen sowie Angaben zu deren Aktualität oder Validität, erlassen und die bestehenden Anzeigepflichten durch die Verpflichtung zur Erstattung von Sammelanzeigen und die Einreichung von Sammelaufstellungen ergänzen, soweit dies zur Erfüllung der Aufgaben der Aufsichtsbehörde erforderlich ist, insbesondere um einheitliche Unterlagen zur Beurteilung der von den Instituten durchgeführten Bankgeschäfte und Finanzdienstleistungen zu erhalten. In der Rechtsverordnung können ebenfalls nähere Bestimmungen für die Führung eines öffentlichen Registers durch die Bundesanstalt sowie über die Zugriffsmöglichkeiten auf Seiten dieses Registers und die Zuweisung von Verantwortung für die Richtigkeit und Aktualität der Seiten erlassen werden. Es kann diese Ermächtigung durch Rechtsverordnung auf die Bundesanstalt mit der Maßgabe übertragen, daß Rechtsverordnungen der Bundesanstalt im Einvernehmen mit der Deutschen Bundesbank ergehen. Vor Erlaß der Rechtsverordnung sind die Spitzenverbände der Institute anzuhören.

Fußnote (+++ § 24 Abs. 1 Nr. 6, 10, 14, 14a, 16, Abs. 1a Nr. 4 bis 8: Zur Nichtanwendung vgl. § 2 Abs. 9a Satz 1 (+++ § 24 Abs. 1 Nr. 16 u. Abs. 1a Nr. 5: Zur Anwendung vgl. § 64r Abs. 2 +++)

§ 24a Errichtung einer Zweigniederlassung und Erbringung grenzüberschreitender Dienstleistungen in anderen Staaten des Europäischen Wirtschaftsraums

(1) Ein CRR-Kreditinstitut oder Wertpapierhandelsunternehmen, das die Absicht hat, in einem anderen Staat des Europäischen Wirtschaftsraums

1.
   eine Zweigniederlassung zu errichten oder
2.
   ohne dort eine Zweigniederlassung zu errichten, vertraglich gebundene Vermittler mit Sitz oder gewöhnlichem Aufenthalt in diesem Staat des Europäischen Wirtschaftsraums heranzuziehen,

hat dies der Aufsichtsbehörde und der Deutschen Bundesbank unverzüglich nach Maßgabe des Satzes 2 anzuzeigen. Die Anzeige muß enthalten

1.
   die Angabe des Mitgliedstaats, in dem die Zweigniederlassung errichtet werden soll oder in dem ohne Errichtung einer Zweigniederlassung dort ansässige vertraglich gebundene Vermittler herangezogen werden sollen,
2.
   einen Geschäftsplan, aus dem die Art der geplanten Geschäfte, der organisatorische Aufbau der Zweigniederlassung und eine Absicht zur Heranziehung vertraglich gebundener Vermittler, hervorgehen sowie die Namen der vertraglich gebundenen Vermittler,
2a.
   soweit vertraglich gebundene Vermittler in einem anderen Staat des Europäischen Wirtschaftsraums ohne Errichtung einer Zweigniederlassung herangezogen werden sollen, eine Beschreibung des beabsichtigten Einsatzes der vertraglich gebundenen Vermittler und der Organisationsstruktur, einschließlich der Berichtswege, aus der hervorgeht, wie die vertraglich gebundenen Vermittler in die Unternehmensstruktur des Instituts eingebunden sind, sowie die Namen der vertraglich gebundenen Vermittler,
3.
   die Anschrift, unter der Unterlagen des Instituts im Aufnahmemitgliedstaat angefordert und Schriftstücke zugestellt werden können, und

4.

die Angabe der Leiter der Zweigniederlassung.

(2) Besteht kein Grund, die Angemessenheit der Organisationsstruktur und der Finanzlage des Instituts anzuzweifeln, übermittelt die Aufsichtsbehörde die Angaben nach Absatz 1 Satz 2 innerhalb von drei Monaten nach Eingang der vollständigen Unterlagen den zuständigen Stellen des Aufnahmemitgliedstaates und teilt dies dem anzeigenden Institut mit. Sie unterrichtet die zuständigen Stellen des Aufnahmemitgliedstaates außerdem über die Höhe der Eigenmittel und die Angemessenheit der Eigenmittelausstattung sowie gegebenenfalls über die Einlagensicherungseinrichtung oder Anlegerentschädigungseinrichtung, der das Institut angehört, oder den gleichwertigen Schutz im Sinne des § 23a Absatz 1 Satz 1. Leitet die Aufsichtsbehörde die Angaben nach Absatz 1 Satz 2 nicht an die zuständigen Stellen des Aufnahmemitgliedstaates weiter, teilt die Aufsichtsbehörde dem Institut innerhalb von drei Monaten nach Eingang sämtlicher Angaben nach Absatz 1 Satz 2 die Gründe dafür mit. Nach Weiterleitung der Anzeige an die zuständigen Stellen des Aufnahmemitgliedstaates kann das Institut nach einer entsprechenden Mitteilung dieser Stellen oder spätestens nach Ablauf einer Zweimonatsfrist seine Tätigkeit in dem anderen Staat aufnehmen.

(3) Absatz 1 Satz 1 gilt entsprechend für die Absicht, im Wege des grenzüberschreitenden Dienstleistungsverkehrs in einem anderen Staat des Europäischen Wirtschaftsraums Bankgeschäfte zu betreiben, Finanzdienstleistungen im Sinne des § 1 Abs. 1a Satz 2 Nr. 1, 1a, 1c, 2 bis 4, 9 und 10 oder Satz 3 oder Tätigkeiten nach § 1 Abs. 3 Satz 1 Nr. 2 bis 8 zu erbringen, Handelsauskünfte oder Schließfachvermietungen anzubieten oder, im Falle von CRR-Kreditinstituten, Zahlungsdienste im Sinne des Zahlungsdiensteaufsichtsgesetzes zu erbringen. Die Anzeige muss enthalten:

1.

die Angabe des Staates, in dem die grenzüberschreitende Dienstleistung erbracht werden soll,

2.

einen Geschäftsplan mit Angabe der beabsichtigten Tätigkeiten und

3.

die Angabe, ob in diesem Staat vertraglich gebundene Vermittler, die ihren Sitz oder gewöhnlichen Aufenthalt im Inland haben, herangezogen werden sollen, sowie deren Namen.

Besteht kein Grund, die Angemessenheit der Organisationsstruktur und der Finanzlage des Instituts anzuzweifeln, unterrichtet die Aufsichtsbehörde die zuständigen Stellen des Aufnahmemitgliedstaates innerhalb eines Monats nach Eingang der Anzeige. Das Institut hat die Unterrichtung der zuständigen Stellen des Aufnahmemitgliedstaates innerhalb dieser Frist abzuwarten, bevor es seine Tätigkeit in dem anderen Staat aufnimmt. Andernfalls teilt die Aufsichtsbehörde dem Institut die Nichtunterrichtung und deren Gründe unverzüglich mit.

(3a) Beabsichtigt der Betreiber eines multilateralen oder organisierten Handelssystems, Handelsteilnehmern in anderen Staaten einen unmittelbaren Zugang zu seinem Handelssystem zu gewähren und ihnen das Handeln an seinen Märkten zu ermöglichen, hat er dies der Bundesanstalt anzuzeigen, sofern es sich um die erstmalige Zugangsgewährung an einen Handelsteilnehmer in dem betreffenden Staat handelt. Die Bundesanstalt unterrichtet die zuständigen Stellen des Aufnahmemitgliedstaates innerhalb eines Monats nach Eingang der Anzeige von dieser Absicht. Der Betreiber hat der Bundesanstalt auf Anfrage die Namen der zugelassenen Handelsteilnehmer aus diesem Staat zu nennen. Auf Ersuchen der zuständigen Stellen im Aufnahmemitgliedstaat teilt die Bundesanstalt innerhalb einer angemessenen Frist diese Angaben mit.

(3b) (weggefallen)

(3c) Auf ein Finanzdienstleistungsinstitut, das Factoring im Sinne des § 1 Absatz 1a Satz 2 Nummer 9 oder Finanzierungsleasing im Sinne des § 1 Absatz 1a Satz 2 Nummer 10 betreibt und die Absicht hat, für diese Tätigkeit eine Zweigniederlassung in einem anderen Staat des Europäischen Wirtschaftsraums zu errichten oder diese Tätigkeit im Wege des grenzüberschreitenden Dienstleistungsverkehrs in einem anderen Staat des Europäischen

Wirtschaftsraums zu betreiben, sind die Absätze 1 bis 3 entsprechend anzuwenden, sofern die Voraussetzungen des § 53b Absatz 7 Satz 1 Nummer 1 bis 7 erfüllt sind. Absatz 2 Satz 2 gilt mit der Maßgabe, dass die zuständige Stelle des Aufnahmemitgliedstaats über die Höhe und die Zusammensetzung der Eigenmittel des Finanzdienstleistungsinstituts und die nach Artikel 92 Absatz 3 und 4 der Verordnung (EU) Nr. 575/2013 errechneten Gesamtrisikobeträge von dessen Mutterkreditinstitut zu unterrichten ist.

(4) Ändern sich die Verhältnisse, die nach Absatz 1 Satz 2 oder Absatz 3 Satz 2 angezeigt wurden, hat das Institut der Aufsichtsbehörde, der Deutschen Bundesbank und, sofern es sich um ein CRR-Kreditinstitut handelt, auch den zuständigen Stellen des Aufnahmemitgliedstaates diese Änderungen mindestens einen Monat vor dem Wirksamwerden der Änderungen schriftlich anzuzeigen. Die Aufsichtsbehörde teilt den zuständigen Stellen des Aufnahmemitgliedstaates die Änderungen nach Satz 1 mit, sofern sie Wertpapierhandelsunternehmen betreffen. Die Anzeigepflicht nach Satz 1 gilt entsprechend für ein Institut, das seine Zweigniederlassung bereits vor dem Zeitpunkt, von dem an es unter die Anzeigepflicht nach Absatz 1 fällt, in einem anderen Staat des Europäischen Wirtschaftsraums errichtet hat. Änderungen der Verhältnisse der Einlagensicherungseinrichtung oder der Anlegerentschädigungseinrichtung oder des gleichwertigen Schutzes im Sinne des § 23a Absatz 1 Satz 1 hat das Institut, das eine Zweigniederlassung gemäß Absatz 1 errichtet hat, der Aufsichtsbehörde, der Deutschen Bundesbank und, sofern es sich um ein CRR-Kreditinstitut handelt, auch den zuständigen Stellen des Aufnahmemitgliedstaates mindestens einen Monat vor dem Wirksamwerden der Änderungen anzuzeigen. Die Aufsichtsbehörde teilt den zuständigen Stellen des Aufnahmemitgliedstaates die Änderungen nach Satz 4 mit.

(4a) Soweit die Europäische Zentralbank Aufsichtsbehörde ist, sind die Anzeigen nach den Absätzen 1, 3 und 4 auch gegenüber der Bundesanstalt abzugeben. Soweit es sich bei dem Staat, in welchem die Zweigniederlassung errichtet oder die grenzüberschreitende Dienstleistung erbracht werden soll, um einen Mitgliedstaat der Europäischen Union handelt, sind die Anzeigen nur gegenüber der Bundesanstalt und der Deutschen Bundesbank abzugeben.

(5) Das Bundesministerium der Finanzen wird ermächtigt, durch Rechtsverordnung zu bestimmen, inwieweit die Absätze 1, 2 und 4 auf den Einsatz eines vertraglich gebundenen Vermittlers, der seinen Sitz oder seinen gewöhnlichen Aufenthalt in einem anderen Mitgliedstaat des Europäischen Wirtschaftsraums hat, entsprechend anzuwenden sind und daß die Absätze 2 und 4 für die Errichtung einer Zweigniederlassung in einem Drittstaat entsprechend gelten, soweit dies im Bereich des Niederlassungsrechts auf Grund von Abkommen der Europäischen Union mit Drittstaaten erforderlich ist.

(6) (weggefallen)

Fußnote(+++ § 24a: Zur Nichtanwendung vgl. § 2 Abs. 9a Satz 1 +++)

§ 24b Teilnahme an Zahlungs- sowie Wertpapierliefer- und -abrechnungssystemen sowie interoperablen Systemen

(1) Ein Institut hat die Absicht, ein System nach § 1 Abs. 16 zu betreiben, unverzüglich der Bundesanstalt und der Deutschen Bundesbank anzuzeigen und die Teilnehmer zu benennen. Dies gilt auch für eine spätere Änderung des Teilnehmerkreises sowie für Vereinbarungen über den Betrieb interoperabler Systeme. Die Deutsche Bundesbank teilt die ihr gemeldeten Systeme der Europäischen Wertpapier- und Marktaufsichtsbehörde mit, nachdem sie sich von der Zweckdienlichkeit der Regeln des Systems überzeugt hat. Im Fall einer Vereinbarung über den Betrieb interoperabler Systeme prüft die Deutsche Bundesbank, ob die Regeln der beteiligten Systeme über den Zeitpunkt des Einbringens und der Unwiderruflichkeit von Aufträgen miteinander vereinbar sind.

(2) Das Institut hat demjenigen, der ein berechtigtes Interesse nachweisen kann, Auskunft über die Systeme im Sinne von Absatz 1, an denen es beteiligt ist, sowie über die wesentlichen Regeln für deren Funktionieren zu erteilen.

(3) Ein Institut, das ein System nach § 1 Absatz 16 betreibt, hat unbeschadet der Titel III, IV und V der Verordnung (EU) Nr. 648/2012 CRR-Instituten mit Sitz in einem anderen Staat des

Europäischen Wirtschaftsraums gleichberechtigend den Zugang zu dem System nach denselben transparenten und objektiven Kriterien zu gewähren, die für inländische Teilnehmer an diesem System gelten. Davon unberührt bleibt das Recht des Instituts, den Zugang aus berechtigten gewerblichen Gründen zu verweigern.

(4) Das Bundesministerium der Finanzen wird ermächtigt, im Benehmen mit der Deutschen Bundesbank durch Rechtsverordnung die Einzelheiten der Anzeigepflicht und der Unterrichtung der Europäischen Wertpapier- und Marktaufsichtsbehörde nach Absatz 1, des Auskunftsanspruchs nach Absatz 2 sowie der Zugangsgewährung nach Absatz 3 zu bestimmen.

(5) Auf Systembetreiber, die nicht Institut sind, sind die Absätze 1 bis 4 entsprechend anzuwenden.

§ 24c Automatisierter Abruf von Kontoinformationen

(1) Ein Kreditinstitut hat eine Datei zu führen, in der unverzüglich folgende Daten zu speichern sind:

1.
    die Nummer eines Kontos, das der Verpflichtung zur Legitimationsprüfung nach § 154 Absatz 2 Satz 1 der Abgabenordnung unterliegt, eines Depots oder eines Schließfachs sowie der Tag der Eröffnung und der Tag der Beendigung oder Auflösung,

2.
    der Name, sowie bei natürlichen Personen der Tag der Geburt, des Inhabers und eines Verfügungsberechtigten sowie in den Fällen des § 10 Absatz 1 Nummer 2 des Geldwäschegesetzes der Name und, soweit erhoben, die Anschrift eines abweichend wirtschaftlich Berechtigten im Sinne des § 3 des Geldwäschegesetzes.

Bei jeder Änderung einer Angabe nach Satz 1 ist unverzüglich ein neuer Datensatz anzulegen. Die Daten sind nach Ablauf von zehn Jahren nach der Auflösung des Kontos oder Depots zu löschen. Im Falle des Satzes 2 ist der alte Datensatz nach Ablauf von drei Jahren nach Anlegung des neuen Datensatzes zu löschen. Das Kreditinstitut hat zu gewährleisten, dass die Bundesanstalt jederzeit Daten aus der Datei nach Satz 1 in einem von ihr bestimmten Verfahren automatisiert abrufen kann. Es hat durch technische und organisatorische Maßnahmen sicherzustellen, dass ihm Abrufe nicht zur Kenntnis gelangen.

(2) Die Bundesanstalt darf einzelne Daten aus der Datei nach Absatz 1 Satz 1 abrufen, soweit dies zur Erfüllung ihrer aufsichtlichen Aufgaben nach diesem Gesetz oder dem Geldwäschegesetz, insbesondere im Hinblick auf unerlaubte Bankgeschäfte oder Finanzdienstleistungen oder den Missbrauch der Institute durch Geldwäsche, Terrorismusfinanzierung oder sonstige strafbare Handlungen, die zu einer Gefährdung des Vermögens der Institute führen können, erforderlich ist und besondere Eilbedürftigkeit im Einzelfall vorliegt. Die Zentralstelle für Finanztransaktionsuntersuchungen darf zur Erfüllung ihrer Aufgaben nach dem Geldwäschegesetz gleichermaßen einzelne Daten aus der Datei nach Absatz 1 Satz 1 abrufen.

(3) Die Bundesanstalt erteilt auf Ersuchen Auskunft aus der Datei nach Absatz 1 Satz 1

1.
    den Aufsichtsbehörden gemäß § 9 Abs. 1 Satz 4 Nr. 2, soweit dies zur Erfüllung ihrer aufsichtlichen Aufgaben unter den Voraussetzungen des Absatzes 2 erforderlich ist,

2.
    den für die Leistung der internationalen Rechtshilfe in Strafsachen sowie im Übrigen für die Verfolgung und Ahndung von Straftaten zuständigen Behörden oder Gerichten, soweit dies für die Erfüllung ihrer gesetzlichen Aufgaben erforderlich ist,

3.
    der für die Beschränkungen des Kapital- und Zahlungsverkehrs nach dem Außenwirtschaftsgesetz zuständigen nationalen Behörde, soweit dies für die Erfüllung ihrer sich aus dem Außenwirtschaftsgesetz oder Rechtsakten der Europäischen Union im Zusammenhang mit der Einschränkung von Wirtschafts- oder Finanzbeziehungen ergebenden Aufgaben erforderlich ist.

Die Bundesanstalt hat die in den Dateien gespeicherten Daten im automatisierten Verfahren abzurufen und sie an die ersuchende Stelle weiter zu übermitteln. Die Bundesanstalt prüft die Zulässigkeit der Übermittlung nur, soweit hierzu besonderer Anlass besteht. Die Verantwortung für die Zulässigkeit der Übermittlung trägt die ersuchende Stelle. Die Bundesanstalt darf zu den in Satz 1 genannten Zwecken ausländischen Stellen Auskunft aus der Datei nach Absatz 1 Satz 1 nach Maßgabe des § 4b des Bundesdatenschutzgesetzes erteilen. § 9 Abs. 1 Satz 5, 6 und Abs. 2 gilt entsprechend. Die Regelungen über die internationale Rechtshilfe in Strafsachen bleiben unberührt.

(4) Die Bundesanstalt protokolliert für Zwecke der Datenschutzkontrolle durch die jeweils zuständige Stelle bei jedem Abruf den Zeitpunkt, die bei der Durchführung des Abrufs verwendeten Daten, die abgerufenen Daten, die Person, die den Abruf durchgeführt hat, das Aktenzeichen sowie bei Abrufen auf Ersuchen die ersuchende Stelle und deren Aktenzeichen. Eine Verwendung der Protokolldaten für andere Zwecke ist unzulässig. Die Protokolldaten sind mindestens 18 Monate aufzubewahren und spätestens nach zwei Jahren zu löschen.

(5) Das Kreditinstitut hat in seinem Verantwortungsbereich auf seine Kosten alle Vorkehrungen zu treffen, die für den automatisierten Abruf erforderlich sind. Dazu gehören auch, jeweils nach den Vorgaben der Bundesanstalt, die Anschaffung der zur Sicherstellung der Vertraulichkeit und des Schutzes vor unberechtigten Zugriffen erforderlichen Geräte, die Einrichtung eines geeigneten Telekommunikationsanschlusses und die Teilnahme an dem geschlossenen Benutzersystem sowie die laufende Bereitstellung dieser Vorkehrungen.

(6) Das Kreditinstitut und die Bundesanstalt haben dem jeweiligen Stand der Technik entsprechende Maßnahmen zur Sicherstellung von Datenschutz und Datensicherheit zu treffen, die insbesondere die Vertraulichkeit und Unversehrtheit der abgerufenen und weiter übermittelten Daten gewährleisten. Den Stand der Technik stellt die Bundesanstalt im Benehmen mit dem Bundesamt für Sicherheit in der Informationstechnik in einem von ihr bestimmten Verfahren fest.

(7) Das Bundesministerium der Finanzen kann durch Rechtsverordnung Ausnahmen von der Verpflichtung zur Übermittlung im automatisierten Verfahren zulassen. Es kann die Ermächtigung durch Rechtsverordnung auf die Bundesanstalt übertragen.

(8) Soweit die Deutsche Bundesbank Konten und Depots für Dritte führt, gilt sie als Kreditinstitut nach den Absätzen 1, 5 und 6.

Fußnote(+++ § 24c: Zur Nichtanwendung vgl. § 2 Abs. 9a Satz 1 +++)
§ 24c Abs. 3 Satz 1 Nr. 2: Mit GG vereinbar gem. BVerfGE v. 13.6.2007 - 1 BvR 1550/03, 1 BvR 2357/04, 1 BvR 603/05 -

§ 25 Finanzinformationen, Informationen zur Risikotragfähigkeit; Verordnungsermächtigung

(1) Ein Institut hat unverzüglich nach Ablauf eines jeden Quartals der Deutschen Bundesbank Informationen zu seiner finanziellen Situation (Finanzinformationen) einzureichen. Ein Kreditinstitut hat außerdem unverzüglich einmal jährlich zu einem von der Bundesanstalt festgelegten Stichtag der Deutschen Bundesbank Informationen zu seiner Risikotragfähigkeit nach § 25a Absatz 1 Satz 3 und zu den Verfahren nach § 25a Absatz 1 Satz 3 Nummer 2 (Risikotragfähigkeitsinformationen) einzureichen. Die Bundesanstalt kann den Berichtszeitraum nach den Sätzen 1 und 2 für ein Institut verkürzen, soweit dies zur Erfüllung der Aufgaben der Bundesanstalt erforderlich ist. Die Deutsche Bundesbank leitet die Angaben nach den Sätzen 1 und 2 an die Bundesanstalt mit ihrer Stellungnahme weiter; diese kann auf die Weiterleitung bestimmter Angaben nach den Sätzen 1 und 2 verzichten.

(2) Ein übergeordnetes Unternehmen im Sinne des § 10a hat außerdem unverzüglich nach Ablauf eines jeden Quartals der Deutschen Bundesbank Finanzinformationen auf zusammengefasster Basis einzureichen. Ein übergeordnetes Unternehmen im Sinne des § 10a hat, sofern der Gruppe im Sinne des § 10a Absatz 1 ein Kreditinstitut mit Sitz im Inland angehört, außerdem unverzüglich einmal jährlich zu einem von der Bundesanstalt festgelegten Stichtag der Deutschen Bundesbank Risikotragfähigkeitsinformationen der Gruppe zusammengefasster Ebene einzureichen. Die Bundesanstalt kann den Berichtszeitraum nach den Sätzen 1 und 2 für ein übergeordnetes Unternehmen verkürzen, soweit dies zur Erfüllung der Aufgaben der Bundesanstalt erforderlich ist. Absatz 1 Satz 4 und § 10a Absatz 4 und 5 über das Verfahren der Zusammenfassung, § 10a Absatz 10 über die Unterkonsolidierung von Tochtergesellschaften in Drittstaaten und Artikel 11 Absatz 1 der Verordnung (EU) Nr. 575/2013 über die Informationspflicht gelten für die Angaben

nach den Sätzen 1 und 2 entsprechend. Für die Angaben nach Satz 2 gilt zudem § 25a Absatz 3 entsprechend.

(3) Das Bundesministerium der Finanzen kann im Benehmen mit der Deutschen Bundesbank durch Rechtsverordnung, die nicht der Zustimmung des Bundesrates bedarf, nähere Bestimmungen über Art und Umfang und über die zulässigen Datenträger, Übertragungswege und Datenformate der Finanzinformationen und der Risikotragfähigkeitsinformationen, insbesondere um Einblick in die Entwicklung der Vermögens- und Ertragslage der Institute sowie die Entwicklung der Risikolage und die Verfahren der Risikosteuerung der Kreditinstitute zu erhalten, über weitere Angaben, sowie eine Verkürzung des Berichtszeitraums nach Absatz 1 Satz 3 oder Absatz 2 Satz 3 für bestimmte Arten oder Gruppen von Instituten erlassen, soweit dies zur Erfüllung der Aufgaben der Bundesanstalt erforderlich ist. Die Angaben können sich auch auf nachgeordnete Unternehmen im Sinne des § 10a sowie auf Tochterunternehmen mit Sitz im Inland oder Ausland, die nicht in die Beaufsichtigung auf zusammengefaßter Basis einbezogen sind, sowie auf gemischte Holdinggesellschaften mit nachgeordneten Instituten beziehen; die gemischten Holdinggesellschaften haben den Instituten die erforderlichen Angaben zu übermitteln. Das Bundesministerium der Finanzen kann die Ermächtigung zum Erlaß einer Rechtsverordnung durch Rechtsverordnung auf die Bundesanstalt mit der Maßgabe übertragen, daß die Rechtsverordnung im Einvernehmen mit der Deutschen Bundesbank ergeht.

Fußnote(+++ § 25 Abs. 1 Satz 2: Zur Nichtanwendung vgl. § 2 Abs. 9a Satz 1 +++)
(+++ § 25 Abs. 1 Satz 2 u. Abs. 2 Satz 2: Zur erstmaligen Anwendung vgl. § 64r Abs. 2 +++)

§ 25a Besondere organisatorische Pflichten; Verordnungsermächtigung

(1) Ein Institut muss über eine ordnungsgemäße Geschäftsorganisation verfügen, die die Einhaltung der vom Institut zu beachtenden gesetzlichen Bestimmungen und der betriebswirtschaftlichen Notwendigkeiten gewährleistet. Die Geschäftsleiter sind für die ordnungsgemäße Geschäftsorganisation des Instituts verantwortlich; sie haben die erforderlichen Maßnahmen für die Ausarbeitung der entsprechenden institutsinternen Vorgaben zu ergreifen, sofern nicht das Verwaltungs- oder Aufsichtsorgan entscheidet. Eine ordnungsgemäße Geschäftsorganisation muss insbesondere ein angemessenes und wirksames Risikomanagement umfassen, auf dessen Basis ein Institut die Risikotragfähigkeit laufend sicherzustellen hat; das Risikomanagement umfasst insbesondere

1.

die Festlegung von Strategien, insbesondere die Festlegung einer auf die nachhaltige Entwicklung des Instituts gerichteten Geschäftsstrategie und einer damit konsistenten Risikostrategie, sowie die Einrichtung von Prozessen zur Planung, Umsetzung, Beurteilung und Anpassung der Strategien;

2.

Verfahren zur Ermittlung und Sicherstellung der Risikotragfähigkeit, wobei eine vorsichtige Ermittlung der Risiken und des zu ihrer Abdeckung verfügbaren Risikodeckungspotenzials zugrunde zu legen ist;

3.

die Einrichtung interner Kontrollverfahren mit einem internen Kontrollsystem und einer Internen Revision, wobei das interne Kontrollsystem insbesondere

a)

aufbau- und ablauforganisatorische Regelungen mit klarer Abgrenzung der Verantwortungsbereiche,

b)

Prozesse zur Identifizierung, Beurteilung, Steuerung sowie Überwachung und Kommunikation der Risiken entsprechend den in Titel VII Kapitel 2 Abschnitt 2 Unterabschnitt II der Richtlinie 2013/36/EU niedergelegten Kriterien und

c)

eine Risikocontrolling-Funktion und eine Compliance-Funktion umfasst;

4.

5. eine angemessene personelle und technischorganisatorische Ausstattung des Instituts;

6. die Festlegung eines angemessenen Notfallkonzepts, insbesondere für IT-Systeme, und

angemessene, transparente und auf eine nachhaltige Entwicklung des Instituts ausgerichtete Vergütungssysteme für Geschäftsleiter und Mitarbeiter unter Berücksichtigung von Absatz 5; dies gilt mit Ausnahme der Pflicht zur Offenlegung vergütungsbezogener Informationen nicht, soweit die Vergütung durch Tarifvertrag oder in seinem Geltungsbereich durch Vereinbarung der Arbeitsvertragsparteien über die Anwendung der tarifvertraglichen Regelungen oder auf Grund eines Tarifvertrags in einer Betriebs- oder Dienstvereinbarung vereinbart ist. Die Ausgestaltung des Risikomanagements hängt von Art, Umfang, Komplexität und Risikogehalt der Geschäftstätigkeit ab. Seine Angemessenheit und Wirksamkeit ist vom Institut regelmäßig zu überprüfen. Eine ordnungsgemäße Geschäftsorganisation umfasst darüber hinaus

1. angemessene Regelungen, anhand derer sich die finanzielle Lage des Instituts jederzeit mit hinreichender Genauigkeit bestimmen lässt;

2. eine vollständige Dokumentation der Geschäftstätigkeit, die eine lückenlose Überwachung durch die Bundesanstalt für ihren Zuständigkeitsbereich gewährleistet; erforderliche Aufzeichnungen sind mindestens fünf Jahre aufzubewahren; § 257 Absatz 4 des Handelsgesetzbuchs bleibt unberührt, § 257 Absatz 3 und 5 des Handelsgesetzbuchs gilt entsprechend;

3. einen Prozess, der es den Mitarbeitern unter Wahrung der Vertraulichkeit ihrer Identität ermöglicht, Verstöße gegen die Verordnung (EU) Nr. 575/2013, die Verordnung (EU) Nr. 596/2014 des Europäischen Parlaments und des Rates vom 16. April 2014 über Marktmissbrauch (Marktmissbrauchsverordnung) und zur Aufhebung der Richtlinie 2003/6/EG des Europäischen Parlaments und des Rates und der Richtlinien 2003/124/EG, 2003/125/EG und 2004/72/EG der Kommission (ABl. L 173 vom 12.6.2014, S. 1), die zuletzt durch die Verordnung (EU) 2016/1033 (ABl. L 175 vom 30.6.2016, S. 1; L 287 vom 21.10.2016, S. 320; L 306 vom 15.11.2016, S. 43; L 348 vom 21.12.2016, S. 83) geändert worden ist, die Verordnung (EU) Nr. 600/2014 oder die Verordnung (EU) Nr. 1286/2014 oder gegen dieses Gesetz oder gegen die auf Grund dieses Gesetzes erlassenen Rechtsverordnungen oder gegen das Wertpapierhandelsgesetz oder gegen die auf Grund des Wertpapierhandelsgesetzes erlassenen Rechtsverordnungen sowie etwaige strafbare Handlungen innerhalb des Unternehmens an geeignete Stellen zu berichten.

(2) Die Bundesanstalt kann Vorgaben zur Ausgestaltung einer plötzlichen und unerwarteten Zinsänderung und zur Ermittlungsmethodik der Auswirkungen auf den Barwert bezüglich der Zinsänderungsrisiken aus den nicht unter das Handelsbuch fallenden Geschäften festlegen. Die Bundesanstalt kann gegenüber einem Institut im Einzelfall Anordnungen treffen, die geeignet und erforderlich sind, die ordnungsgemäße Geschäftsorganisation im Sinne des Absatzes 1 Satz 3 und 6 sowie die Beachtung der Vorgaben nach Satz 1 sicherzustellen.

(3) Die Absätze 1 und 2 gelten für Institutsgruppen, Finanzholding-Gruppen und gemischte Finanzholding-Gruppen sowie Unterkonsolidierungsgruppen nach Artikel 22 der Verordnung (EU) Nr. 575/2013 mit der Maßgabe entsprechend, dass die Geschäftsleiter des übergeordneten oder zur Unterkonsolidierung verpflichteten Unternehmens für die ordnungsgemäße Geschäftsorganisation der Institutsgruppe, Finanzholding-Gruppe, gemischten Finanzholding-Gruppe oder der Unterkonsolidierungsgruppe verantwortlich sind. Zu einer Gruppe im Sinne von Satz 1 gehören auch Tochterunternehmen eines übergeordneten Unternehmens oder nachgeordneten Tochterunternehmens einer Institutsgruppe, Finanzholding-Gruppe oder gemischten Finanzholding-Gruppe, auf die weder die Verordnung (EU) Nr. 575/2013 noch § 1a zur Anwendung kommt. Die sich aus der Einbeziehung in das Risikomanagement auf Gruppenebene ergebenden Pflichten müssen von Tochterunternehmen der Gruppe mit Sitz in einem Drittstaat nur

insoweit beachtet werden, als diese Pflichten nicht dem geltenden Recht im Herkunftsstaat des Tochterunternehmens entgegenstehen.

(4) Das Bundesministerium der Finanzen wird ermächtigt, durch Rechtsverordnung, die nicht der Zustimmung des Bundesrates bedarf, im Einvernehmen mit der Deutschen Bundesbank und nach Anhörung der Europäischen Zentralbank nähere Bestimmungen über die Ausgestaltung eines angemessenen und wirksamen Risikomanagements auf Einzelinstituts- und Gruppenebene gemäß Absatz 1 Satz 3 Nummer 1 bis 5 und Absatz 3 und der jeweils zugehörigen Tätigkeiten und Prozesse zu erlassen. Vor Erlass der Rechtsverordnung sind die Spitzenverbände der Institute zu hören.

(5) Die Institute haben angemessene Verhältnisse zwischen der variablen und fixen jährlichen Vergütung für Mitarbeiter und Geschäftsleiter festzulegen. Dabei darf die variable Vergütung vorbehaltlich eines Beschlusses nach Satz 5 jeweils 100 Prozent der fixen Vergütung für jeden einzelnen Mitarbeiter oder Geschäftsleiter nicht überschreiten. Hierbei kann für bis zu 25 Prozent der variablen Vergütung der zukünftige Wert auf den Zeitpunkt der Mitteilung an die jeweiligen Mitarbeiter oder Geschäftsleiter über die Höhe der variablen Vergütung für einen Bemessungszeitraum abgezinst werden, wenn dieser Teil der variablen Vergütung in Instrumenten gezahlt wird, die für die Dauer von mindestens fünf Jahren nach dieser Mitteilung zurückbehalten werden. Bei der Zurückbehaltung dürfen ein Anspruch und eine Anwartschaft auf diesen Teil der variablen Vergütung erst nach Ablauf des Zurückbehaltungszeitraums erwachsen und während des Zurückbehaltungszeitraums lediglich ein Anspruch auf fehlerfreie Ermittlung des noch nicht zu einer Anwartschaft oder einem Anspruch erwachsenen Teils dieses Teils der variablen Vergütung bestehen, nicht aber auf diesen Teil der variablen Vergütung selbst. Die Anteilseigner, die Eigentümer, die Mitglieder oder die Träger des Instituts können über die Billigung einer höheren variablen Vergütung als nach Satz 2, die 200 Prozent der fixen Vergütung für jeden einzelnen Mitarbeiter oder Geschäftsleiter nicht überschreiten darf, beschließen. Zur Billigung einer höheren variablen Vergütung als nach Satz 2 für Mitarbeiter haben die Geschäftsleitung und das Verwaltungs- oder Aufsichtsorgan, zur Billigung einer höheren variablen Vergütung als nach Satz 2 für Geschäftsleiter nur das Verwaltungs- oder Aufsichtsorgan, einen Vorschlag zur Beschlussfassung zu machen; der Vorschlag hat die Gründe für die erbetene Billigung einer höheren variablen Vergütung als nach Satz 2 und deren Umfang, einschließlich der Anzahl der betroffenen Mitarbeiter und Geschäftsleiter sowie ihrer Funktionen, und den erwarteten Einfluss einer höheren variablen Vergütung als nach Satz 2 auf die Anforderung, eine angemessene Eigenmittelausstattung vorzuhalten, darzulegen. Der Beschlussvorschlag ist so rechtzeitig vor der Beschlussfassung bekannt zu machen, dass sich die Anteilseigner, die Eigentümer, die Mitglieder oder die Träger des Instituts angemessen informieren können; üben die Anteilseigner, die Eigentümer, die Mitglieder oder die Träger ihre Rechte in einer Versammlung aus, ist der Beschlussvorschlag mit der Einberufung der Versammlung bekannt zu machen. Der Beschluss bedarf einer Mehrheit von mindestens 66 Prozent der abgegebenen Stimmen, sofern mindestens 50 Prozent der Stimmrechte bei der Beschlussfassung vertreten sind, oder von mindestens 75 Prozent der abgegebenen Stimmen. Anteilseigner, Eigentümer, Mitglieder oder Träger die als Mitarbeiter oder Geschäftsleiter von einer höheren variablen Vergütung als nach Satz 2 betroffen wären, dürfen ihr Stimmrecht weder unmittelbar noch mittelbar ausüben.

(5a) Die nach Artikel 4 Absatz 5 Satz 1 der Delegierten Verordnung (EU) Nr. 604/2014 der Kommission vom 4. März 2014 zur Ergänzung der Richtlinie 2013/36/EU des Europäischen Parlaments und des Rates im Hinblick auf technische Regulierungsstandards in Bezug auf qualitative und angemessene quantitative Kriterien zur Ermittlung der Mitarbeiterkategorien, deren berufliche Tätigkeit sich wesentlich auf das Risikoprofil eines Instituts auswirkt (ABl. L 167 vom 6.6.2014, S. 30) an die Aufsichtsbehörde zu stellenden Anträge sind unverzüglich, spätestens jedoch sechs Monate nach Ablauf des Geschäftsjahres, zu stellen.

(6) Das Bundesministerium der Finanzen wird ermächtigt, durch Rechtsverordnung, die nicht der Zustimmung des Bundesrates bedarf, im Benehmen mit der Deutschen Bundesbank nähere Bestimmungen zu erlassen über

1.

die Ausgestaltung der Vergütungssysteme nach Absatz 1 Satz 3 Nummer 6 einschließlich der Ausgestaltung

a)

    der Entscheidungsprozesse und Verantwortlichkeiten,

b)

    des Verhältnisses der variablen zur fixen Vergütung und der Vergütungsinstrumente für die variable Vergütung,

c)

    positiver und negativer Vergütungsparameter, der Leistungszeiträume, Zurückbehaltungszeiträume und Rückforderungszeiträume einschließlich der Voraussetzungen und Parameter für einen vollständigen Verlust oder eine teilweise Reduzierung oder eine vollständige oder teilweise Rückforderung der variablen Vergütung sowie

der Berücksichtigung der institutsspezifischen und gruppenweiten Geschäfts- und Vergütungsstrategie einschließlich deren Anwendung und Umsetzung in gruppenangehörigen Unternehmen, der Ziele, der Werte und der langfristigen Interessen des Instituts,

2.

die Voraussetzungen und das Verfahren bei Billigung eines höheren Verhältnisses zwischen der variablen und fixen jährlichen Vergütung nach Absatz 5 Satz 2 bis 9,

2a.

die Berechnung des Verhältnisses der variablen zur fixen Vergütung nach Absatz 5 Satz 2 bis 5, insbesondere über die Diskontierungsfaktoren zur Ermittlung des zugrunde zu legenden Barwerts der variablen Vergütung,

3.

die Überwachung der Angemessenheit und der Transparenz der Vergütungssysteme durch das Institut und die Weiterentwicklung der Vergütungssysteme, auch unter Einbeziehung des Vergütungskontrollausschusses und eines Vergütungsbeauftragten,

4.

die Offenlegung der Ausgestaltung der Vergütungssysteme und der Zusammensetzung der Vergütung einschließlich des Gesamtbetrags der garantierten Bonuszahlungen und der einzelvertraglichen Abfindungszahlungen unter Angabe der höchsten geleisteten Abfindung und der Anzahl der Begünstigten, soweit nicht von Artikel 450 der Verordnung (EU) Nr. 575/2013 erfasst, das Offenlegungsmedium und die Häufigkeit der Offenlegung,

5.

die Ausgestaltung der Offenlegung gemäß Artikel 450 der Verordnung (EU) Nr. 575/2013 sowie

6.

die vollständige oder teilweise Herausnahme von Instituten, die keine CRR-Institute sind, aus dem Anwendungsbereich der Rechtsverordnung.

Die Regelungen haben sich insbesondere an Größe und Vergütungsstruktur des Instituts sowie Art, Umfang, Komplexität, Risikogehalt und Internationalität der Geschäftsaktivitäten zu orientieren. Im Rahmen der Bestimmungen nach Satz 1 Nummer 4 müssen die auf Offenlegung der Vergütung bezogenen handelsrechtlichen Bestimmungen nach § 340a Absatz 1 und 2 in Verbindung mit § 340l Absatz 1 Satz 1 des Handelsgesetzbuchs unberührt bleiben. Das Bundesministerium der Finanzen kann die Ermächtigung durch Rechtsverordnung auf die Bundesanstalt mit der Maßgabe übertragen, dass die Rechtsverordnung im Einvernehmen mit der Deutschen Bundesbank ergeht. Vor Erlass der Rechtsverordnung sind die Spitzenverbände der Institute zu hören.

Fußnote(+++ § 25a: Zur Nichtanwendung vgl. § 2 Abs. 9a Satz 1 +++)

    § 25b Auslagerung von Aktivitäten und Prozessen; Verordnungsermächtigung

(1) Ein Institut muss abhängig von Art, Umfang, Komplexität und Risikogehalt einer Auslagerung von Aktivitäten und Prozessen auf ein anderes Unternehmen, die für die Durchführung von

Bankgeschäften, Finanzdienstleistungen oder sonstigen institutstypischen Dienstleistungen wesentlich sind, angemessene Vorkehrungen treffen, um übermäßige zusätzliche Risiken zu vermeiden. Eine Auslagerung darf weder die Ordnungsmäßigkeit dieser Geschäfte und Dienstleistungen noch die Geschäftsorganisation im Sinne des § 25a Absatz 1 beeinträchtigen. Insbesondere muss ein angemessenes und wirksames Risikomanagement durch das Institut gewährleistet bleiben, das die ausgelagerten Aktivitäten und Prozesse einbezieht.

(2) Die Auslagerung darf nicht zu einer Übertragung der Verantwortung der Geschäftsleiter an das Auslagerungsunternehmen führen. Das Institut bleibt bei einer Auslagerung für die Einhaltung der vom Institut zu beachtenden gesetzlichen Bestimmungen verantwortlich.

(3) Durch die Auslagerung darf die Bundesanstalt an der Wahrnehmung ihrer Aufgaben nicht gehindert werden; ihre Auskunfts- und Prüfungsrechte sowie Kontrollmöglichkeiten müssen in Bezug auf die ausgelagerten Aktivitäten und Prozesse auch bei einer Auslagerung auf ein Unternehmen mit Sitz in einem Staat des Europäischen Wirtschaftsraums oder einem Drittstaat durch geeignete Vorkehrungen gewährleistet werden. Entsprechendes gilt für die Wahrnehmung der Aufgaben der Prüfer des Instituts. Eine Auslagerung bedarf einer schriftlichen Vereinbarung, die die zur Einhaltung der vorstehenden Voraussetzungen erforderlichen Rechte des Instituts, einschließlich Weisungs- und Kündigungsrechten, sowie die korrespondierenden Pflichten des Auslagerungsunternehmens festlegt.

(4) Sind bei Auslagerungen die Prüfungsrechte und Kontrollmöglichkeiten der Bundesanstalt beeinträchtigt, kann die Bundesanstalt im Einzelfall Anordnungen treffen, die geeignet und erforderlich sind, diese Beeinträchtigung zu beseitigen. Die Befugnisse der Bundesanstalt nach § 25a Absatz 2 Satz 2 bleiben unberührt.

(5) Das Bundesministerium der Finanzen wird ermächtigt, durch Rechtsverordnung, die nicht der Zustimmung des Bundesrates bedarf, im Benehmen mit der Deutschen Bundesbank nähere Bestimmungen zu erlassen über

1.
   das Vorliegen einer Auslagerung,
2.
   die bei einer Auslagerung zu treffenden Vorkehrungen zur Vermeidung übermäßiger zusätzlicher Risiken,
3.
   die Grenzen der Auslagerbarkeit,
4.
   die Einbeziehung der ausgelagerten Aktivitäten und Prozesse in das Risikomanagement sowie
5.
   die Ausgestaltung der Auslagerungsverträge.

Das Bundesministerium der Finanzen kann die Ermächtigung durch Rechtsverordnung auf die Bundesanstalt mit der Maßgabe übertragen, dass die Rechtsverordnung im Einvernehmen mit der Deutschen Bundesbank ergeht. Vor Erlass der Rechtsverordnung sind die Spitzenverbände der Institute zu hören.

Fußnote(+++ § 25b: Zur Nichtanwendung vgl. § 2 Abs. 9a Satz 1 +++)

§ 25c Geschäftsleiter

(1) Die Geschäftsleiter eines Instituts müssen für die Leitung eines Instituts fachlich geeignet und zuverlässig sein und der Wahrnehmung ihrer Aufgaben ausreichend Zeit widmen. Die fachliche Eignung setzt voraus, dass die Geschäftsleiter in ausreichendem Maß theoretische und praktische Kenntnisse in den betreffenden Geschäften sowie Leitungserfahrung haben. Das Vorliegen der fachlichen Eignung ist regelmäßig anzunehmen, wenn eine dreijährige leitende Tätigkeit bei einem Institut von vergleichbarer Größe und Geschäftsart nachgewiesen wird.

(2) Bei der Zahl der Leitungs- oder Aufsichtsmandate, die ein Geschäftsleiter gleichzeitig innehaben kann, sind der Einzelfall und die Art, der Umfang und die Komplexität der Geschäfte

des Instituts zu berücksichtigen. Geschäftsleiter eines CRR-Instituts, das von erheblicher Bedeutung im Sinne des Satzes 6 ist kann nicht sein,

1.

    wer in demselben Unternehmen Mitglied des Verwaltungs- oder Aufsichtsorgans ist oder

2.

    wer in einem anderen Unternehmen Geschäftsleiter ist oder bereits in mehr als zwei Unternehmen Mitglied des Verwaltungs- oder Aufsichtsorgans ist.

Dabei gelten im Sinne von Satz 2 Nummer 2 mehrere Mandate als ein Mandat, wenn die Mandate bei Unternehmen wahrgenommen werden,

1.

    die derselben Institutsgruppe, Finanzholding-Gruppe, gemischten Finanzholding-Gruppe oder gemischten Holding-Gruppe angehören,

2.

    die demselben institutsbezogenen Sicherungssystem angehören oder

3.

    an denen das Institut eine bedeutende Beteiligung hält.

Mandate bei Organisationen und Unternehmen, die nicht überwiegend gewerbliche Ziele verfolgen, insbesondere Unternehmen, die der kommunalen Daseinsvorsorge dienen, werden bei den nach Satz 1 Nummer 2 höchstens zulässigen Mandaten nicht berücksichtigt. Die Aufsichtsbehörde kann einem Geschäftsleiter unter Berücksichtigung der Umstände im Einzelfall und der Art, des Umfangs und der Komplexität der Tätigkeiten des Instituts, der Institutsgruppe, der Finanzholding-Gruppe, der Finanzholding-Gesellschaft oder der gemischten Finanzholding-Gesellschaft gestatten, ein zusätzliches Mandat in einem Verwaltungs- oder Aufsichtsorgan innezuhaben, wenn dies das Mitglied nicht daran hindert, der Wahrnehmung seiner Aufgaben in dem betreffenden Unternehmen ausreichend Zeit zu widmen. Ein Institut ist von erheblicher Bedeutung im Sinne von Satz 2, wenn seine Bilanzsumme im Durchschnitt zu den jeweiligen Stichtagen der letzten drei abgeschlossenen Geschäftsjahre 15 Milliarden Euro erreicht oder überschritten hat; als Institute von erheblicher Bedeutung gelten stets

1.

    Institute, die nach Artikel 6 Absatz 4 der Verordnung (EU) Nr. 1024/2013 des Rates vom 15. Oktober 2013 zur Übertragung besonderer Aufgaben im Zusammenhang mit der Aufsicht über Kreditinstitute auf die Europäische Zentralbank (ABl. L 287 vom 29.10.2013, S. 63) von der Europäischen Zentralbank beaufsichtigt werden,

2.

    Institute, die als potentiell systemgefährdend im Sinne des § 20 Absatz 1 Satz 3 des Sanierungs- und Abwicklungsgesetzes eingestuft wurden, und

3.

    Finanzhandelsinstitute im Sinne des § 25f Absatz 1.

(3) Im Rahmen ihrer Gesamtverantwortung für die ordnungsgemäße Geschäftsorganisation müssen die Geschäftsleiter

1.

    Grundsätze einer ordnungsgemäßen Geschäftsführung beschließen, die die erforderliche Sorgfalt bei der Führung des Instituts gewährleisten und insbesondere eine Aufgabentrennung in der Organisation und Maßnahmen festlegen, um Interessenkonflikten vorzubeugen, sowie für die Umsetzung dieser Grundsätze Sorge tragen;

2.

    die Wirksamkeit der unter Nummer 1 festgelegten und umgesetzten Grundsätze überwachen und regelmäßig bewerten; die Geschäftsleiter müssen angemessene Schritte zur Behebung von Mängeln einleiten;

3.

    der Festlegung der Strategien und den Risiken, insbesondere den Adressenausfallrisiken, den Marktrisiken und den operationellen Risiken, ausreichend Zeit widmen;

4.

für eine angemessene und transparente Unternehmensstruktur sorgen, die sich an den Strategien des Unternehmens ausrichtet und der für ein wirksames Risikomanagement erforderlichen Transparenz der Geschäftsaktivitäten des Instituts Rechnung trägt, und die hierfür erforderliche Kenntnis über die Unternehmensstruktur und die damit verbundenen Risiken besitzen; für die Geschäftsleiter eines übergeordneten Unternehmens bezieht sich diese Verpflichtung auch auf die Gruppe gemäß § 25a Absatz 3;

5.

die Richtigkeit des Rechnungswesens und der Finanzberichterstattung sicherstellen; dies schließt die dazu erforderlichen Kontrollen und die Übereinstimmung mit den gesetzlichen Bestimmungen und den relevanten Standards ein; und

6.

die Prozesse hinsichtlich Offenlegung sowie Kommunikation überwachen.

(4) Die Institute müssen angemessene personelle und finanzielle Ressourcen einsetzen, um den Mitgliedern der Geschäftsleitung die Einführung in ihr Amt zu erleichtern und die Fortbildung zu ermöglichen, die zur Aufrechterhaltung ihrer fachlichen Eignung erforderlich ist.

(4a) Im Rahmen ihrer Gesamtverantwortung für die ordnungsgemäße Geschäftsorganisation des Instituts nach § 25a Absatz 1 Satz 2 haben die Geschäftsleiter eines Instituts dafür Sorge zu tragen, dass das Institut über folgende Strategien, Prozesse, Verfahren, Funktionen und Konzepte verfügt:

1.

eine auf die nachhaltige Entwicklung des Instituts gerichtete Geschäftsstrategie und eine damit konsistente Risikostrategie sowie Prozesse zur Planung, Umsetzung, Beurteilung und Anpassung der Strategien nach § 25a Absatz 1 Satz 3 Nummer 1, mindestens haben die Geschäftsleiter dafür Sorge zu tragen, dass

a)

jederzeit das Gesamtziel, die Ziele des Instituts für jede wesentliche Geschäftsaktivität sowie die Maßnahmen zur Erreichung dieser Ziele dokumentiert werden;

b)

die Risikostrategie jederzeit die Ziele der Risikosteuerung der wesentlichen Geschäftsaktivitäten sowie die Maßnahmen zur Erreichung dieser Ziele umfasst;

2.

Verfahren zur Ermittlung und Sicherstellung der Risikotragfähigkeit nach § 25a Absatz 1 Satz 3 Nummer 2, mindestens haben die Geschäftsleiter dafür Sorge zu tragen, dass

a)

die wesentlichen Risiken des Instituts, insbesondere Adressenausfall-, Marktpreis-, Liquiditäts- und operationelle Risiken, regelmäßig und anlassbezogen im Rahmen einer Risikoinventur identifiziert und definiert werden (Gesamtrisikoprofil);

b)

im Rahmen der Risikoinventur Risikokonzentrationen berücksichtigt sowie mögliche wesentliche Beeinträchtigungen der Vermögenslage, der Ertragslage oder der Liquiditätslage geprüft werden;

3.

interne Kontrollverfahren mit einem internen Kontrollsystem und einer internen Revision nach § 25a Absatz 1 Satz 3 Nummer 3 Buchstabe a bis c, mindestens haben die Geschäftsleiter dafür Sorge zu tragen, dass

a)

im Rahmen der Aufbau- und Ablauforganisation Verantwortungsbereiche klar abgegrenzt werden, wobei wesentliche Prozesse und damit verbundene Aufgaben, Kompetenzen, Verantwortlichkeiten, Kontrollen sowie Kommunikationswege klar zu definieren sind und sicherzustellen ist, dass Mitarbeiter keine miteinander unvereinbaren Tätigkeiten ausüben;

b)

eine grundsätzliche Trennung zwischen dem Bereich, der Kreditgeschäfte initiiert und bei den Kreditentscheidungen über ein Votum verfügt (Markt), sowie dem Bereich

Handel einerseits und dem Bereich, der bei den Kreditentscheidungen über ein weiteres Votum verfügt (Marktfolge), und den Funktionen, die dem Risikocontrolling und die der Abwicklung und Kontrolle der Handelsgeschäfte dienen, andererseits besteht;

c)

das interne Kontrollsystem Risikosteuerungs- und -controllingprozesse zur Identifizierung, Beurteilung, Steuerung, Überwachung und Kommunikation der wesentlichen Risiken und damit verbundener Risikokonzentrationen sowie eine Risikocontrolling-Funktion und eine Compliance-Funktion umfasst;

d)

in angemessenen Abständen, mindestens aber vierteljährlich, gegenüber der Geschäftsleitung über die Risikosituation einschließlich einer Beurteilung der Risiken berichtet wird;

e)

in angemessenen Abständen, mindestens aber vierteljährlich, seitens der Geschäftsleitung gegenüber dem Verwaltungs- oder Aufsichtsorgan über die Risikosituation einschließlich einer Beurteilung der Risiken berichtet wird;

f)

regelmäßig angemessene Stresstests für die wesentlichen Risiken sowie das Gesamtrisikoprofil des Instituts durchgeführt werden und auf Grundlage der Ergebnisse möglicher Handlungsbedarf geprüft wird;

g)

die interne Revision in angemessenen Abständen, mindestens aber vierteljährlich, an die Geschäftsleitung und an das Aufsichts- oder Verwaltungsorgan berichtet;

4.

eine angemessene personelle und technisch-organisatorische Ausstattung des Instituts nach § 25a Absatz 1 Satz 3 Nummer 4, mindestens haben die Geschäftsleiter dafür Sorge zu tragen, dass die quantitative und qualitative Personalausstattung und der Umfang und die Qualität der technisch-organisatorischen Ausstattung die betriebsinternen Erfordernisse, die Geschäftsaktivitäten und die Risikosituation berücksichtigen;

5.

für Notfälle in zeitkritischen Aktivitäten und Prozessen angemessene Notfallkonzepte nach § 25a Absatz 1 Satz 3 Nummer 5, mindestens haben die Geschäftsleiter dafür Sorge zu tragen, dass regelmäßig Notfalltests zur Überprüfung der Angemessenheit und Wirksamkeit des Notfallkonzeptes durchgeführt werden und über die Ergebnisse den jeweils Verantwortlichen berichtet wird;

6.

im Fall einer Auslagerung von Aktivitäten und Prozessen auf ein anderes Unternehmen nach § 25b Absatz 1 Satz 1 mindestens angemessene Verfahren und Konzepte, um übermäßige zusätzliche Risiken sowie eine Beeinträchtigung der Ordnungsmäßigkeit der Geschäfte, Dienstleistungen und der Geschäftsorganisation im Sinne des § 25a Absatz 1 zu vermeiden.

(4b) Für Institutsgruppen, Finanzholding-Gruppen, gemischte Finanzholding-Gruppen und Institute im Sinne des Artikels 4 der Verordnung (EU) Nr. 575/2013 gilt, dass die Geschäftsleiter des übergeordneten Unternehmens für die Wahrung der Sorgfaltspflichten innerhalb der Institutsgruppe, der Finanzholding-Gruppe, der gemischten Finanzholding-Gruppe oder der Institute im Sinne des Artikels 4 der Verordnung (EU) Nr. 575/2013 verantwortlich sind, wenn das übergeordnete Unternehmen Mutterunternehmen ist, das beherrschenden Einfluss im Sinne des § 290 Absatz 2 des Handelsgesetzbuchs über andere Unternehmen der Gruppe ausübt, ohne dass es auf die Rechtsform der Muttergesellschaft ankommt. Im Rahmen ihrer Gesamtverantwortung für die ordnungsgemäße Geschäftsorganisation der Gruppe nach Satz 1 haben die Geschäftsleiter des übergeordneten Unternehmens dafür Sorge zu tragen, dass die Gruppe über folgende Strategien, Prozesse, Verfahren, Funktionen und Konzepte verfügt:

1.

eine auf die nachhaltige Entwicklung der Gruppe gerichtete gruppenweite Geschäftsstrategie und eine damit konsistente gruppenweite Risikostrategie sowie Prozesse zur Planung, Umsetzung, Beurteilung und Anpassung der Strategien nach § 25a Absatz 1 Satz 3 Nummer 1, mindestens haben die Geschäftsleiter dafür Sorge zu tragen, dass

a)
  jederzeit das Gesamtziel der Gruppe, die Ziele der Gruppe für jede wesentliche Geschäftsaktivität sowie die Maßnahmen zur Erreichung dieser Ziele dokumentiert werden;

b)
  die Risikostrategie der Gruppe jederzeit die Ziele der Risikosteuerung der wesentlichen Geschäftsaktivitäten sowie die Maßnahmen zur Erreichung dieser Ziele umfasst;

c)
  die strategische Ausrichtung der gruppenangehörigen Unternehmen mit den gruppenweiten Geschäfts- und Risikostrategien abgestimmt wird;

2.
Verfahren zur Ermittlung und Sicherstellung der Risikotragfähigkeit der Gruppe nach § 25a Absatz 1 Satz 3 Nummer 2, mindestens haben die Geschäftsleiter dafür Sorge zu tragen, dass

a)
  die wesentlichen Risiken der Gruppe, insbesondere Adressenausfall-, Marktpreis-, Liquiditäts- und operationelle Risiken, regelmäßig und anlassbezogen im Rahmen einer Risikoinventur identifiziert und definiert werden (Gesamtrisikoprofil der Gruppe);

b)
  im Rahmen der Risikoinventur Risikokonzentrationen innerhalb der Gruppe berücksichtigt sowie mögliche wesentliche Beeinträchtigungen der Vermögenslage, der Ertragslage oder der Liquiditätslage der Gruppe geprüft werden;

3.
interne Kontrollverfahren mit einem internen Kontrollsystem und einer internen Revision nach § 25a Absatz 1 Satz 3 Nummer 3 Buchstabe a bis c, mindestens haben die Geschäftsleiter dafür Sorge zu tragen, dass

a)
  im Rahmen der Aufbau- und Ablauforganisation der Gruppe Verantwortungsbereiche klar abgegrenzt werden, wobei wesentliche Prozesse und damit verbundene Aufgaben, Kompetenzen, Verantwortlichkeiten, Kontrollen sowie Kommunikationswege innerhalb der Gruppe klar zu definieren sind und sicherzustellen ist, dass Mitarbeiter keine miteinander unvereinbaren Tätigkeiten ausüben;

b)
  bei den gruppenangehörigen Unternehmen eine grundsätzliche Trennung zwischen dem Bereich, der Kreditgeschäfte initiiert und bei den Kreditentscheidungen über ein Votum verfügt (Markt), sowie dem Bereich Handel einerseits und dem Bereich, der bei den Kreditentscheidungen über ein weiteres Votum verfügt (Marktfolge), und den Funktionen, die dem Risikocontrolling und die der Abwicklung und Kontrolle der Handelsgeschäfte dienen, andererseits besteht;

c)
  in angemessenen Abständen, mindestens aber vierteljährlich, gegenüber der Geschäftsleitung über die Risikosituation einschließlich einer Beurteilung der Risiken berichtet wird;

d)
  in angemessenen Abständen, mindestens aber vierteljährlich, auf Gruppenebene seitens der Geschäftsleitung gegenüber dem Verwaltungs- oder Aufsichtsorgan über die Risikosituation der Gruppe einschließlich einer Beurteilung der Risiken berichtet wird;

e)
  das interne Kontrollsystem der Gruppe eine Risikocontrolling-Funktion und eine Compliance-Funktion sowie Risikosteuerungs- und -controllingprozesse zur

Identifizierung, Beurteilung, Steuerung, Überwachung und Kommunikation der wesentlichen Risiken und damit verbundener Risikokonzentrationen umfasst;

f)

regelmäßig angemessene Stresstests für die wesentlichen Risiken und das Gesamtrisikoprofil auf Gruppenebene durchgeführt werden und auf Grundlage der Ergebnisse möglicher Handlungsbedarf geprüft wird;

g)

die Konzernrevision in angemessenen Abständen, mindestens aber vierteljährlich, an die Geschäftsleitung und an das Verwaltungs- oder Aufsichtsorgan berichtet;

4.

eine angemessene personelle und technisch-organisatorische Ausstattung der Gruppe nach § 25a Absatz 1 Satz 3 Nummer 4, mindestens haben die Geschäftsleiter dafür Sorge zu tragen, dass die quantitative und qualitative Personalausstattung und der Umfang und die Qualität der technisch-organisatorischen Ausstattung der gruppenangehörigen Unternehmen die jeweiligen betriebsinternen Erfordernisse, die Geschäftsaktivitäten und die Risikosituation der gruppenangehörigen Unternehmen berücksichtigen;

5.

für Notfälle in zeitkritischen Aktivitäten und Prozessen angemessene Notfallkonzepte nach § 25a Absatz 1 Satz 3 Nummer 5 auf Gruppenebene, mindestens haben die Geschäftsleiter dafür Sorge zu tragen, dass regelmäßig Notfalltests zur Überprüfung der Angemessenheit und Wirksamkeit des Notfallkonzeptes auf Gruppenebene durchgeführt werden und über die Ergebnisse den jeweils Verantwortlichen berichtet wird;

6.

im Fall einer Auslagerung von Aktivitäten und Prozessen auf ein anderes Unternehmen nach § 25b Absatz 1 Satz 1 mindestens angemessene Verfahren und Konzepte, um übermäßige zusätzliche Risiken sowie eine Beeinträchtigung der Ordnungsmäßigkeit der Geschäfte, Dienstleistungen und der Geschäftsorganisation im Sinne des § 25a Absatz 1 zu vermeiden.

(4c) Wenn die Bundesanstalt zu dem Ergebnis kommt, dass das Institut oder die Gruppe nicht über die Strategien, Prozesse, Verfahren, Funktionen und Konzepte nach Absatz 4a und 4b verfügt, kann sie, unabhängig von anderen Maßnahmen nach diesem Gesetz, anordnen, dass geeignete Maßnahmen ergriffen werden, um die festgestellten Mängel innerhalb einer angemessenen Frist zu beseitigen.

(5) In Ausnahmefällen kann die Bundesanstalt auch eine andere mit der Führung der Geschäfte betraute und zur Vertretung ermächtigte Person widerruflich als Geschäftsleiter einsetzen, wenn sie zuverlässig ist und die erforderliche fachliche Eignung hat; Absatz 1 ist anzuwenden. Wird das Institut von einem Einzelkaufmann betrieben, so kann in Ausnahmefällen unter den Voraussetzungen des Satzes 1 eine von dem Inhaber mit der Führung der Geschäfte betraute und zur Vertretung ermächtigte Person widerruflich als Geschäftsleiter eingesetzt werden. Beruht die Einsetzung einer Person als Geschäftsleiter auf einem Antrag des Instituts, so kann sie nur auf Antrag des Instituts oder des Geschäftsleiters widerrufen werden.

(6) Die Geschäftsleiter eines Datenbereitstellungsdienstes müssen zuverlässig und für dessen Leitung fachlich geeignet sein und der Wahrnehmung ihrer Aufgabe ausreichend Zeit widmen.

Fußnote(+++ § 25c: Zur Nichtanwendung vgl. § 2 Abs. 9a Satz 1 +++)

§ 25d Verwaltungs- oder Aufsichtsorgan

(1) Die Mitglieder des Verwaltungs- oder Aufsichtsorgans eines Instituts, einer Finanzholding-Gesellschaft oder einer gemischten Finanzholding-Gesellschaft müssen zuverlässig sein, die erforderliche Sachkunde zur Wahrnehmung der Kontrollfunktion sowie zur Beurteilung und Überwachung der Geschäfte, die das jeweilige Unternehmen betreibt, besitzen und der Wahrnehmung ihrer Aufgaben ausreichend Zeit widmen. Bei der Prüfung, ob eine der in Satz 1 genannten Personen die erforderliche Sachkunde besitzt, berücksichtigt die Bundesanstalt den Umfang und die Komplexität der von dem Institut, der Institutsgruppe oder Finanzholding-Gruppe,

der Finanzholding-Gesellschaft oder der gemischten Finanzholding-Gesellschaft betriebenen Geschäfte.

(2) Das Verwaltungs- oder Aufsichtsorgan muss in seiner Gesamtheit die Kenntnisse, Fähigkeiten und Erfahrungen haben, die zur Wahrnehmung der Kontrollfunktion sowie zur Beurteilung und Überwachung der Geschäftsleitung des Instituts oder der Institutsgruppe oder Finanzholding-Gruppe, der Finanzholding-Gesellschaft oder der gemischten Finanzholding-Gesellschaft notwendig sind. Die Vorschriften der Mitbestimmungsgesetze über die Wahl und Abberufung der Arbeitnehmervertreter im Verwaltungs- oder Aufsichtsorgan bleiben unberührt.

(3) Mitglied des Verwaltungs- oder Aufsichtsorgans eines CRR-Instituts, das von erheblicher Bedeutung im Sinne des Satzes 8 ist kann nicht sein,

1.
   wer in demselben Unternehmen Geschäftsleiter ist;

2.
   wer in dem betreffenden Unternehmen Geschäftsleiter war, wenn bereits zwei ehemalige Geschäftsleiter des Unternehmens Mitglied des Verwaltungs- oder Aufsichtsorgans sind;

3.
   wer in einem Unternehmen Geschäftsleiter ist und zugleich in mehr als zwei Unternehmen Mitglied des Verwaltungs- oder Aufsichtsorgans ist oder

4.
   wer in mehr als vier Unternehmen Mitglied des Verwaltungs- oder Aufsichtsorgans ist.

Satz 1 gilt jeweils auch für Mitglieder der Verwaltungs- oder Aufsichtsorgane einer Finanzholding-Gesellschaft oder gemischten Finanzholding-Gesellschaft, wenn diese nach § 10a Absatz 2 Satz 2 oder Satz 3 oder § 12 Absatz 2 des Finanzkonglomerate-Aufsichtsgesetzes als übergeordnetes Unternehmen bestimmt worden ist und ihr ein CRR-Institut nachgeordnet ist. Dabei gelten im Sinne von Satz 1 Nummer 3 und 4 mehrere Mandate als ein Mandat, wenn die Mandate bei Unternehmen wahrgenommen werden,

1.
   die derselben Institutsgruppe, Finanzholding-Gruppe, gemischten Finanzholding-Gruppe oder gemischten Holding-Gruppe angehören,

2.
   die demselben institutsbezogenen Sicherungssystem angehören oder

3.
   an denen das Institut eine bedeutende Beteiligung hält.

Mandate bei Organisationen und Unternehmen, die nicht überwiegend gewerbliche Ziele verfolgen, insbesondere Unternehmen, die der kommunalen Daseinsvorsorge dienen, werden bei den nach Satz 1 Nummer 3 und 4 höchstens zulässigen Mandaten nicht berücksichtigt. Die Aufsichtsbehörde kann einem Mitglied des Verwaltungs- oder Aufsichtsorgans unter Berücksichtigung der Umstände im Einzelfall und der Art, des Umfangs und der Komplexität der Tätigkeiten des Instituts, der Institutsgruppe oder Finanzholding-Gruppe, der Finanzholding-Gesellschaft oder der gemischten Finanzholding-Gesellschaft über die Anzahl der nach Satz 1 Nummern 3 und 4 höchstens zulässigen Mandate hinaus gestatten, ein zusätzliches Mandat in einem Verwaltungs- oder Aufsichtsorgan innezuhaben, wenn dies das Mitglied nicht daran hindert, der Wahrnehmung seiner Aufgaben in dem betreffenden Unternehmen ausreichend Zeit zu widmen. Mandate als Vertreter des Bundes oder der Länder werden bei den nach Satz 1 Nummer 3 und 4 höchstens zulässigen Mandaten nicht berücksicht. Satz 1 Nummer 4 gilt nicht für kommunale Hauptverwaltungsbeamte, die kraft kommunaler Satzung zur Wahrnehmung eines Mandats in einem kommunalen Unternehmen oder einem kommunalen Zweckverband verpflichtet sind. Ein Institut ist von erheblicher Bedeutung im Sinne von Satz 1, wenn seine Bilanzsumme im Durchschnitt zu den jeweiligen Stichtagen der letzten drei abgeschlossenen Geschäftsjahre 15 Milliarden Euro erreicht oder überschritten hat; als Institute von erheblicher Bedeutung gelten stets

1.
   Institute, die nach Artikel 6 Absatz 4 der Verordnung (EU) Nr. 1024/2013 des Rates vom 15. Oktober 2013 zur Übertragung besonderer Aufgaben im Zusammenhang mit der Aufsicht

über Kreditinstitute auf die Europäische Zentralbank (ABl. L 287 vom 29.10.2013, S. 63) von der Europäischen Zentralbank beaufsichtigt werden,

2.

Institute, die als potentiell systemgefährdend im Sinne des § 20 Absatz 1 Satz 3 des Sanierungs- und Abwicklungsgesetzes eingestuft wurden, und

3.

Finanzhandelsinstitute im Sinne des § 25f Absatz 1.

(3a) Mitglied des Verwaltungs- oder Aufsichtsorgans eines Instituts, das nicht CRR-Institut von erheblicher Bedeutung im Sinne des Absatzes 3 Satz 8 ist, oder einer Finanzholding-Gesellschaft kann nicht sein,

1.

wer in demselben Unternehmen Geschäftsleiter ist,

2.

wer in dem betreffenden Unternehmen Geschäftsleiter war, wenn bereits zwei ehemalige Geschäftsleiter des Unternehmens Mitglied des Verwaltungs- oder Aufsichtsorgans sind, oder

3.

wer in mehr als fünf Unternehmen, die unter der Aufsicht der Bundesanstalt stehen, Mitglied des Verwaltungs- oder Aufsichtsorgans ist, es sei denn, diese Unternehmen gehören demselben institutsbezogenen Sicherungssystem an.

(4) Institute, Finanzholding-Gesellschaften und gemischte Finanzholding-Gesellschaften müssen angemessene personelle und finanzielle Ressourcen einsetzen, um den Mitgliedern des Verwaltungs- oder Aufsichtsorgans die Einführung in ihr Amt zu erleichtern und die Fortbildung zu ermöglichen, die zur Aufrechterhaltung der erforderlichen Sachkunde notwendig ist.

(5) Die Ausgestaltung der Vergütungssysteme für Mitglieder des Verwaltungs- oder Aufsichtsorgans darf im Hinblick auf die wirksame Wahrnehmung der Überwachungsfunktion des Verwaltungs- oder Aufsichtsorgans keine Interessenkonflikte erzeugen. Für die Tätigkeit im Verwaltungs- oder Aufsichtsorgan dürfen dessen Mitglieder keine variablen Vergütungsbestandteile erhalten. Artikel 450 der Verordnung (EU) Nr. 575/2013 ist auch in Bezug auf die Vergütung der Mitglieder des Verwaltungs- oder Aufsichtsorgans anzuwenden.

(6) Das Verwaltungs- oder Aufsichtsorgan muss die Geschäftsleiter auch im Hinblick auf die Einhaltung der einschlägigen bankaufsichtsrechtlichen Regelungen überwachen. Es muss der Erörterung von Strategien, Risiken und Vergütungssystemen für Geschäftsleiter und Mitarbeiter ausreichend Zeit widmen.

(7) Das Verwaltungs- oder Aufsichtsorgan eines Instituts, einer Finanzholding-Gesellschaft oder einer gemischten Finanzholding-Gesellschaft soll abhängig von der Größe, der internen Organisation und der Art, des Umfangs, der Komplexität und dem Risikogehalt der Geschäfte des Unternehmens aus seiner Mitte Ausschüsse gemäß den Absätzen 8 bis 12 bestellen, die es bei seinen Aufgaben beraten und unterstützen. Jeder Ausschuss soll einise seiner Mitglieder zum Vorsitzenden ernennen. Die Mitglieder der Ausschüsse müssen die zur Erfüllung der jeweiligen Ausschussaufgaben erforderlichen Kenntnisse, Fähigkeiten und Erfahrungen haben. Um die Zusammenarbeit und den fachlichen Austausch zwischen den einzelnen Ausschüssen sicherzustellen, soll mindestens ein Mitglied eines jeden Ausschusses einem weiteren Ausschuss angehören. Die Bundesanstalt kann die Bildung eines oder mehrerer Ausschüsse verlangen, wenn dies insbesondere unter Berücksichtigung der Kriterien nach Satz 1 oder zur ordnungsgemäßen Wahrnehmung der Kontrollfunktion des Verwaltungs- oder Aufsichtsorgans erforderlich erscheint.

(8) Das Verwaltungs- oder Aufsichtsorgan eines in Absatz 3 Satz 1 und 2 genannten Unternehmens hat aus seiner Mitte einen Risikoausschuss zu bestellen. Der Risikoausschuss berät das Verwaltungs- oder Aufsichtsorgan zur aktuellen und zur künftigen Gesamtrisikobereitschaft und -strategie des Unternehmens und unterstützt es bei der Überwachung der Umsetzung dieser Strategie durch die obere Leitungsebene. Der Risikoausschuss wacht darüber, dass die Konditionen im Kundengeschäft mit dem Geschäftsmodell und der Risikostruktur des Unternehmens im Einklang stehen. Soweit dies nicht der Fall ist, verlangt der Risikoausschuss von der Geschäftsleitung Vorschläge, wie die

Konditionen im Kundengeschäft in Übereinstimmung mit dem Geschäftsmodell und der Risikostruktur ausgestaltet werden können, und überwacht deren Umsetzung. Der Risikoausschuss prüft, ob die durch das Vergütungssystem gesetzten Anreize die Risiko-, Kapital- und Liquiditätsstruktur des Unternehmens sowie die Wahrscheinlichkeit und Fälligkeit von Einnahmen berücksichtigen. Die Aufgaben des Vergütungskontrollausschusses nach Absatz 12 bleiben unberührt. Der Vorsitzende des Risikoausschusses oder, falls ein Risikoausschuss nicht eingerichtet wurde, der Vorsitzende des Verwaltungs- oder Aufsichtsorgans, kann unmittelbar beim Leiter der Internen Revision und beim Leiter des Risikocontrollings Auskünfte einholen. Die Geschäftsleitung muss hierüber unterrichtet werden. Der Risikoausschuss kann, soweit erforderlich, den Rat externer Sachverständiger einholen. Der Risikoausschuss oder, falls ein solcher nicht eingerichtet wurde, das Verwaltungs- oder Aufsichtsorgan bestimmt Art, Umfang, Format und Häufigkeit der Informationen, die die Geschäftsleitung zum Thema Strategie und Risiko vorlegen muss.

(9) Das Verwaltungs- oder Aufsichtsorgan eines in Absatz 3 Satz 1 und 2 genannten Unternehmens hat aus seiner Mitte einen Prüfungsausschuss zu bestellen. Der Prüfungsausschuss unterstützt das Verwaltungs- oder Aufsichtsorgan insbesondere bei der Überwachung

1.
   des Rechnungslegungsprozesses;
2.
   der Wirksamkeit des Risikomanagementsystems, insbesondere des internen Kontrollsystems und der Internen Revision;
3.
   der Durchführung der Abschlussprüfungen, insbesondere hinsichtlich der Unabhängigkeit des Abschlussprüfers und der vom Abschlussprüfer erbrachten Leistungen (Umfang, Häufigkeit, Berichterstattung). Der Prüfungsausschuss soll dem Verwaltungs- oder Aufsichtsorgan Vorschläge für die Bestellung eines Abschlussprüfers sowie für die Höhe seiner Vergütung unterbreiten und das Verwaltungs- oder Aufsichtsorgan zur Kündigung oder Fortsetzung des Prüfauftrags beraten und
4.
   der zügigen Behebung der vom Prüfer festgestellten Mängel durch die Geschäftsleitung mittels geeigneter Maßnahmen.

Der Vorsitzende des Prüfungsausschusses muss über Sachverstand auf den Gebieten Rechnungslegung und Abschlussprüfung verfügen. Der Vorsitzende des Prüfungsausschusses oder, falls ein Prüfungsausschuss nicht eingerichtet wurde, der Vorsitzende des Verwaltungs- oder Aufsichtsorgans, kann unmittelbar beim Leiter der Internen Revision und beim Leiter des Risikocontrollings Auskünfte einholen. Die Geschäftsleitung muss hierüber unterrichtet werden.

(10) Das Verwaltungs- oder Aufsichtsorgan eines in Absatz 3 Satz 1 und 2 genannten Unternehmens kann einen gemeinsamen Risiko- und Prüfungsausschuss bestellen, wenn dies unter Berücksichtigung der Kriterien nach Absatz 7 Satz 1 sinnvoll ist. Dies ist der Bundesanstalt mitzuteilen. Auf den gemeinsamen Prüfungs- und Risikoausschuss finden die Absätze 8 und 9 entsprechende Anwendung.

(11) Das Verwaltungs- oder Aufsichtsorgan eines in Absatz 3 Satz 1 und 2 genannten Unternehmens hat aus seiner Mitte einen Nominierungsausschuss zu bestellen. Der Nominierungsausschuss unterstützt das Verwaltungs- oder Aufsichtsorgan bei der

1.
   Ermittlung von Bewerbern für die Besetzung einer Stelle in der Geschäftsleitung und bei der Vorbereitung von Wahlvorschlägen für die Wahl der Mitglieder des Verwaltungs- oder Aufsichtsorgans; hierbei berücksichtigt der Nominierungsausschuss die Ausgewogenheit und Unterschiedlichkeit der Kenntnisse, Fähigkeiten und Erfahrungen aller Mitglieder des betreffenden Organs, entwirft eine Stellenbeschreibung mit Bewerberprofil und gibt den mit der Aufgabe verbundenen Zeitaufwand an;
2.

Erarbeitung einer Zielsetzung zur Förderung der Vertretung des unterrepräsentierten Geschlechts im Verwaltungs- oder Aufsichtsorgan sowie einer Strategie zu deren Erreichung;

3.

regelmäßig, mindestens einmal jährlich, durchzuführenden Bewertung der Struktur, Größe, Zusammensetzung und Leistung der Geschäftsleitung und des Verwaltungs- oder Aufsichtsorgans und spricht dem Verwaltungs- oder Aufsichtsorgan gegenüber diesbezügliche Empfehlungen aus; der Nominierungsausschuss achtet dabei darauf, dass die Entscheidungsfindung innerhalb der Geschäftsleitung durch einzelne Personen oder Gruppen nicht in einer Weise beeinflusst wird, die dem Unternehmen schadet;

4.

regelmäßig, mindestens einmal jährlich, durchzuführenden Bewertung der Kenntnisse, Fähigkeiten und Erfahrung sowohl der einzelnen Geschäftsleiter und Mitglieder des Verwaltungs- oder Aufsichtsorgans als auch des jeweiligen Organs in seiner Gesamtheit und

5.

Überprüfung der Grundsätze der Geschäftsleitung für die Auswahl und Bestellung der Personen der oberen Leitungsebene und bei diesbezüglichen Empfehlungen an die Geschäftsleitung.

Bei der Wahrnehmung seiner Aufgaben kann der Nominierungsausschuss auf alle Ressourcen zurückgreifen, die er für angemessen hält, und auch externe Berater einschalten. Zu diesem Zwecke soll er vom Unternehmen angemessene Finanzmittel erhalten.

(12) Das Verwaltungs- oder Aufsichtsorgan eines in Absatz 3 Satz 1 und 2 genannten Unternehmens hat aus seiner Mitte einen Vergütungskontrollausschuss zu bestellen. Der Vergütungskontrollausschuss

1.

überwacht die angemessene Ausgestaltung der Vergütungssysteme der Geschäftsleiter und Mitarbeiter, und insbesondere die angemessene Ausgestaltung der Vergütungen für die Leiter der Risikocontrolling-Funktion und der Compliance-Funktion sowie solcher Mitarbeiter, die einen wesentlichen Einfluss auf das Gesamtrisikoprofil des Instituts haben, und unterstützt das Verwaltungs- oder Aufsichtsorgan bei der Überwachung der angemessenen Ausgestaltung der Vergütungssysteme für die Mitarbeiter des Unternehmens; die Auswirkungen der Vergütungssysteme auf das Risiko-, Kapital- und Liquiditätsmanagement sind zu bewerten;

2.

bereitet die Beschlüsse des Verwaltungs- oder Aufsichtsorgans über die Vergütung der Geschäftsleiter vor und berücksichtigt dabei besonders die Auswirkungen der Beschlüsse auf die Risiken und das Risikomanagement des Unternehmens; den langfristigen Interessen von Anteilseignern, Anlegern, sonstiger Beteiligter und dem öffentlichen Interesse ist Rechnung zu tragen;

3.

unterstützt das Verwaltungs- oder Aufsichtsorgan bei der Überwachung der ordnungsgemäßen Einbeziehung der internen Kontroll- und aller sonstigen maßgeblichen Bereiche bei der Ausgestaltung der Vergütungssysteme.

Mindestens ein Mitglied des Vergütungskontrollausschusses muss über ausreichend Sachverstand und Berufserfahrung im Bereich Risikomanagement und Risikocontrolling verfügen, insbesondere im Hinblick auf Mechanismen zur Ausrichtung der Vergütungssysteme an der Gesamtrisikobereitschaft und -strategie und an der Eigenmittelausstattung des Unternehmens. Wenn dem Verwaltungs- oder Aufsichtsorgan entsprechend den Mitbestimmungsgesetzen Arbeitnehmervertreter angehören, muss dem Vergütungskontrollausschuss mindestens ein Arbeitnehmervertreter angehören. Der Vergütungskontrollausschuss soll mit dem Risikoausschuss zusammenarbeiten und soll sich intern beispielsweise durch das Risikocontrolling und extern von Personen beraten lassen, die unabhängig von der Geschäftsleitung sind. Geschäftsleiter dürfen nicht an Sitzungen des Vergütungskontrollausschusses teilnehmen, bei denen über ihre Vergütung beraten wird. Der Vorsitzende des Vergütungskontrollausschusses oder, falls ein Vergütungskontrollausschuss nicht eingerichtet wurde, der Vorsitzende des Verwaltungs- oder

Aufsichtsorgans, kann unmittelbar beim Leiter der Internen Revision und bei den Leitern der für die Ausgestaltung der Vergütungssysteme zuständigen Organisationseinheiten Auskünfte einholen. Die Geschäftsleitung muss hierüber unterrichtet werden.

(13) Für die Mitglieder des Verwaltungs- oder Aufsichtsorgans eines Datenbereitstellungsdienstes gilt § 25d Absatz 1 und 2 entsprechend.

Fußnote(+++ § 25d: Zur Nichtanwendung vgl. § 2 Abs. 9a Satz 1 +++)
(+++ § 25d Abs. 3: Zur Anwendung vgl. § 64r Abs. 14 +++)

§ 25e Anforderungen bei vertraglich gebundenen Vermittlern

Bedient sich ein CRR-Kreditinstitut oder ein Wertpapierhandelsunternehmen eines vertraglich gebundenen Vermittlers im Sinne des § 2 Absatz 10 Satz 1, hat es sicherzustellen, dass dieser zuverlässig und fachlich geeignet ist, bei der Erbringung der Finanzdienstleistungen die gesetzlichen Vorgaben erfüllt, Kunden vor Aufnahme der Geschäftsbeziehung über seinen Status nach § 2 Absatz 10 Satz 1 und 2 informiert und unverzüglich von der Beendigung dieses Status in Kenntnis setzt. Die erforderlichen Nachweise für die Erfüllung seiner Pflichten nach Satz 1 muss das CRR-Kreditinstitut oder das Wertpapierhandelsunternehmen mindestens bis zum Ablauf von fünf Jahren nach dem Ende des Status des vertraglich gebundenen Vermittlers aufbewahren. Nähere Bestimmungen zu den erforderlichen Nachweisen können durch Rechtsverordnung nach § 24 Absatz 4 getroffen werden.

Fußnote(+++ § 25e: Zur Nichtanwendung vgl. § 2 Abs. 9a Satz 1 +++)

§ 25f Besondere Anforderungen an die ordnungsgemäße Geschäftsorganisation von CRR-Kreditinstituten sowie von Institutsgruppen, Finanzholding-Gruppen und gemischten Finanzholding-Gruppen, denen ein CRR-Kreditinstitut angehört; Verordnungsermächtigung

(1) Sämtliche Geschäfte im Sinne des § 3 Absatz 2 und Absatz 4 sind bei einem wirtschaftlich, organisatorisch und rechtlich eigenständigen Unternehmen (Finanzhandelsinstitut) zu betreiben. Für das Finanzhandelsinstitut gelten die zusätzlichen Anforderungen gemäß den Absätzen 2 bis 6 an eine ordnungsgemäße Geschäftsorganisation.

(2) Für das Finanzhandelsinstitut findet § 2a keine Anwendung.

(3) Das Finanzhandelsinstitut hat seine Refinanzierung eigenständig sicherzustellen. Geschäfte des CRR-Kreditinstituts oder der Unternehmen, die einer Institutsgruppe, einer Finanzholding-Gruppe oder einer gemischten Finanzholding-Gruppe angehören, der auch ein CRR-Kreditinstitut angehört, mit dem Finanzhandelsinstitut sind wie Geschäfte mit Dritten zu behandeln.

(4) Das Bundesministerium der Finanzen kann im Benehmen mit der Deutschen Bundesbank durch Rechtsverordnung für die Zwecke der Überwachung der Einhaltung des Verbots des § 3 Absatz 2 und 4 Satz 1 sowie für die Ermittlung von Art und Umfang der Geschäfte im Sinne des § 3 Absatz 2 Satz 2 und Absatz 4 Satz 1 für das CRR-Kreditinstitut und das übergeordnete Unternehmen einer Institutsgruppe, einer Finanzholding-Gruppe und einer gemischten Finanzholding-Gruppe, der auch ein CRR-Kreditinstitut angehört, Anzeigepflichten begründen und nähere Bestimmungen über Art, Umfang, Zeitpunkt und Form der Informationen und Vorlagen von Unterlagen und über die zulässigen Datenträger, Übertragungswege und Datenformate erlassen, soweit dies zur Erfüllung der Aufgaben der Bundesanstalt erforderlich ist, insbesondere um alle Informationen zu erhalten, die die Bundesanstalt im Rahmen des Verbots des § 3 Absatz 2 und 4 Satz 1 sowie für die Ermittlung von Art und Umfang der Geschäfte im Sinne des § 3 Absatz 2 Satz 2 und Absatz 4 Satz 1 benötigt. Es kann diese Ermächtigung durch Rechtsverordnung auf die Bundesanstalt mit der Maßgabe übertragen, dass Rechtsverordnungen der Bundesanstalt im Einvernehmen mit der Deutschen Bundesbank ergehen. Vor Erlass der Rechtsverordnung sind die Spitzenverbände der Institute anzuhören.

(5) Das Verwaltungs- oder Aufsichtsorgan des Finanzhandelsinstituts, des CRR-Kreditinstituts oder des übergeordneten Unternehmens der Institutsgruppe, der Finanzholding-Gruppe sowie der gemischten Finanzholding-Gruppe, der auch ein CRR-Kreditinstitut angehört, hat sich regelmäßig

und anlassbezogen über die Geschäfte des Finanzhandelsinstituts sowie die damit verbundenen Risiken zu informieren und insbesondere auch die Einhaltung der vorgenannten Anforderungen zu überwachen.

(6) Das Finanzhandelsinstitut darf keine Zahlungsdienste erbringen und nicht das E-Geld-Geschäft im Sinne des Zahlungsdiensteaufsichtsgesetzes betreiben.

(7) Die Bundesanstalt kann gegenüber dem CRR-Kreditinstitut, dem übergeordneten Unternehmen einer Institutsgruppe, einer Finanzholding-Gruppe oder einer gemischten Finanzholding-Gruppe, der ein CRR-Kreditinstitut angehört, sowie gegenüber dem Finanzhandelsinstitut Anordnungen treffen, die geeignet und erforderlich sind, die ordnungsgemäße Geschäftsorganisation auch im Sinne der Absätze 1 bis 6 sicherzustellen.

Fußnote(+++ § 25f: Zur Anwendung ab 1.7.2015 vgl. § 64s Abs. 2 Satz 1 +++)

5a.
Bargeldloser Zahlungsverkehr; Verhinderung von Geldwäsche, Terrorismusfinanzierung und sonstigen strafbaren Handlungen zu Lasten der Institute

§ 25g Einhaltung der besonderen organisatorischen Pflichten im bargeldlosen Zahlungsverkehr

(1) Die Bundesanstalt überwacht die Einhaltung der Pflichten der Kreditinstitute nach

1.

der Verordnung (EU) 2015/847 des Europäischen Parlaments und des Rates vom 20. Mai 2015 über die Übermittlung von Angaben bei Geldtransfers und zur Aufhebung der Verordnung (EU) Nr. 1781/2006 (ABl. L 141 vom 5.6.2015, S. 1),

2.

der Verordnung (EG) Nr. 924/2009 des Europäischen Parlaments und des Rates vom 16. September 2009 über grenzüberschreitende Zahlungen in der Gemeinschaft und zur Aufhebung der Verordnung (EG) Nr. 2560/2001 (ABl. L 266 vom 9.10.2009, S. 1), die durch die Verordnung (EU) Nr. 260/2012 (ABl. L 94 vom 30.3.2012, S. 22) geändert worden ist,

3.

der Verordnung (EU) Nr. 260/2012 zur Festlegung der technischen Vorschriften und der Geschäftsanforderungen für Überweisungen und Lastschriften in Euro und zur Änderung der Verordnung (EG) Nr. 924/2009 (ABl. L 94 vom 30.3.2012, S. 22) und

4.

der Verordnung (EU) 2015/751 des Europäischen Parlaments und des Rates vom 29. April 2015 über Interbankenentgelte für kartengebundene Zahlungsvorgänge (ABl. L 123 vom 19.5.2015, S. 1).

(2) Ein Kreditinstitut muss über interne Verfahren und Kontrollsysteme verfügen, die die Einhaltung der Pflichten nach den Verordnungen nach Absatz 1 Nummer 1 bis 4 gewährleisten.

(3) Die Bundesanstalt kann gegenüber einem Kreditinstitut und seinen Geschäftsleitern Anordnungen treffen, die geeignet und erforderlich sind, um Verstöße gegen die Pflichten nach den Verordnungen nach Absatz 1 Nummer 1 bis 4 zu verhindern oder zu unterbinden.

§ 25h Interne Sicherungsmaßnahmen

(1) Institute sowie Finanzholding-Gesellschaften und gemischte Finanzholding-Gesellschaften nach § 25l müssen unbeschadet der in § 25a Absatz 1 dieses Gesetzes und der in den §§ 4 bis 6 des Geldwäschegesetzes aufgeführten Pflichten über ein angemessenes Risikomanagement sowie über interne Sicherungsmaßnahmen verfügen, die der Verhinderung von Geldwäsche, Terrorismusfinanzierung oder sonstigen strafbaren Handlungen, die zu einer Gefährdung des Vermögens des Instituts führen können, dienen. Sie haben dafür angemessene geschäfts- und kundenbezogene Sicherungssysteme zu schaffen und zu aktualisieren sowie Kontrollen durchzuführen. Hierzu gehört auch die fortlaufende Entwicklung geeigneter Strategien und Sicherungsmaßnahmen zur Verhinderung des Missbrauchs von neuen Finanzprodukten und

Technologien für Zwecke der Geldwäsche und der Terrorismusfinanzierung oder der Begünstigung der Anonymität von Geschäftsbeziehungen und Transaktionen.

(2) Kreditinstitute haben unbeschadet des § 10 Absatz 1 Nummer 5 des Geldwäschegesetzes Datenverarbeitungssysteme zu betreiben und zu aktualisieren, mittels derer sie in der Lage sind, Geschäftsbeziehungen und einzelne Transaktionen im Zahlungsverkehr zu erkennen, die auf Grund des öffentlich und im Kreditinstitut verfügbaren Erfahrungswissens über die Methoden der Geldwäsche, der Terrorismusfinanzierung und über die sonstigen strafbaren Handlungen im Sinne von Absatz 1 im Verhältnis zu vergleichbaren Fällen besonders komplex oder groß sind, ungewöhnlich ablaufen oder ohne offensichtlichen wirtschaftlichen oder rechtmäßigen Zweck erfolgen. Die Kreditinstitute dürfen personenbezogene Daten verarbeiten, soweit dies zur Erfüllung dieser Pflicht erforderlich ist. Die Bundesanstalt kann Kriterien bestimmen, bei deren Vorliegen Kreditinstitute vom Einsatz von Systemen nach Satz 1 absehen können.

(3) Jede Transaktion, die im Verhältnis zu vergleichbaren Fällen besonders komplex oder groß ist, ungewöhnlich abläuft oder ohne offensichtlichen wirtschaftlichen oder rechtmäßigen Zweck erfolgt, ist von Instituten im Sinne von Absatz 1 unbeschadet des § 15 des Geldwäschegesetzes mit angemessenen Maßnahmen zu untersuchen, um das Risiko der Transaktion im Hinblick auf strafbare Handlungen im Sinne von Absatz 1 Satz 1 überwachen, einschätzen und gegebenenfalls die Erstattung einer Strafanzeige gemäß § 158 der Strafprozessordnung prüfen zu können. Die Institute haben diese Transaktionen, die durchgeführten Untersuchungen und deren Ergebnisse nach Maßgabe des § 8 des Geldwäschegesetzes angemessen zu dokumentieren, um gegenüber der Bundesanstalt darlegen zu können, dass diese Sachverhalte nicht darauf schließen lassen, dass eine strafbare Handlung im Sinne von Absatz 1 Satz 1 begangen oder versucht wurde oder wird. Absatz 2 Satz 2 gilt entsprechend. Auf Institute ist § 47 Absatz 5 des Geldwäschegesetzes entsprechend anzuwenden für Informationen über konkrete Sachverhalte, die Auffälligkeiten oder Ungewöhnlichkeiten enthalten, die auf andere strafbare Handlungen als auf Geldwäsche, auf eine ihrer Vortaten oder auf Terrorismusfinanzierung hindeuten.

(4) Institute dürfen interne Sicherungsmaßnahmen nach Absatz 1 Satz 1 nach vorheriger Anzeige bei der Bundesanstalt im Rahmen von vertraglichen Vereinbarungen durch einen Dritten durchführen lassen. Die Bundesanstalt kann die Rückübertragung auf das Institut dann verlangen, wenn der Dritte nicht die Gewähr dafür bietet, dass die Sicherungsmaßnahmen ordnungsgemäß durchgeführt werden oder die Steuerungsmöglichkeiten der Institute und die Kontrollmöglichkeiten der Bundesanstalt beeinträchtigt werden könnten. Die Verantwortung für die Sicherungsmaßnahmen verbleibt bei den Instituten.

(5) Die Bundesanstalt kann gegenüber einem Institut im Einzelfall Anordnungen treffen, die geeignet und erforderlich sind, die in den Absätzen 1 bis 3 genannten Vorkehrungen zu treffen.

(6) Die Deutsche Bundesbank gilt als Institut im Sinne der Absätze 1 bis 4.

(7) Die Funktion des Geldwäschebeauftragten im Sinne des § 7 des Geldwäschegesetzes und die Pflichten zur Verhinderung strafbarer Handlungen im Sinne des Absatzes 1 Satz 1 werden im Institut von einer Stelle wahrgenommen. Die Bundesanstalt kann auf Antrag des Instituts zulassen, dass eine andere Stelle im Institut für die Verhinderung der strafbaren Handlungen zuständig ist, soweit hierfür ein wichtiger Grund vorliegt.

§ 25i Allgemeine Sorgfaltspflichten in Bezug auf E-Geld

(1) Kreditinstitute haben bei der Ausgabe von E-Geld die Pflichten nach § 10 Absatz 1 des Geldwäschegesetzes zu erfüllen, auch wenn die Schwellenwerte nach § 10 Absatz 3 Nummer 2 des Geldwäschegesetzes nicht erreicht werden.

(2) In den Fällen des Absatzes 1 können die Kreditinstitute unbeschadet des § 14 des Geldwäschegesetzes von den Pflichten nach § 10 Absatz 1 Nummer 1 bis 4 des Geldwäschegesetzes absehen, wenn

1.

    das Zahlungsinstrument nicht wieder aufgeladen werden kann oder wenn ein wiederaufladbares Zahlungsinstrument nur im Inland genutzt werden kann und die Zahlungsvorgänge, die mit ihm ausgeführt werden können, auf monatlich 100 Euro begrenzt sind,

2.

der elektronisch gespeicherte Betrag 100 Euro nicht übersteigt,

3.

das Zahlungsinstrument ausschließlich für den Kauf von Waren und Dienstleistungen genutzt wird,

4.

das Zahlungsinstrument nicht mit anonymem E-Geld erworben oder aufgeladen werden kann,

5.

das Kreditinstitut die Transaktionen oder die Geschäftsbeziehung in ausreichendem Umfang überwacht, um die Aufdeckung ungewöhnlicher oder verdächtiger Transaktionen zu ermöglichen, und

6.

ein Rücktausch des E-Geldes durch Barauszahlung, sofern es sich um mehr als 20 Euro handelt, ausgeschlossen ist.

Beim Schwellenwert nach Satz 1 Nummer 1 ist es unerheblich, ob der E-Geld-Inhaber das E-Geld über einen Vorgang oder über verschiedene Vorgänge erwirbt, sofern Anhaltspunkte dafür vorliegen, dass zwischen den verschiedenen Vorgängen eine Verbindung besteht.

(3) Soweit E-Geld über einen wiederaufladbaren E-Geld-Träger ausgegeben wird, hat das ausgebende Kreditinstitut Dateien zu führen, in denen alle an identifizierte E-Geld-Inhaber ausgegebenen und zurückgetauschten E-Geld-Beträge mit Zeitpunkt und ausgebender oder rücktauschender Stelle aufgezeichnet werden. § 8 des Geldwäschegesetzes ist entsprechend anzuwenden.

(4) Liegen Tatsachen vor, die die Annahme rechtfertigen, dass bei der Verwendung eines E-Geld-Trägers

1.

die Voraussetzungen nach Absatz 2 nicht eingehalten werden oder

2.

im Zusammenhang mit technischen Verwendungsmöglichkeiten des E-Geld-Trägers, dessen Vertrieb, Verkauf und der Einschaltung von bestimmten Akzeptanzstellen ein erhöhtes Risiko der Geldwäsche oder der Terrorismusfinanzierung nach § 1 Absatz 1 Nummer 1 und 2 des Geldwäschegesetzes oder ein erhöhtes Risiko sonstiger strafbarer Handlungen nach § 25h Absatz 1 besteht,

so kann die Bundesanstalt dem Kreditinstitut, das das E-Geld ausgibt, Anordnungen erteilen. Insbesondere kann sie

1.

die Ausgabe, den Verkauf und die Verwendung eines solchen E-Geld-Trägers untersagen,

2.

sonstige geeignete und erforderliche technische Änderungen dieses E-Geld-Trägers verlangen oder

3.

das E-Geld ausgebende Institut dazu verpflichten, dass es dem Risiko angemessene interne Sicherungsmaßnahmen ergreift.

§ 25j Zeitpunkt der Identitätsüberprüfung

Abweichend von § 11 Absatz 1 des Geldwäschegesetzes kann die Überprüfung der Identität des Vertragspartners, einer für diesen auftretenden Person und des wirtschaftlich Berechtigten auch unverzüglich nach der Eröffnung eines Kontos oder Depots abgeschlossen werden. In diesem Fall muss sichergestellt sein, dass vor Abschluss der Überprüfung der Identität keine Gelder von dem Konto oder dem Depot abverfügt werden können. Für den Fall einer Rückzahlung eingegangener Gelder dürfen diese nur an den Einzahler ausgezahlt werden.

§ 25k Verstärkte Sorgfaltspflichten

(1) Abweichend von § 10 Absatz 3 Satz 1 Nummer 2 Buchstabe b des Geldwäschegesetzes bestehen die Sorgfaltspflichten nach § 10 Absatz 1 Nummer 1, 2 und 4 des Geldwäschegesetzes für Institute bei der Annahme von Bargeld ungeachtet etwaiger im Geldwäschegesetz oder in diesem Gesetz genannter Schwellenbeträge, soweit ein Sortengeschäft nach § 1 Absatz 1a Satz 2 Nummer 7 nicht über ein bei dem Institut eröffnetes Konto des Kunden abgewickelt wird und die Transaktion einen Wert von 2 500 Euro oder mehr aufweist.

(2) Institute, die Factoring nach § 1 Absatz 1a Satz 2 Nummer 9 betreiben, haben angemessene Maßnahmen zu ergreifen, um einem erkennbar erhöhten Geldwäscherisiko bei der Annahme von Zahlungen von Debitoren zu begegnen, die bei Abschluss des Rahmenvertrags unbekannt waren.

§ 25l Geldwäscherechtliche Pflichten für Finanzholding-Gesellschaften

Finanzholding-Gesellschaften oder gemischte Finanzholding-Gesellschaften, die nach § 10a als übergeordnetes Unternehmen gelten oder von der Bundesanstalt als solches bestimmt wurden, sind Verpflichtete nach § 2 Absatz 1 Nummer 1 des Geldwäschegesetzes. Sie unterliegen insoweit auch der Aufsicht der Bundesanstalt nach § 50 Nummer 1 in Verbindung mit § 41 Absatz 1 des Geldwäschegesetzes.

§ 25m Verbotene Geschäfte

Verboten sind:

1.
die Aufnahme oder Fortführung einer Korrespondenz- oder sonstigen Geschäftsbeziehung mit einer Bank-Mantelgesellschaft nach § 1 Absatz 22 des Geldwäschegesetzes und

2.
die Errichtung und Führung von solchen Konten auf den Namen des Instituts oder für dritte Institute, über die die Kunden des Instituts oder dritten Instituts zur Durchführung von eigenen Transaktionen eigenständig verfügen können; § 154 Absatz 1 der Abgabenordnung bleibt unberührt.

§ 25n (weggefallen)

5b.
Vorlage von Rechnungslegungsunterlagen

§ 26 Vorlage von Jahresabschluß, Lagebericht und Prüfungsberichten

(1) Die Institute haben den Jahresabschluß in den ersten drei Monaten des Geschäftsjahres für das vergangene Geschäftsjahr aufzustellen und den aufgestellten sowie später den festgestellten Jahresabschluß und den Lagebericht der Bundesanstalt und der Deutschen Bundesbank nach Maßgabe des Satzes 2 jeweils unverzüglich einzureichen. Der Jahresabschluß muß mit dem Bestätigungsvermerk oder einem Vermerk über die Versagung der Bestätigung versehen sein. Der Abschlußprüfer hat den Bericht über die Prüfung des Jahresabschlusses (Prüfungsbericht) unverzüglich nach Beendigung der Prüfung der Bundesanstalt und der Deutschen Bundesbank einzureichen. Bei Kreditinstituten, die einem genossenschaftlichen Prüfungsverband angehören oder durch die Prüfungsstelle eines Sparkassen- und Giroverbandes geprüft werden, hat der Abschlußprüfer den Prüfungsbericht nur auf Anforderung der Bundesanstalt einzureichen.

(2) Hat im Zusammenhang mit einer Sicherungseinrichtung eine zusätzliche Prüfung stattgefunden, hat der Prüfer oder der Prüfungsverband den Bericht über diese Prüfung der Bundesanstalt und der Deutschen Bundesbank unverzüglich einzureichen.

(3) Ein Institut, das einen Konzernabschluß oder einen Konzernlagebericht aufstellt, hat diese Unterlagen der Bundesanstalt und der Deutschen Bundesbank unverzüglich einzureichen. Das übergeordnete Unternehmen einer Finanzholding-Gruppe im Sinne des § 10a, einer gemischten Finanzholding-Gruppe im Sinne des § 10a oder eines Finanzkonglomerats hat einen

Konzernabschluss oder einen Konzernlagebericht unverzüglich einzureichen, wenn die Finanzholding-Gesellschaft an der Spitze der Finanzholding-Gruppe oder die gemischte Finanzholding-Gesellschaft an der Spitze der gemischten Finanzholding-Gruppe oder des Finanzkonglomerats einen Konzernabschluss oder Konzernlagebericht aufstellt. Der Konzernabschlussprüfer hat die Prüfungsberichte über die in den Sätzen 1 und 2 genannten Konzernabschlüsse und Konzernlageberichte unverzüglich nach Beendigung seiner Prüfung bei der Bundesanstalt und der Deutschen Bundesbank einzureichen. Bei Kreditinstituten, die einem genossenschaftlichen Prüfungsverband angehören oder durch die Prüfungsstelle eines Sparkassen- und Giroverbandes geprüft werden, hat der Prüfer den Prüfungsbericht nur auf Anforderung der Bundesanstalt einzureichen.

(4) Die Bestimmungen des Absatzes 3 gelten entsprechend für einen Einzelabschluss nach § 325 Abs. 2a des Handelsgesetzbuchs.

5c.
Offenlegung

§ 26a Offenlegung durch die Institute

(1) Zusätzlich zu den Angaben, die nach den Artikeln 435 bis 455 der Verordnung (EU) Nr. 575/2013 in der jeweils geltenden Fassung zu machen sind, sind die rechtliche und die organisatorische Struktur sowie die Grundsätze einer ordnungsgemäßen Geschäftsführung der Gruppe darzustellen. Die CRR-Institute haben darüber hinaus auf konsolidierter Basis, aufgeschlüsselt nach Mitgliedstaaten der Europäischen Union und Drittstaaten, in denen die Institute über Niederlassungen verfügen, folgende Angaben in eine Anlage zum Jahresabschluss im Sinne des § 26 Absatz 1 Satz 2 aufzunehmen, von einem Abschlussprüfer nach Maßgabe des § 340k des Handelsgesetzbuchs prüfen zu lassen und offenzulegen:

1.
die Firmenbezeichnungen, die Art der Tätigkeiten und die geografische Lage der Niederlassungen,

2.
den Umsatz,

3.
die Anzahl der Lohn- und Gehaltsempfänger in Vollzeitäquivalenten,

4.
Gewinn oder Verlust vor Steuern,

5.
Steuern auf Gewinn oder Verlust,

6.
erhaltene öffentliche Beihilfen.

Ist das CRR-Institut in den Konzernabschluss eines anderen Mutterunternehmens mit Sitz in einem Mitgliedstaat der Europäischen Union oder in einem Vertragsstaat des Abkommens über den Europäischen Wirtschaftsraum einbezogen, das den Anforderungen der Richtlinie 2013/36/EU unterworfen ist, braucht es die Angaben nach Satz 2 nicht zu machen. In ihrem Jahresbericht legen die CRR-Institute ihre Kapitalrendite, berechnet als Quotient aus Nettogewinn und Bilanzsumme offen. Global systemrelevante Institute, die im Inland zugelassen sind, sind verpflichtet, der Europäischen Kommission die in Satz 2 Nummer 4 bis 6 genannten Angaben bis zum 1. Juli 2014 auf vertraulicher Basis zu übermitteln. Das Nähere zu den Anforderungen in Satz 2 bis 5 regelt die Rechtsverordnung nach § 10 Absatz 1 Satz 1 Nummer 10.

(2) Kommt ein Institut seinen Offenlegungspflichten in anderen als den in Artikel 432 der Verordnung (EU) Nr. 575/2013 in der jeweils geltenden Fassung genannten Fällen nicht, nicht richtig, nicht vollständig oder nicht rechtzeitig nach, kann die Bundesanstalt im Einzelfall Anordnungen treffen, die geeignet und erforderlich sind, die ordnungsgemäße Offenlegung der Informationen zu veranlassen. Die Bundesanstalt kann von den Artikeln 433 und 434 der Verordnung (EU) Nr. 575/2013 in der jeweils geltenden Fassung abweichende Zeitpunkte und Orte für die Veröffentlichung festlegen oder die Offenlegung zusätzlicher Informationen verlangen.

<u>6.</u>
Prüfung und Prüferbestellung

§ 27

(aufgehoben)

§ 28 Bestellung des Prüfers in besonderen Fällen

(1) Die Institute haben der Bundesanstalt und der Deutschen Bundesbank den von ihnen bestellten Prüfer unverzüglich nach der Bestellung anzuzeigen. Die Bundesanstalt kann innerhalb eines Monats nach Zugang der Anzeige die Bestellung eines anderen Prüfers verlangen, wenn dies zur Erreichung des Prüfungszwecks geboten ist. Hat das Institut eine Wirtschaftsprüfungsgesellschaft zum Prüfer bestellt, die in einem der beiden vorangegangenen Geschäftsjahre Prüfer des Instituts war, kann die Bundesanstalt den Wechsel des verantwortlichen Prüfungspartners verlangen, wenn die vorangegangene Prüfung einschließlich des Prüfungsberichts den Prüfungszweck nicht erfüllt hat; § 319a Absatz 1 Satz 4 des Handelsgesetzbuchs gilt entsprechend. Widerspruch und Anfechtungsklage gegen Maßnahmen nach Satz 2 oder Satz 3 haben keine aufschiebende Wirkung.

(2) Das Gericht des Sitzes des Instituts hat auf Antrag der Bundesanstalt einen Prüfer zu bestellen, wenn

1.
   die Anzeige nach Absatz 1 Satz 1 nicht unverzüglich nach Ablauf des Geschäftsjahres erstattet wird;
2.
   das Institut dem Verlangen auf Bestellung eines anderen Prüfers nach Absatz 1 Satz 2 nicht unverzüglich nachkommt;
3.
   der gewählte Prüfer die Annahme des Prüfungsauftrages abgelehnt hat, weggefallen ist oder am rechtzeitigen Abschluß der Prüfung verhindert ist und das Institut nicht unverzüglich einen anderen Prüfer bestellt hat.

Die Bestellung durch das Gericht ist endgültig. § 318 Abs. 5 des Handelsgesetzbuchs ist entsprechend anzuwenden. Das Gericht kann auf Antrag der Bundesanstalt einen nach Satz 1 bestellten Prüfer abberufen.

(3) Die Absätze 1 und 2 gelten nicht für Kreditinstitute, die einem genossenschaftlichen Prüfungsverband angehören oder durch die Prüfungsstelle eines Sparkassen- und Giroverbandes geprüft werden.

§ 29 Besondere Pflichten des Prüfers

(1) Bei der Prüfung des Jahresabschlusses sowie eines Zwischenabschlusses hat der Prüfer auch die wirtschaftlichen Verhältnisse des Instituts zu prüfen. Bei der Prüfung des Jahresabschlusses hat er insbesondere festzustellen, ob das Institut die folgenden Anzeigepflichten und Anforderungen erfüllt hat:

1.
   die Anzeigepflichten nach den §§ 11, 12a, 14 Absatz 1 sowie nach der Verordnung (EU) Nr. 575/2013 in ihrer jeweils geltenden Fassung, nach den §§ 15, 24 und 24a jeweils auch in Verbindung mit einer Rechtsverordnung nach § 24 Absatz 4 Satz 1, nach § 24a auch in Verbindung mit einer Rechtsverordnung nach § 24a Absatz 5, sowie

2.

die Anforderungen

a)

nach den §§ 10a, 10c bis 10i jeweils auch in Verbindung mit einer Rechtsverordnung nach § 10 Absatz 1 Satz 1 Nummer 5, nach den §§ 11, 13 bis 13c, 18, 18a, 25 Absatz 1 und 2, § 25a Absatz 1 Satz 3 jeweils auch in Verbindung mit einer Rechtsverordnung nach § 25 Absatz 3 und § 25a Absatz 5 auch in Verbindung mit einer Rechtsverordnung nach § 25a Absatz 6, nach § 25a Absatz 1 Satz 6 Nummer 1, Absatz 3, nach den §§ 25b, 25c Absatz 2 bis 4b, § 25d Absatz 3 bis 12, § 26a, nach den §§ 13 und 14 Absatz 1, jeweils auch in Verbindung mit einer Rechtsverordnung nach § 22, nach § 51a Absatz 1 auch in Verbindung mit einer Rechtsverordnung nach § 51a Absatz 1, nach § 51b Absatz 1 auch in Verbindung mit einer Rechtsverordnung nach § 51b Absatz 2 und nach § 51c Absatz 1,

b)

nach den §§ 17, 20, 23, 25 und 27 des Finanzkonglomerate-Aufsichtsgesetzes,

c)

nach Artikel 4 Absatz 1, 2 und 3 Unterabsatz 2, Artikel 9 Absatz 1 bis 4 sowie Artikel 11 Absatz 1 bis 10, 11 Unterabsatz 1 und Absatz 12 der Verordnung (EU) Nr. 648/2012,

d)

nach den Artikeln 92 bis 386 der Verordnung (EU) Nr. 575/2013 auch in Verbindung mit einer Rechtsverordnung nach § 10 Absatz 1 Satz 1, nach den Artikeln 387 bis 403 der Verordnung (EU) Nr. 575/2013 auch in Verbindung mit einer Rechtsverordnung nach § 13 Absatz 1 Satz 1, nach den Artikeln 404 bis 409 der Verordnung (EU) Nr. 575/2013,

e)

nach Artikel 4 Absatz 1 Unterabsatz 1, Artikel 5a Absatz 1 sowie nach den Artikeln 8b bis 8d der Verordnung (EG) Nr. 1060/2009 in der jeweils geltenden Fassung, soweit es nicht nach § 29 Absatz 2 in Verbindung mit § 89 Absatz 1 Satz 1 des Wertpapierhandelsgesetzes geprüft wird,

f)

nach Artikel 9 der Verordnung (EU) Nr. 909/2014 sowie von der Europäischen Kommission erlassener darauf basierender technischer Regulierungs- und Durchführungsstandards,

g)

nach Artikel 4 Absatz 1 bis 5 und Artikel 15 der Verordnung (EU) 2015/2365 des Europäischen Parlaments und des Rates vom 25. November 2015 über die Transparenz von Wertpapierfinanzierungsgeschäften und der Weiterverwendung sowie zur Änderung der Verordnung (EU) Nr. 648/2012 (ABl. L 337 vom 23.12.2015, S. 1),

h)

nach den Artikeln 16, 23 Absatz 3 Satz 1, Absatz 5, 6 und 10, nach Artikel 28 Absatz 2 sowie nach Artikel 29 der Verordnung (EU) 2016/1011 des Europäischen Parlaments und des Rates vom 8. Juni 2016 über Indizes, die bei Finanzinstrumenten und Finanzkontrakten als Referenzwert oder zur Messung der Weiterentwicklung eines Investmentfonds verwendet werden, und zur Änderung der Richtlinien 2008/48/EG und 2014/17/EU sowie der Verordnung (EU) Nr. 596/2014 (ABl. L 171 vom 29.6.2016, S. 1),

i)

nach Artikel 28 Absatz 1 bis 3 der Verordnung (EU) Nr. 600/2014.

Ist ein Institut nach § 2a Absatz 1 freigestellt, hat der Prüfer den Fortbestand der in Artikel 7 der Verordnung (EU) Nr. 575/2013 in der jeweils geltenden Fassung genannten Voraussetzungen zu prüfen. Ist ein Institut nach § 2a Absatz 3 freigestellt, hat der Prüfer den Fortbestand der in Artikel 8 der Verordnung (EU) Nr. 575/2013 in der jeweils geltenden Fassung genannten Voraussetzungen zu prüfen. Hat die Bundesanstalt nach § 30 gegenüber dem Institut Bestimmungen über den Inhalt der Prüfung getroffen, sind diese vom Prüfer zu berücksichtigen. Sofern dem haftenden Eigenkapital des Instituts nicht realisierte Reserven zugerechnet werden, hat der Prüfer bei der Prüfung des Jahresabschlusses auch zu prüfen, ob bei der Ermittlung dieser Reserven § 10 Abs. 4a bis 4c in der bis zum 31. Dezember 2013 geltenden Fassung beachtet worden ist. Bei einem

Kreditinstitut, das aufgefordert wurde, einen Sanierungsplan nach § 12 des Sanierungs- und Abwicklungsgesetzes aufzustellen, hat der Prüfer auch zu prüfen, ob der Sanierungsplan die Voraussetzungen nach § 12 Absatz 1 sowie nach § 13 Absatz 1 bis 4 des Sanierungs- und Abwicklungsgesetzes erfüllt. Das Ergebnis ist in den Prüfungsbericht aufzunehmen.

(1a) Absatz 1 gilt hinsichtlich der Anforderungen nach Artikel 4 Absatz 1, 2 und 3 Unterabsatz 2, Artikel 9 Absatz 1 bis 4 sowie Artikel 11 Absatz 1 bis 10, 11 Unterabsatz 1 und Absatz 12 der Verordnung (EU) Nr. 648/2012 für die Prüfung des Jahresabschlusses von zentralen Gegenparteien mit der Maßgabe, dass der Prüfer zusätzlich zu prüfen hat, ob die Anforderungen nach Artikel 7 Absatz 1 bis 4, Artikel 8 Absatz 1 bis 4, den Artikeln 26, 29 und 33 bis 54 der Verordnung (EU) Nr. 648/2012 und nach Artikel 29 Absatz 2, den Artikeln 30 und 35 der Verordnung (EU) Nr. 600/2014 sowie der gemäß diesen Artikeln erlassenen technischen Regulierungsstandards eingehalten sind. Satz 1 gilt entsprechend für den verkürzten Abschluss einer zentralen Gegenpartei, wenn ein solcher nach den gesetzlichen Vorgaben zu erstellen ist.

(1b) Bei der Prüfung des Jahresabschlusses eines Zentralverwahrers ist auch zu prüfen, ob die Anforderungen nach den Artikeln 6, 7, 26 bis 53, 54 Absatz 3 und nach Artikel 59 der Verordnung (EU) Nr. 909/2014 sowie nach den gemäß diesen Artikeln von der Europäischen Kommission erlassenen technischen Regulierungs- und Durchführungsstandards eingehalten sind. Bei der Prüfung des Jahresabschlusses eines Kreditinstituts, das von einem Zentralverwahrer nach Artikel 54 Absatz 4 der Verordnung (EU) Nr. 909/2014 dazu benannt wurde, bankartige Nebendienstleistungen zu erbringen, ist zudem zu prüfen, ob die Anforderungen nach Artikel 54 Absatz 4 und Artikel 59 der Verordnung (EU) Nr. 909/2014 sowie nach den gemäß diesen Artikeln von der Europäischen Kommission erlassenen technischen Regulierungs- und Durchführungsstandards eingehalten sind. Die Sätze 1 und 2 gelten entsprechend für den verkürzten Abschluss eines Zentralverwahrers, wenn ein solcher nach den gesetzlichen Vorgaben zu erstellen ist.

(2) Der Prüfer hat auch zu prüfen, ob das Institut seinen Verpflichtungen nach den §§ 24c und 25g Absatz 1 und 2, den §§ 25h bis 25m und dem Geldwäschegesetz nachgekommen ist; bei Kreditinstituten hat der Prüfer auch zu prüfen, ob das Kreditinstitut seinen Verpflichtungen nach der Verordnung (EG) Nr. 924/2009, der Verordnung (EU) Nr. 260/2012, der Verordnung (EU) 2015/847 des Europäischen Parlaments und des Rates vom 20. Mai 2015 über die Übermittlung von Angaben bei Geldtransfers und zur Aufhebung der Verordnung (EU) Nr. 1781/2006 (ABl. L 141 vom 5.6.2015, S. 1) und dem Zahlungskontengesetz nachgekommen ist. Zudem hat er die Einhaltung der Mitteilungs- und Veröffentlichungspflichten und sonstigen Anforderungen der Artikel 5 bis 10 und 12 bis 14 der Verordnung (EU) Nr. 236/2012 des Europäischen Parlaments und des Rates vom 14. März 2012 über Leerverkäufe und bestimmte Aspekte von Credit Default Swaps (ABl. L 86 vom 24.3.2012, S. 1) zu prüfen. Bei Instituten, Zweigniederlassungen im Sinne des § 53b und Zweigstellen im Sinne des § 53, die das Depotgeschäft betreiben, hat er dieses Geschäft besonders zu prüfen, soweit es nicht nach § 89 Absatz 1 Satz 2 des Wertpapierhandelsgesetzes zu prüfen ist; diese Prüfung hat sich auch auf die Einhaltung des § 128 des Aktiengesetzes über Mitteilungspflichten und des § 135 des Aktiengesetzes über die Ausübung des Stimmrechts zu erstrecken. Bei Zentralverwahrern ist auch besonders zu prüfen, ob die Bestimmungen des Depotgesetzes sowie der §§ 128 und 135 des Aktiengesetzes eingehalten werden. Bei Pfandbriefbanken im Sinne des § 1 Absatz 1 Satz 1 des Pfandbriefgesetzes ist die Einhaltung der organisatorischen Anforderungen an die Verfahren und Systeme aus § 4 Absatz 4, den §§ 5, 16, 24, 26d, 27, 27a sowie 28 des Pfandbriefgesetzes zu prüfen. Über die Prüfungen nach den Sätzen 1 bis 5 ist jeweils gesondert zu berichten; § 26 Abs. 1 Satz 3 gilt entsprechend.

(3) Der Prüfer hat unverzüglich der Bundesanstalt und der Deutschen Bundesbank anzuzeigen, wenn ihm bei der Prüfung Tatsachen bekannt werden, welche die Einschränkung oder Versagung des Bestätigungsvermerkes rechtfertigen, die den Bestand des Instituts gefährden oder seine Entwicklung wesentlich beeinträchtigen können, die einen erheblichen Verstoß gegen die Vorschriften über die Zulassungsvoraussetzungen des Instituts oder die Ausübung einer Tätigkeit nach diesem Gesetz darstellen oder die schwerwiegende Verstöße der Geschäftsleiter gegen Gesetz, Satzung oder Gesellschaftsvertrag erkennen lassen. Auf Verlangen der Bundesanstalt oder der Deutschen Bundesbank hat der Prüfer ihnen den Prüfungsbericht zu erläutern und sonstige bei der Prüfung bekannt gewordene Tatsachen mitzuteilen, die gegen eine

ordnungsmäßige Durchführung der Geschäfte des Instituts sprechen. Die Anzeige-, Erläuterungs- und Mitteilungspflichten nach den Sätzen 1 und 2 bestehen auch in Bezug auf ein Unternehmen, das mit dem Institut in enger Verbindung steht, sofern dem Prüfer die Tatsachen im Rahmen der Prüfung des Instituts bekannt werden. Der Prüfer haftet nicht für die Richtigkeit von Tatsachen, die er nach diesem Absatz in gutem Glauben anzeigt.

(4) Das Bundesministerium der Finanzen wird ermächtigt, im Einvernehmen mit dem Bundesministerium der Justiz und für Verbraucherschutz und nach Anhörung der Deutschen Bundesbank durch Rechtsverordnung nähere Bestimmungen über

1.

   den Gegenstand der Prüfung nach den Absätzen 1 bis 2,

2.

   den Zeitpunkt ihrer Durchführung und

3.

   den Inhalt der Prüfungsberichte

zu erlassen, soweit dies zur Erfüllung der Aufgaben der Bundesanstalt erforderlich ist, insbesondere um Missstände, welche die Sicherheit der einem Institut anvertrauten Vermögenswerte gefährden oder die ordnungsgemäße Durchführung der Bankgeschäfte oder Finanzdienstleistungen beeinträchtigen können, zu erkennen sowie einheitliche Unterlagen zur Beurteilung der von den Instituten durchgeführten Geschäfte zu erhalten. In der Rechtsverordnung kann bestimmt werden, dass die in den Absätzen 1 bis 3 geregelten Pflichten auch bei der Prüfung des Konzernabschlusses einer Institutsgruppe, Finanzholding-Gruppe oder gemischten Finanzholding-Gruppe oder eines Finanzkonglomerats einzuhalten sind; nähere Bestimmungen über den Gegenstand der Prüfung, den Zeitpunkt ihrer Durchführung und den Inhalt des Prüfungsberichts können dabei nach Maßgabe des Satzes 1 erlassen werden. Das Bundesministerium der Finanzen kann die Ermächtigung durch Rechtsverordnung auf die Bundesanstalt übertragen.

Fußnote(+++ § 29 Abs. 1 Satz 2: Zur Anwendung vgl. § 64o Abs. 2 +++)
(+++ § 29 Abs. 1a: Zur Anwendung vgl. § 64o Abs. 3 +++)

§ 30 Bestimmung von Prüfungsinhalten

Unbeschadet der besonderen Pflichten des Prüfers nach § 29 kann die Bundesanstalt auch gegenüber dem Institut Bestimmungen über den Inhalt der Prüfung treffen, die vom Prüfer im Rahmen der Jahresabschlussprüfung zu berücksichtigen sind. Sie kann insbesondere Schwerpunkte für die Prüfungen festlegen.

7.
Befreiungen

§ 31 Befreiungen; Verordnungsermächtigung

(1) Das Bundesministerium der Finanzen kann nach Anhörung der Deutschen Bundesbank durch Rechtsverordnung, die nicht der Zustimmung des Bundesrates bedarf,

1.

   alle Institute oder Arten oder Gruppen von Instituten von der Pflicht zur Anzeige bestimmter Kredite und Tatbestände nach § 14 Abs. 1 sowie § 24 Abs. 1 Nr. 1 bis 4 und 6 und Abs. 1a, Arten oder Gruppen von Instituten von der Pflicht zur Einreichung von Finanzinformationen nach § 25 oder von der Pflicht nach § 26 Abs. 1 Satz 2, den Jahresabschluß in einer Anlage zu erläutern, sowie Geschäftsleiter eines Instituts von der Pflicht zur Anzeige von Beteiligungen nach § 24 Abs. 3 Nr. 2 freistellen, wenn die Angaben für die Aufsicht ohne Bedeutung sind;

2.

Arten oder Gruppen von Instituten von der Einhaltung des § 26 freistellen, wenn die Eigenart des Geschäftsbetriebes dies rechtfertigt;

3.

alle Institute, die keine CRR-Institute sind, oder Arten oder Gruppen von Instituten, die keine CRR-Institute sind, von Pflichten zur Anzeige bestimmter Kredite und Tatbestände nach der Verordnung (EU) Nr. 575/2013 freistellen.

Das Bundesministerium der Finanzen kann diese Ermächtigung durch Rechtsverordnung auf die Bundesanstalt mit der Maßgabe übertragen, daß die Rechtsverordnung im Benehmen mit der Deutschen Bundesbank ergeht.

(2) Die Bundesanstalt kann einzelne Institute von Verpflichtungen nach § 13 Abs. 1 und 2, § 15 Abs. 1 Satz 1 Nr. 6 bis 11 und Abs. 2, § 24 Abs. 1 Nr. 1 bis 4, den §§ 25, 26 und 29 Abs. 2 Satz 2 sowie von der Verpflichtung nach § 15 Abs. 1 Satz 1, Kredite nur zu marktmäßigen Bedingungen zu gewähren, freistellen, wenn dies aus besonderen Gründen, insbesondere wegen der Art oder des Umfanges der betriebenen Geschäfte, angezeigt ist. Sie kann ferner Unternehmen, die ausschließlich Finanzdienstleistungen nach § 1 Absatz 1a Satz 2 Nummer 9 oder Nummer 10 erbringen, von den Verpflichtungen nach § 25a Absatz 1 Satz 3 Nummer 3 Buchstabe c freistellen, wenn dies aus besonderen Gründen, insbesondere auf Grund der Institutsgröße, angezeigt ist. Die Freistellung kann auf Antrag des Instituts oder von Amts wegen erfolgen.

(3) Ein übergeordnetes Unternehmen nach § 10a hat der Bundesanstalt und der Deutschen Bundesbank die Absicht mitzuteilen, Artikel 19 Absatz 1 der Verordnung (EU) Nr. 575/2013 in der jeweils geltenden Fassung für ein Unternehmen in Anspruch zu nehmen; es hat außerdem einmal jährlich in einer Sammelanzeige mitzuteilen, welche Unternehmen es nach Artikel 19 Absatz 1 der Verordnung (EU) Nr. 575/2013 in der jeweils geltenden Fassung von der Zusammenfassung nach § 12a Absatz 1 Satz 1, § 25 Absatz 2 und nach den Artikeln 11 bis 18 der Verordnung (EU) Nr. 575/2013 in der jeweils geltenden Fassung ausgenommen hat.

(4) (weggefallen)(5) (weggefallen)(6) (weggefallen)

Dritter Abschnitt
Vorschriften über die Beaufsichtigung der Institute

1.
Zulassung zum Geschäftsbetrieb

§ 32 Erlaubnis

(1) Wer im Inland gewerbsmäßig oder in einem Umfang, der einen in kaufmännischer Weise eingerichteten Geschäftsbetrieb erfordert, Bankgeschäfte betreiben oder Finanzdienstleistungen erbringen will, bedarf der schriftlichen Erlaubnis der Aufsichtsbehörde; die Bundesanstalt hat § 37 Absatz 4 des Verwaltungsverfahrensgesetzes anzuwenden. Der Erlaubnisantrag muß enthalten

1.

einen geeigneten Nachweis der zum Geschäftsbetrieb erforderlichen Mittel;

2.

die Angabe der Geschäftsleiter;

3.

die Angaben, die für die Beurteilung der Zuverlässigkeit der Antragsteller und der in § 1 Abs. 2 Satz 1 bezeichneten Personen erforderlich sind;

4.

die Angaben, die für die Beurteilung der zur Leitung des Instituts erforderlichen fachlichen Eignung der Inhaber und der in § 1 Abs. 2 Satz 1 bezeichneten Personen erforderlich sind;

4a.

die Angaben, die für die Beurteilung, ob die Geschäftsleiter über die zur Wahrnehmung ihrer Aufgabe ausreichende Zeit verfügen, erforderlich sind;

5.

einen tragfähigen Geschäftsplan, aus dem die Art der geplanten Geschäfte, der organisatorische Aufbau und die geplanten internen Kontrollverfahren des Instituts hervorgehen;

6.

sofern an dem Institut bedeutende Beteiligungen gehalten werden:

a)

die Angabe der Inhaber bedeutender Beteiligungen,

b)

die Höhe dieser Beteiligungen,

c)

die für die Beurteilung der Zuverlässigkeit dieser Inhaber oder gesetzlichen Vertreter oder persönlich haftenden Gesellschafter erforderlichen Angaben,

d)

sofern diese Inhaber Jahresabschlüsse aufzustellen haben: die Jahresabschlüsse der letzten drei Geschäftsjahre nebst Prüfungsberichten von unabhängigen Abschlußprüfern, sofern solche zu erstellen sind, und

e)

sofern diese Inhaber einem Konzern angehören: die Angabe der Konzernstruktur und, sofern solche Abschlüsse aufzustellen sind, die konsolidierten Konzernabschlüsse der letzten drei Geschäftsjahre nebst Prüfungsberichten von unabhängigen Abschlußprüfern, sofern solche zu erstellen sind;

6a.

sofern an dem Institut keine bedeutenden Beteiligungen gehalten werden, die maximal 20 größten Anteilseigner;

7.

die Angabe der Tatsachen, die auf eine enge Verbindung zwischen dem Institut und anderen natürlichen Personen oder anderen Unternehmen hinweisen;

8.

die Angabe der Mitglieder des Verwaltungs- oder Aufsichtsorgans nebst der zur Beurteilung ihrer Zuverlässigkeit und Sachkunde erforderlichen Tatsachen sowie Angaben, die für die Beurteilung erforderlich sind, ob sie der Wahrnehmung ihrer Aufgabe ausreichende Zeit widmen können.

Die nach Satz 2 einzureichenden Anzeigen und vorzulegenden Unterlagen sind durch Rechtsverordnung nach § 24 Abs. 4 näher zu bestimmen. Die Pflichten nach Satz 2 Nr. 6 Buchstabe d und e bestehen nicht für Finanzdienstleistungsinstitute.

(1a) Wer neben dem Betreiben von Bankgeschäften oder der Erbringung von Finanzdienstleistungen im Sinne des § 1 Absatz 1a Satz 2 Nummer 1 bis 5 und 11 auch Eigengeschäft betreiben will, bedarf auch hierfür der schriftlichen Erlaubnis der Bundesanstalt. Dies gilt unabhängig von einem Betreiben von Bankgeschäften oder dem Erbringen von Finanzdienstleistungen im Sinne des § 1 Absatz 1a Satz 2 Nummer 1 bis 5 und 11 auch dann, wenn das Unternehmen das Eigengeschäft als Mitglied oder Teilnehmer eines organisierten Marktes oder eines multilateralen Handelssystems oder mit einem direkten elektronischen Zugang zu einem Handelsplatz oder mit Warenderivaten, Emissionszertifikaten oder Derivaten auf Emissionszertifikate betreibt. Einer schriftlichen Erlaubnis der Bundesanstalt bedarf es in den Fällen des Satzes 2 nicht, wenn

1.

das Eigengeschäft von einem Unternehmen, das keine Bankgeschäfte betreibt oder Finanzdienstleistungen erbringt, betrieben wird, um objektiv messbar die Risiken aus der Geschäftstätigkeit oder dem Liquiditäts- und Finanzmanagement des Unternehmens oder der Gruppe, dem das Unternehmen angehört, zu reduzieren,

2.

das Eigengeschäft mit Emissionszertifikaten von einem Betreiber im Sinne des § 3 Nummer 4 des Treibhausgas-Emissionshandelsgesetzes betrieben wird, der keine Bankgeschäfte betreibt und Finanzdienstleistungen im Sinne des § 1 Absatz 1a Satz 2 Nummer 1 bis 4 erbringt oder

3.
das Eigengeschäft ausschließlich mit Warentermingeschäften, Emissionszertifikaten und Derivaten auf Emissionszertifikate betrieben wird und

a)
das Unternehmen nicht Teil einer Unternehmensgruppe ist, die in der Haupttätigkeit Bankgeschäfte betreibt oder Finanzdienstleistungen im Sinne des § 1 Absatz 1a Satz 2 Nummer 1 bis 4 erbringt,

b)
das Bankgeschäft des Unternehmens und der Gruppe im Verhältnis zu der sonstigen Tätigkeit des Unternehmens sowie der Gruppe auf individueller und aggregierter Basis eine Nebentätigkeit im Sinne des Artikels 1 der Delegierten Verordnung (EU) 2017/592 ist und

c)
das Unternehmen die Inanspruchnahme dieser Ausnahme der Bundesanstalt jährlich anzeigt. Für Zeitpunkt, Inhalt und Form der Anzeige und gegebenenfalls für die Führung eines öffentlichen Registers können nähere Bestimmungen in der Rechtsverordnung nach § 24 Absatz 4 erlassen werden; insbesondere kann dem Betreiber ein schreibender Zugriff auf die für dieses Unternehmen einzurichtende Seite des Registers eingeräumt und er mit der Verantwortung für die Richtigkeit und Aktualität der Seite belastet werden.

Einer schriftlichen Erlaubnis der Bundesanstalt bedarf es auch, wenn ein Institut, dem eine Erlaubnis nach § 32 Absatz 1 Satz 1 erteilt wurde, eigene Finanzinstrumente vertreibt, soweit dies nicht ohnehin bereits als Betreiben eines Bankgeschäfts oder als Erbringen einer Finanzdienstleistung nach Absatz 1 Satz 1 oder als Betreiben des Eigengeschäfts nach Satz 1 unter Erlaubnisvorbehalt steht. Absatz 1 Satz 1 Halbsatz 2 und die Absätze 2, 4 und 5 sowie die §§ 33 bis 38 sind entsprechend anzuwenden.

(1b) Die Erlaubnis für das eingeschränkte Verwahrgeschäft im Sinne des § 1 Absatz 1a Satz 2 Nummer 12 kann nur erteilt werden, wenn die Erlaubnis zur Erbringung mindestens einer Finanzdienstleistung im Sinne des § 1 Absatz 1a Satz 2 Nummer 1 bis 4 oder zum Betreiben eines Bankgeschäfts im Sinne des § 1 Absatz 1 Satz 2 vorliegt oder gleichzeitig erteilt wird; mit Erlöschen oder Aufhebung dieser Erlaubnis erlischt die Erlaubnis für das eingeschränkte Verwahrgeschäft.

(1c) Zentralverwahrer, die nach Artikel 16 Absatz 1 der Verordnung (EU) Nr. 909/2014 zugelassen sind, benötigen für das Erbringen von Kerndienstleistungen im Sinne des Abschnitts A des Anhangs zur Verordnung (EU) Nr. 909/2014 und von nichtbankartigen Nebendienstleistungen im Sinne des Abschnitts B des Anhangs zur Verordnung (EU) Nr. 909/2014 sowie für das Betreiben von Bankgeschäften und das Erbringen von Finanzdienstleistungen, die zugleich Wertpapierdienstleistungen im Sinne des § 2 Absatz 3 des Wertpapierhandelsgesetzes sind, keine Erlaubnis nach Absatz 1 Satz 1, soweit das Betreiben dieser Bankgeschäfte oder das Erbringen dieser Finanzdienstleistungen von der Zulassung nach Artikel 16 Absatz 1 der Verordnung (EU) Nr. 909/2014 umfasst ist.

(1d) Zentralverwahrer im Sinne des Artikels 54 Absatz 3 der Verordnung (EU) Nr. 909/2014, die eine Erlaubnis nach Absatz 1 Satz 1 zum Betreiben von Bankgeschäften nach § 1 Absatz 1 Satz 2 Nummer 1 und 2 haben, benötigen für das Erbringen von bankartigen Nebendienstleistungen im Sinne des Abschnitts C des Anhangs zur Verordnung (EU) Nr. 909/2014 keine weitere Erlaubnis nach Absatz 1 Satz 1 für das Betreiben von Bankgeschäften oder das Erbringen von Finanzdienstleistungen, soweit das Erbringen der bankartigen Nebendienstleistungen von der Genehmigung nach Artikel 54 Absatz 2 der Verordnung (EU) Nr. 909/2014 umfasst ist.

(1e) Benannte Kreditinstitute im Sinne des Artikels 54 Absatz 4 der Verordnung (EU) Nr. 909/2014, die eine Erlaubnis nach Absatz 1 Satz 1 zum Betreiben von Bankgeschäften nach § 1 Absatz 1 Satz 2 Nummer 1 und 2 haben, benötigen für das Erbringen von bankartigen Nebendienstleistungen im Sinne des Abschnitts C des Anhangs zur Verordnung (EU) Nr. 909/2014 keine weitere Erlaubnis nach Absatz 1 Satz 1 für das Betreiben von Bankgeschäften oder das

Erbringen von Finanzdienstleistungen, soweit das Erbringen der bankartigen Nebendienstleistungen von der Genehmigung nach Artikel 54 Absatz 2 der Verordnung (EU) Nr. 909/2014 umfasst ist.

(1f) Wer im Inland gewerbsmäßig oder in einem Umfang, der einen in kaufmännischer Weise eingerichteten Geschäftsbetrieb erfordert, als Datenbereitstellungsdienst tätig werden will, bedarf der schriftlichen Erlaubnis der Bundesanstalt; die Bundesanstalt hat § 37 Absatz 4 des Verwaltungsverfahrensgesetzes anzuwenden. Der Erlaubnisantrag muss enthalten:

1.

die Angabe der Geschäftsleiter;

2.

die Angaben, die für die Beurteilung der Zuverlässigkeit der Geschäftsleiter erforderlich sind;

3.

die Angaben, die für die Beurteilung der zur Leitung des Unternehmens erforderlichen fachlichen Eignung der in § 1 Absatz 2 Satz 1 bezeichneten Personen erforderlich sind;

4.

die Angaben, die für die Beurteilung, ob die Geschäftsleiter über die zur Wahrnehmung ihrer Aufgabe ausreichende Zeit verfügen, erforderlich sind;

5.

einen tragfähigen Geschäftsplan, aus dem die Art der geplanten Geschäfte, der organisatorische Aufbau und die geplanten internen Kontrollverfahren des Unternehmens hervorgehen;

6.

die Angabe der Mitglieder des Verwaltungs- oder Aufsichtsorgans nebst der zur Beurteilung ihrer Zuverlässigkeit und Sachkunde erforderlichen Tatsachen sowie Angaben, die für die Beurteilung erforderlich sind, ob sie der Wahrnehmung ihrer Aufgabe ausreichend Zeit widmen können.

Das Nähere zu Inhalt und Form des Erlaubnisantrages regeln die technischen Regulierungs- und Durchführungsstandards gemäß Artikel 61 Absatz 4 und 5 der Richtlinie 2014/65/EU. Abweichend von den Sätzen 1 bis 3 ist Instituten und Trägern einer inländischen Börse, die eine Börse, ein multilaterales Handelssystem oder ein organisiertes Handelssystem betreiben, die Tätigkeit als Datenbereitstellungsdienst gestattet, sofern festgestellt wurde, dass sie den Anforderungen des Titels V der Richtlinie 2014/65/EU genügen. Diese Dienstleistungen sind in ihre Erlaubnis eingeschlossen.

(2) Die Bundesanstalt kann die Erlaubnis unter Auflagen erteilen, die sich im Rahmen des mit diesem Gesetz verfolgten Zweckes halten müssen. Sie kann die Erlaubnis auf einzelne Bankgeschäfte oder Finanzdienstleistungen beschränken.

(3) Vor Erteilung der Erlaubnis hat die Bundesanstalt die für das Institut in Betracht kommende Sicherungseinrichtung zu hören.

(3a) Mit der Erteilung der Erlaubnis ist dem Institut, sofern es nach den Vorschriften des Zweiten Abschnittes des Einlagensicherungsgesetzes oder nach § 8 Absatz 1 des Anlegerentschädigungsgesetzes beitragspflichtig ist, die Entschädigungseinrichtung mitzuteilen, der das Institut zugeordnet ist. Bezieht sich die Tätigkeit eines Wertpapierdienstleistungsunternehmens im Sinne des § 2 Absatz 10 des Wertpapierhandelsgesetzes auf strukturierte Einlagen im Sinne des Wertpapierhandelsgesetzes und wird die strukturierte Einlage von einem Kreditinstitut ausgegeben, das Mitglied eines Einlagensicherungssystems im Sinne des Einlagensicherungsgesetzes ist, so deckt das Einlagensicherungssystem des Kreditinstituts auch die von dem Kreditinstitut ausgegebenen strukturierten Einlagen ab.

(4) Die Bundesanstalt hat die Erteilung der Erlaubnis im Bundesanzeiger bekannt zu machen.

(5) Die Bundesanstalt hat auf ihrer Internetseite ein Institutsregister zu führen, in das sie alle inländischen Institute, denen eine Erlaubnis nach Absatz 1, auch in Verbindung mit § 53 Abs. 1 und 2, erteilt worden ist, mit dem Datum der Erteilung und dem Umfang der Erlaubnis und gegebenenfalls dem Datum des Erlöschens oder der Aufhebung der Erlaubnis einzutragen hat. Das Bundesministerium der Finanzen kann durch Rechtsverordnung, die nicht der Zustimmung

des Bundesrates bedarf, nähere Bestimmungen zum Inhalt des Registers und den Mitwirkungspflichten der Institute bei der Führung des Registers erlassen.

(5a) Die Bundesanstalt führt auf ihrer Internetseite ein öffentlich zugängliches Register, in das sie alle Datenbereitstellungsdienste, denen eine Erlaubnis nach § 32 Absatz 1f erteilt worden ist, mit dem Datum der Erteilung und dem Umfang der Erlaubnis und gegebenenfalls dem Datum des Erlöschens oder der Aufhebung der Erlaubnis einträgt. Das Erlöschen oder die Aufhebung der Erlaubnis bleibt für einen Zeitraum von fünf Jahren ab der entsprechenden Entscheidung im Register eingetragen.

(6) Soweit einem Zahlungsinstitut eine Erlaubnis nach § 10 Absatz 1 Satz 1 des Zahlungsdiensteaufsichtsgesetzes oder einem E-Geld-Institut eine Erlaubnis nach § 11 Absatz 1 Satz 1 des Zahlungsdiensteaufsichtsgesetzes erteilt worden ist und dieses zusätzlich Finanzdienstleistungen im Sinne des § 1 Abs. 1a Satz 2 Nr. 9 erbringt, bedarf dieses Zahlungsinstitut oder E-Geld-Institut keiner Erlaubnis nach Absatz 1. Die Anzeigepflicht nach § 14 Abs. 1 ist zu erfüllen und § 14 Abs. 2 bis 4 anzuwenden.

(7) Auf den Beschlussentwurf der Bundesanstalt nach Artikel 14 Absatz 2 der Verordnung (EU) Nr. 1024/2013 sind die Absätze 1, 2 Satz 1 und Absatz 3 entsprechend anzuwenden. Die Aufgaben nach den Absätzen 3a bis 5 obliegen der Bundesanstalt unbeschadet davon, ob die Erlaubnis durch die Europäische Zentralbank oder die Bundesanstalt erteilt wird.

Fußnote(+++ § 32: Zur Nichtanwendung vgl. § 2 Abs. 9a Satz 1 +++)

§ 33 Versagung der Erlaubnis

(1) Die Erlaubnis ist zu versagen, wenn

1.

die zum Geschäftsbetrieb erforderlichen Mittel, insbesondere ein ausreichendes Anfangskapital bestehend aus Bestandteilen des harten Kernkapitals gemäß Artikel 26 Absatz 1 Buchstabe a bis e der Verordnung (EU) Nr. 575/2013 im Inland nicht zur Verfügung stehen; als Anfangskapital muß zur Verfügung stehen

a)

bei Anlageberatern, Anlagevermittlern, Abschlußvermittlern, Anlageverwaltern und Finanzportfolioverwaltern, Betreibern multilateraler oder organisierter Handelssysteme oder Unternehmen, die das Platzierungsgeschäft betreiben, die nicht befugt sind, sich bei der Erbringung von Finanzdienstleistungen Eigentum oder Besitz an Geldern oder Wertpapieren von Kunden zu verschaffen, und die nicht auf eigene Rechnung mit Finanzinstrumenten handeln, ein Betrag im Gegenwert von mindestens 50 000 Euro,

b)

bei anderen Finanzdienstleistungsinstituten, die nicht auf eigene Rechnung mit Finanzinstrumenten handeln, ein Betrag im Gegenwert von mindestens 125 000 Euro,

c)

bei Finanzdienstleistungsinstituten, die auf eigene Rechnung mit Finanzinstrumenten handeln, bei Finanzdienstleistungsinstituten, die das eingeschränkte Verwahrgeschäft im Sinne des § 1 Absatz 1a Satz 1 Nummer 12 erbringen, sowie bei Wertpapierhandelsbanken ein Betrag im Gegenwert von mindestens 730 000 Euro,

d)

bei CRR-Kreditinstituten ein Betrag im Gegenwert von mindestens fünf Millionen Euro,

e)

(weggefallen)

f)

bei Anlageberatern, Anlagevermittlern und Abschlussvermittlern, die nicht befugt sind, sich bei der Erbringung von Finanzdienstleistungen Eigentum oder Besitz an Geldern oder Wertpapieren von Kunden zu verschaffen, und nicht auf eigene Rechnung mit Finanzinstrumenten handeln, ein Betrag von 25 000 Euro, wenn sie zusätzlich als Versicherungsvermittler nach der Richtlinie 2002/92/EG des Europäischen Parlaments und des Rates vom 9. Dezember 2002 über Versicherungsvermittler (ABl. EU Nr. L 9 S.

3) in ein Register eingetragen sind und die Anforderungen des Artikels 4 Abs. 3 der Richtlinie 2002/92/EG erfüllen, und

g)

bei Unternehmen, die Eigengeschäfte auch an ausländischen Derivatemärkten und an Kassamärkten nur zur Absicherung dieser Positionen betreiben, das Finanzkommissionsgeschäft oder die Anlagevermittlung nur für andere Mitglieder dieser Märkte erbringen oder im Wege des Eigenhandels im Sinne des § 1 Absatz 1a Satz 2 Nummer 4 Buchstabe a als Market Maker im Sinne des § 36 Absatz 5 des Wertpapierhandelsgesetzes Preise für andere Mitglieder dieser Märkte stellen, ein Betrag von 25 000 Euro, sofern für die Erfüllung der Verträge, die diese Unternehmen an diesen Märkten oder in diesen Handelssystemen schließen, Clearingmitglieder derselben Märkte oder Handelssysteme haften;

2.

Tatsachen vorliegen, aus denen sich ergibt, daß ein Antragsteller oder eine der in § 1 Abs. 2 Satz 1 bezeichneten Personen nicht zuverlässig ist;

3.

Tatsachen die Annahme rechtfertigen, dass der Inhaber einer bedeutenden Beteiligung oder, wenn er eine juristische Person ist, auch ein gesetzlicher oder satzungsmäßiger Vertreter, oder, wenn er eine Personenhandelsgesellschaft ist, auch ein Gesellschafter, nicht zuverlässig ist oder aus anderen Gründen nicht den im Interesse einer soliden und umsichtigen Führung des Instituts zu stellenden Ansprüchen genügt;

4.

Tatsachen vorliegen, aus denen sich ergibt, daß der Inhaber oder eine der in § 1 Abs. 2 Satz 1 bezeichneten Personen nicht die zur Leitung des Instituts erforderliche fachliche Eignung hat und auch nicht eine andere Person nach § 25c Absatz 5 als Geschäftsleiter bezeichnet wird;

4a.

Tatsachen vorliegen, aus denen sich ergibt, dass ein Geschäftsleiter nicht über die zur Wahrnehmung seiner Aufgaben ausreichende Zeit verfügt;

4b.

Tatsachen vorliegen, aus denen sich ergibt, dass ein Geschäftsleiter gegen die Anforderungen des § 25c Absatz 2 verstößt;

4c.

das Institut im Fall der Erteilung der Erlaubnis Tochterunternehmen einer Finanzholding-Gesellschaft im Sinne des Artikel 4 Absatz 1 Nummer 20 der Verordnung (EU) Nr. 575/2013 oder einer gemischten Finanzholding-Gesellschaft im Sinne des Artikel 4 Absatz 1 Nummer 32 der Verordnung (EU) Nr. 575/2013 wird und Tatsachen die Annahme rechtfertigen, dass eine Person im Sinne des § 2d nicht zuverlässig ist oder nicht die zur Führung der Geschäfte der Finanzholding-Gesellschaft oder der gemischten Finanzholding-Gesellschaft erforderliche fachliche Eignung hat;

5.

ein Kreditinstitut oder ein Finanzdienstleistungsinstitut, das befugt ist, sich bei der Erbringung von Finanzdienstleistungen Eigentum oder Besitz an Geldern oder Wertpapieren von Kunden zu verschaffen, oder das gemäß einer Bescheinigung der Bundesanstalt nach § 4 Abs. 1 Nr. 2 des Gesetzes über die Zertifizierung von Altersvorsorgeverträgen befugt ist, Altersvorsorgeverträge anzubieten, nicht mindestens zwei Geschäftsleiter hat, die nicht nur ehrenamtlich für das Institut tätig sind;

6.

das Institut seine Hauptverwaltung und, soweit es sich um eine juristische Person und nicht um eine Zweigstelle im Sinne des § 53 handelt, seinen juristischen Sitz nicht im Inland hat;

7.

das Institut nicht bereit oder in der Lage ist, die erforderlichen organisatorischen Vorkehrungen zum ordnungsmäßigen Betreiben der Geschäfte, für die es die Erlaubnis beantragt, zu schaffen;

8.

der Antragsteller Tochterunternehmen eines ausländischen Kreditinstituts ist und die für dieses Kreditinstitut zuständige ausländische Aufsichtsbehörde der Gründung des Tochterunternehmens nicht zugestimmt hat.

Einem Anlageberater oder Anlagevermittler, der nicht befugt ist, sich bei der Erbringung von Finanzdienstleistungen Eigentum oder Besitz an Geldern oder Wertpapieren von Kunden zu verschaffen, und der nicht auf eigene Rechnung mit Finanzinstrumenten handelt, ist die Erlaubnis nach Satz 1 Buchstabe a nicht zu versagen, wenn er anstelle des Anfangskapitals den Abschluß einer geeigneten Versicherung zum Schutz der Kunden die eine Versicherungssumme von mindestens 1 000 000 Euro für jeden Versicherungsfall und eine Versicherungssumme von mindestens 1 500 000 Euro für alle Versicherungsfälle eines Versicherungsjahres vorsieht, nachweist. Satz 2 gilt für Anlageberater und Anlagevermittler, die zusätzlich als Versicherungsvermittler nach der Richtlinie 2002/92/EG in ein Register eingetragen sind und die Anforderungen des Artikels 4 Abs. 3 der Richtlinie 2002/92/EG erfüllen, mit der Maßgabe entsprechend, dass eine Versicherungssumme von mindestens 500 000 Euro für jeden Versicherungsfall und eine Versicherungssumme von mindestens 750 000 Euro vorgesehen ist.

(1a) Die Erlaubnis für die Erbringung von Datenbereitstellungsdienstleistungen ist zu versagen, wenn

1.

Tatsachen vorliegen, aus denen sich ergibt, dass ein Geschäftsleiter nicht zuverlässig ist, nicht die zur Leitung des Unternehmens erforderliche fachliche Eignung hat oder nicht über die zur Wahrnehmung seiner Aufgaben ausreichende Zeit verfügt;

2.

das Unternehmen nicht bereit oder in der Lage ist, die erforderlichen organisatorischen Vorkehrungen zum ordnungsmäßigen Betreiben der Geschäfte, für die es die Erlaubnis beantragt, zu schaffen.

Die Bundesanstalt kann die Erlaubnis auch versagen, wenn entgegen § 32 Absatz 1f Satz 2 der Antrag keine ausreichenden Angaben oder Unterlagen enthält.

(2) Die Bundesanstalt kann die Erlaubnis versagen, wenn Tatsachen die Annahme rechtfertigen, dass eine wirksame Aufsicht über das Institut beeinträchtigt wird. Dies ist insbesondere der Fall, wenn

1.

das Institut mit anderen Personen oder Unternehmen in einen Unternehmensverbund eingebunden ist oder in einer engen Verbindung zu einem solchen steht, der durch die Struktur des Beteiligungsgeflechtes oder mangelhafte wirtschaftliche Transparenz eine wirksame Aufsicht über das Institut beeinträchtigt;

2.

eine wirksame Aufsicht über das Institut wegen der für solche Personen oder Unternehmen geltenden Rechts- oder Verwaltungsvorschriften eines Drittstaates beeinträchtigt wird;

3.

das Institut Tochterunternehmen eines Instituts mit Sitz in einem Drittstaat ist, das im Staat seines Sitzes oder seiner Hauptverwaltung nicht wirksam beaufsichtigt wird oder dessen zuständige Aufsichtsstelle zu einer befriedigenden Zusammenarbeit mit der Bundesanstalt nicht bereit ist.

Die Bundesanstalt kann die Erlaubnis auch versagen, wenn entgegen § 32 Abs. 1 Satz 2 der Antrag keine ausreichenden Angaben oder Unterlagen enthält.

(3) Aus anderen als den in den Absätzen 1, 1a und 2 genannten Gründen darf die Erlaubnis nicht versagt werden.

(4) Die Bundesanstalt muss dem Antragsteller einer Erlaubnis binnen sechs Monaten nach Einreichung der vollständigen Unterlagen für einen Erlaubnisantrag nach § 32 Abs. 1 Satz 2 oder Absatz 1f mitteilen, ob eine Erlaubnis erteilt oder versagt wird. Liegen innerhalb von zwölf Monaten ab Eingang des Antrags bei der Bundesanstalt trotz Aufforderung der Bundesanstalt, den Antrag innerhalb eines Monats zu vervollständigen, keine ausreichenden Angaben oder Unterlagen vor, die es der Bundesanstalt ermöglichen, über den Antrag zu befinden, ist der Antrag abzulehnen.

Fußnote(+++ § 33: Zur Nichtanwendung vgl. § 2 Abs. 9a Satz 1 +++)

§ 33a Aussetzung oder Beschränkung der Erlaubnis bei Unternehmen mit Sitz außerhalb der Europäischen Union

Die Aufsichtsbehörde hat die Entscheidung über einen Antrag auf Erlaubnis von Unternehmen mit Sitz außerhalb der Europäischen Union oder von Tochterunternehmen dieser Unternehmen auszusetzen oder die Erlaubnis zu beschränken, wenn ein entsprechender Beschluß des Rates oder der Europäischen Kommission vorliegt, der nach Artikel 147 der Richtlinie 2013/36/EU zustande gekommen ist. Die Aussetzung oder Beschränkung darf drei Monate vom Zeitpunkt des Beschlusses an nicht überschreiten. Die Sätze 1 und 2 gelten auch für nach dem Zeitpunkt des Beschlusses eingereichte Anträge auf Erlaubnis. Beschließt der Rat die Verlängerung der Frist nach Satz 2, so hat die Aufsichtsbehörde diese Fristverlängerung zu beachten und die Aussetzung oder Beschränkung entsprechend zu verlängern.

§ 33b Anhörung der zuständigen Stellen eines anderen Staates des Europäischen Wirtschaftsraums

Soll eine Erlaubnis für das Betreiben von Bankgeschäften nach § 1 Abs. 1 Satz 2 Nr. 1, 2, 4 oder 10 oder für das Erbringen von Finanzdienstleistungen nach § 1 Abs. 1a Satz 2 Nr. 1 bis 4 einem Unternehmen erteilt werden, das

1.

    Tochter- oder Schwesterunternehmen eines CRR-Instituts, eines Wertpapierhandelsunternehmens, eines Börsenbetreibers oder eines Erstversicherungsunternehmens ist und dessen Mutterunternehmen in einem anderen Staat des Europäischen Wirtschaftsraums zugelassen ist oder

2.

    durch dieselben natürlichen Personen oder Unternehmen kontrolliert wird, die ein CRR-Institut, ein Wertpapierhandelsunternehmen, ein Börsenbetreiber oder ein Erstversicherungsunternehmen mit Sitz in einem anderen Staat des Europäischen Wirtschaftsraums kontrollieren,

hat die Aufsichtsbehörde vor Erteilung der Erlaubnis die zuständigen Stellen des Herkunftsmitgliedstaates anzuhören. Die Anhörung erstreckt sich insbesondere auf die Angaben, die für die Beurteilung der Zuverlässigkeit und fachlichen Eignung der in § 1 Abs. 2 Satz 1 genannten Personen sowie für die Beurteilung der Zuverlässigkeit der Inhaber einer bedeutenden Beteiligung an Unternehmen derselben Gruppe mit Sitz in dem betreffenden Staat des Europäischen Wirtschaftsraums erforderlich sind.

§ 34 Stellvertretung und Fortführung bei Todesfall

(1) § 45 der Gewerbeordnung findet auf Institute keine Anwendung.
(2) Nach dem Tode des Inhabers der Erlaubnis darf ein Institut durch zwei Stellvertreter ohne Erlaubnis für die Erben bis zur Dauer eines Jahres fortgeführt werden. Die Stellvertreter sind unverzüglich nach dem Todesfall zu bestimmen; sie gelten als Geschäftsleiter. Ist ein Stellvertreter nicht zuverlässig oder hat er nicht die erforderliche fachliche Eignung, kann die Aufsichtsbehörde die Fortführung der Geschäfte untersagen. Sie kann die Frist nach Satz 1 aus besonderen Gründen verlängern. Für Finanzdienstleistungsinstitute, die nicht befugt sind, sich bei der Erbringung von Finanzdienstleistungen Eigentum oder Besitz an Geldern oder Wertpapieren von Kunden zu verschaffen, genügt ein Stellvertreter.

Fußnote(+++ § 34: Zur Nichtanwendung vgl. § 2 Abs. 9a Satz 1 +++)

§ 35 Erlöschen und Aufhebung der Erlaubnis

(1) Die Erlaubnis erlischt, wenn von ihr nicht innerhalb eines Jahres seit ihrer Erteilung Gebrauch gemacht wird. Die Erlaubnis erlischt auch, wenn das CRR-Kreditinstitut nach § 41 des

Einlagensicherungsgesetzes von der gesetzlichen Entschädigungseinrichtung oder nach § 11 des Anlegerentschädigungsgesetzes von der Entschädigungseinrichtung ausgeschlossen worden ist oder die Bundesanstalt nach § 47 Absatz 3 Satz 1 des Einlagensicherungsgesetzes festgestellt hat, dass die Zugehörigkeit des Instituts zu einem Einlagensicherungssystem nicht gegeben ist. Satz 2 gilt nicht, soweit die Europäische Zentralbank Aufsichtsbehörde ist. In diesem Fall legt die Bundesanstalt der Europäischen Zentralbank einen Beschlussentwurf nach Artikel 14 Absatz 5 der Verordnung (EU) Nr. 1024/2013 vor. Die Erlaubnis für das Betreiben von Bankgeschäften im Sinne des § 1 Satz 2 Nummer 12 erlischt auch dann, wenn die Zulassung der zentralen Gegenpartei nach Artikel 14 der Verordnung (EU) Nr. 648/2012 zur Erbringung von Clearingdienstleistungen durch die Bundesanstalt abgelehnt wurde und die Ablehnung bestandskräftig ist.

(2) Die Aufsichtsbehörde kann die Erlaubnis außer nach den Vorschriften des Verwaltungsverfahrensgesetzes aufheben, wenn

1.

    der Geschäftsbetrieb, auf den sich die Erlaubnis bezieht, seit mehr als sechs Monaten nicht mehr ausgeübt worden ist;

2.

    ein Kreditinstitut in der Rechtsform des Einzelkaufmanns betrieben wird;

3.

    ihr Tatsachen bekannt werden, welche die Versagung der Erlaubnis nach § 33 Absatz 1 Satz 1 Nummer 1 bis 8, Absatz 1a oder Absatz 2 Nummer 1 bis 3 rechtfertigen würden;

4.

    Gefahr für die Erfüllung der Verpflichtungen des Instituts gegenüber seinen Gläubigern, insbesondere für die Sicherheit der dem Institut anvertrauten Vermögenswerte, besteht und die Gefahr nicht durch andere Maßnahmen nach diesem Gesetz abgewendet werden kann; eine Gefahr für die Sicherheit der dem Institut anvertrauten Vermögenswerte besteht auch

    a)

        bei einem Verlust in Höhe der Hälfte der nach Artikel 72 der Verordnung (EU) Nr. 575/2013 in der jeweils geltenden Fassung maßgebenden Eigenmittel oder

    b)

        bei einem Verlust in Höhe von jeweils mehr als 10 vom Hundert der nach Artikel 72 der Verordnung (EU) Nr. 575/2013 in der jeweils geltenden Fassung maßgebenden Eigenmittel in mindestens drei aufeinanderfolgenden Geschäftsjahren;

5.

    (weggefallen)

6.

    das Institut nachhaltig gegen Bestimmungen dieses Gesetzes, des Geldwäschegesetzes, des Wertpapierhandelsgesetzes, der Verordnung (EU) 2015/847 oder die zur Durchführung dieser Gesetze erlassenen Verordnungen oder Anordnungen verstoßen hat;

7.

    das Institut nachhaltig gegen die Artikel 14, 15, 16 Absatz 1 oder Absatz 2, Artikel 17 Absatz 1, 2, 4, 5 oder 8, Artikel 18 Absatz 1 bis 6, Artikel 19 Absatz 1 bis 3, 5 bis 7 oder 11 oder Artikel 20 Absatz 1 der Verordnung (EU) Nr. 596/2014 oder sich auf diese Bestimmungen beziehende Anordnungen der Bundesanstalt verstoßen hat;

8.

    die in den Artikeln 92 bis 403 sowie 411 bis 428 der Verordnung (EU) Nr. 575/2013 niedergelegten aufsichtlichen Anforderungen nicht mehr erfüllt sind;

9.

    das Institut als Gegenpartei von Wertpapierfinanzierungsgeschäften nachhaltig gegen die Pflichten und Anforderungen von Artikel 4 oder 15 der Verordnung (EU) 2015/2365 oder sich auf diese Bestimmungen beziehende Anordnungen der Bundesanstalt verstoßen hat oder

10.

    das Institut nachhaltig gegen Artikel 7 Absatz 1 Satz 3 oder Artikel 11 Absatz 1 Satz 3 der Verordnung (EU) Nr. 600/2014 oder sich auf diese Bestimmungen beziehende Anordnungen der Bundesanstalt verstoßen hat.

(2a) Die Erlaubnis soll durch die Aufsichtsbehörde aufgehoben werden, wenn über das Institut ein Insolvenzverfahren eröffnet oder die Auflösung des Instituts beschlossen worden ist. Der Wegfall der Erlaubnis hindert die für die Liquidation zuständigen Personen nicht daran, bestimmte Tätigkeiten des Instituts weiter zu betreiben, soweit dies für Zwecke des Insolvenz- oder Liquidationsverfahrens erforderlich oder angezeigt ist.

(2b) Ist die Europäische Zentralbank Aufsichtsbehörde, kann die Bundesanstalt ihr nach Maßgabe der Absätze 2 und 2a Beschlussentwürfe nach Artikel 14 Absatz 5 der Verordnung (EU) Nr. 1024/2013 vorlegen.

(3) § 48 Abs. 4 Satz 1 und § 49 Abs. 2 Satz 2 des Verwaltungsverfahrensgesetzes über die Jahresfrist sind nicht anzuwenden.

(4) Wird die Erlaubnis eines Instituts zum Betreiben von Bankgeschäften oder Erbringen von Finanzdienstleistungen aufgehoben, unterrichtet die Aufsichtsbehörde unverzüglich die zuständigen Stellen der anderen Staaten des Europäischen Wirtschaftsraums, in denen das Institut Zweigniederlassungen errichtet hat oder im Wege des grenzüberschreitenden Dienstleistungsverkehrs tätig gewesen ist.

§ 36 Abberufung von Geschäftsleitern und von Mitgliedern des Verwaltungs- oder Aufsichtsorgans

(1) In den Fällen des § 35 Abs. 2 Nr. 3, 4 und 6 kann die Bundesanstalt, statt die Erlaubnis aufzuheben, die Abberufung der verantwortlichen Geschäftsleiter verlangen und diesen Geschäftsleitern auch die Ausübung ihrer Tätigkeit bei Instituten oder Unternehmen in der Rechtsform einer juristischen Person untersagen. Für die Zwecke des Satzes 1 ist § 35 Abs. 2 Nr. 4 mit der Maßgabe anzuwenden, dass bei der Berechnung der Höhe des Verlustes Bilanzierungshilfen, mittels derer ein Verlustausweis vermindert oder vermieden wird, nicht berücksichtigt werden. Im Falle eines Verstoßes gegen die §§ 25i, 25k oder 25m oder gegen die Verordnung (EU) 2015/847 kann die Bundesanstalt den dafür verantwortlichen Geschäftsleitern auch die Ausübung ihrer Tätigkeit bei Verpflichteten nach § 2 Absatz 1 des Geldwäschegesetzes untersagen.

(1a) In den Fällen des Artikels 20 Absatz 1 Buchstabe b bis d der Verordnung (EU) Nr. 648/2012 kann die Bundesanstalt, statt die Erlaubnis aufzuheben, die Abberufung der verantwortlichen Geschäftsleiter verlangen und diesen Geschäftsleitern auch die Ausübung ihrer Tätigkeit bei Instituten in der Rechtsform einer juristischen Person untersagen. Die Bundesanstalt kann eine Abberufung auch verlangen, wenn die Voraussetzungen des Artikels 27 Absatz 1 der Verordnung (EU) Nr. 648/2012 nicht gegeben sind oder die Voraussetzungen des Artikels 31 Absatz 1 der Verordnung (EU) Nr. 648/2012 vorliegen.

(1b) In den Fällen des Artikels 20 Absatz 1 Buchstabe b bis d oder des Artikels 57 Absatz 1 Buchstabe b bis d der Verordnung (EU) Nr. 909/2014 kann die Bundesanstalt, statt die Zulassung nach Artikel 20 der Verordnung (EU) Nr. 909/2014 oder die Genehmigung nach Artikel 57 der Verordnung (EU) Nr. 909/2014 zu entziehen, die Abberufung der verantwortlichen Geschäftsleiter verlangen und diesen Geschäftsleitern auch die Ausübung ihrer Tätigkeit bei Instituten in der Rechtsform einer juristischen Person untersagen. Die Bundesanstalt kann eine Abberufung auch dann verlangen, wenn die Voraussetzungen des Artikels 27 der Verordnung (EU) Nr. 909/2014 nicht gegeben sind.

(2) Die Bundesanstalt kann die Abberufung eines Geschäftsleiters auch verlangen und diesem Geschäftsleiter auch die Ausübung seiner Tätigkeit bei Instituten oder Unternehmen in der Rechtsform einer juristischen Person untersagen, wenn dieser vorsätzlich oder leichtfertig gegen die Bestimmungen dieses Gesetzes, der Verordnung (EU) Nr. 575/2013, der Verordnung (EU) Nr. 648/2012, der Verordnung (EU) Nr. 596/2014, der Verordnung (EU) Nr. 600/2014, der Verordnung (EU) Nr. 909/2014, der Verordnung (EU) 2015/2365, der Verordnung (EU) 2016/1011, des Gesetzes über Bausparkassen, des Depotgesetzes, des Geldwäschegesetzes, des Kapitalanlagebuchs, des Pfandbriefgesetzes, des Zahlungsdiensteaufsichtsgesetzes oder des Wertpapierhandelsgesetzes, gegen die zur Durchführung dieser Gesetze erlassenen Verordnungen, die zur Durchführung der Richtlinie 2013/36/EU und der Verordnung (EU) Nr. 575/2013 erlassenen Rechtsakte, die zur Durchführung der Verordnung (EU) Nr. 648/2012, der Verordnung (EU) Nr. 596/2014, der Verordnung (EU) Nr. 600/2014, der Verordnung (EU) Nr.

909/2014, der Verordnung (EU) 2015/2365 oder der Verordnung (EU) 2016/1011 erlassenen Rechtsakte oder gegen Anordnungen der Bundesanstalt verstoßen hat und trotz Verwarnung durch die Bundesanstalt dieses Verhalten fortsetzt.

(3) Die Bundesanstalt kann von den in § 25d Absatz 3 Satz 1 und 2 sowie § 25d Absatz 3a Satz 1 genannten Unternehmen die Abberufung einer der in § 25d Absatz 3 Satz 1 und 2 sowie § 25d Absatz 3a Satz 1 bezeichneten Person verlangen und einer solchen Person die Ausübung ihrer Tätigkeit untersagen, wenn

1. Tatsachen vorliegen, aus denen sich ergibt, dass die Person nicht zuverlässig ist,

2. Tatsachen vorliegen, aus denen sich ergibt, dass die Person nicht die erforderliche Sachkunde besitzt,

3. Tatsachen vorliegen, aus denen sich ergibt, dass die Person der Wahrnehmung ihrer Aufgaben nicht ausreichend Zeit widmet,

4. der Person wesentliche Verstöße des Unternehmens gegen die Grundsätze einer ordnungsgemäßen Geschäftsführung wegen sorgfaltswidriger Ausübung ihrer Überwachungs- und Kontrollfunktion verborgen geblieben sind und sie dieses sorgfaltswidrige Verhalten trotz Verwarnung durch die Bundesanstalt fortsetzt,

5. die Person nicht alles Erforderliche zur Beseitigung festgestellter Verstöße veranlasst hat und dies trotz Verwarnung durch die Bundesanstalt auch weiterhin unterlässt,

6. die Person bereits Geschäftsleiter desselben Unternehmens ist,

7. die Person Geschäftsleiter desselben Unternehmens war und bereits zwei ehemalige Geschäftsleiter des Unternehmens Mitglied des Verwaltungs- oder Aufsichtsorgans sind,

8. die nach § 25d Absatz 3 Satz 1 oder Satz 2 bezeichnete Person mehr als vier Kontrollmandate ausübt und die Bundesanstalt ihr nicht die Ausübung weiterer Mandate gestattet hat,

9. die nach § 25d Absatz 3 Satz 1 oder Satz 2 bezeichnete Person mehr als eine Geschäftsleiter- und zwei Aufsichtsfunktionen ausübt und die Bundesanstalt ihr nicht die Ausübung weiterer Mandate gestattet hat oder

10. die nach § 25d Absatz 3a Satz 1 bezeichnete Person mehr als fünf Kontrollmandate bei unter der Aufsicht der Bundesanstalt stehenden Unternehmen ausübt.

Bei Instituten, die auf Grund ihrer Rechtsform einer besonderen Rechtsaufsicht unterliegen, erfolgt eine Maßnahme nach Satz 1 erst nach Anhörung der zuständigen Behörde für die Rechtsaufsicht über diese Institute. Soweit das Gericht auf Antrag des Aufsichtsrats ein Aufsichtsratsmitglied abzuberufen hat, kann dieser Antrag bei Vorliegen der Voraussetzungen nach Satz 1 Nummer 1 bis 10 auch von der Bundesanstalt gestellt werden, wenn der Aufsichtsrat dem Abberufungsverlangen der Aufsichtsbehörde nicht nachgekommen ist. Die Abberufung von Arbeitnehmervertretern im Aufsichtsrat erfolgt allein nach den Vorschriften der Mitbestimmungsgesetze.

(4) Die Bundesanstalt kann von den in § 25d Absatz 13 genannten Unternehmen die Abberufung eines Mitglieds des Verwaltungs- oder Aufsichtsorgans verlangen und einer solchen Person die Ausübung ihrer Tätigkeit untersagen, wenn

1. Tatsachen vorliegen, aus denen sich ergibt, dass die Person nicht zuverlässig ist,

2.

Tatsachen vorliegen, aus denen sich ergibt, dass die Person nicht die erforderliche Sachkunde besitzt,

3.

Tatsachen vorliegen, aus denen sich ergibt, dass die Person der Wahrnehmung ihrer Aufgaben nicht ausreichend Zeit widmet,

4.

der Person wesentliche Verstöße des Unternehmens gegen die Grundsätze einer ordnungsgemäßen Geschäftsführung wegen sorgfaltswidriger Ausübung ihrer Überwachungs- und Kontrollfunktion verborgen geblieben sind und sie dieses sorgfaltswidrige Verhalten trotz Verwarnung durch die Bundesanstalt fortsetzt oder

5.

die Person nicht alles Erforderliche zur Beseitigung festgestellter Verstöße veranlasst hat und dies trotz Verwarnung durch die Bundesanstalt auch weiterhin unterlässt.

Soweit das Gericht auf Antrag des Verwaltungs- oder Aufsichtsorgans ein Mitglied des Verwaltungs- oder Aufsichtsorgans abzuberufen hat, kann dieser Antrag bei Vorliegen der Voraussetzungen nach Satz 1 auch von der Bundesanstalt gestellt werden, wenn das Verwaltungs- oder Aufsichtsorgan dem Abberufungsverlangen der Bundesanstalt nicht nachgekommen ist. Die Abberufung von Arbeitnehmervertretern im Verwaltungs- oder Aufsichtsorgan erfolgt allein nach den Vorschriften der Mitbestimmungsgesetze.

Fußnote(+++ § 36 Abs. 3 Satz 1 u. 2: Zur Nichtanwendung vgl. § 2 Abs. 9a Satz 1 +++)

§ 36a Tätigkeitsverbot für natürliche Personen

(1) In den Fällen des § 35 Absatz 2 Nummer 7, 9 oder 10 kann die Bundesanstalt auch einer für den Verstoß verantwortlichen natürlichen Person, die zum Zeitpunkt des Verstoßes nicht Geschäftsleiter ist, vorübergehend für einen Zeitraum von bis zu zwei Jahren eine künftige Tätigkeit als Geschäftsleiter bei einem Institut in der Rechtsform einer juristischen Person untersagen. Begeht eine natürliche Person im Sinne des Satzes 1 in den Fällen des § 35 Absatz 2 Nummer 7, 9 oder 10 wiederholt schwere Verstöße oder verstößt sie wiederholt gegen Artikel 14 oder Artikel 15 der Verordnung (EU) Nr. 596/2014 oder Artikel 4 oder Artikel 15 der Verordnung (EU) 2015/2365, kann ihr die Bundesanstalt eine künftige Tätigkeit als Geschäftsleiter bei einem Institut in der Rechtsform einer juristischen Person dauerhaft untersagen. § 36 Absatz 1 und 2 bleibt unberührt. Im Falle eines Verstoßes gegen die §§ 25i, 25k oder 25m oder gegen die Verordnung (EU) 2015/847 kann die Bundesanstalt auch einer für den Verstoß verantwortlichen natürlichen Person, die zum Zeitpunkt des Verstoßes nicht Geschäftsleiter war, vorübergehend für einen Zeitraum von bis zu zwei Jahren eine künftige Tätigkeit als Geschäftsleiter bei Verpflichteten nach § 2 Absatz 1 des Geldwäschegesetzes untersagen.

(2) In den Fällen des Artikels 20 Absatz 1 Buchstabe b bis d oder des Artikels 57 Absatz 1 Buchstabe b bis d der Verordnung (EU) Nr. 909/2014 kann die Bundesanstalt auch einer für den Verstoß verantwortlichen natürlichen Person, die zum Zeitpunkt des Verstoßes nicht Geschäftsleiter ist, vorübergehend für einen Zeitraum von bis zu zwei Jahren oder bei wiederholten schweren Verstößen dauerhaft eine künftige Tätigkeit als Geschäftsleiter in dem Institut untersagen.

§ 37 Einschreiten gegen unerlaubte oder verbotene Geschäfte

(1) Die Bundesanstalt kann die sofortige Einstellung des Geschäftsbetriebs und die unverzügliche Abwicklung dieser Geschäfte gegenüber dem Unternehmen und den Mitgliedern seiner Organe anordnen, wenn

1.

ohne die nach § 32 erforderliche Erlaubnis Bankgeschäfte betrieben oder Finanzdienstleistungen erbracht werden,

2.

ohne die nach Artikel 14 der Verordnung (EU) Nr. 648/2012 erforderliche Zulassung als zentrale Gegenpartei Clearingdienstleistungen erbracht werden,

3.

ohne die nach Artikel 16 Absatz 1 der Verordnung (EU) Nr. 909/2014 erforderliche Zulassung die Tätigkeit als Zentralverwahrer ausgeübt wird,

4.

ohne die nach Artikel 25 Absatz 2 der Verordnung (EU) Nr. 909/2014 erforderliche Anerkennung die in Abschnitt A des Anhangs zur Verordnung (EU) Nr. 909/2014 genannten Kerndienstleistungen erbracht werden oder

5.

nach § 3 verbotene Geschäfte betrieben werden.

Sie kann für die Abwicklung Weisungen erlassen und eine geeignete Person als Abwickler bestellen. Sie kann ihre Maßnahmen nach den Sätzen 1 und 2 bekanntmachen. Die Befugnisse der Bundesanstalt nach den Sätzen 1 bis 3 bestehen auch gegenüber dem Unternehmen, das in die Anbahnung, den Abschluss oder die Abwicklung dieser Geschäfte einbezogen ist.

(1a) Ordnet die Bundesanstalt die Einstellung des Geschäftsbetriebs oder die Abwicklung der unerlaubten Geschäfte an, so stehen ihr bei juristischen Personen und Personenhandelsgesellschaften auch die in § 38 Absatz 1 und 2 genannten Rechte zu; Absatz 1 Satz 3 gilt entsprechend.

(2) Der Abwickler ist zum Antrag auf Eröffnung eines Insolvenzverfahrens über das Vermögen des Unternehmens berechtigt.

(3) Der Abwickler erhält von der Bundesanstalt eine angemessene Vergütung und den Ersatz seiner Aufwendungen. Die gezahlten Beträge sind der Bundesanstalt von dem Unternehmen gesondert zu erstatten und auf Verlangen der Bundesanstalt vorzuschießen. Die Bundesanstalt kann das betroffene Unternehmen anweisen, den von der Bundesanstalt festgesetzten Betrag im Namen der Bundesanstalt unmittelbar an den Abwickler zu leisten, wenn dadurch keine Beeinflussung der Unabhängigkeit des Abwicklers zu besorgen ist.

§ 38 Folgen der Aufhebung und des Erlöschens der Erlaubnis, Maßnahmen bei der Abwicklung

(1) Hebt die Aufsichtsbehörde die Erlaubnis auf oder erlischt die Erlaubnis, so kann die Bundesanstalt bei juristischen Personen und Personenhandelsgesellschaften bestimmen, dass das Institut abzuwickeln ist. Ihre Entscheidung wirkt wie ein Auflösungsbeschluß. Sie ist dem Registergericht mitzuteilen und von diesem in das Handels- oder Genossenschaftsregister einzutragen.

(2) Die Bundesanstalt kann für die Abwicklung eines Instituts oder seiner Bankgeschäfte und Finanzdienstleistungen Weisungen erlassen. Das Gericht hat auf Antrag der Bundesanstalt Abwickler zu bestellen, wenn die sonst zur Abwicklung der Bankgeschäfte und Finanzdienstleistungen berufenen Personen keine Gewähr für die ordnungsmäßige Abwicklung bieten. Besteht eine Zuständigkeit des Gerichts nicht, bestellt die Bundesanstalt den Abwickler.

(2a) Der Abwickler erhält von der Bundesanstalt eine angemessene Vergütung und den Ersatz seiner Aufwendungen. Die gezahlten Beträge sind der Bundesanstalt von der betroffenen juristischen Person oder Personenhandelsgesellschaft gesondert zu erstatten und auf Verlangen der Bundesanstalt vorzuschießen. Die Bundesanstalt kann die betroffene juristische Person oder Personenhandelsgesellschaft anweisen, den von der Bundesanstalt festgesetzten Betrag im Namen der Bundesanstalt unmittelbar an den Abwickler zu leisten, wenn dadurch keine Beeinflussung der Unabhängigkeit des Abwicklers zu besorgen ist.

(3) Die Bundesanstalt hat die Aufhebung oder das Erlöschen der Erlaubnis im Bundesanzeiger bekannt zu machen. Sie hat die zuständigen Stellen der anderen Staaten des Europäischen Wirtschaftsraums zu unterrichten, in denen das Institut Zweigniederlassungen errichtet hat oder im Wege des grenzüberschreitenden Dienstleistungsverkehrs tätig gewesen ist.

(4) Die Absätze 1 und 2 gelten nicht für juristische Personen des öffentlichen Rechts.

Fußnote(+++ § 38: Zur Anwendung vgl. § 39 Abs. 4 KAGB +++)

2.
Bezeichnungsschutz

§ 39 Bezeichnungen "Bank" und "Bankier"

(1) Die Bezeichnung "Bank", "Bankier" oder eine Bezeichnung, in der das Wort "Bank" oder "Bankier" enthalten ist, dürfen, soweit durch Gesetz nichts anderes bestimmt ist, in der Firma, als Zusatz zur Firma, zur Bezeichnung des Geschäftszwecks oder zu Werbezwecken nur führen

1.
    Kreditinstitute, die eine Erlaubnis nach § 32 besitzen, oder Zweigniederlassungen von Unternehmen nach § 53b Abs. 1 Satz 1 und 2 oder Abs. 7;

2.
    andere Unternehmen, die bei Inkrafttreten dieses Gesetzes eine solche Bezeichnung nach den bisherigen Vorschriften befugt geführt haben.

(2) Die Bezeichnung "Volksbank" oder eine Bezeichnung, in der das Wort "Volksbank" enthalten ist, dürfen nur Kreditinstitute neu aufnehmen, die in der Rechtsform einer eingetragenen Genossenschaft betrieben werden und einem Prüfungsverband angehören.

(3) Die Bundesanstalt kann bei Erteilung der Erlaubnis bestimmen, daß die in Absatz 1 genannten Bezeichnungen nicht geführt werden dürfen, wenn Art oder Umfang der Geschäfte des Kreditinstituts nach der Verkehrsanschauung die Führung einer solchen Bezeichnung nicht rechtfertigen.

§ 40 Bezeichnung "Sparkasse"

(1) Die Bezeichnung "Sparkasse" oder eine Bezeichnung, in der das Wort "Sparkasse" enthalten ist, dürfen in der Firma, als Zusatz zur Firma, zur Bezeichnung des Geschäftszwecks oder zu Werbezwecken nur führen

1.
    öffentlich-rechtliche Sparkassen, die eine Erlaubnis nach § 32 besitzen;

2.
    andere Unternehmen, die bei Inkrafttreten dieses Gesetzes eine solche Bezeichnung nach den bisherigen Vorschriften befugt geführt haben;

3.
    Unternehmen, die durch Umwandlung der in Nummer 2 bezeichneten Unternehmen neu gegründet werden, solange sie auf Grund ihrer Satzung besondere Merkmale, insbesondere eine am Gemeinwohl orientierte Aufgabenstellung und eine Beschränkung der wesentlichen Geschäftstätigkeit auf den Wirtschaftsraum, in dem das Unternehmen seinen Sitz hat, in dem Umfang wie vor der Umwandlung aufweisen.

(2) Kreditinstitute im Sinne des § 1 des Gesetzes über Bausparkassen dürfen die Bezeichnung "Bausparkasse", eingetragene Genossenschaften, die einem Prüfungsverband angehören, die Bezeichnung "Spar- und Darlehenskasse" führen.

§ 41 Ausnahmen

Die §§ 39 und 40 gelten nicht für Unternehmen, die die Worte "Bank", "Bankier" oder "Sparkasse" in einem Zusammenhang führen, der den Anschein ausschließt, daß sie Bankgeschäfte betreiben. Kreditinstitute mit Sitz im Ausland dürfen bei ihrer Tätigkeit im Inland die in § 39 Abs. 2 und in § 40 genannten Bezeichnungen in der Firma, als Zusatz zur Firma, zur Bezeichnung des Geschäftszwecks oder zu Werbezwecken führen, wenn sie zur Führung dieser Bezeichnung in ihrem Sitzstaat berechtigt sind und sie die Bezeichnung um einen auf ihren Sitzstaat hinweisenden Zusatz ergänzen.

§ 42 Entscheidung der Bundesanstalt

Die Bundesanstalt entscheidet in Zweifelsfällen, ob ein Unternehmen zur Führung der in den §§ 39 und 40 genannten Bezeichnungen befugt ist. Sie hat ihre Entscheidungen dem Registergericht mitzuteilen.

Fußnote(+++ § 42: Zur Anwendung vgl. § 3 Abs. 5 KAGB +++)

§ 43 Registervorschriften

(1) Soweit nach § 32 das Betreiben von Bankgeschäften oder das Erbringen von Finanzdienstleistungen einer Erlaubnis bedarf, dürfen Eintragungen in öffentliche Register nur vorgenommen werden, wenn dem Registergericht die Erlaubnis nachgewiesen ist.
(2) Führt ein Unternehmen eine Firma oder einen Zusatz zur Firma, deren Gebrauch nach den §§ 39 bis 41 unzulässig ist, hat das Registergericht das Unternehmen zur Unterlassung des Gebrauchs der Firma oder des Zusatzes zur Firma durch Festsetzung von Ordnungsgeld anzuhalten; § 392 des Gesetzes über das Verfahren in Familiensachen und in den Angelegenheiten der freiwilligen Gerichtsbarkeit gilt entsprechend. § 395 des Gesetzes über das Verfahren in Familiensachen und in den Angelegenheiten der freiwilligen Gerichtsbarkeit bleibt unberührt.
(3) Die Bundesanstalt ist berechtigt, in Verfahren des Registergerichts, die sich auf die Eintragung oder Änderung der Rechtsverhältnisse oder der Firma von Kreditinstituten oder Unternehmen beziehen, die nach den §§ 39 bis 41 unzulässige Bezeichnungen verwenden, Anträge zu stellen und die nach dem Gesetz über das Verfahren in Familiensachen und in den Angelegenheiten der freiwilligen Gerichtsbarkeit zulässigen Rechtsmittel einzulegen.

Fußnote(+++ § 43: Zur Anwendung vgl. § 3 Abs. 5 KAGB +++)

3.
Auskünfte und Prüfungen

§ 44 Auskünfte und Prüfungen von Instituten, Anbietern von Nebendienstleistungen, Finanzholding-Gesellschaften, gemischten Finanzholding-Gesellschaften und von in die Aufsicht auf zusammengefasster Basis einbezogenen Unternehmen

(1) Ein Institut oder ein übergeordnetes Unternehmen, die Mitglieder deren Organe und deren Beschäftigte haben der Bundesanstalt, den Personen und Einrichtungen, deren sich die Bundesanstalt bei der Durchführung ihrer Aufgaben bedient, sowie der Deutschen Bundesbank auf Verlangen Auskünfte über alle Geschäftsangelegenheiten zu erteilen, Unterlagen vorzulegen und erforderlichenfalls Kopien anzufertigen. Die Bundesanstalt kann, auch ohne besonderen Anlass, bei den Instituten und übergeordneten Unternehmen Prüfungen vornehmen und die Durchführung der Prüfungen der Deutschen Bundesbank übertragen; das schließt Unternehmen ein, auf die ein Institut oder übergeordnetes Unternehmen wesentliche Bereiche im Sinne des § 25b ausgelagert hat (Auslagerungsunternehmen). Die Bediensteten der Bundesanstalt, der Deutschen Bundesbank sowie die sonstigen Personen, deren sich die Bundesanstalt bei der Durchführung der Prüfungen bedient, können hierzu die Geschäftsräume des Instituts, des Auslagerungsunternehmens und des übergeordneten Unternehmens innerhalb der üblichen Betriebs- und Geschäftszeiten betreten und besichtigen. Die Betroffenen haben Maßnahmen nach den Sätzen 2 und 3 zu dulden.
(1a) Soweit eine zentrale Gegenpartei unter den Voraussetzungen des Artikels 35 Absatz 1 der Verordnung (EU) Nr. 648/2012 operationelle Funktionen, Dienstleistungen oder Tätigkeiten auf ein Unternehmen auslagert, sind die Befugnisse der Bundesanstalt nach Absatz 1 Satz 2 und 3 auch auf dieses Unternehmen entsprechend anwendbar; Absatz 1 Satz 4 gilt entsprechend.
(2) Ein nachgeordnetes Unternehmen im Sinne des § 10a, eine Finanzholding-Gesellschaft an der Spitze einer Finanzholding-Gruppe im Sinne des § 10a, eine gemischte Finanzholding-Gesellschaft an der Spitze einer gemischten Finanzholding-Gruppe im Sinne des § 10a oder eine

147

gemischte Holding-Gesellschaft sowie ein Mitglied eines Organs eines solchen Unternehmens haben der Bundesanstalt, den Personen und Einrichtungen, deren sich die Bundesanstalt bei der Durchführung ihrer Aufgaben bedient, sowie der Deutschen Bundesbank auf Verlangen Auskünfte zu erteilen, Unterlagen vorzulegen und erforderlichenfalls Kopien anzufertigen, um die Richtigkeit der Auskünfte oder der übermittelten Daten zu überprüfen, die für die Aufsicht auf zusammengefasster Basis erforderlich sind oder die in Verbindung mit einer Rechtsverordnung nach § 25 Absatz 3 Satz 1 zu übermitteln sind. Die Bundesanstalt kann, auch ohne besonderen Anlass, bei den in Satz 1 genannten Unternehmen Prüfungen vornehmen und die Durchführung der Prüfungen der Deutschen Bundesbank übertragen; Absatz 1 Satz 2 Halbsatz 2 gilt entsprechend. Die Bediensteten der Bundesanstalt, der Deutschen Bundesbank sowie der sonstigen Personen, deren sich die Bundesanstalt bei der Durchführung der Prüfungen bedient, können hierzu die Geschäftsräume der Unternehmen innerhalb der üblichen Betriebs- und Geschäftszeiten betreten und besichtigen. Die Betroffenen haben Maßnahmen nach den Sätzen 2 und 3 zu dulden. Die Sätze 1 bis 4 gelten entsprechend für ein nicht in die Zusammenfassung einbezogenes Tochterunternehmen und ein gemischte Holdinggesellschaft und dessen Tochterunternehmen.

(2a) Benötigt die Bundesanstalt bei der Aufsicht über eine Institutsgruppe, Finanzholding-Gruppe, eine gemischte Finanzholding-Gruppe oder gemischte Holding-Gruppe Informationen, die bereits einer anderen zuständigen Stelle vorliegen, richtet sie ihr Auskunftsersuchen zunächst an diese zuständige Stelle. Bei der Aufsicht über Institute, die einem EU-Mutterinstitut nach § 10a nachgeordnet sind, richtet die Bundesanstalt Auskunftsersuchen zur Umsetzung der Ansätze und Methoden nach der Richtlinie 2013/36/EU regelmäßig zunächst an die für die Aufsicht auf zusammengefasster Basis zuständige Stelle.

(3) Die in die Zusammenfassung einbezogenen Unternehmen mit Sitz im Ausland haben der Bundesanstalt auf Verlangen die nach diesem Gesetz zulässigen Prüfungen zu gestatten, insbesondere die Überprüfung der Richtigkeit der für die Zusammenfassung nach § 10a Absatz 4 bis 7, § 25 Absatz 2 und 3 und nach den Artikeln 11 bis 17 der Verordnung (EU) Nr. 575/2013 in ihrer jeweils geltenden Fassung übermittelten Daten, soweit dies zur Erfüllung der Aufgaben der Bundesanstalt erforderlich und nach dem Recht des anderen Staates zulässig ist. Dies gilt auch für nicht in die Zusammenfassung einbezogene Tochterunternehmen mit Sitz im Ausland.

(3a) (weggefallen)

(4) Die Bundesanstalt kann zu den Hauptversammlungen, Generalversammlungen oder Gesellschafterversammlungen sowie zu den Sitzungen der Aufsichtsorgane bei Instituten, Finanzholding-Gesellschaften oder gemischten Finanzholding-Gesellschaften in der Rechtsform einer juristischen Person Vertreter entsenden. Diese können in der Versammlung oder Sitzung das Wort ergreifen. Die Betroffenen haben Maßnahmen nach den Sätzen 1 und 2 zu dulden.

(5) Die Institute, Finanzholding-Gesellschaften und gemischten Finanzholding-Gesellschaften in der Rechtsform einer juristischen Person haben auf Verlangen der Bundesanstalt die Einberufung der in Absatz 4 Satz 1 bezeichneten Versammlungen, die Anberaumung von Sitzungen der Verwaltungs- und Aufsichtsorgane sowie die Ankündigung von Gegenständen zur Beschlußfassung vorzunehmen. Die Bundesanstalt kann zu einer nach Satz 1 anberaumten Sitzung Vertreter entsenden. Diese können in der Sitzung das Wort ergreifen. Die Betroffenen haben Maßnahmen nach den Sätzen 2 und 3 zu dulden. Absatz 4 bleibt unberührt.

(5a) (weggefallen)

(6) Der zur Erteilung einer Auskunft Verpflichtete kann die Auskunft auf solche Fragen verweigern, deren Beantwortung ihn selbst oder einen der in § 383 Abs. 1 Nr. 1 bis 3 der Zivilprozeßordnung bezeichneten Angehörigen der Gefahr strafgerichtlicher Verfolgung oder eines Verfahrens nach dem Gesetz über Ordnungswidrigkeiten aussetzen würde.

§ 44a Grenzüberschreitende Auskünfte und Prüfungen

(1) Rechtsvorschriften, die einer Übermittlung von Daten entgegenstehen, sind nicht anzuwenden auf die Übermittlung von Daten zwischen einem Institut, einer Kapitalverwaltungsgesellschaft, einem Finanzunternehmen, einer Finanzholding-Gesellschaft, einer gemischten Finanzholding-Gesellschaft, einem Anbieter von Nebendienstleistungen, einem E-Geld-Institut im Sinne des

Zahlungsdiensteaufsichtsgesetzes, einem Zahlungsinstitut im Sinne des Zahlungsdiensteaufsichtsgesetzes oder einem Unternehmen mit Sitz im Ausland, das mindestens 20 vom Hundert der Kapitalanteile oder Stimmrechte an dem Unternehmen unmittelbar oder mittelbar hält, Mutterunternehmen ist oder beherrschenden Einfluß ausüben kann, oder zwischen einem gemischten Holdinggesellschaften und seinen Tochterunternehmen mit Sitz im Ausland, wenn die Übermittlung der Daten erforderlich ist, um Bestimmungen der Aufsicht nach Maßgabe der Richtlinie 2013/36/EU oder der Richtlinie 2002/87/EG über das Unternehmen mit Sitz im Ausland zu erfüllen. Die Aufsichtsbehörde kann einem Institut die Übermittlung von Daten in einen Drittstaat untersagen.

(2) Auf Ersuchen einer für die Aufsicht über ein Unternehmen mit Sitz in einem anderen Staat des Europäischen Wirtschaftsraums zuständigen Stelle hat die Aufsichtsbehörde die Richtigkeit der von einem Unternehmen im Sinne des Absatzes 1 Satz 1 für die Aufsichtsstelle nach Maßgabe der Richtlinie 2013/36/EU, der Verordnung (EU) Nr. 575/2013 oder der Richtlinie 2002/87/EG übermittelten Daten zu überprüfen oder zu gestatten, daß die ersuchende Stelle, ein Wirtschaftsprüfer oder ein Sachverständiger diese Daten überprüft; die Aufsichtsbehörde kann nach pflichtgemäßem Ermessen gegenüber Aufsichtsstellen in Drittstaaten entsprechend verfahren, wenn Gegenseitigkeit gewährleistet ist. § 5 Abs. 2 des Verwaltungsverfahrensgesetzes über die Grenzen der Amtshilfe gilt entsprechend. Die Unternehmen im Sinne des Absatzes 1 Satz 1 haben die Prüfung zu dulden.

(3) Die Aufsichtsbehörde kann von CRR-Kreditinstituten, Wertpapierhandelsunternehmen, Kapitalverwaltungsgesellschaften, Finanzholding-Gesellschaften oder gemischte Finanzholding-Gesellschaften mit Sitz in einem anderen Staat des Europäischen Wirtschaftsraums Auskünfte verlangen, welche die Aufsicht über Institute erleichtern, die Tochterunternehmen dieser Unternehmen sind und von den zuständigen Stellen des anderen Staates aus Artikel 19 Absatz 1 oder Absatz 2 Buchstabe b der Verordnung (EU) Nr. 575/2013 entsprechenden Gründen nicht in die Beaufsichtigung auf zusammengefaßter Basis einbezogen werden.

(4) bis (6) (weggefallen)

§ 44b Auskünfte und Prüfungen bei Inhabern bedeutender Beteiligungen

(1) Die Verpflichtungen nach § 44 Abs. 1 Satz 1 gegenüber der Bundesanstalt und der Deutschen Bundesbank zur Auskunft und Vorlegung von Unterlagen gelten auch für

1.
    Personen und Unternehmen, die eine Beteiligungsabsicht nach § 2c anzeigen oder die im Rahmen eines Erlaubnisantrags nach § 32 Abs. 1 Satz 2 Nr. 6 oder einer Ergänzungsanzeige nach § 64e Abs. 2 Satz 4 als Inhaber bedeutender Beteiligungen angegeben werden,

2.
    die Inhaber einer bedeutenden Beteiligung an einem Institut und den von ihnen kontrollierten Unternehmen,

3.
    Personen und Unternehmen, bei denen Tatsachen die Annahme rechtfertigen, daß es sich um Personen oder Unternehmen im Sinne der Nummer 2 handelt, und

4.
    Personen und Unternehmen, die mit einer Person oder einem Unternehmen im Sinne der Nummern 1 bis 3 nach § 15 des Aktiengesetzes verbunden sind.

Auf Verlangen der Bundesanstalt hat der Vorlagepflichtige die einzureichenden Unterlagen gemäß § 2c Abs. 1 Satz 2 auf seine Kosten durch einen von der Bundesanstalt zu bestimmenden Wirtschaftsprüfer prüfen zu lassen.

(2) Die Bundesanstalt und die Deutsche Bundesbank können Maßnahmen nach § 44 Abs. 1 Satz 2 und 3 gegenüber den in Absatz 1 genannten Personen und Unternehmen ergreifen, wenn Anhaltspunkte für einen Untersagungsgrund nach § 2c Abs. 1b Satz 1 Nr. 1 bis 6 vorliegen. Die Betroffenen haben diese Maßnahmen zu dulden.

(3) Wer nach Absatz 1 oder 2 zur Erteilung einer Auskunft verpflichtet ist, kann die Auskunft auf solche Fragen verweigern, deren Beantwortung ihn selbst oder einen der in § 383 Abs. 1 Nr. 1 bis

3 der Zivilprozessordnung bezeichneten Angehörigen der Gefahr strafrechtlicher Verfolgung oder eines Verfahrens nach dem Gesetz über Ordnungswidrigkeiten aussetzen würde.

§ 44c Verfolgung unerlaubter Bankgeschäfte und Finanzdienstleistungen

(1) Ein Unternehmen, die Mitglieder seiner Organe, seine Beschäftigten sowie andere Unternehmen, die in die Abwicklung seiner Geschäfte einbezogen sind oder einbezogen waren, haben der Bundesanstalt sowie der Deutschen Bundesbank auf Verlangen Auskünfte über alle Geschäftsangelegenheiten zu erteilen und Unterlagen vorzulegen, wenn Tatsachen die Annahme rechtfertigen oder feststeht, dass das Unternehmen

1.

Bankgeschäfte oder Finanzdienstleistungen ohne die nach diesem Gesetz erforderliche Erlaubnis oder ohne die nach Artikel 14 der Verordnung (EU) Nr. 648/2012 erforderliche Zulassung betreibt oder erbringt,

2.

die Tätigkeit als Zentralverwahrer ohne die nach Artikel 16 Absatz 1 der Verordnung (EU) Nr. 909/2014 erforderliche Zulassung ausübt,

3.

als Zentralverwahrer die in Abschnitt A des Anhangs zur Verordnung (EU) Nr. 909/2014 genannten Kerndienstleistungen ohne die nach Artikel 25 Absatz 2 der Verordnung (EU)Nr. 909/2014 erforderliche Anerkennung erbringt oder

4.

nach § 3 verbotene Geschäfte betreibt.

Ein Mitglied eines Organs sowie ein Beschäftigter haben auf Verlangen auch nach ihrem Ausscheiden aus dem Organ oder dem Unternehmen Auskunft zu erteilen.

(2) Soweit dies zur Feststellung der Art oder des Umfangs der Geschäfte oder Tätigkeiten erforderlich ist, kann die Bundesanstalt Prüfungen in Räumen des Unternehmens sowie in den Räumen der nach Absatz 1 Satz 1 auskunfts- und vorlegungspflichtigen Personen und Unternehmen vornehmen und die Durchführung der Prüfungen der Deutschen Bundesbank übertragen. Die Bediensteten der Bundesanstalt und der Deutschen Bundesbank dürfen hierzu diese Räume innerhalb der üblichen Betriebs- und Geschäftszeiten betreten und besichtigen. Zur Verhütung dringender Gefahren für die öffentliche Ordnung und Sicherheit sind sie befugt, diese Räume auch außerhalb der üblichen Betriebs- und Geschäftszeiten sowie Räume, die auch als Wohnung dienen, zu betreten und zu besichtigen; das Grundrecht des Artikels 13 des Grundgesetzes wird insoweit eingeschränkt.

(3) Die Bediensteten der Bundesanstalt und der Deutschen Bundesbank dürfen diese Räume des Unternehmens sowie der nach Absatz 1 Satz 1 auskunfts- und vorlegungspflichtigen Personen und Unternehmen durchsuchen. Im Rahmen der Durchsuchung dürfen die Bediensteten auch die auskunfts- und vorlegungspflichtigen Personen zum Zwecke der Sicherstellung von Gegenständen im Sinne des Absatzes 4 durchsuchen. Das Grundrecht des Artikels 13 des Grundgesetzes wird insoweit eingeschränkt. Durchsuchungen von Geschäftsräumen und Personen sind, außer bei Gefahr im Verzug, durch den Richter anzuordnen. Durchsuchungen von Räumen, die als Wohnung dienen, sind durch den Richter anzuordnen. Zuständig ist das Amtsgericht, in dessen Bezirk sich die Räume befinden. Gegen die richterliche Entscheidung ist die Beschwerde zulässig; die §§ 306 bis 310 und 311a der Strafprozeßordnung gelten entsprechend. Über die Durchsuchung ist eine Niederschrift zu fertigen. Sie muß die verantwortliche Dienststelle, Grund, Zeit und Ort der Durchsuchung und ihr Ergebnis und, falls keine richterliche Anordnung ergangen ist, auch die Tatsachen, welche die Annahme einer Gefahr im Verzuge begründet haben, enthalten.

(4) Die Bediensteten der Bundesanstalt und der Deutschen Bundesbank können Gegenstände sicherstellen, die als Beweismittel für die Ermittlung des Sachverhaltes von Bedeutung sein können.

(5) Die Betroffenen haben Maßnahmen nach Absatz 2, Absatz 3 Satz 1 und Absatz 4 zu dulden. § 44 Abs. 6 ist anzuwenden.

(6) Die Rechte der Bundesanstalt und der Deutschen Bundesbank sowie die Mitwirkungs- und Duldungspflichten der Betroffenen bestehen auch hinsichtlich der Unternehmen und Personen, bei denen Tatsachen die Annahme rechtfertigen, dass sie in die Anbahnung, den Abschluss oder die Abwicklung unerlaubter Bankgeschäfte oder Finanzdienstleistungen einbezogen sind. Auf der Grundlage eines entsprechenden Ersuchens der zuständigen Behörde eines anderen Staats an die Bundesanstalt bestehen sie auch hinsichtlich der Unternehmen und Personen, bei denen Tatsachen die Annahme rechtfertigen, dass die Unternehmen oder Personen in die Anbahnung, den Abschluss oder die Abwicklung von Bankgeschäften oder Finanzdienstleistungen einbezogen sind, die in dem anderen Staat entgegen einem dort bestehenden Verbot betrieben oder erbracht werden.

4.
Maßnahmen in besonderen Fällen

§ 45 Maßnahmen zur Verbesserung der Eigenmittelausstattung und der Liquidität

(1) Wenn die Vermögens-, Finanz- oder Ertragsentwicklung eines Instituts oder andere Umstände die Annahme rechtfertigen, dass es die Anforderungen der Artikel 92 bis 386 der Verordnung (EU) Nr. 575/2013 in ihrer jeweils geltenden Fassung oder des § 10 Absatz 3 und 4, des § 45b Absatz 1 Satz 2, des § 11 oder des § 51a Absatz 1 oder Absatz 2 oder des § 51b nicht dauerhaft erfüllen können wird, kann die Bundesanstalt gegenüber dem Institut Maßnahmen zur Verbesserung seiner Eigenmittelausstattung und Liquidität anordnen, insbesondere

1.
eine begründete Darstellung der Entwicklung der wesentlichen Geschäftsaktivitäten über einen Zeitraum von mindestens drei Jahren, einschließlich Planbilanzen, Plangewinn- und -verlustrechnungen sowie der Entwicklung der bankaufsichtlichen Kennzahlen anzufertigen und der Bundesanstalt und der Deutschen Bundesbank vorzulegen,

2.
Maßnahmen zur besseren Abschirmung oder Reduzierung der vom Institut als wesentlich identifizierten Risiken und damit verbundener Risikokonzentrationen zu prüfen und gegenüber der Bundesanstalt und der Deutschen Bundesbank zu berichten, wobei auch Konzepte für den Ausstieg aus einzelnen Geschäftsbereichen oder die Abtrennung von Instituts- oder Gruppenteilen erwogen werden sollen,

3.
über geeignete Maßnahmen zur Erhöhung des Kernkapitals, der Eigenmittel und der Liquidität des Instituts gegenüber der Bundesanstalt und der Deutschen Bundesbank zu berichten,

4.
ein Konzept zur Abwendung einer möglichen Gefahrenlage im Sinne des § 35 Absatz 2 Nummer 4 zu entwickeln und der Bundesanstalt und der Deutschen Bundesbank vorzulegen.

Die Annahme, dass das Institut die Anforderungen der Artikel 92 bis 386 der Verordnung (EU) Nr. 575/2013 in ihrer jeweils geltenden Fassung oder des § 10 Absatz 3 und 4, des § 45b Absatz 1 Satz 2, des § 11 oder des § 51a Absatz 1 oder Absatz 2 oder des § 51b nicht dauerhaft erfüllen können wird, ist regelmäßig gerechtfertigt, wenn sich

1.
die Gesamtkapitalquote über das prozentuale Verhältnis der Eigenmittel und der mit 12,5 multiplizierten Summe aus dem Gesamtanrechnungsbetrag für Adressrisiken, dem *Anrechnungsbetrag* für das operationelle Risiko und der Summe der Anrechnungsbeträge für Marktrisikopositionen einschließlich der Optionsgeschäfte nach den Artikeln 92 bis 386 der Verordnung (EU) Nr. 575/2013 in ihrer jeweils geltenden Fassung oder der Rechtsverordnung nach § 10 Absatz 1 Satz 1 oder die Kennziffer nach der Rechtsverordnung nach § 51a Absatz 1 Satz 2 von einem Meldestichtag zum nächsten um mindestens 10 Prozent oder die nach der Rechtsverordnung nach § 11 Absatz 1 oder der

Rechtsverordnung nach § 51b Absatz 2 Satz 1 zu ermittelnde Liquiditätskennziffer von einem Meldestichtag zum nächsten um mindestens 25 Prozent verringert hat und aufgrund dieser Entwicklung mit einem Unterschreiten der Mindestanforderungen innerhalb der nächsten zwölf Monate zu rechnen ist oder

2.

die Gesamtkapitalquote über das prozentuale Verhältnis der Eigenmittel und der mit 12,5 multiplizierten Summe aus dem Gesamtanrechnungsbetrag für Adressrisiken, dem Anrechnungsbetrag für das operationelle Risiko und der Summe der Anrechnungsbeträge für Marktrisikopositionen einschließlich der Optionsgeschäfte nach den Artikeln 92 bis 386 der Verordnung (EU) Nr. 575/2013 in ihrer jeweils geltenden Fassung oder der Rechtsverordnung nach § 10 Absatz 1 Satz 1 oder die Kennziffer nach der Rechtsverordnung nach § 51a Absatz 1 Satz 2 an mindestens drei aufeinanderfolgenden Meldestichtagen um jeweils mehr als 3 Prozent oder die nach der Rechtsverordnung nach § 11 Absatz 1 oder der Rechtsverordnung nach § 51b Absatz 2 Satz 1 zu ermittelnde Liquiditätskennziffer an mindestens drei aufeinanderfolgenden Meldestichtagen um jeweils mehr als 10 Prozent verringert hat und aufgrund dieser Entwicklung mit einem Unterschreiten der Mindestanforderungen innerhalb der nächsten 18 Monate zu rechnen ist und keine Tatsachen offensichtlich sind, die die Annahme rechtfertigen, dass die Mindestanforderungen mit überwiegender Wahrscheinlichkeit nicht unterschritten werden.

Neben oder an Stelle der Maßnahmen nach Satz 1 kann die Bundesanstalt auch Maßnahmen nach Absatz 2 Satz 1 Nummer 1 bis 7 anordnen, wenn die Maßnahmen nach Satz 1 keine ausreichende Gewähr dafür bieten, die Einhaltung der Anforderungen der Artikel 92 bis 386 der Verordnung (EU) Nr. 575/2013 in ihrer jeweils geltenden Fassung oder des § 10 Absatz 3 und 4, des § 45b Absatz 1 Satz 2, des § 11 oder des § 51a Absatz 1 oder Absatz 2 oder des § 51b nachhaltig zu sichern; insoweit ist Absatz 5 entsprechend anzuwenden.

(2) Entsprechen bei einem Institut die Eigenmittel nicht den Anforderungen der Artikel 24 bis 386 der Verordnung (EU) Nr. 575/2013 in ihrer jeweils geltenden Fassung, des § 10 Absatz 3 und 4 oder des § 45b Absatz 1 Satz 2 oder die Anlage seiner Mittel nicht den Anforderungen des § 11 oder entspricht bei einem Wohnungsunternehmen mit Spareinrichtung das haftende Eigenkapital nicht den Anforderungen des § 51a Absatz 1 und Absatz 2 oder § 45b Absatz 1 Satz 2 oder die Anlage seiner Mittel nicht den Anforderungen des § 51b, kann die Bundesanstalt

1.

Entnahmen durch die Inhaber oder Gesellschafter sowie die Ausschüttung von Gewinnen untersagen oder beschränken;

2.

bilanzielle Maßnahmen untersagen oder beschränken, die dazu dienen, einen entstandenen Jahresfehlbetrag auszugleichen oder einen Bilanzgewinn auszuweisen;

3.

anordnen, dass die Auszahlung jeder Art von gewinnabhängigen Erträgen auf Eigenmittelinstrumente insgesamt oder teilweise ersatzlos entfällt, wenn sie nicht vollständig durch einen erzielten Jahresüberschuss gedeckt sind;

4.

die Gewährung von Krediten im Sinne von § 19 Absatz 1 untersagen oder beschränken;

5.

anordnen, dass das Institut Maßnahmen zur Reduzierung von Risiken ergreift, soweit sich diese aus bestimmten Arten von Geschäften und Produkten oder der Nutzung bestimmter Systeme ergeben;

5a.

anordnen, dass das Institut den Jahresgesamtbetrag, den es für die variable Vergütung aller Geschäftsleiter und Mitarbeiter vorsieht (Gesamtbetrag der variablen Vergütungen), auf einen bestimmten Anteil des Jahresergebnisses beschränkt oder vollständig streicht; dies gilt nicht für variable Vergütungsbestandteile, die durch Tarifvertrag oder in seinem Geltungsbereich durch Vereinbarung der Arbeitsvertragsparteien über die Anwendung der tarifvertraglichen Regelungen oder auf Grund eines Tarifvertrags in einer Betriebs- oder Dienstvereinbarung vereinbart sind;

6.

die Auszahlung variabler Vergütungsbestandteile untersagen oder auf einen bestimmten Anteil des Jahresergebnisses beschränken; dies gilt nicht für variable Vergütungsbestandteile, die durch Tarifvertrag oder in seinem Geltungsbereich durch Vereinbarung der Arbeitsvertragsparteien über die Anwendung der tarifvertraglichen Regelungen oder aufgrund eines Tarifvertrags in einer Betriebs- oder Dienstvereinbarung vereinbart sind;

7.

anordnen, dass das Institut darlegt, wie und in welchem Zeitraum die Eigenmittelausstattung oder Liquidität des Instituts nachhaltig wiederhergestellt werden soll (Restrukturierungsplan) und der Bundesanstalt und der Deutschen Bundesbank regelmäßig über den Fortschritt dieser Maßnahmen zu berichten ist, und

8.

anordnen, dass das Kreditinstitut eine oder mehrere Handlungsoptionen aus einem Sanierungsplan gemäß § 13 des Sanierungs- und Abwicklungsgesetzes umsetzt. Der Restrukturierungsplan nach Satz 1 Nummer 7 muss transparent, plausibel und begründet sein. In ihm sind konkrete Ziele, Zwischenziele und Fristen für die Umsetzung der dargelegten Maßnahmen zu benennen, die von der Bundesanstalt überprüft werden können. Die Bundesanstalt kann jederzeit Einsicht in den Restrukturierungsplan und die zugehörigen Unterlagen nehmen. Die Bundesanstalt kann die Änderung des Restrukturierungsplans verlangen und hierfür Vorgaben machen, wenn sie die angegebenen Ziele, Zwischenziele und Umsetzungsfristen für nicht ausreichend hält oder das Institut sie nicht einhält.
(3) Die Absätze 1 und 2 Satz 1 Nummer 1 bis 3 und 5 bis 7 sind auf übergeordnete Unternehmen im Sinne des § 10a sowie auf Institute, die nach Artikel 22 der Verordnung (EU) Nr. 575/2013 zur Unterkonsolidierung verpflichtet sind, entsprechend anzuwenden, wenn die zusammengefassten Eigenmittel der gruppenangehörigen Unternehmen den Anforderungen der Artikel 24 bis 386 der Verordnung (EU) Nr. 575/2013 in ihrer jeweils geltenden Fassung oder des § 45b Absatz 1 nicht entsprechen. Bei einem gruppenangehörigen Institut, das nach § 2a Absatz 1 freigestellt ist, kann die Bundesanstalt die Anwendung der Freistellung hinsichtlich der Vorschriften der Artikel 24 bis 403 der Verordnung (EU) Nr. 575/2013 in ihrer jeweils geltenden Fassung vorübergehend vollständig oder teilweise aussetzen.
(4) (weggefallen)
(5) Die Bundesanstalt darf die in den Absätzen 2 und 3 bezeichneten Anordnungen erst treffen, wenn das Institut oder die gemischte Finanzholding-Gesellschaft den Mangel nicht innerhalb einer von der Bundesanstalt zu bestimmenden Frist behoben hat. Soweit dies zur Verhinderung einer kurzfristig zu erwartenden Verschlechterung der Eigenmittelausstattung oder der Liquidität des Instituts erforderlich ist oder bereits Maßnahmen nach Absatz 1 Satz 1 ergriffen wurden, sind solche Anordnungen auch ohne vorherige Androhung mit Fristsetzung zulässig. Beschlüsse über die Gewinnausschüttung sind insoweit nichtig, als sie einer Anordnung nach den Absätzen 2 und 3 widersprechen. Soweit Regelungen in Verträgen über Eigenmittelinstrumente einer Anordnung nach den Absätzen 2 und 3 widersprechen, können aus ihnen keine Rechte hergeleitet werden. Nach oder zusammen mit einer Untersagung der Auszahlung von variablen Vergütungsbestandteilen gemäß Absatz 2 Satz 1 Nummer 6 kann die Bundesanstalt anordnen, dass die Ansprüche auf Gewährung variabler Vergütungsbestandteile ganz oder teilweise erlöschen, wenn

1.

das Institut bei oder innerhalb eines Zeitraums von zwei Jahren nach einer Untersagung der Auszahlung außerordentliche staatliche Unterstützung, einschließlich Maßnahmen nach dem Restrukturierungsfondsgesetz oder dem Finanzmarktstabilisierungsfondsgesetz, in Anspruch nimmt und die Voraussetzungen für die Untersagung der Auszahlung bis zu diesem Zeitpunkt nicht weggefallen sind oder allein auf Grund dieser Maßnahmen weggefallen sind,

2.

bei oder innerhalb eines Zeitraums von zwei Jahren nach einer Untersagung der Auszahlung eine Anordnung der Bundesanstalt nach Absatz 2 Nummer 1 bis 7 getroffen wird oder schon besteht oder

3.

bei oder innerhalb eines Zeitraums von zwei Jahren nach einer Untersagung der Auszahlung Maßnahmen nach § 46 oder eine Abwicklungsanordnung im Sinne des § 77 des Sanierungs- und Abwicklungsgesetzes getroffen werden.

Eine solche Anordnung darf insbesondere auch ergehen, wenn

1.

diese Ansprüche auf Gewährung variabler Vergütungsbestandteile auf Grund solcher Regelungen eines Vergütungssystems eines Instituts entstanden sind, die den aufsichtsrechtlichen Anforderungen dieses Gesetzes an angemessene, transparente und auf eine nachhaltige Entwicklung des Instituts ausgerichtete Vergütungssysteme widersprechen, oder

2.

anzunehmen ist, dass ohne die Gewährung finanzieller Leistungen des Restrukturierungsfonds oder des Finanzmarktstabilisierungsfonds das Institut nicht in der Lage gewesen wäre, die variablen Vergütungsbestandteile zu gewähren; ist anzunehmen, dass das Institut einen Teil der variablen Vergütungsbestandteile hätte gewähren können, sind die variablen Vergütungsbestandteile angemessen zu kürzen.

Die Bundesanstalt kann Anordnungen nach Satz 5 und nach Absatz 2 Satz 1 Nummer 5a und 6 auch treffen, wenn ein Institut außerordentliche staatliche Unterstützung, einschließlich Maßnahmen nach dem Restrukturierungsfondsgesetz oder dem Finanzmarktstabilisierungsfondsgesetz, in Anspruch nimmt und die Anordnung zur Erhaltung einer soliden Eigenkapital- oder Liquiditätsausstattung des Instituts und einer frühzeitigen Beendigung der staatlichen Unterstützung geboten ist. Nimmt ein Institut staatliche Unterstützung in Anspruch, kann die Bundesanstalt außerdem die Auszahlung von variablen Vergütungsbestandteilen an Organmitglieder und Geschäftsleiter des Instituts ganz oder teilweise untersagen und das Erlöschen der entsprechenden Ansprüche anordnen; eine solche Anordnung ergeht nicht, soweit die Auszahlung oder der Fortbestand der Ansprüche trotz des Vorliegens der Voraussetzungen der Untersagung und der in Satz 6 genannten Umstände gerechtfertigt ist. Die Sätze 5 bis 7 gelten nicht, soweit die Ansprüche auf Gewährung variabler Vergütung vor dem 1. Januar 2011 entstanden sind. Satz 8 gilt nicht, soweit die Ansprüche auf Gewährung variabler Vergütung vor dem 1. Januar 2012 entstanden sind. Institute müssen der Anordnungsbefugnis nach Absatz 2 Satz 1 Nummer 5a und 6 und den Regelungen in den Sätzen 5 bis 8 in entsprechenden vertraglichen Vereinbarungen mit ihren Organmitgliedern, Geschäftsleitern und Mitarbeitern Rechnung tragen. Soweit vertragliche Vereinbarungen über die Gewährung einer variablen Vergütung einer Anordnung nach Absatz 2 Satz 1 Nummer 5a und 6 oder den Regelungen in den Sätzen 5 bis 8 entgegenstehen, können aus ihnen keine Rechte hergeleitet werden.

(6) Die Bundesanstalt kann eine Maßnahme nach Absatz 1 bis 5 auch anordnen, wenn ein Institut, das übergeordnete Unternehmen einer Institutsgruppe, einer Finanzholding-Gruppe oder einer gemischten Finanzholding-Gruppe die nach § 10 Absatz 4 angeordneten erhöhten Kapitalanforderungen nicht einhält.

(7) Zur Umsetzung der Anordnungen nach Absatz 6 oder § 10 Absatz 4 gelten bis zur Feststellung des Erreichens der Eigenmittelanforderungen durch die Bundesanstalt für Beschlussfassungen der Anteilsinhaberversammlung des Instituts über Kapitalmaßnahmen die §§ 7 bis 7f, 9, 11, 11a, 14 und 15 des Finanzmarktstabilisierungsbeschleunigungsgesetzes entsprechend. Dies gilt auch dann, wenn andere private oder öffentliche Stellen als der Finanzmarktstabilisierungsfonds zur Erreichung der Kapitalanforderungen teilweise oder vollständig beitragen.

Fußnote(+++ § 45: Zur Nichtanwendung vgl. § 2 Abs. 9a Satz 1 +++)
(+++ § 45 Abs. 5: Zur Anwendung vgl. § 41 Satz 4 KAGB +++)
§ 45 Abs. 1 Satz 2 Nr. 1 Kursivdruck: Müsste richtig "Anrechnungsbetrag" lauten

§ 45a Maßnahmen gegenüber Finanzholding-Gesellschaften und gemischten Finanzholding-Gesellschaften

(1) Die Bundesanstalt kann einer Finanzholding-Gesellschaft an der Spitze einer Finanzholding-Gruppe im Sinne des § 10a oder einer gemischten Finanzholding-Gesellschaft an der Spitze einer gemischten Finanzholding-Gruppe im Sinne des § 10a die Ausübung ihrer Stimmrechte an dem übergeordneten Unternehmen und den anderen nachgeordneten Unternehmen untersagen, wenn

1.

die Finanzholding-Gesellschaft oder die gemischte Finanzholding-Gesellschaft dem übergeordneten Unternehmen nicht die für die Zusammenfassung nach Artikel 11 bis 23 der Verordnung (EU) Nr. 575/2013 erforderlichen Angaben gemäß Artikel 11 Absatz 1 Satz 2 der Verordnung (EU) Nr. 575/2013 übermittelt, sofern nicht den Erfordernissen der bankaufsichtlichen Zusammenfassung in anderer Weise Rechnung getragen werden kann;

2.

Tatsachen vorliegen, aus denen sich ergibt, dass eine Person, die die Geschäfte der Finanzholding-Gesellschaft oder der gemischten Finanzholding-Gesellschaft tatsächlich führt, nicht zuverlässig ist oder nicht die zur Führung der Geschäfte erforderliche fachliche Eignung hat.

(1a) Die Bundesanstalt kann in den Fällen des Absatzes 1 Satz 1 Nummer 2 auch gegenüber dem übergeordneten Unternehmen einer Finanzholding-Gruppe oder einer gemischten Finanzholding-Gruppe anordnen, Weisungen der Finanzholding-Gesellschaft oder der gemischten Finanzholding-Gesellschaft nicht zu befolgen, sofern es keine gesellschaftsrechtlichen Möglichkeiten gibt, die Personen abzuberufen, die die Geschäfte der Finanzholding-Gesellschaft oder der gemischten Finanzholding-Gesellschaft tatsächlich führen. Das Gleiche gilt, wenn solche Möglichkeiten zwar vorhanden sind, aber ihre Ausschöpfung erfolglos geblieben ist.

(2) Im Falle der Untersagung nach Absatz 1 hat auf Antrag der Bundesanstalt das Gericht des Sitzes des übergeordneten Unternehmens nach § 10a einen Treuhänder zu bestellen, auf den es die Ausübung der Stimmrechte überträgt. Der Treuhänder hat bei der Ausübung der Stimmrechte den Interessen einer soliden und bankaufsichtskonformen Führung der betroffenen Unternehmen Rechnung zu tragen. Die Bundesanstalt kann aus wichtigem Grund die Bestellung eines anderen Treuhänders beantragen. Sind die Voraussetzungen des Absatzes 1 entfallen, hat die Bundesanstalt den Widerruf der Bestellung des Treuhänders zu beantragen. Der Treuhänder hat Anspruch auf Ersatz angemessener Auslagen und auf Vergütung für seine Tätigkeit. Das Gericht setzt auf Antrag des Treuhänders die Auslagen und die Vergütung fest; die Rechtsbeschwerde gegen die Vergütungsfestsetzung ist ausgeschlossen. Der Bund schießt die Auslagen und die Vergütung vor; für seine Aufwendungen haften die Finanzholding-Gesellschaft oder die gemischte Finanzholding-Gesellschaft und die betroffenen Unternehmen gesamtschuldnerisch.

(3) Solange die Untersagungsverfügung nach Absatz 1 vollziehbar ist, gelten die betroffenen Unternehmen nicht als nachgeordnete Unternehmen der Finanzholding-Gesellschaft oder der gemischten Finanzholding-Gesellschaft im Sinne der §§ 10a und 13b.

§ 45b Maßnahmen bei organisatorischen Mängeln

(1) Verfügt ein Institut nicht über eine ordnungsgemäße Geschäftsorganisation im Sinne des § 25a Abs. 1, kann die Bundesanstalt auch bereits vor oder gemeinsam mit einer Anordnung nach § 25a Absatz 2 Satz 2 oder nach § 25c Absatz 4c, auch in Verbindung mit einer Rechtsverordnung nach § 25a Absatz 4 oder Absatz 6 oder nach § 25b, auch in Verbindung mit einer Rechtsverordnung nach § 25b Absatz 5, insbesondere anordnen, dass das Institut

1.

Maßnahmen zur Reduzierung von Risiken ergreift, soweit sich diese aus bestimmten Arten von Geschäften und Produkten oder der Nutzung bestimmter Systeme oder der Auslagerung von Aktivitäten und Prozessen auf ein anderes Unternehmen ergeben,

2.

weitere Zweigstellen nur mit Zustimmung der Bundesanstalt errichten darf und

3.

einzelne Geschäftsarten, namentlich die Annahme von Einlagen, Geldern oder Wertpapieren von Kunden und die Gewährung von Krediten nach § 19 Abs. 1 nicht oder nur in beschränktem Umfang betreiben darf.

Die Bundesanstalt ist berechtigt, Maßnahmen nach Satz 1 zusätzlich zu einer Festsetzung erhöhter Eigenmittelanforderungen nach § 10 Absatz 3 Satz 2 Nummer 10 sowie zusammen oder zusätzlich zu einer Festsetzung erhöhter Eigenmittelanforderungen nach § 51a Absatz 2 Nummer 4 anzuordnen.

(2) Absatz 1 ist entsprechend auf das jeweilige übergeordnete Unternehmen im Sinne des § 10a sowie auf ein Institut, das nach Artikel 22 der Verordnung (EU) Nr. 575/2013 zur Unterkonsolidierung verpflichtet ist, anzuwenden, wenn eine Institutsgruppe, eine Finanzholding-Gruppe oder eine gemischte Finanzholding-Gruppe entgegen § 25a Absatz 1 und § 25b nicht über eine ordnungsgemäße Geschäftsorganisation verfügt; Absatz 1 Satz 1 Nummer 3 ist mit der Maßgabe entsprechend anzuwenden, dass die Bundesanstalt statt einer Untersagung oder Beschränkung der Gewährung von Krediten, die für die Institutsgruppe, Finanzholding-Gruppe oder gemischte Finanzholding-Gruppe nach Maßgabe der Artikel 387 bis 403 der Verordnung (EU) Nr. 575/2013 in ihrer jeweils geltenden Fassung geltenden Großkreditobergrenzen herabsetzen kann. Verfügt eine Zweigniederlassung des Instituts in einem Drittstaat nicht über eine angemessene Geschäftsorganisation oder ist sie nicht in der Lage, die zur Beurteilung ihrer Geschäftsorganisation oder die zur Einbeziehung in die Institutsorganisation erforderlichen Angaben zur Verfügung zu stellen, oder wird sie im Drittstaat nicht effektiv beaufsichtigt oder ist die für die Zweigniederlassung zuständige Aufsichtsstelle nicht zu einer befriedigenden Zusammenarbeit mit der Bundesanstalt bereit, kann die Bundesanstalt auch die Geschäftstätigkeit der Zweigniederlassung beschränken oder ihre Schließung und Abwicklung anordnen.

(3) (weggefallen)

Fußnote(+++ § 45b: Zur Nichtanwendung vgl. § 2 Abs. 9a Satz 1 +++)

§ 45c Sonderbeauftragter

(1) Die Bundesanstalt kann einen Sonderbeauftragten bestellen, diesen mit der Wahrnehmung von Aufgaben bei einem Institut betrauen und ihm die hierfür erforderlichen Befugnisse übertragen. Der Sonderbeauftragte muss unabhängig, zuverlässig und zur ordnungsgemäßen Wahrnehmung der ihm übertragenen Aufgaben im Sinne einer nachhaltigen Geschäftspolitik des Instituts und der Wahrung der Finanzmarktstabilität geeignet sein; soweit der Sonderbeauftragte Aufgaben eines Geschäftsleiters oder eines Organs übernimmt, muss er Gewähr für die erforderliche fachliche Eignung bieten. Er ist im Rahmen seiner Aufgaben berechtigt, von den Mitgliedern der Organe und den Beschäftigten des Instituts Auskünfte und die Vorlage von Unterlagen zu verlangen, an allen Sitzungen und Versammlungen der Organe und sonstiger Gremien des Instituts in beratender Funktion teilzunehmen, die Geschäftsräume des Instituts zu betreten, Einsicht in dessen Geschäftspapiere und Bücher zu nehmen und Nachforschungen anzustellen. Die Organe und Organmitglieder haben den Sonderbeauftragten bei der Wahrnehmung seiner Aufgaben zu unterstützen. Er ist gegenüber der Bundesanstalt zur Auskunft über alle Erkenntnisse im Rahmen seiner Tätigkeit verpflichtet.

(2) Die Bundesanstalt kann dem Sonderbeauftragten insbesondere übertragen:

1.

   die Aufgaben und Befugnisse eines oder mehrerer Geschäftsleiter wahrzunehmen, wenn Tatsachen vorliegen, aus denen sich ergibt, dass der oder die Geschäftsleiter des Instituts nicht zuverlässig sind oder nicht die zur Leitung des Instituts erforderliche fachliche Eignung haben;

2.

   die Aufgaben und Befugnisse eines oder mehrerer Geschäftsleiter wahrzunehmen, wenn das Institut nicht mehr über die erforderliche Anzahl von Geschäftsleitern verfügt, insbesondere weil die Bundesanstalt die Abberufung eines Geschäftsleiters verlangt oder ihm die Ausübung seiner Tätigkeit untersagt hat;

3.

die Aufgaben und Befugnisse von Organen des Instituts insgesamt oder teilweise wahrzunehmen, wenn die Voraussetzungen des § 36 Absatz 3 Satz 1 Nummer 1 bis 10 vorliegen;

4.

die Aufgaben und Befugnisse von Organen des Instituts insgesamt oder teilweise wahrzunehmen, wenn die Aufsicht über das Institut aufgrund von Tatsachen im Sinne des § 33 Absatz 2 beeinträchtigt ist;

5.

geeignete Maßnahmen zur Herstellung und Sicherung einer ordnungsgemäßen Geschäftsorganisation einschließlich eines angemessenen Risikomanagements zu ergreifen, wenn das Institut nachhaltig gegen Bestimmungen dieses Gesetzes, des Gesetzes über Bausparkassen, des Depotgesetzes, des Geldwäschegesetzes, des Kapitalanlagebuchs, des Pfandbriefgesetzes, des Zahlungsdiensteaufsichtsgesetzes oder des Wertpapierhandelsgesetzes, gegen die zur Durchführung dieser Gesetze erlassenen Verordnungen oder gegen Anordnungen der Bundesanstalt verstoßen hat;

6.

zu überwachen, dass Anordnungen der Bundesanstalt gegenüber dem Institut beachtet werden;

7.

einen Restrukturierungsplan für das Institut zu erstellen, wenn die Voraussetzungen des § 45 Absatz 1 Satz 3 oder Absatz 2 vorliegen, die Ausführung eines Restrukturierungsplans zu begleiten und die Befugnisse nach § 45 Absatz 2 Satz 4 und 5 wahrzunehmen;

7a.

einen Plan nach § 10 Absatz 4 Satz 6 für das Institut zu erstellen, wenn die Voraussetzungen des § 10 Absatz 4 Satz 1 vorliegen und das Institut innerhalb einer von der Bundesanstalt festgelegten Frist keinen geeigneten Plan vorgelegt hat, sowie die Durchführung des Plans sicherzustellen;

8.

Maßnahmen des Instituts zur Abwendung einer Gefahr im Sinne des § 35 Absatz 2 Nummer 4 oder des § 46 Absatz 1 Satz 1 zu überwachen, selbst Maßnahmen zur Abwendung einer Gefahr zu ergreifen oder die Einhaltung von Maßnahmen der Bundesanstalt nach § 46 zu überwachen;

9.

eine Abwicklungsanordnung im Sinne des § 77 des Sanierungs- und Abwicklungsgesetzes vorzubereiten;

10.

Schadensersatzansprüche gegen Organmitglieder oder ehemalige Organmitglieder zu prüfen, wenn Anhaltspunkte für einen Schaden des Instituts durch eine Pflichtverletzung von Organmitgliedern vorliegen.

(3) Soweit der Sonderbeauftragte in die Aufgaben und Befugnisse eines Organs oder Organmitglieds des Instituts insgesamt eintritt, ruhen die Aufgaben und Befugnisse des betroffenen Organs oder Organmitglieds. Der Sonderbeauftragte kann nicht gleichzeitig die Funktion eines oder mehrerer Geschäftsleiter und eines oder mehrerer Mitglieder eines Verwaltungs- oder Aufsichtsorgans wahrnehmen. Werden dem Sonderbeauftragten für die Wahrnehmung einer Aufgabe nur teilweise die Befugnisse eines Organs oder Organmitglieds eingeräumt, hat dies keine Auswirkung auf die Befugnisse des bestellten Organs oder Organmitglieds des Instituts. Die umfassende Übertragung aller Aufgaben und Befugnisse eines oder mehrerer Geschäftsleiter auf den Sonderbeauftragten kann nur in den Fällen des Absatzes 2 Nummer 1, 2 und 4 erfolgen. Seine Vertretungsbefugnis richtet sich dabei nach der Vertretungsbefugnis des oder der Geschäftsleiter, an dessen oder deren Stelle der Sonderbeauftragte bestellt ist. Solange die Bundesanstalt einem Sonderbeauftragten die Funktion eines Geschäftsleiters übertragen hat, können die nach anderen Rechtsvorschriften hierzu berufenen Personen oder Organe ihr Recht, einen Geschäftsleiter zu bestellen, nur mit Zustimmung der Bundesanstalt ausüben.

(4) Überträgt die Bundesanstalt die Wahrnehmung von Aufgaben und Befugnisse eines Geschäftsleiters nach Absatz 2 Nummer 1 oder 2 auf einen Sonderbeauftragten, werden die

Übertragung, die Vertretungsbefugnis sowie die Aufhebung der Übertragung von Amts wegen in das Handelsregister eingetragen.

(5) Das Organ des Instituts, das für den Ausschluss von Gesellschaftern von der Geschäftsführung und Vertretung oder die Abberufung geschäftsführungs- oder vertretungsbefugter Personen zuständig ist, kann bei Vorliegen eines wichtigen Grundes beantragen, die Übertragung der Funktion eines Geschäftsleiters auf den Sonderbeauftragten aufzuheben.

(6) Die durch die Bestellung des Sonderbeauftragten entstehenden Kosten einschließlich der diesem zu gewährenden angemessenen Auslagen und der Vergütung fallen dem Institut zur Last. Die Höhe der Vergütung setzt die Bundesanstalt fest. Die Bundesanstalt schießt die Auslagen und die Vergütung auf Antrag des Sonderbeauftragten vor.

(7) Der Sonderbeauftragte haftet für Vorsatz und Fahrlässigkeit. Bei fahrlässigem Handeln beschränkt sich die Ersatzpflicht des Sonderbeauftragten auf 1 Million Euro. Handelt es sich um eine Aktiengesellschaft, deren Aktien zum Handel im regulierten Markt zugelassen sind, beschränkt sich die Ersatzpflicht auf 50 Millionen Euro.

(8) Die Absätze 1 bis 7 gelten entsprechend für Finanzholding-Gesellschaften oder gemischte Finanzholding-Gesellschaften, die nach § 10a als übergeordnetes Unternehmen gelten und bezüglich der Personen, die die Geschäfte derartiger Finanzholding-Gesellschaften oder gemischter Finanzholding-Gesellschaften tatsächlich führen.

Fußnote(+++ § 45c: Zur Anwendung vgl. § 88 Abs. 5 SAG +++)

§ 46 Maßnahmen bei Gefahr

(1) Besteht Gefahr für die Erfüllung der Verpflichtungen eines Instituts gegenüber seinen Gläubigern, insbesondere für die Sicherheit der ihm anvertrauten Vermögenswerte, oder besteht der begründete Verdacht, daß eine wirksame Aufsicht über das Institut nicht möglich ist (§ 33 Absatz 2), kann die Bundesanstalt zur Abwendung dieser Gefahr einstweilige Maßnahmen treffen. Sie kann insbesondere

1.
Anweisungen für die Geschäftsführung des Instituts erlassen,

2.
die Annahme von Einlagen oder Geldern oder Wertpapieren von Kunden und die Gewährung von Krediten (§ 19 Abs. 1) verbieten,

3.
Inhabern und Geschäftsleitern die Ausübung ihrer Tätigkeit untersagen oder beschränken,

4.
vorübergehend ein Veräußerungs- und Zahlungsverbot an das Institut erlassen,

5.
die Schließung des Instituts für den Verkehr mit der Kundschaft anordnen und

6.
die Entgegennahme von Zahlungen, die nicht zur Erfüllung von Verbindlichkeiten gegenüber dem Institut bestimmt sind, verbieten, es sei denn, die zuständige Entschädigungseinrichtung oder sonstige Sicherungseinrichtung stellt die Befriedigung der Berechtigten in vollem Umfang sicher.

Die Bundesanstalt kann unter den Voraussetzungen des Satzes 1 Zahlungen an konzernangehörige Unternehmen untersagen oder beschränken, wenn diese Geschäfte für das Institut nachteilig sind. Sie kann ferner bestimmen, dass Zahlungen nur unter bestimmten Voraussetzungen zulässig sind. Die Bundesanstalt unterrichtet über die von ihr nach den Sätzen 3 und 4 beabsichtigten Maßnahmen unverzüglich die betroffenen Aufsichtsbehörden in den Mitgliedstaaten der Europäischen Union sowie die Europäische Zentralbank und die Deutsche Bundesbank. Beschlüsse über die Gewinnausschüttung sind insoweit nichtig, als sie einer Anordnung nach den Sätzen 1 und 2 widersprechen. Bei Instituten, die in anderer Rechtsform als der eines Einzelkaufmanns betrieben werden, sind Geschäftsleiter, denen die Ausübung ihrer Tätigkeit untersagt worden ist, für die Dauer der Untersagung von der Geschäftsführung und Vertretung des Instituts ausgeschlossen. Für die Ansprüche aus dem Anstellungsvertrag oder anderen Bestimmungen über die Tätigkeit des Geschäftsleiters gelten die allgemeinen Vorschriften. Rechte, die einem Geschäftsleiter als Gesellschafter oder in anderer Weise eine Mitwirkung an Entscheidungen über Geschäftsführungsmaßnahmen bei dem Institut ermöglichen, können für die Dauer der Untersagung nicht ausgeübt werden.

(2) Die zuständige Entschädigungseinrichtung oder sonstige Sicherungseinrichtung kann ihre Verpflichtungserklärung im Sinne des Absatzes 1 Satz 2 Nummer 6 davon abhängig machen, dass eingehende Zahlungen, soweit sie nicht zur Erfüllung von Verbindlichkeiten nach Absatz 1 Satz 2 Nummer 6 gegenüber dem Institut bestimmt sind, von dem im Zeitpunkt des Erlasses des Veräußerungs- und Zahlungsverbots nach Absatz 1 Satz 2 Nummer 4 vorhandenen Vermögen des Instituts zugunsten der Einrichtung getrennt gehalten und verwaltet werden. Das Institut darf nach Erlass des Veräußerungs- und Zahlungsverbots nach Absatz 1 Satz 2 Nummer 4 die im Zeitpunkt des Erlasses laufenden Geschäfte abwickeln und neue Geschäfte eingehen, soweit diese zur Abwicklung erforderlich sind, wenn und soweit die zuständige Entschädigungseinrichtung oder sonstige Sicherungseinrichtung die zur Durchführung erforderlichen Mittel zur Verfügung stellt oder sich verpflichtet, aus diesen Geschäften insgesamt entstehende Vermögensminderungen des Instituts, soweit dies zur vollen Befriedigung sämtlicher Gläubiger erforderlich ist, diesem zu erstatten. Die Bundesanstalt kann darüber hinaus Ausnahmen vom Veräußerungs- und Zahlungsverbot nach Absatz 1 Satz 2 Nummer 4 zulassen, soweit dies für die Durchführung der Geschäfte oder die Verwaltung des Instituts sachgerecht ist. Dabei kann sie insbesondere die Erstattung von Zahlungen anordnen, die entgegen einer Anordnung nach Absatz 1 Satz 2 Nummer 6 entgegengenommen worden sind oder beim Institut eingegangen sind. Sie kann eine Betragsgrenze festsetzen, bis zu der ein Sonderbeauftragter Ausnahmen vom Veräußerungs- und Zahlungsverbot zulassen kann. Solange Maßnahmen nach Absatz 1 Satz 2 Nummer 4 bis 6 andauern, sind Zwangsvollstreckungen, Arreste und einstweilige Verfügungen in das Vermögen des Instituts nicht zulässig. Die Vorschriften der Insolvenzordnung zum Schutz von Zahlungs- sowie Wertpapierliefer- und Abrechnungssystemen einschließlich interoperabler Systeme sowie von dinglichen Sicherheiten der Zentralbanken und von Finanzsicherheiten sind bei Anordnung einer Maßnahme nach Absatz 1 Satz 2 Nummer 4 bis 6 entsprechend anzuwenden. Die Anordnung von Sicherungsmaßnahmen nach § 21 der Insolvenzordnung berührt nicht die Wirksamkeit der Erstattung einer Zahlung, die entgegen einer Anordnung nach Absatz 1 Satz 2 Nummer 6 über ein System oder über eine zwischengeschaltete Stelle entgegengenommen worden ist oder eingegangen ist oder beim Institut eingegangen ist und deren Erstattung die Bundesanstalt nach Satz 4 angeordnet hat.

(3) (weggefallen)

Fußnote(+++ § 46: Zur Anwendung vgl. § 135 Abs. 5 SAG +++)

§ 46a Untersagungs- und Anordnungsbefugnis bei Verwenden externer Ratings

(1) Die Bundesanstalt kann einem Institut, das für aufsichtliche Zwecke Ratings einer oder mehrerer Ratingagenturen verwendet, das Verwenden dieser Ratings untersagen, wenn die Ratingagenturen ihren Sitz nicht innerhalb des Europäischen Wirtschaftsraums haben und nicht nach der Verordnung (EG) Nr. 1060/2009 in der jeweils geltenden Fassung registriert sind.

(2) Die Bundesanstalt kann gegenüber einem Institut im Einzelfall Anordnungen treffen, die geeignet und erforderlich sind, die Einhaltung der Anforderungen der Verordnung (EG) Nr. 1060/2009 in der jeweils geltenden Fassung sicherzustellen. Insbesondere kann die Bundesanstalt Anordnungen treffen, um einem übermäßigen Rückgriff des Instituts auf Ratings entgegenzuwirken.

§ 46b Insolvenzantrag

(1) Wird ein Institut, das eine Erlaubnis zum Geschäftsbetrieb im Inland besitzt, oder eine nach § 10a als übergeordnetes Unternehmen geltende Finanzholding-Gesellschaft oder gemischte Finanzholding-Gesellschaft zahlungsunfähig oder tritt Überschuldung ein, so haben die Geschäftsleiter, bei einem in der Rechtsform des Einzelkaufmanns betriebenen Institut die Inhaber und die Personen, die die Geschäfte der Finanzholding-Gesellschaft oder der gemischten

Finanzholding-Gesellschaft tatsächlich führen, dies der Bundesanstalt unter Beifügung aussagefähiger Unterlagen unverzüglich anzuzeigen; die im ersten Halbsatz bezeichneten Personen haben eine solche Anzeige unter Beifügung entsprechender Unterlagen auch dann vorzunehmen, wenn das Institut oder die nach § 10a als übergeordnetes Unternehmen geltende Finanzholding-Gesellschaft oder gemischte Finanzholding-Gesellschaft voraussichtlich nicht in der Lage sein wird, die bestehenden Zahlungspflichten im Zeitpunkt der Fälligkeit zu erfüllen (drohende Zahlungsunfähigkeit). Soweit diese Personen nach anderen Rechtsvorschriften verpflichtet sind, bei Zahlungsunfähigkeit oder Überschuldung die Eröffnung des Insolvenzverfahrens zu beantragen, tritt an die Stelle der Antragspflicht die Anzeigepflicht nach Satz 1. Das Insolvenzverfahren über das Vermögen eines Instituts oder einer nach § 10a als übergeordnetes Unternehmen geltenden Finanzholding-Gesellschaft oder gemischten Finanzholding-Gesellschaft findet im Fall der Zahlungsunfähigkeit, der Überschuldung oder unter den Voraussetzungen des Satzes 5 auch im Fall der drohenden Zahlungsunfähigkeit statt. Der Antrag auf Eröffnung des Insolvenzverfahrens über das Vermögen des Instituts oder der nach § 10a als übergeordnetes Unternehmen geltenden Finanzholding-Gesellschaft oder gemischten Finanzholding-Gesellschaft kann nur von der Bundesanstalt gestellt werden. Im Fall der drohenden Zahlungsunfähigkeit darf die Bundesanstalt den Antrag jedoch nur mit Zustimmung des Instituts und im Fall einer nach § 10a als übergeordnetes Unternehmen geltenden Finanzholding-Gesellschaft oder gemischten Finanzholding-Gesellschaft mit deren Zustimmung stellen. Vor der Bestellung des Insolvenzverwalters hat das Insolvenzgericht die Bundesanstalt zu dessen Eignung zu hören. Der Bundesanstalt ist der Eröffnungsbeschluss besonders zuzustellen. Das Insolvenzgericht übersendet der Bundesanstalt alle weiteren, das Verfahren betreffenden Beschlüsse und erteilt auf Anfrage Auskunft zum Stand und Fortgang des Verfahrens. Die Bundesanstalt kann Einsicht in die Insolvenzakten nehmen.
(2) Wird über ein Institut, das Teilnehmer eines Systems im Sinne des § 24b Absatz 1 ist, ein Insolvenzverfahren eröffnet, hat die Bundesanstalt unverzüglich die Europäische Wertpapier- und Marktaufsichtsbehörde, den Europäischen Ausschuss für Systemrisiken und die Stellen zu informieren, die der Europäischen Kommission von den anderen Staaten des Europäischen Wirtschaftsraums benannt worden sind. Auf Systembetreiber im Sinne des § 24b Abs. 5 ist Satz 1 entsprechend anzuwenden.
(3) Der Insolvenzverwalter informiert die Bundesanstalt laufend über Stand und Fortgang des Insolvenzverfahrens, insbesondere durch Überlassung der Berichte für das Insolvenzgericht, die Gläubigerversammlung oder einen Gläubigerausschuss. Die Bundesanstalt kann darüber hinaus weitere Auskünfte und Unterlagen zum Insolvenzverfahren verlangen.

Fußnote(+++ § 46b Abs. 1: Zur Anwendung vgl. § 43 Abs. 1 KAGB +++)

§ 46c Insolvenzrechtliche Fristen und Haftungsfragen

(1) Die nach den §§ 88 und 130 bis 136 der Insolvenzordnung vom Tag des Antrags auf Eröffnung des Insolvenzverfahrens an zu berechnenden Fristen sind vom Tag des Erlasses einer Maßnahme nach § 46 Absatz 1 an zu berechnen.
(2) Es wird vermutet, dass Leistungen des Instituts, die zwischen einer Anordnung der Bundesanstalt nach § 46 Absatz 1 Satz 2 Nummer 4 bis 6 und dem Insolvenzantrag erfolgten und nach § 46 zulässig sind, die Gläubiger des Instituts nicht benachteiligen und mit der Sorgfalt ordentlicher Kaufleute vereinbar sind. Die Bundesanstalt handelt bei ihrer Tätigkeit pflichtgemäß, soweit sie bei Ausübung ihrer Befugnisse vernünftigerweise annehmen durfte, auf der Grundlage angemessener Informationen die Ziele des Gesetzes erreichen zu können. § 4 Absatz 4 des Finanzdienstleistungsaufsichtsgesetzes bleibt unberührt.

§ 46d Unterrichtung der anderen Staaten des Europäischen Wirtschaftsraums über Sanierungsmaßnahmen

(1) Vor Erlass einer Sanierungsmaßnahme, insbesondere einer Maßnahme nach § 46, gegenüber einem CRR-Kreditinstitut unterrichtet die Bundesanstalt die zuständigen Behörden der anderen Staaten des Europäischen Wirtschaftsraums. Ist dies nicht möglich, sind die zuständigen

Behörden unmittelbar nach Erlass der Maßnahme zu unterrichten. Das Gleiche gilt, soweit gegenüber einer Zweigstelle eines Unternehmens im Sinne des § 53 mit Sitz außerhalb der Staaten des Europäischen Wirtschaftsraums Maßnahmen nach § 46 ergriffen werden. In diesem Falle unterrichtet die Bundesanstalt die zuständigen Behörden der anderen Staaten des Europäischen Wirtschaftsraums, in denen das Unternehmen weitere Zweigstellen errichtet hat. Die Regelungen des § 8 Abs. 3 bis 7 bleiben unberührt.

(2) Sanierungsmaßnahmen, die die Rechte von Dritten in einem Aufnahmemitgliedstaat beeinträchtigen und gegen die Rechtsbehelfe eingelegt werden können, sind ohne den ihrer Begründung dienenden Teil in der Amtssprache oder den Amtssprachen der betroffenen Staaten des Europäischen Wirtschaftsraums unverzüglich im Amtsblatt der Europäischen Union und in mindestens zwei überregionalen Zeitungen der Aufnahmemitgliedstaaten bekannt zu machen. In der Bekanntmachung sind die Stelle, bei der die Begründung vorgehalten wird, der Gegenstand und die Rechtsgrundlage der Entscheidung, die Rechtsbehelfsfristen einschließlich des Zeitpunkts ihres Fristablaufs, die Anschrift der Bundesanstalt als über einen Widerspruch entscheidende Behörde und die Anschrift des zuständigen Verwaltungsgerichts anzugeben. Die Bekanntmachung ist nicht Wirksamkeitsvoraussetzung.

(3) Sanierungsmaßnahmen im Sinne der Absätze 1 und 2 sind Maßnahmen nach § 46 sowie nach § 6 Abs. 3, mit denen die finanzielle Lage eines CRR-Kreditinstituts gesichert oder wiederhergestellt werden soll und die die bestehenden Rechte von Dritten in einem Aufnahmemitgliedstaat des Europäischen Wirtschaftsraums beeinträchtigen könnten, einschließlich der Maßnahmen, die eine Aussetzung der Zahlungen erlauben oder der Wirksamkeit der Sanierungsmaßnahmen von Aufsichtsbehörden des Europäischen Wirtschaftsraums unterstützend dienen. Sanierungsmaßnahmen sind als solche zu bezeichnen. In Ansehung der Sanierungsmaßnahmen sind auf Verträge zur Nutzung oder zum Erwerb eines unbeweglichen Gegenstands, auf Arbeitsverträge und Arbeitsverhältnisse, auf Aufrechnungen, auf Pensionsgeschäfte im Sinne des § 340b des Handelsgesetzbuchs, auf Schuldumwandlungsverträge und Aufrechnungsvereinbarungen sowie auf dingliche Rechte Dritter die §§ 336, 337, 338, 340 und 351 Abs. 2 der Insolvenzordnung entsprechend anzuwenden, soweit dieses Gesetz nichts anderes bestimmt.

(4) Die Absätze 1 und 2 sind nicht anzuwenden, wenn und soweit ausschließlich die Rechte von an der internen Betriebsstruktur beteiligten Personen sowie von Geschäftsführern und Aktionären eines CRR-Kreditinstituts in einer dieser Eigenschaften beeinträchtigt sein können. Bei CRR-Kreditinstituten, die nicht grenzüberschreitend tätig sind, ist die Unterrichtung und Bekanntmachung nach den Absätzen 1 und 2 entbehrlich.

(5) Die Bundesanstalt unterstützt Sanierungsmaßnahmen der Behörden des Herkunftsmitgliedstaates bei einem CRR-Kreditinstitut mit Sitz in einem anderen Staat des Europäischen Wirtschaftsraums. Hält sie die Durchführung von Sanierungsmaßnahmen bei einem CRR-Kreditinstitut mit Sitz in einem anderen Staat des Europäischen Wirtschaftsraums für notwendig, so setzt sie die zuständigen Behörden dieses Staates hiervon in Kenntnis.

§ 46e Insolvenzverfahren in den Staaten des Europäischen Wirtschaftsraums

(1) Zuständig für die Eröffnung eines Insolvenzverfahrens über das Vermögen eines CRR-Instituts sind im Bereich des Europäischen Wirtschaftsraums allein die jeweiligen Behörden oder Gerichte des Herkunftsmitgliedstaates. Ist ein anderer Staat des Europäischen Wirtschaftsraums Herkunftsmitgliedstaat eines CRR-Instituts und wird dort ein Insolvenzverfahren über das Vermögen dieses Instituts eröffnet, so wird das Verfahren ohne Rücksicht auf die Voraussetzungen des § 343 Abs. 1 der Insolvenzordnung anerkannt.

(2) Sekundärinsolvenzverfahren nach § 356 der Insolvenzordnung und sonstige Partikularverfahren nach § 354 der Insolvenzordnung bezüglich der CRR-Institute, die ihren Sitz in einem anderen Staat des Europäischen Wirtschaftsraums haben, sind nicht zulässig.

(3) Die Geschäftsstelle des Insolvenzgerichts hat den Eröffnungsbeschluss sofort der Bundesanstalt zu übermitteln, die unverzüglich die zuständigen Behörden der anderen Aufnahmemitgliedstaaten des Europäischen Wirtschaftsraums über die Verfahrenseröffnung unterrichtet. Unbeschadet der in § 30 der Insolvenzordnung vorgesehenen Bekanntmachung hat

das Insolvenzgericht den Eröffnungsbeschluss auszugsweise im Amtsblatt der Europäischen Union und in mindestens zwei überregionalen Zeitungen der Aufnahmemitgliedstaaten zu veröffentlichen, in denen das betroffene Kreditinstitut eine Zweigstelle hat oder Dienstleistungen erbringt. Der Veröffentlichung ist das Formblatt nach § 46f Abs. 1 voranzustellen.

(4) Die Bundesanstalt kann jederzeit vom Insolvenzgericht und vom Insolvenzverwalter Auskünfte über den Stand des Insolvenzverfahrens verlangen. Sie ist verpflichtet, die zuständige Behörde eines anderen Staates des Europäischen Wirtschaftsraums auf deren Verlangen über den Stand des Insolvenzverfahrens zu informieren.

(5) Stellt die Bundesanstalt den Antrag auf Eröffnung eines Insolvenzverfahrens über das Vermögen der Zweigstelle eines Unternehmens mit Sitz außerhalb des Europäischen Wirtschaftsraums, so unterrichtet sie unverzüglich die zuständigen Behörden der Staaten des Europäischen Wirtschaftsraums, in denen das Unternehmen eine weitere Zweigstelle hat oder Dienstleistungen erbringt. Die Unterrichtung hat sich auch auf Inhalt und Bestand der Erlaubnis nach § 32 zu erstrecken. Die beteiligten Personen und Stellen bemühen sich um ein abgestimmtes Vorgehen.

(6) Die Absätze 1 bis 5 gelten auch für Unternehmen im Anwendungsbereich des § 1 des Sanierungs- und Abwicklungsgesetzes, gegenüber denen ein Abwicklungsinstrument im Sinne des § 77 des Sanierungs- und Abwicklungsgesetzes angeordnet oder eine Abwicklungsbefugnis im Sinne der §§ 78 bis 87 des Sanierungs- und Abwicklungsgesetzes ausgeübt wird.

§ 46f Unterrichtung der Gläubiger im Insolvenzverfahren und Insolvenzrangfolge

(1) Mit dem Eröffnungsbeschluss ist den Gläubigern von der Geschäftsstelle des Insolvenzgerichts ein Formblatt zu übersenden, das in sämtlichen Amtssprachen der Staaten des Europäischen Wirtschaftsraums mit den Worten "Aufforderung zur Anmeldung und Erläuterung einer Forderung. Fristen beachten!" überschrieben ist. Das Formblatt wird vom Bundesministerium der Justiz und für Verbraucherschutz im Bundesanzeiger veröffentlicht und enthält insbesondere folgende Angaben:

1.
welche Fristen einzuhalten sind und welche Folgen deren Versäumung hat;

2.
wer für die Entgegennahme der Anmeldung und Erläuterung einer Forderung zuständig ist;

3.
welche weiteren Maßnahmen vorgeschrieben sind;

4.
welche Bedeutung die Anmeldung der Forderung für bevorrechtigte oder dinglich gesicherte Gläubiger hat und inwieweit diese ihre Forderungen anmelden müssen.

(2) Gläubiger mit gewöhnlichem Aufenthalt, Wohnsitz oder Sitz in einem anderen Staat des Europäischen Wirtschaftsraums können ihre Forderungen in der oder einer der Amtssprachen dieses Staates anmelden. Die Anmeldung muss in deutscher Sprache mit den Worten "Anmeldung und Erläuterung einer Forderung" überschrieben sein. Der Gläubiger hat auf Verlangen eine Übersetzung der Anmeldung und der Erläuterung vorzulegen, die von einer hierzu in dem Staat nach Satz 1 befugten Person zu beglaubigen ist.

(3) Der Insolvenzverwalter hat die Gläubiger regelmäßig in geeigneter Form über den Fortgang des Insolvenzverfahrens zu unterrichten.

(4) Im Rang vor den übrigen Insolvenzforderungen werden in folgender Rangfolge, bei gleichem Rang nach dem Verhältnis ihrer Beträge, berichtigt:

1.
gedeckte Einlagen im Sinne von § 2 Absatz 3 Nummer 23 des Sanierungs- und Abwicklungsgesetzes sowie Ansprüche, die auf Grund der Erfüllung eines Entschädigungsanspruchs nach § 16 des Einlagensicherungsgesetzes auf das Einlagensicherungssystem übergegangen sind;

2.
entschädigungsfähige Einlagen im Sinne des § 2 Absatz 3 Nummer 18 des Sanierungs- und Abwicklungsgesetzes von natürlichen Personen, Kleinstunternehmen und kleinen und

mittleren Unternehmen nach Artikel 2 Absatz 1 des Anhangs der Empfehlung 2003/361/EG der Kommission vom 6. Mai 2003 betreffend die Definition der Kleinstunternehmen sowie der kleinen und mittleren Unternehmen (ABl. L 124 vom 20.5.2003, S. 36), sowie solche Einlagen bei Instituten mit Sitz in der Europäischen Union, die entschädigungsfähige Einlagen wären, wenn sie nicht von deren Niederlassungen außerhalb der Europäischen Union angenommen worden wären.

(5) Von den Forderungen im Sinne des § 38 der Insolvenzordnung werden zunächst die Forderungen berichtigt, die keine Schuldtitel nach Absatz 6 Satz 1 sind.

(6) Schuldtitel im Sinne dieses Satzes sind auf den Inhaber lautende Schuldverschreibungen und Orderschuldverschreibungen und diesen Schuldtiteln vergleichbare Rechte, die ihrer Art nach auf den Kapitalmärkten handelbar sind, sowie Schuldscheindarlehen und Namensschuldverschreibungen, die nicht als Einlagen unter Absatz 4 Nummer 1 oder 2 fallen. Schuldtitel, die in den Anwendungsbereich des § 91 Absatz 2 des Sanierungs- und Abwicklungsgesetzes fallen, und Schuldtitel, welche von Anstalten des öffentlichen Rechts begeben wurden, die nicht insolvenzfähig sind, sowie Geldmarktinstrumente zählen nicht zu den Schuldtiteln im Sinne von Satz 1.

(7) Absatz 6 Satz 1 erfasst keine Schuldtitel, für die vereinbart ist,

1.

dass die Höhe des Rückzahlungsbetrages vom Eintritt oder Nichteintritt eines zum Zeitpunkt der Begebung des Schuldtitels noch unsicheren Ereignisses abhängig ist oder die Erfüllung auf andere Weise als durch Geldzahlung erfolgt, oder

2.

dass die Höhe des Zinszahlungsbetrages vom Eintritt oder Nichteintritt eines zum Zeitpunkt der Begebung des Schuldtitels noch unsicheren Ereignisses abhängt, es sei denn, die Höhe des Zinszahlungsbetrages ist ausschließlich von einem festen oder variablen Referenzzins abhängig und die Erfüllung erfolgt durch Geldzahlung.

(8) Das Bundesministerium der Finanzen wird ermächtigt, durch Rechtsverordnung, die nicht der Zustimmung des Bundesrates bedarf, nähere Bestimmungen über die Merkmale der nach Absatz 6 Satz 2 ausgenommenen Geldmarktinstrumente und der vom Anwendungsbereich des Absatzes 7 erfassten Schuldtitel zu erlassen. Das Bundesministerium der Finanzen kann die Ermächtigung zum Erlass der Rechtsverordnung nach Satz 1 durch Rechtsverordnung auf die Bundesanstalt für Finanzdienstleistungsaufsicht übertragen.

§ 46g Moratorium, Einstellung des Bank- und Börsenverkehrs

(1) Sind wirtschaftliche Schwierigkeiten bei Kreditinstituten zu befürchten, die schwerwiegende Gefahren für die Gesamtwirtschaft, insbesondere den geordneten Ablauf des allgemeinen Zahlungsverkehrs erwarten lassen, so kann die Bundesregierung durch Rechtsverordnung

1.

einem Kreditinstitut einen Aufschub für die Erfüllung seiner Verbindlichkeiten gewähren und anordnen, daß während der Dauer des Aufschubs Zwangsvollstreckungen, Arreste und einstweilige Verfügungen gegen das Kreditinstitut sowie das Insolvenzverfahren über das Vermögen des Kreditinstituts nicht zulässig sind;

2.

anordnen, daß die Kreditinstitute für den Verkehr mit ihrer Kundschaft vorübergehend geschlossen bleiben und im Kundenverkehr Zahlungen und Überweisungen weder leisten noch entgegennehmen dürfen; sie kann diese Anordnung auf Arten oder Gruppen von Kreditinstituten sowie auf bestimmte Bankgeschäfte beschränken;

3.

anordnen, daß die Börsen im Sinne des Börsengesetzes vorübergehend geschlossen bleiben.

(2) Vor den Maßnahmen nach Absatz 1 hat die Bundesregierung die Deutsche Bundesbank zu hören.

(3) Trifft die Bundesregierung Maßnahmen nach Absatz 1, so hat sie durch Rechtsverordnung die Rechtsfolgen zu bestimmen, die sich hierdurch für Fristen und Termine auf dem Gebiet des

bürgerlichen Rechts, des Handels-, Gesellschafts-, Wechsel-, Scheck- und Verfahrensrechts ergeben.

§ 46h Wiederaufnahme des Bank- und Börsenverkehrs

(1) Die Bundesregierung kann nach Anhörung der Deutschen Bundesbank für die Zeit nach einer vorübergehenden Schließung der Kreditinstitute und Börsen gemäß § 46g Absatz 1 Nummer 2 und 3 durch Rechtsverordnung Vorschriften für die Wiederaufnahme des Zahlungs- und Überweisungsverkehrs sowie des Börsenverkehrs erlassen. Sie kann hierbei insbesondere bestimmen, daß die Auszahlung von Guthaben zeitweiligen Beschränkungen unterliegt. Für Geldbeträge, die nach einer vorübergehenden Schließung der Kreditinstitute angenommen werden, dürfen solche Beschränkungen nicht angeordnet werden.
(2) Die nach Absatz 1 sowie die nach § 46g Absatz 1 erlassenen Rechtsverordnungen treten, wenn sie nicht vorher aufgehoben worden sind, drei Monate nach ihrer Verkündung außer Kraft.

§ 47 Anordnungsbefugnis nach der Verordnung (EU) Nr. 1286/2014

Verstößt ein Institut, das über ein PRIIP im Sinne des Artikels 4 Nummer 3 der Verordnung (EU) Nr. 1286/2014 berät oder es verkauft oder das Hersteller von PRIIP im Sinne des Artikels 4 Nummer 4 der Verordnung (EU) Nr. 1286/2014 ist, gegen die Anforderungen von Artikel 5 Absatz 1, der Artikel 6, 7, 8 Absatz 1 bis 3, der Artikel 9, 10 Absatz 1, von Artikel 13 Absatz 1, 3 oder 4, der Artikel 14 oder 19 dieser Verordnung sowie der auf Grundlage der Artikel 8, 10 und 13 dieser Verordnung erlassenen technischen Regulierungsstandards, kann die Bundesanstalt gegenüber dem Institut Anordnungen treffen, die geeignet und erforderlich sind, um sicherzustellen, dass die Anforderungen eingehalten werden und um eine nicht den Grundsätzen der Verordnung entsprechende Information der Privatanleger zu verhindern. Die Bundesanstalt kann insbesondere

1.
    die Vermarktung, den Vertrieb oder den Verkauf des PRIIP vorübergehend oder dauerhaft untersagen,

2.
    die Bereitstellung eines Basisinformationsblattes untersagen, das nicht den Anforderungen der Artikel 6 bis 8 oder 10 der Verordnung (EU) Nr. 1286/2014 genügt,

3.
    den Hersteller von PRIIP verpflichten, eine neue Fassung des Basisinformationsblattes zu veröffentlichen, sofern die veröffentlichte Fassung nicht den Anforderungen der Artikel 6 bis 8 oder 10 der Verordnung (EU) Nr. 1286/2014 genügt, und

4.
    auf ihrer Internetseite eine Warnung unter Nennung des verantwortlichen Instituts sowie der Art des Verstoßes veröffentlichen; § 60c Absatz 3 und 5 gilt entsprechend.

4a.
Maßnahmen gegenüber Kreditinstituten bei Gefahren für die Stabilität des Finanzsystems

§§ 48a bis 48s (weggefallen)

§ 48t Maßnahmen zur Begrenzung makroprudenzieller oder systemischer Risiken

(1) Stellt der Ausschuss für Finanzstabilität Veränderungen in der Intensität des makroprudenziellen oder des systemischen Risikos im Sinne des Artikels 458 Absatz 2 der Verordnung (EU) Nr. 575/2013 fest, die zu einer Störung mit bedeutenden Auswirkungen auf das nationale Finanzsystem und die Realwirtschaft im Inland führen können, auf die besser mit nationalen Maßnahmen reagiert werden soll, kann die Bundesanstalt auf Aufforderung des Ausschusses für Finanzstabilität im Wege der Allgemeinverfügung gegenüber allen oder einer Gruppe der der Aufsicht der Bundesanstalt nach diesem Gesetz oder der Verordnung (EU) Nr. 575/2013 unterliegenden Institute und Unternehmen von folgenden Vorgaben der Verordnung (EU)

Nr. 575/2013 in der jeweils geltenden Fassung für die Dauer von bis zu zwei Jahren abweichen, um die festgestellten Veränderungen in der Intensität des makroprudenziellen oder des systemischen Risikos zu vermindern, durch Erhöhung

1.

    der Eigenmittelanforderungen nach Artikel 92 der Verordnung (EU) Nr. 575/2013 in der jeweils geltenden Fassung,

2.

    der Anforderungen für Großkredite nach den Artikeln 392 sowie 395 bis 403 der Verordnung (EU) Nr. 575/2013 in der jeweils geltenden Fassung,

3.

    der Offenlegungspflichten nach den Artikeln 431 bis 455 der Verordnung (EU) Nr. 575/2013 in der jeweils geltenden Fassung,

4.

    des Kapitalerhaltungspuffers nach § 10c,

5.

    der Liquiditätsanforderungen nach Teil 6 der Verordnung (EU) Nr. 575/2013 in der jeweils geltenden Fassung oder

6.

    der Risikogewichte im Kreditrisiko-Standardansatz und im auf internen Ratings basierenden Ansatz für Kredite für Wohnimmobilien und gewerbliche Immobilien sowie für Forderungen, die von Instituten und Unternehmen untereinander innerhalb des Finanzsektors bestehen.

(2) Die Bundesanstalt kann die Allgemeinverfügung nach Absatz 1 erst dann erlassen, wenn

1.

    sie dem Europäischen Parlament, der Europäischen Kommission, dem Rat, dem Europäischen Ausschuss für Systemrisiken (ESRB) und der Europäischen Bankenaufsichtsbehörde (EBA)

    a)

        die für die Gefährdung der Finanzstabilität auf nationaler Ebene erforderlichen Nachweise nach Artikel 458 Absatz 2 Buchstabe a bis f der Verordnung (EU) Nr. 575/2013 einschließlich der in Absatz 1 vorgesehenen nationalen Maßnahmen, die Artikel 458 Absatz 2 Buchstabe d der Verordnung (EU) Nr. 575/2013 umsetzen, angezeigt hat und

    b)

        dargelegt hat, dass andere nach der Verordnung (EU) Nr. 575/2013 und der Richtlinie 2013/36/EU zur Verfügung stehende Maßnahmen nicht ausreichen, um der Gefährdung der Finanzstabilität auf nationaler Ebene zu begegnen, und

2.

    die Voraussetzungen nach Artikel 458 Absatz 4 der Verordnung (EU) Nr. 575/2013 für den Erlass der Maßnahme vorliegen.

(3) Die Bundesanstalt überprüft unter Einbeziehung des Europäischen Ausschusses für Systemrisiken und der Europäischen Bankenaufsichtsbehörde die nach Absatz 1 festgesetzten nationalen Maßnahmen nach Ablauf der vorgesehenen Frist nach Maßgabe von Artikel 458 Absatz 9 der Verordnung (EU) Nr. 575/2013. Liegen die Voraussetzungen für eine Verlängerung der Anwendung der nach Absatz 1 erlassenen nationalen Maßnahmen vor, kann die Bundesanstalt auf Aufforderung des Ausschusses für Finanzstabilität und nach Maßgabe des in Artikel 458 Absatz 4 der Verordnung (EU) Nr. 575/2013 in der jeweils geltenden Fassung vorgesehenen Verfahren im Wege der Allgemeinverfügung die nationalen Maßnahmen wiederholt um jeweils ein Jahr verlängern.

(4) Die Bundesanstalt kann im Benehmen mit der Deutschen Bundesbank und nach Befassung des Ausschusses für Finanzstabilität die nach Artikel 458 der Verordnung (EU) Nr. 575/2013 in der jeweils geltenden Fassung von anderen Mitgliedstaaten des Europäischen Wirtschaftsraums erlassenen Maßnahmen nach Maßgabe von Artikel 458 Absatz 5 bis 7 der Verordnung (EU) Nr. 575/2013 vollständig oder teilweise anerkennen und mit Wirkung für Zweigstellen von Instituten und Unternehmen mit Sitz im Ausland, auf die dieses Gesetz gemäß § 53 Anwendung findet, oder

mit Wirkung für Zweigniederlassungen im Sinne von § 53b nach Maßgabe des Artikels 458 der Verordnung (EU) Nr. 575/2013 anwenden.

(5) Sofern die Voraussetzungen nach Absatz 2 Nummer 1 vorliegen, kann die Bundesanstalt unabhängig vom Verfahren nach den Absätzen 1 und 3 sowie nach Artikel 458 Absatz 4 der Verordnung (EU) Nr. 575/2013 jederzeit bis zur Beseitigung eines makroprudenziellen oder systemischen Risikos, jedoch nicht länger als für die Dauer von zwei Jahren

1.

    die Großkreditobergrenze nach Artikel 395 der Verordnung (EU) Nr. 575/2013 um bis zu 15 Prozent absenken,

2.

    die Risikogewichte von Krediten für Wohnimmobilien und gewerbliche Immobilien im Kreditrisiko-Standardansatz sowie im auf internen Ratings basierenden Ansatz um bis zu 25 Prozent erhöhen und

3.

    die Risikogewichte im Kreditrisiko-Standardansatz für Forderungen, die von Instituten und Unternehmen untereinander innerhalb des Finanzsektors eingegangen wurden, um bis zu 25 Prozent und im auf internen Ratings basierenden Ansatz um 25 Prozent erhöhen.

§ 48u Maßnahmen zur Begrenzung makroprudenzieller Risiken im Bereich der Darlehensvergabe zum Bau oder zum Erwerb von Wohnimmobilien; Verordnungsermächtigung

(1) Die Bundesanstalt kann für Kreditinstitute, die das Kreditgeschäft betreiben, im Wege der Allgemeinverfügung die in Absatz 2 vorgesehenen Beschränkungen bei der Vergabe von Darlehen zum Bau oder zum Erwerb von im Inland belegenen Wohnimmobilien festlegen, wenn und soweit dies erforderlich ist, um einer Störung der Funktionsfähigkeit des inländischen Finanzsystems oder einer Gefährdung der Finanzstabilität im Inland entgegenzuwirken. Eine Störung der Funktionsfähigkeit des Finanzsystems oder eine Gefährdung der Finanzstabilität kann insbesondere drohen, wenn die Preise von Wohnimmobilien und die Neuvergabe von Darlehen zum Bau oder Erwerb von Wohnimmobilien stark ansteigen und sich bei der Darlehensvergabe die in Absatz 2 genannten Quotienten erheblich verändern. Von Beschränkungen ausgenommen ist die Vergabe von Darlehen

1.

    zum Aus- und Umbau oder zur Sanierung von Wohnimmobilien im Eigentum des Darlehensnehmers,

2.

    für Maßnahmen, für die eine soziale Wohnraumförderung im Sinne des Wohnraumförderungsgesetzes oder nach entsprechenden landesrechtlichen Regelungen zugesagt ist,

3.

    für Vorhaben, für die bereits vor der Festlegung von Beschränkungen nach Satz 1 Darlehen an denselben Darlehensnehmer vergeben wurden, soweit deren Betrag insgesamt nicht über den nach Tilgungen verbliebenen Betrag der vor Festlegung der Beschränkungen vergebenen Darlehen hinausgeht (Anschlussfinanzierung), sowie

4.

    für die Umschuldung und Restrukturierung von notleidenden Darlehen.

Zu den nach Satz 3 von Beschränkungen ausgenommenen Darlehen können in der Allgemeinverfügung nach Satz 1 nähere Bestimmungen getroffen werden. Die Bundesanstalt kann weitere Ausnahmen zulassen.

(2) Die Darlehensvergabe kann beschränkt werden durch

1.

    die Vorgabe einer Obergrenze für den Quotienten aus dem gesamten Fremdkapitalvolumen einer Immobilienfinanzierung und dem Marktwert der Wohnimmobilien zum Zeitpunkt der Darlehensvergabe (Darlehensvolumen-Immobilienwert-Relation) und

2.

die Vorgabe eines Zeitraums, innerhalb dessen ein bestimmter Bruchteil eines Darlehens spätestens zurückgezahlt werden muss oder, bei endfälligen Darlehen, die Vorgabe einer maximalen Laufzeit (Amortisationsanforderung).

Die Beschränkungen können jeweils einzeln oder in Kombination festgelegt werden.

(3) Die Bundesanstalt ordnet bei der Festlegung von Beschränkungen nach Absatz 1 Satz 1 zugleich an,

1.

zu welchem Anteil das Neugeschäft für Wohnimmobilienfinanzierungen eines Kreditinstituts nicht den festgelegten Beschränkungen unterliegt (Freikontingent),

2.

bis zu welcher Darlehenshöhe eine oder mehrere Beschränkungen nicht gelten (Bagatellgrenze), wobei eine Obergrenze für das Darlehensvolumen, welches in einem bestimmten Zeitraum im Rahmen der Bagatellgrenze vergeben werden darf, im Verhältnis zum gesamten Neugeschäft für Wohnimmobilienfinanzierungen eines Kreditinstituts in einem bestimmten Zeitraum festzulegen ist,

3.

bis zu welchem Beleihungswert einer Wohnimmobilie eine oder mehrere Beschränkungen bei der Vergabe des Darlehens zum Bau oder Erwerb dieser Immobilie nicht gelten, wenn die Forderungen des Darlehensgebers aus dem Darlehen durch die Bestellung von Hypotheken oder Grundschulden an der Immobilie gesichert sind und die ersten 80 Prozent des Beleihungswerts nicht übersteigen (unterer Schwellenwert),

4.

bis zu welchem Beleihungswert einer Wohnimmobilie eine oder mehrere Beschränkungen bei der Vergabe des Darlehens zum Bau oder Erwerb dieser Immobilie nicht gelten, wenn die Forderungen des Darlehensgebers aus dem Darlehen durch die Bestellung von Hypotheken oder Grundschulden an der Immobilie gesichert sind und die ersten 60 Prozent des Beleihungswerts nicht übersteigen (oberer Schwellenwert), und

5.

ab welchem Zeitpunkt die Beschränkungen einzuhalten sind; es ist hierbei eine angemessene Frist nach Bekanntgabe der Allgemeinverfügung vorzusehen.

Die Bagatellgrenze nach Satz 1 Nummer 2 beträgt mindestens 50 000 Euro, der untere Schwellenwert nach Satz 1 Nummer 3 mindestens 200 000 Euro, der obere Schwellenwert nach Satz 1 Nummer 4 mindestens 400 000 Euro.

(4) Die nach Absatz 1 Satz 1 festgelegten Beschränkungen sind mindestens alle sechs Monate zu überprüfen.

(5) Das Bundesministerium der Finanzen wird ermächtigt, nach Anhörung der Spitzenverbände der Institute durch Rechtsverordnung, die nicht der Zustimmung des Bundesrates bedarf, im Benehmen mit dem Bundesministerium für Wirtschaft und Energie, dem Bundesministerium der Justiz und für Verbraucherschutz, dem Bundesministerium für Umwelt, Naturschutz, Bau und Reaktorsicherheit und der Deutschen Bundesbank nähere Regelungen zu erlassen über

1.

die Definitionen der Darlehen und der Wohnimmobilie nach Absatz 1, einschließlich der ausgenommenen Darlehen;

2.

die Festlegung von Obergrenzen und Zeiträumen, über die Berechnung von Quotienten und über sonstige maßgebliche Größen nach Absatz 2;

3.

die Anordnung zum Freikontingent, zur Bagatellgrenze, zu den Schwellenwerten und dem Zeitpunkt, ab dem die Beschränkungen einzuhalten sind, nach Absatz 3;

4.

die regelmäßige Überprüfung festgelegter Beschränkungen nach Absatz 4;

5.

Einzelheiten der Zusammenarbeit zwischen der Bundesanstalt und der Deutschen Bundesbank zur Anwendung dieser Vorschrift.

(6) Vor Erlass einer Allgemeinverfügung nach Absatz 1 sind die Spitzenverbände der Institute, einschließlich der Bausparkassen, und der Immobilienwirtschaft sowie das Bundesministerium für Wirtschaft und Energie, das Bundesministerium der Justiz und für Verbraucherschutz und das Bundesministerium für Umwelt, Naturschutz, Bau und Reaktorsicherheit anzuhören. Das Bundesministerium der Finanzen unterrichtet den Finanzausschuss des Deutschen Bundestages unverzüglich über die Einleitung der Anhörung nach Satz 1; der Erlass der Allgemeinverfügung erfolgt frühestens sechs Wochen nach der Unterrichtung. Die Bundesanstalt zeigt die Absicht, eine Allgemeinverfügung gemäß Absatz 1 zu erlassen, der Europäischen Kommission, dem Rat, dem Europäischen Ausschuss für Systemrisiken, der Europäischen Zentralbank und der Europäischen Bankenaufsichtsbehörde an. Die Sätze 1 bis 3 gelten entsprechend bei einer Abänderung der Allgemeinverfügung, mit der zusätzliche oder weitergehende Beschränkungen festgelegt werden sollen.

(7) Die Bundesanstalt kann die in einem anderen Staat des Europäischen Wirtschaftsraums oder in einem Drittstaat festgelegten Beschränkungen bei der Vergabe von Darlehen zum Bau oder zum Erwerb von Wohnimmobilien, die in einem anderen Staat belegen sind, anerkennen. Die Anerkennung setzt voraus, dass die ausländischen Beschränkungen mit den nach Absatz 2 möglichen Beschränkungen vergleichbar sind. Die Absätze 1 bis 4 gelten entsprechend.

5.
Vollziehbarkeit, Zwangsmittel, Umlage und Kosten

§ 49 Sofortige Vollziehbarkeit

Widerspruch und Anfechtungsklage gegen Maßnahmen der Bundesanstalt einschließlich der Androhung und Festsetzung von Zwangsmitteln auf der Grundlage des § 2c Abs. 1b Satz 1 und 2, Abs. 2 Satz 1 und Abs. 4, des § 3 Absatz 4, des § 6 Absatz 1b, des § 6a, des § 8a Absatz 3 bis 5, des § 10 Absatz 3 und 4, des § 12a Abs. 2, des § 13c Abs. 3 Satz 4, des § 25c Absatz 4c, des § 28 Abs. 1, des § 35 Abs. 2 Nr. 2 bis 6, der §§ 36, 37 und 44 Abs. 1, auch in Verbindung mit § 44b, Abs. 2 und 3a Satz 1, der §§ 44c Abs. 2 Satz 1, der §§ 44c, 45, des § 45a Abs. 1 und des § 45b Abs. 1, der §§ 45c, 46, 46a, 46b, 48u Absatz 1 und 7, der §§ 53l, 53n Absatz 1, der §§ 53p und 53q Absatz 2 haben keine aufschiebende Wirkung.

§ 50

(weggefallen)

§ 51 Umlage und Kosten

(1) Die Kosten des Bundesaufsichtsamtes sind, soweit sie nicht durch Gebühren oder durch besondere Erstattung nach Absatz 3 gedeckt sind, dem Bund von den Instituten zu 90 vom Hundert zu erstatten. Die Kosten werden anteilig auf die einzelnen Institute nach Maßgabe ihres Geschäftsumfanges umgelegt und vom Bundesaufsichtsamt nach den Vorschriften des Verwaltungsvollstreckungsgesetzes beigetrieben. Die in der Umlage-Verordnung Kredit- und Finanzdienstleistungswesen vom 8. März 1999 (BGBl. I S. 314) enthaltenen Regelungen gelten für die Zeit vom 12. März 1999 bis zum 30. Dezember 2000 in der am 12. März 1999 geltenden Fassung mit Gesetzeskraft. Für die Zeit vom 31. Dezember 2000 bis zum 31. Dezember 2001 gelten die in der Umlage-Verordnung Kredit- und Finanzdienstleistungswesen enthaltenen Regelungen in der am 31. Dezember 2000 geltenden Fassung mit Gesetzeskraft. Für die Zeit vom 1. Januar 2002 bis zum 30. April 2002 gelten die in der Umlage-Verordnung Kredit- und Finanzdienstleistungswesen enthaltenen Regelungen in der am 1. Januar 2002 geltenden Fassung mit Gesetzeskraft. Zu den Kosten gehören auch die Erstattungsbeträge, die nicht beigetrieben werden konnten, sowie die Fehlbeträge aus der Umlage des vorhergehenden Jahres, für das Kosten zu erstatten sind; ausgenommen sind die Erstattungs- oder Fehlbeträge, über die noch nicht unanfechtbar oder rechtskräftig entschieden ist. Das Nähere über die Erhebung der Umlage, insbesondere über den Verteilungsschlüssel und -stichtag, die Mindestveranlagung, das Umlageverfahren einschließlich eines geeigneten Schätzverfahrens, die Zahlungsfristen und die

Höhe der Säumniszuschläge, sowie über die Beitreibung bestimmt das Bundesministerium der Finanzen durch Rechtsverordnung; die Rechtsverordnung kann auch Regelungen über die vorläufige Festsetzung des Umlagebetrags vorsehen. Es kann die Ermächtigung durch Rechtsverordnung auf das Bundesaufsichtsamt übertragen.

(2) Das Bundesaufsichtsamt kann für Entscheidungen auf Grund des § 2 Abs. 4, des § 10 Abs. 3b Satz 1, des § 31 Abs. 2, der §§ 32 und 34 Abs. 2 und der §§ 35 bis 37 Gebühren in Höhe von 250 Euro bis 50 000 Euro festsetzen. Die Höhe der Gebühr soll sich im Einzelfall nach dem für die Entscheidung erforderlichen Arbeitsaufwand und nach dem Geschäftsumfang des betroffenen Unternehmens richten.

(3) Die Kosten, die dem Bund durch die Bestellung eines Abwicklers nach § 37 Satz 2 und § 38 Abs. 2 Satz 2 und 4, einer Aufsichtsperson nach § 46 Abs. 1 Satz 2, durch eine Bekanntmachung nach § 32 Abs. 4, § 37 Satz 3 oder § 38 Abs. 3 oder eine auf Grund des § 44 Abs. 1 oder 2, § 44b Satz 2 oder § 44c Abs. 2 vorgenommene Prüfung entstehen, sind von dem betroffenen Unternehmen gesondert zu erstatten und auf Verlangen des Bundesaufsichtsamtes vorzuschießen. Die Kosten, die dem Bund durch eine auf Grund von § 44 Abs. 3 vorgenommene Prüfung der Richtigkeit der für die Zusammenfassung nach § 10a Abs. 6 und 7, § 13b Abs. 3 und § 25 Abs. 2 übermittelten Daten entstehen, sind von dem zur Zusammenfassung verpflichteten übergeordneten Institut gesondert zu erstatten und auf Verlangen des Bundesaufsichtsamtes vorzuschießen.

(4) Absatz 1 Satz 3 bis 5 in der Fassung des Gesetzes zur Änderung des Versicherungsaufsichtsgesetzes und anderer Gesetze vom 15. Dezember 2004 (BGBl. I S. 3416) ist für die Zeit vom 12. März 1999 bis zum 30. April 2002 auf die angefallenen Kosten des Bundesaufsichtsamtes für das Kreditwesen anzuwenden. Im Übrigen sind die Absätze 1 bis 3 für den Zeitraum bis zum 30. April 2002 in der bis zum 30. April 2002 geltenden Fassung auf die angefallenen Kosten des Bundesaufsichtsamtes für das Kreditwesen anzuwenden.

Vierter Abschnitt
Besondere Vorschriften für Wohnungsunternehmen mit Spareinrichtung

§ 51a Anforderungen an die Eigenkapitalausstattung für Wohnungsunternehmen mit Spareinrichtung

(1) Wohnungsunternehmen mit Spareinrichtung müssen im Interesse der Erfüllung ihrer Verpflichtungen gegenüber ihren Gläubigern, insbesondere im Interesse der Sicherheit der ihnen anvertrauten Vermögenswerte, angemessenes Eigenkapital haben. Das Bundesministerium der Finanzen wird ermächtigt, durch Rechtsverordnung, die nicht der Zustimmung des Bundesrates bedarf, im Benehmen mit der Deutschen Bundesbank nähere Bestimmungen über die angemessene Eigenkapitalausstattung (Solvabilität) der Wohnungsunternehmen mit Spareinrichtung zu erlassen, insbesondere über

1. die Bestimmung der für Adressenausfallrisiken und Marktrisiken anrechnungspflichtigen Geschäfte und ihrer Risikoparameter;

2. den Gegenstand und die Verfahren zur Ermittlung von Eigenkapitalanforderungen für das operationelle Risiko;

3. die Berechnungsmethoden für die Eigenkapitalanforderung und die dafür erforderlichen technischen Grundsätze;

4. Inhalt, Art, Umfang und Form der zum Nachweis der angemessenen Eigenkapitalausstattung erforderlichen Angaben sowie Bestimmungen über die für die Datenübermittlung zulässigen Datenträger, Übertragungswege und Datenformate und

5. die Anforderungen an eine Ratingagentur, um deren Ratings für Risikogewichtungszwecke anerkennen zu können, und über die Anforderungen an das Rating.

169

Das Bundesministerium der Finanzen kann die Ermächtigung durch Rechtsverordnung auf die Bundesanstalt mit der Maßgabe übertragen, dass die Rechtsverordnung im Einvernehmen mit der Deutschen Bundesbank ergeht. Vor Erlass der Rechtsverordnung ist der Spitzenverband der Wohnungsunternehmen mit Spareinrichtung zu hören.

(2) Die Bundesanstalt kann bei der Beurteilung der Angemessenheit des Eigenkapitals anordnen, dass ein Wohnungsunternehmen mit Spareinrichtung Eigenkapitalanforderungen einhalten muss, die über die Anforderungen der Rechtsverordnung nach Absatz 1 Satz 2 hinausgehen, insbesondere

1.

um solche Risiken zu berücksichtigen, die nicht oder nicht in vollem Umfang Gegenstand der Rechtsverordnung nach Absatz 1 Satz 2 sind,

2.

wenn die Risikotragfähigkeit eines Wohnungsunternehmens mit Spareinrichtung nicht gewährleistet ist,

3.

um einer besonderen Geschäftssituation des Wohnungsunternehmens mit Spareinrichtung, etwa bei Aufnahme der Geschäftstätigkeit, Rechnung zu tragen oder

4.

wenn das Wohnungsunternehmen mit Spareinrichtung nicht über eine ordnungsgemäße Geschäftsorganisation im Sinne des § 25a Absatz 1 verfügt.

(3) Auf Antrag des Wohnungsunternehmens mit Spareinrichtung kann die Bundesanstalt bei der Beurteilung der Angemessenheit des Eigenkapitals einer abweichenden Berechnung der Eigenkapitalanforderungen zustimmen, um eine im Einzelfall unangemessene Risikoabbildung zu vermeiden.

(4) Der Berechnung der Angemessenheit des Eigenkapitals nach der Rechtsverordnung nach Absatz 1 Satz 2 ist das haftende Eigenkapital zugrunde zu legen.

(5) Eigenkapital, das von Dritten oder von Tochterunternehmen der Wohnungsunternehmen mit Spareinrichtung zur Verfügung gestellt wird oder wurde, kann nur berücksichtigt werden, wenn es dem Wohnungsunternehmen mit Spareinrichtung tatsächlich zugeflossen ist.

(6) Als haftendes Eigenkapital gelten abzüglich der Positionen des Satzes 2

1.

die Geschäftsguthaben und die Rücklagen; dabei sind Geschäftsguthaben von Mitgliedern, die zum Schluss des Geschäftsjahres ausscheiden, sowie ihre Ansprüche auf Auszahlung eines Anteils an der in der Bilanz nach § 73 Absatz 3 des Genossenschaftsgesetzes von eingetragenen Genossenschaften gesondert ausgewiesenen Ergebnisrücklage der Genossenschaft abzusetzen und

2.

der Bilanzgewinn, soweit seine Zuweisung zu den Rücklagen oder den Geschäftsguthaben beschlossen ist.

Abzugspositionen im Sinne des Satzes 1 sind:

1.

der Bilanzverlust;

2.

die immateriellen Vermögensgegenstände;

3.

der Korrekturposten gemäß Absatz 9;

4.

Verbriefungspositionen, soweit die Rechtsverordnung nach Absatz 1 Satz 2 eine die Wahl zwischen einer Unterlegung der Verbriefungsposition mit Eigenmitteln zu ihrem vollen Betrag oder dem Abzug vorsieht und das Wohnungsunternehmen mit Spareinrichtungen den Abzug wählt.

(7) Als Rücklagen im Sinne des Absatzes 6 Satz 1 gelten nur die in der letzten für den Schluss eines Geschäftsjahres festgestellten Bilanz als Rücklagen ausgewiesenen Beträge mit Ausnahme

solcher Passivposten, die erst bei ihrer Auflösung zu versteuern sind. Als Rücklagen ausgewiesene Beträge, die aus Erträgen gebildet worden sind, auf die erst bei Eintritt eines zukünftigen Ereignisses Steuern zu entrichten sind, können nur in Höhe von 45 Prozent berücksichtigt werden. Rücklagen, die auf Grund eines bei der Emission von Anteilen erzielten Aufgeldes oder anderweitig durch den Zufluss externer Mittel gebildet werden, können vom Zeitpunkt des Zuflusses an berücksichtigt werden.

(8) Von einem Wohnungsunternehmen mit Spareinrichtung aufgestellte Zwischenabschlüsse sind einer prüferischen Durchsicht durch den Abschlussprüfer zu unterziehen; in diesen Fällen gilt der Zwischenabschluss für die Zwecke dieser Vorschrift als ein mit dem Jahresabschluss vergleichbarer Abschluss, wobei Gewinne des Zwischenabschlusses dem Eigenkapital zugerechnet werden, soweit sie nicht für voraussichtliche Gewinnausschüttungen oder Steueraufwendungen gebunden sind. Verluste, die sich aus Zwischenabschlüssen ergeben, sind vom Eigenkapital abzuziehen. Das Wohnungsunternehmen mit Spareinrichtung hat der Bundesanstalt und der Deutschen Bundesbank den Zwischenabschluss jeweils unverzüglich einzureichen. Der Abschlussprüfer hat der Bundesanstalt und der Deutschen Bundesbank unverzüglich nach Beendigung der prüferischen Durchsicht des Zwischenabschlusses eine Bescheinigung über die Durchsicht einzureichen. Ein im Zuge der Verschmelzung erstellter unterjähriger Jahresabschluss gilt nicht als Zwischenabschluss im Sinne dieses Absatzes.

(9) Die Bundesanstalt kann auf das haftende Eigenkapital einen Korrekturposten festsetzen. Wird der Korrekturposten festgesetzt, um noch nicht bilanzwirksam gewordene Kapitalveränderungen zu berücksichtigen, so wird die Festsetzung mit der Feststellung des nächsten für den Schluss eines Geschäftsjahres aufgestellten Jahresabschlusses gegenstandslos. Die Bundesanstalt hat die Festsetzung auf Antrag des Wohnungsunternehmens mit Spareinrichtung aufzuheben, soweit die Voraussetzung für die Festsetzung wegfällt.

§ 51b Anforderungen an die Liquidität für Wohnungsunternehmen mit Spareinrichtung

(1) Wohnungsunternehmen mit Spareinrichtung müssen ihre Mittel so anlegen, dass jederzeit eine ausreichende Zahlungsfähigkeit (Liquidität) gewährleistet ist. Mietzahlungen, die in den nächsten zwölf Monaten fällig werden, werden als Liquiditätszuflüsse berücksichtigt.

(2) Das Bundesministerium der Finanzen wird ermächtigt, durch Rechtsverordnung, die nicht der Zustimmung des Bundesrates bedarf, im Benehmen mit der Deutschen Bundesbank nähere Bestimmungen über die ausreichende Liquidität zu erlassen, insbesondere über die

1.
  Methoden zur Beurteilung der ausreichenden Liquidität und die dafür erforderlichen technischen Grundsätze,
2.
  als Zahlungsmittel und Zahlungsverpflichtungen zu berücksichtigenden Geschäfte einschließlich ihrer Bemessungsgrundlagen und
3.
  Pflicht der Wohnungsunternehmen mit Spareinrichtung zur Übermittlung der zum Nachweis der ausreichenden Liquidität erforderlichen Angaben an die Bundesanstalt und die Deutsche Bundesbank, einschließlich Bestimmungen zu Inhalt, Art, Umfang und Form der Angaben, zu der Häufigkeit ihrer Übermittlung und über die zulässigen Datenträger, Übertragungswege und Datenformate.

Das Bundesministerium der Finanzen kann die Ermächtigung durch Rechtsverordnung auf die Bundesanstalt mit der Maßgabe übertragen, dass die Rechtsverordnung im Einvernehmen mit der Deutschen Bundesbank ergeht. Vor Erlass der Rechtsverordnung ist der Spitzenverband der Wohnungsunternehmen mit Spareinrichtung zu hören.

(3) Die Bundesanstalt kann bei der Beurteilung der Liquidität im Einzelfall gegenüber Wohnungsunternehmen mit Spareinrichtung über die in der Rechtsverordnung nach Absatz 2 Satz 1 festgelegten Vorgaben hinausgehende Liquiditätsanforderungen anordnen, wenn ohne eine solche Maßnahme die nachhaltige Liquidität nicht gesichert ist.

§ 51c Sonstige Sondervorschriften für Wohnungsunternehmen mit Spareinrichtung

(1) Das Einlagengeschäft im Sinne des § 1 Absatz 29 Satz 1 Nummer 3 darf nur mit den Mitgliedern der Genossenschaft und ihren Angehörigen gemäß § 15 der Abgabenordnung betrieben werden.

(2) § 25c Absatz 1 gilt mit der Maßgabe, dass Geschäftsleiter von Wohnungsunternehmen mit Spareinrichtung im Einzelfall die praktischen Kenntnisse in den entsprechenden Geschäften nach ihrer Bestellung erwerben können, wenn mindestens zwei Vorstandsmitglieder vorhanden sind, die die fachliche Eignung nach § 25c Absatz 1 besitzen, und gesichert ist, dass diese bei allen Entscheidungen stets die Mehrheit der Stimmen innehaben.

(3) § 25c Absatz 4a Nummer 3 Buchstabe d, e und g gilt mit der Maßgabe, dass die Berichterstattung in angemessenen Abständen, mindestens jedoch jährlich, erfolgt.

(4) Die §§ 6b, 7a, 10 bis 18, 24 Absatz 1 Nummer 16, 17 und Absatz 1a Nummer 5, die §§ 24c, 25, 25d Absatz 7 bis 12, § 32 Absatz 1a sowie § 26a sind nicht anzuwenden.

(5) § 33 Absatz 1 Satz 1 gilt mit der Maßgabe, dass einem Wohnungsunternehmen mit Spareinrichtung als Anfangskapital ein Gegenwert von mindestens 5 Millionen Euro zur Verfügung steht.

Fünfter Abschnitt
Sondervorschriften

§ 52 Sonderaufsicht

Soweit Institute einer anderen staatlichen Aufsicht unterliegen, bleibt diese neben der Aufsicht der Bundesanstalt bestehen.

§ 52a Verjährung von Ansprüchen gegen Organmitglieder von Kreditinstituten

(1) Ansprüche von Kreditinstituten gegen Geschäftsleiter und Mitglieder des Aufsichts- oder Verwaltungsorgans aus dem Organ- und Anstellungsverhältnis wegen der Verletzung von Sorgfaltspflichten verjähren in zehn Jahren.

(2) Absatz 1 ist auch auf die vor dem 15. Dezember 2010 entstandenen und noch nicht verjährten Ansprüche anzuwenden.

§ 53 Zweigstellen von Unternehmen mit Sitz im Ausland

(1) Unterhält ein Unternehmen mit Sitz im Ausland eine Zweigstelle im Inland, die Bankgeschäfte betreibt oder Finanzdienstleistungen erbringt, gilt die Zweigstelle als Kreditinstitut oder Finanzdienstleistungsinstitut. Unterhält das Unternehmen mehrere Zweigstellen im Inland, gelten sie als ein Institut.

(2) Auf die in Absatz 1 bezeichneten Institute ist dieses Gesetz mit folgender Maßgabe anzuwenden:

1.

    Das Unternehmen hat mindestens zwei natürliche Personen mit Wohnsitz im Inland zu bestellen, die für den Geschäftsbereich des Instituts zur Geschäftsführung und zur Vertretung des Unternehmens befugt sind, sofern das Institut Bankgeschäfte betreibt oder Finanzdienstleistungen erbringt und befugt ist, sich bei der Erbringung von Finanzdienstleistungen Eigentum oder Besitz an Geldern oder Wertpapieren von Kunden zu verschaffen. Solche Personen gelten als Geschäftsleiter. Sie sind zur Eintragung in das Handelsregister anzumelden.

2.

    Das Institut ist verpflichtet, über die von ihm betriebenen Geschäfte und über das seinem Geschäftsbetrieb dienende Vermögen des Unternehmens gesondert Buch zu führen und gegenüber der Bundesanstalt und der Deutschen Bundesbank Rechnung zu legen. Die Vorschriften des Handelsgesetzbuchs über Handelsbücher gelten insoweit entsprechend. Auf der Passivseite der jährlichen Vermögensübersicht ist der Betrag des dem Institut von dem Unternehmen zur Verfügung gestellten Betriebskapitals und der Betrag der dem Institut zur Verstärkung der eigenen Mittel belassenen Betriebsüberschüsse gesondert auszuweisen. Der Überschuß der Passivposten über die Aktivposten oder der Überschuß der Aktivposten über die Passivposten ist am Schluß der Vermögensübersicht ungeteilt und gesondert auszuweisen.

3.

Die nach Nummer 2 für den Schluß eines jeden Geschäftsjahres aufzustellende Vermögensübersicht mit einer Aufwands- und Ertragsrechnung und einem Anhang gilt als Jahresabschluß (§ 26). Für die Prüfung des Jahresabschlusses gilt § 340k des Handelsgesetzbuchs entsprechend mit der Maßgabe, daß der Prüfer von den Geschäftsleitern gewählt und bestellt wird. Mit dem Jahresabschluß des Instituts ist der Jahresabschluß des Unternehmens für das gleiche Geschäftsjahr einzureichen.

4.

Für Zweigstellen, die sowohl das Einlagen- als auch das Kreditgeschäft betreiben, gilt § 33 Absatz 1 Satz 1 Nummer 1 Buchstabe d entsprechend. Als Eigenmittel des Instituts gilt die Summe der Beträge, die in den Finanzinformationen nach § 25 als dem Institut von dem Unternehmen zur Verfügung gestelltes Betriebskapital und ihm zur Verstärkung der eigenen Mittel belassene Betriebsüberschüsse ausgewiesen wird, abzüglich des Betrags eines etwaigen aktiven Verrechnungssaldos. Außerdem ist dem Institut Kapital nach Artikel 71 der Verordnung (EU) Nr. 575/2013 in der jeweils geltenden Fassung zuzurechnen; die Artikel 25 bis 91 der Verordnung (EU) Nr. 575/2013 in ihrer jeweils geltenden Fassung gelten mit der Maßgabe, dass die Eigenmittel nach Satz 2 als hartes Kernkapital gelten.

5.

Die Erlaubnis kann auch dann versagt werden, wenn die Gegenseitigkeit nicht auf Grund zwischenstaatlicher Vereinbarungen gewährleistet ist. Die Erlaubnis ist zu widerrufen, wenn und soweit dem Unternehmen die Erlaubnis zum Betreiben von Bankgeschäften oder Erbringen von Finanzdienstleistungen von der für die Aufsicht über das Unternehmen im Ausland zuständigen Stelle entzogen worden ist.

6.

Für die Anwendung des § 36 Abs. 1 gilt das Institut als juristische Person.

7.

Die Eröffnung neuer Zweigstellen sowie die Schließung von Zweigstellen im Inland hat das Institut der Bundesanstalt und der Deutschen Bundesbank unverzüglich anzuzeigen.

(2a) Für die Bestimmungen dieses Gesetzes, die daran anknüpfen, daß ein Institut das Tochterunternehmen eines Unternehmens mit Sitz im Ausland ist, gilt die Zweigstelle als hundertprozentiges Tochterunternehmen der Institutszentrale mit Sitz im Ausland.

(3) Für Klagen, die auf den Geschäftsbetrieb einer Zweigstelle im Sinne des Absatzes 1 Bezug haben, darf der Gerichtsstand der Niederlassung nach § 21 der Zivilprozeßordnung nicht durch Vertrag ausgeschlossen werden.

(4) Die Absätze 2 bis 3 sind nicht anzuwenden, soweit zwischenstaatliche Vereinbarungen entgegenstehen, denen die gesetzgebenden Körperschaften in der Form eines Bundesgesetzes zugestimmt haben.

(5) Ist ein Beschluss über die Auflösung der Zweigstelle gefasst worden, so ist dieser zur Eintragung in das Handelsregister des Gerichts der Zweigstelle anzumelden und der Vermerk 'in Abwicklung' im Rechtsverkehr zu führen. Die erteilte Erlaubnis ist an die Bundesanstalt zurückzugeben.

(6) Die ebenfalls eintragungspflichtige Aufhebung der Zweigstelle darf nur mit Zustimmung der Bundesanstalt erfolgen. Die Zustimmung ist in der Regel zu verweigern, wenn nicht nachgewiesen ist, dass sämtliche Geschäfte der Zweigstelle abgewickelt worden sind.

Fußnote(+++ § 53: Zur Anwendung vgl. § 51 Abs. 1 Satz 3 KAGB +++)

§ 53a Repräsentanzen von Instituten mit Sitz im Ausland

Ein Institut mit Sitz im Ausland darf eine Repräsentanz im Inland errichten oder fortführen, wenn es befugt ist, in seinem Herkunftsstaat Bankgeschäfte zu betreiben oder Finanzdienstleistungen zu erbringen und dort seine Hauptverwaltung hat. Das Institut hat die Absicht, eine Repräsentanz zu errichten, und den Vollzug einer solchen Absicht der Bundesanstalt und der Deutschen Bundesbank unverzüglich anzuzeigen. Die Bundesanstalt bestätigt dem Institut den Eingang der Anzeige. Die Repräsentanz, einschließlich ihrer Leiter, darf ihre Tätigkeit erst aufnehmen, wenn dem Institut die Bestätigung der Bundesanstalt vorliegt. Das Institut hat der Bundesanstalt und der Deutschen Bundesbank die Verlegung oder Schließung der Repräsentanz unverzüglich anzuzeigen.

§ 53b Unternehmen mit Sitz in einem anderen Staat des Europäischen Wirtschaftsraums

(1) Ein CRR-Kreditinstitut oder ein Wertpapierhandelsunternehmen mit Sitz in einem anderen Staat des Europäischen Wirtschaftsraums darf ohne Erlaubnis durch die Aufsichtsbehörde über eine Zweigniederlassung oder über gemäß § 2 Absatz 10 angezeigte vertraglich gebundene Vermittler, die ihren Sitz oder gewöhnlichen Aufenthalt im Inland haben, sowie im Wege des grenzüberschreitenden Dienstleistungsverkehrs, auch durch vertraglich gebundene Vermittler, die ihren Sitz oder gewöhnlichen Aufenthalt im Herkunftsmitgliedstaat haben, im Inland Bankgeschäfte betreiben oder Finanzdienstleistungen erbringen, wenn das Unternehmen von den zuständigen Stellen seines Herkunftsmitgliedstaates zugelassen worden ist, die Geschäfte von der Zulassung abgedeckt sind und das Unternehmen von den zuständigen Stellen nach Maßgabe der Richtlinien und Verordnungen der Europäischen Union beaufsichtigt wird. Satz 1 gilt entsprechend für CRR-Kreditinstitute, die auch Zahlungsdienste im Sinne des Zahlungsdiensteaufsichtsgesetzes erbringen. § 53 ist in diesem Fall nicht anzuwenden. § 14 der Gewerbeordnung bleibt unberührt.
(1a) Ein Unternehmen mit Sitz in einem anderen Mitgliedstaat der Europäischen Union oder einem Vertragsstaat des Abkommens über den Europäischen Wirtschaftsraum darf ohne Erlaubnis durch die Bundesanstalt über eine Zweigniederlassung oder im Wege des grenzüberschreitenden Dienstleistungsverkehrs im Inland als Datenbereitstellungsdienst tätig werden, wenn das Unternehmen von den zuständigen Stellen seines Herkunftsmitgliedstaates zugelassen worden ist und die Geschäfte durch die Zulassung abgedeckt sind.
(2) Vorbehaltlich der Regelungen in Teil II, Titel 3 der Verordnung (EU) Nr. 468/2014 hat die Bundesanstalt einem Unternehmen im Sinne des Absatzes 1 Satz 1 und 2, das beabsichtigt, eine Zweigniederlassung im Inland zu errichten, innerhalb von zwei Monaten nach Eingang der von den zuständigen Stellen des Herkunftsmitgliedstaates über die beabsichtigte Errichtung der Zweigniederlassung übermittelten Unterlagen auf die für seine Tätigkeit vorgeschriebenen Meldungen an die Bundesanstalt und die Deutsche Bundesbank hinzuweisen und die Bedingungen anzugeben, die nach Absatz 3 Satz 1 für die Ausübung der von der Zweigniederlassung geplanten Tätigkeiten aus Gründen des Allgemeininteresses gelten. Nach Eingang der Mitteilung der Aufsichtsbehörde, spätestens nach Ablauf der in Satz 1 genannten Frist, kann die Zweigniederlassung errichtet werden und ihre Tätigkeit aufnehmen. Die Europäische Wertpapier- und Marktaufsichtsbehörde kann nach dem Verfahren und unter den in Artikel 35 der Verordnung (EU) Nr. 1095/2010 festgelegten Bedingungen den Zugang zu diesen Informationen verlangen.
(2a) Vorbehaltlich der Regelungen in Teil II, Titel 3 der Verordnung (EU) Nr. 468/2014 hat die Bundesanstalt einem Unternehmen im Sinne des Absatzes 1 Satz 1 und 2, das beabsichtigt, im Inland im Wege des grenzüberschreitenden Dienstleistungsverkehrs tätig zu werden, innerhalb von zwei Monaten nach Eingang der von den zuständigen Stellen des Herkunftsmitgliedstaates über die beabsichtigte Aufnahme des grenzüberschreitenden Dienstleistungsverkehrs übermittelten Unterlagen die Bedingungen anzugeben, die nach Absatz 3 Satz 3 für die Ausübung der geplanten Tätigkeiten aus Gründen des Allgemeininteresses gelten. Die Bundesanstalt veröffentlicht die Namen von vertraglich gebundenen Vermittlern, die ihren Sitz oder gewöhnlichen Aufenthalt im Herkunftsmitgliedstaat des Instituts haben und die das Institut im Inland heranziehen will, auf ihrer Internetseite, soweit die zuständigen Stellen des Herkunftsmitgliedstaates diese mitgeteilt haben.

(3) Auf Zweigniederlassungen im Sinne des Absatzes 1 Satz 1 und 2 sind die folgenden Regelungen entsprechend anzuwenden mit der Maßgabe, dass eine oder mehrere Zweigniederlassungen desselben Unternehmens als ein Kreditinstitut oder Finanzdienstleistungsinstitut gelten:

1.
§ 3 Absatz 1 und § 6 Absatz 2,

1a.
§ 10 Absatz 2,

2.
(weggefallen)

3.
die §§ 14, 18a, 22 und 23,

4.
§ 23a, sofern es sich um ein CRR-Institut oder Wertpapierhandelsunternehmen handelt,

5.
§ 24 Abs. 1 Nr. 5 und 7,

6.
die §§ 24b, 24c, 25, 25a Abs. 1 Satz 6 Nr. 2,

7.
§ 25h Absatz 1 bis 3, soweit es sich um Anforderungen zur Verhinderung von Geldwäsche und Terrorismusfinanzierung handelt, sowie § 25h Absatz 4 und 5,

8.
die §§ 25i bis 25k, 25m, 37, 39 bis 42, 43 Absatz 2 und 3, § 44 Absatz 1 und 6, § 44a Absatz 1 und 2 sowie die §§ 44c, 46 bis 46h, 48u und 49,

9.
§ 17 des Finanzdienstleistungsaufsichtsgesetzes.

Für die Tätigkeiten im Wege des grenzüberschreitenden Dienstleistungsverkehrs nach Absatz 1 Satz 1 und 2 gelten § 3 Absatz 1, sofern es sich um ein CRR-Institut oder ein Wertpapierhandelsunternehmen handelt, die §§ 18a, 23a, 37, 44 Absatz 1 sowie die §§ 44c, 48u Absatz 1 und § 49 *dieses Gesetzes und § 17* des Finanzdienstleistungsaufsichtsgesetzes entsprechend. Auf Betreiber eines multilateralen oder organisierten Handelssystems, die im Wege des grenzüberschreitenden Dienstleistungsverkehrs im Inland einen Zugang anbieten, ist § 23a nicht anzuwenden.

(4) Stellt die Aufsichtsbehörde fest, dass ein Unternehmen im Sinne des Absatzes 1 Satz 1 und 2 seinen Pflichten nach Absatz 3 oder der Verordnung (EU) Nr. 575/2013 nicht nachkommt oder es sehr wahrscheinlich ist, dass es diesen Verpflichtungen nicht nachkommen wird, unterrichtet die Aufsichtsbehörde unverzüglich die zuständigen Stellen des Herkunftsmitgliedstaates. Ergreift der Herkunftsmitgliedstaat keine Maßnahmen oder erweisen sich die Maßnahmen als unzureichend, kann sie nach Unterrichtung der zuständigen Stellen des Herkunftsmitgliedstaates die erforderlichen Maßnahmen ergreifen; erforderlichenfalls kann sie die Durchführung neuer Geschäfte im Inland untersagen.

(5) In dringenden Fällen kann die Aufsichtsbehörde vor Einleitung des in Absatz 4 vorgesehenen Verfahrens die erforderlichen Maßnahmen anordnen, sofern der Herkunftsmitgliedstaat keine Sanierungsmaßnahmen im Sinne des Artikels 2 der Richtlinie 2001/24/EG des Europäischen Parlaments und des Rates vom 4. April 2001 über die Sanierung und Liquidation der Kreditinstitute (ABl. L 125 vom 5.5.2001, S. 15) erlassen hat. Sie hat die Europäische Kommission, die Europäische Bankenaufsichtsbehörde und die zuständigen Stellen des Herkunftsmitgliedstaates unverzüglich hiervon zu unterrichten. Diese Maßnahmen sind aufzuheben, wenn

1.
der Herkunftsmitgliedstaat eine Sanierungsmaßnahme im Sinne des Artikels 2 der Richtlinie 2001/24/EG angeordnet oder erlassen hat,

2.
der Herkunftsmitgliedstaat die notwendigen Maßnahmen angeordnet oder ergriffen hat, damit das Unternehmen seinen Verpflichtungen nachkommt,

3.

    die Europäische Kommission nach Anhörung der Aufsichtsbehörde, des Herkunftsmitgliedstaates und der Europäischen Bankaufsichtsbehörde entschieden hat, dass die Maßnahmen nach Satz 1 aufzuheben sind oder

4.

    der Grund für ihre Anordnung entfallen ist.

(6) Die zuständigen Stellen des Herkunftsmitgliedstaates können nach vorheriger Unterrichtung der Aufsichtsbehörde selbst oder durch ihre Beauftragten die für die bankaufsichtliche Überwachung der Zweigniederlassung erforderlichen Informationen bei der Zweigniederlassung prüfen.

(7) Ein Unternehmen mit Sitz in einem anderen Staat des Europäischen Wirtschaftsraums, das Bankgeschäfte im Sinne des § 1 Abs. 1 Satz 2 Nr. 1 bis 3, 5, 7 bis 9 betreibt, Finanzdienstleistungen im Sinne des § 1 Abs. 1a Satz 2 Nr. 7, 9 und 10, oder Zahlungsdienste im Sinne des Zahlungsdiensteaufsichtsgesetzes erbringt oder sich als Finanzunternehmen im Sinne des § 1 Abs. 3 betätigt, kann diese Tätigkeiten über eine Zweigniederlassung oder im Wege des grenzüberschreitenden Dienstleistungsverkehrs im Inland abweichend von § 32 ohne Erlaubnis der Aufsichtsbehörde ausüben, wenn

1.

    das Unternehmen ein Tochterunternehmen eines CRR-Kreditinstituts oder ein gemeinsames Tochterunternehmen mehrere CRR-Kreditinstitute ist,

2.

    seine Satzung diese Tätigkeiten gestattet,

3.

    das oder die Mutterunternehmen in dem Staat, in dem das Unternehmen seinen Sitz hat, als CRR-Kreditinstitut zugelassen sind,

4.

    die Tätigkeiten, die das Unternehmen ausübt, auch im Herkunftsmitgliedstaat betrieben werden,

5.

    das oder die Mutterunternehmen mindestens 90 vom Hundert der Stimmrechte des Tochterunternehmens halten,

6.

    das oder die Mutterunternehmen gegenüber den zuständigen Stellen des Herkunftsmitgliedstaates des Unternehmens die umsichtige Geschäftsführung des Unternehmens glaubhaft gemacht und sich mit Zustimmung dieser zuständigen Stellen des Herkunftsmitgliedstaates gegebenenfalls gesamtschuldnerisch für die vom Tochterunternehmen eingegangenen Verpflichtungen verbürgt haben und

7.

    das Unternehmen in die Beaufsichtigung des Mutterunternehmens auf konsolidierter Basis einbezogen ist.

Satz 1 gilt entsprechend für Tochterunternehmen von in Satz 1 genannten Unternehmen, Finanzholding-Gesellschaften, gemischten Finanzholding-Gesellschaften und gemischten Holdinggesellschaften, welche die vorgenannten Bedingungen erfüllen. Die Absätze 2 bis 6 gelten entsprechend.

(8) Die Bundesanstalt kann beantragen, dass eine inländische Zweigniederlassung eines Instituts mit Sitz in einem anderen Staat des Europäischen Wirtschaftsraums als bedeutend angesehen wird. Gehört das Institut einer Institutsgruppe, Finanzholding-Gruppe oder gemischten Finanzholding-Gruppe an, an deren Spitze ein EU-Mutterinstitut, eine EU-Mutterfinanzholding-Gesellschaft oder eine gemischte EU-Mutterfinanzholding-Gesellschaft steht, richtet die Bundesanstalt den Antrag an die für die Beaufsichtigung der Gruppe auf zusammengefasster Basis zuständige Stelle, anderenfalls an die zuständige Stelle des Herkunftsmitgliedstaates. Der Antrag ist zu begründen. Eine Zweigniederlassung ist insbesondere dann als bedeutend anzusehen, wenn

1.

2. ihr Marktanteil gemessen an den Einlagen 2 vom Hundert übersteigt,

3. sich eine Aussetzung oder Einstellung der Tätigkeit des Instituts auf die systemische Liquidität und die Zahlungsverkehrs- sowie Abwicklungs- und Verrechnungssysteme im Inland auswirken würde oder

ihr eine gewisse Größe und Bedeutung gemessen an der Kundenzahl innerhalb des Banken- und Finanzsystems zukommt.

Die Bundesanstalt kann von den Instituten nach Satz 1 alle Angaben verlangen, die für die Beurteilung nach Satz 4 erforderlich sind.

(9) Haben die Bundesanstalt, die zuständige Stelle des Herkunftsmitgliedstaates sowie gegebenenfalls die für die Beaufsichtigung auf zusammengefasster Basis zuständige Stelle innerhalb von zwei Monaten nach Erhalt des Antrags keine einvernehmliche Entscheidung über die Einstufung der Zweigniederlassung als bedeutend getroffen, entscheidet die Bundesanstalt unter Berücksichtigung der Auffassungen und Vorbehalte der anderen zuständigen Stelle innerhalb von weiteren zwei Monaten selbst über die Einstufung einer Zweigniederlassung als bedeutend. Diese Entscheidung ist den anderen zuständigen Stellen schriftlich unter Angabe von Gründen mitzuteilen. Hat die Bundesanstalt oder eine zuständige Stelle in einem anderen Staat des Europäischen Wirtschaftsraums bis zum Ablauf der Zweimonatsfrist nach Satz 1 nach Maßgabe des Artikels 19 der Verordnung (EU) Nr. 1093/2010 die Europäische Bankenaufsichtsbehörde um Hilfe ersucht, stellt die Bundesanstalt ihre Entscheidung nach Satz 1 bis zu einem Beschluss der Europäischen Bankenaufsichtsbehörde gemäß Artikel 19 Absatz 3 der Verordnung (EU) Nr. 1093/2010 zurück und entscheidet dann in Übereinstimmung mit einem solchen Beschluss. Nach Ablauf der Zweimonatsfrist oder nachdem eine gemeinsame Entscheidung getroffen wurde, kann die Europäische Bankenaufsichtsbehörde nicht mehr um Hilfe ersucht werden.

(10) Ist die Bundesanstalt auf Einzelinstitutsebene oder unterkonsolidierter Basis für die Beaufsichtigung von Tochterunternehmen eines EU-Mutterinstituts, einer EU-Mutterfinanzholding-Gesellschaft oder einer gemischten EU-Mutterfinanzholding-Gesellschaft zuständig, für deren Beaufsichtigung auf zusammengefasster Basis sie nicht zuständig ist und kommt es innerhalb der viermonatigen Frist nicht zu einer gemeinsamen Entscheidung aller zuständigen Stellen über die Angemessenheit der Eigenmittelausstattung und das Erfordernis zusätzlicher Eigenmittelanforderungen, entscheidet die Bundesanstalt allein, ob die Eigenmittelausstattung der ihrer Beaufsichtigung unterliegenden Tochterunternehmen angemessen ist und ob zusätzliche Eigenmittelanforderungen erforderlich sind. Bei der Entscheidung berücksichtigt sie angemessen die Auffassungen und Vorbehalte der zuständigen Stelle, die die Aufsicht auf zusammengefasster Basis über die Institutsgruppe, Finanzholding-Gruppe oder gemischte Finanzholding-Gruppe ausübt; die Entscheidung muss der Risikobewertung und den Auffassungen und Vorbehalten Rechnung tragen, die innerhalb der viermonatigen Frist von den anderen zuständigen Stellen geäußert wurden. Hat die Bundesanstalt oder eine zuständige Stelle in einem anderen Staat des Europäischen Wirtschaftsraums bis zum Ablauf der Viermonatsfrist nach § 8a Absatz 4 Satz 1 nach Maßgabe des Artikels 19 der Verordnung (EU) Nr. 1093/2010 die Europäische Bankenaufsichtsbehörde um Hilfe ersucht, stellt die Bundesanstalt ihre Entscheidung nach Satz 1 bis zu dem Beschluss der Europäischen Bankenaufsichtsbehörde gemäß Artikel 19 Absatz 3 der Verordnung (EU) Nr. 1093/2010 zurück und entscheidet dann in Übereinstimmung mit einem solchen Beschluss. Nach Ablauf der Viermonatsfrist oder nachdem eine gemeinsame Entscheidung getroffen wurde, kann die Europäische Bankenaufsichtsbehörde nicht mehr um Hilfe ersucht werden. Die Bundesanstalt übersendet der zuständigen Stelle, die die Aufsicht auf zusammengefasster Basis über die Institutsgruppe, Finanzholding-Gruppe oder gemischte Finanzholding-Gruppe ausübt, die schriftliche Entscheidung unter Angabe der vollständigen Begründung. Wurde die Europäische Bankenaufsichtsbehörde angehört, berücksichtigt die Bundesanstalt deren Stellungnahme und begründet jede erhebliche Abweichung davon.

(11) Bevor die Bundesanstalt eine Prüfung nach § 44 über eine Zweigniederlassung anordnet, die im Inland tätig ist, hat sie die zuständigen Stellen des Herkunftsmitgliedstaates anzuhören. Die Informationen und Erkenntnisse, die durch die Prüfung gewonnen werden, sind den zuständigen

Stellen des Herkunftsmitgliedstaates mitzuteilen, wenn sie wichtig sind für die Risikobewertung des Mutterinstituts oder für die Stabilität des Finanzsystems des Herkunftsmitgliedstaates.

Fußnote(+++ § 53b Abs. 4, 5 u. 8: Zur Anwendung vgl. § 64r Abs. 16 +++)
§ 53b Abs. 3 Satz 3 Kursivdruck: IdF d. Art. 2 Nr. 31 Buchst. d DBuchst. bb G v. 10.12.2014 I 2091 mWv 19.12.2014 u. d. Art. 2 Nr. 25 Buchst. b G v. 2.11.2015 I 1864 mWv 6.11.2015 (abweichend vom Bundesgesetzblatt wurden wegen offensichtlicher Unrichtigkeit der Änderungsanweisung die Wörter "dieses Gesetzes und § und 17" durch die Wörter "dieses Gesetzes und § 17" ersetzt)

§ 53c Unternehmen mit Sitz in einem Drittstaat; Verordnungsermächtigung

(1) Das Bundesministerium der Finanzen wird ermächtigt, durch Rechtsverordnung

1.
> zu bestimmen, daß die Vorschriften dieses Gesetzes über ausländische Unternehmen mit Sitz in einem anderen Staat des Europäischen Wirtschaftsraums auch auf Unternehmen mit Sitz in einem Drittstaat anzuwenden sind, soweit dies im Bereich des Niederlassungsrechts oder des Dienstleistungsverkehrs oder für die Aufsicht auf zusammengefaßter Basis auf Grund von Abkommen der Europäischen Union mit Drittstaaten erforderlich ist;

2.
> die vollständige oder teilweise Anwendung der Vorschriften des § 53b unter vollständiger oder teilweiser Freistellung von den Vorschriften des § 53 auf Unternehmen mit Sitz in einem Drittstaat anzuordnen, wenn die Gegenseitigkeit gewährleistet ist und
> a)
>> die Unternehmen in ihrem Sitzstaat in den von der Freistellung betroffenen Bereichen nach international anerkannten Grundsätzen beaufsichtigt werden,
> b)
>> den Zweigniederlassungen der entsprechenden Unternehmen mit Sitz im Inland in diesem Staat gleichwertige Erleichterungen eingeräumt werden und
> c)
>> die zuständigen Behörden des Sitzstaates zu einer befriedigenden Zusammenarbeit mit der Bundesanstalt bereit sind und dies auf der Grundlage einer Vereinbarung sichergestellt ist.

(2) Ungeachtet der Regelungen des Absatzes 1 können Unternehmen mit Sitz in einem Drittstaat, die in das Register nach Artikel 48 der Verordnung (EU) Nr. 600/2014 eingetragen wurden, gegenüber geeigneten Gegenparteien und professionellen Kunden im Inland Wertpapierdienstleistungen im Sinne des § 2 Absatz 3 und 3a des Wertpapierhandelsgesetzes erbringen. In diesem Fall ist § 53b Absatz 1 und 3 entsprechend anzuwenden.

§ 53d Mutterunternehmen mit Sitz in einem Drittstaat

(1) Unterliegen CRR-Kreditinstitute oder Wertpapierhandelsunternehmen mit Sitz im Inland, die Tochterunternehmen eines Instituts, einer Finanzholding-Gesellschaft oder einer gemischten Finanzholding-Gesellschaft mit Sitz in einem Drittstaat sind, in dem Drittstaat nicht einer den Bestimmungen dieses Gesetzes über die Beaufsichtigung auf konsolidierter Basis gleichwertigen Beaufsichtigung, kann die Bundesanstalt die Gruppe von Unternehmen als Institutsgruppe, Finanzholding-Gruppe oder gemischte Finanzholding-Gruppe und ein Institut als übergeordnetes Unternehmen bestimmen; die Vorschriften dieses Gesetzes über die Beaufsichtigung auf konsolidierter Basis sind in diesem Fall entsprechend anzuwenden. Vor der Entscheidung über die Gleichwertigkeit der Beaufsichtigung nach Satz 1 hört die Bundesanstalt die Europäische Bankenaufsichtsbehörde an.
(2) (weggefallen)
(3) Die Bundesanstalt kann im Einzelfall abweichend von Absatz 1 und § 15 Absatz 2 des Finanzkonglomerate-Aufsichtsgesetzes einer angemessenen Beaufsichtigung auf konsolidierter Basis in anderer Weise Rechnung tragen. Sie kann insbesondere verlangen, dass eine Finanzholding-Gesellschaft oder gemischte Finanzholding-Gesellschaft mit Sitz im Inland oder in

einem anderen Staat des Europäischen Wirtschaftsraums gegründet wird, auf die die Vorschriften dieses Gesetzes über die Beaufsichtigung auf konsolidierter Basis entsprechend anzuwenden sind.

(4) In den Fällen des Absatzes 3 unterrichtet die Bundesanstalt die betroffenen zuständigen Stellen im Europäischen Wirtschaftsraum über die gewählte Vorgehensweise. Die Pflichten aus § 7a Absatz 2 Nummer 3 und § 7b Absatz 3 Nummer 2 bleiben unberührt.

Sechster Abschnitt
Sondervorschriften für zentrale Gegenparteien und Zentralverwahrer

1.
Zentrale Gegenparteien

§ 53e Inhaber bedeutender Beteiligungen

§ 2c Absatz 2 in Verbindung mit Absatz 1b Satz 1 Nummer 1, 3, 4 bis 6 gilt entsprechend, soweit die Bundesanstalt nach Artikel 30 Absatz 4 der Verordnung (EU) Nr. 648/2012 die erforderlichen Maßnahmen ergreifen soll, um eine Einflussnahme der in Artikel 30 Absatz 1 der Verordnung (EU) Nr. 648/2012 genannten Personen, die sich voraussichtlich zum Nachteil für eine solide und umsichtige Geschäftsführung einer zentralen Gegenpartei auswirken wird, zu beenden; § 44b gilt entsprechend.

§ 53f Aufsichtskollegien

(1) Soweit die Bundesanstalt und die Deutsche Bundesbank einem Aufsichtskollegium nach Artikel 18 der Verordnung (EU) Nr. 648/2012 angehören, nehmen sie bei Abstimmungen jeweils eine Stimme wahr.

(2) Falls nach Artikel 19 Absatz 3 Satz 3 der Verordnung (EU) Nr. 648/2012 drei Stimmen für deutsche Aufsichtsbehörden vorgesehen sind oder die Bundesanstalt oder die Deutsche Bundesbank dem Aufsichtskollegium nicht angehören, rücken in der Wahrnehmung der Stimmen die zuständigen Aufsichtsbehörden der Handelsplätze im Sinne des Artikels 18 Absatz 2 Buchstabe d der Verordnung (EU) Nr. 648/2012 nach, und zwar in der Reihenfolge des an dem Handelsplatz im vorangegangenen Kalenderjahr gehandelten Volumens an Finanzinstrumenten, das über die betreffende zentrale Gegenpartei abgerechnet wurde.

§ 53g Finanzmittelausstattung von zentralen Gegenparteien

Die Bundesanstalt kann bei der Beurteilung der Angemessenheit der Finanzmittel anordnen, dass eine zentrale Gegenpartei Anforderungen an das Eigenkapital und die sonstigen Finanzmittel einhalten muss, die über die Anforderungen der Artikel 16 und 43 der Verordnung (EU) Nr. 648/2012 hinausgehen, insbesondere

1.
    um den Aufbau eines zusätzlichen Finanzmittelpuffers für Perioden wirtschaftlichen Abschwungs sicherzustellen,

2.
    um Risiken Rechnung zu tragen, die sich aufgrund gesellschaftsrechtlicher Gestaltungen oder Abhängigkeiten einer zentralen Gegenpartei insbesondere als Teil einer Instituts- oder Finanzholding-Gruppe ergeben oder

3.
    um einer besonderen Geschäftssituation einer zentralen Gegenpartei Rechnung zu tragen.

§ 53h Liquidität

Die Bundesanstalt kann bei der Beurteilung der Liquidität im Einzelfall gegenüber einer zentralen Gegenpartei Liquiditätsanforderungen anordnen, die über die Vorgaben hinausgehen, die in Artikel 44 der Verordnung (EU) Nr. 648/2012 gegebenenfalls in Verbindung mit nach Artikel 44 Absatz 2 erlassenen technischen Regulierungsstandards festgelegt sind, wenn ohne eine solche Maßnahme die nachhaltige Liquidität der zentralen Gegenpartei nicht gesichert ist.

§ 53i Gewährung des Zugangs nach den Artikeln 7 und 8 der Verordnung (EU) Nr. 648/2012

Eine zentrale Gegenpartei, der eine Zulassung nach Artikel 14 der Verordnung (EU) Nr. 648/2012 erteilt worden ist, hat die Bundesanstalt über den Eingang von Anträgen auf Zugangsgewährung nach Artikel 7 der Verordnung (EU) Nr. 648/2012 sowie das Stellen eines Antrags auf Zugangsgewährung nach Artikel 8 der Verordnung (EU) Nr. 648/2012 unverzüglich schriftlich zu informieren. Die Bundesanstalt kann der zentralen Gegenpartei

1.

unter den in Artikel 7 Absatz 4 der Verordnung (EU) Nr. 648/2012 genannten Voraussetzungen untersagen, einen Zugang im Sinne des Artikels 7 der genannten Verordnung zu gewähren, oder

2.

unter den in Artikel 8 Absatz 4 der Verordnung (EU) Nr. 648/2012 genannten Voraussetzungen untersagen, einen Zugang zu einem Handelsplatz im Sinne des Artikels 8 der genannten Verordnung einzurichten.

§ 53j Anzeigen; Verordnungsermächtigung

(1) Eine zentrale Gegenpartei hat der Bundesanstalt und der Deutschen Bundesbank jeweils zum Monatsende anzuzeigen:

1.

die Einhaltung der Einschussanforderungen nach Artikel 41 Absatz 1 Satz 2 und 3 der Verordnung (EU) Nr. 648/2012,

2.

die Summe des oder der Ausfallfonds nach Artikel 42 Absatz 1 der Verordnung (EU) Nr. 648/2012,

3.

die Summe der sonstigen Finanzmittel nach Artikel 43 der Verordnung (EU) Nr. 648/2012, einschließlich einer Darlegung, ob der Ausfallfonds und die sonstigen Finanzmittel den Ausfall der beiden nach Artikel 43 Absatz 2 der Verordnung (EU) Nr. 648/2012 bestimmten Clearingmitglieder auffangen können,

4.

stichtagsbezogen die Summe der für eine Deckung des Liquiditätsbedarfs bestehenden Kreditlinien oder ähnlichen Möglichkeiten und jeweils die diesbezüglichen Gegenparteien sowie den potenziellen täglichen Liquiditätsbedarf nach Artikel 44 Absatz 1 der Verordnung (EU) Nr. 648/2012,

5.

die Summe aller im Berichtszeitraum nach Artikel 46 Absatz 1 der Verordnung (EU) Nr. 648/2012 entgegengenommenen Sicherheiten aufgeschlüsselt nach Sicherheiten in Form von Geld, Wertpapieren und Garantien; dabei sind die Geldsicherheiten nach Währungen weiter aufzuschlüsseln und die Wertpapiere nach der Art, dem jeweiligen Sicherheitsabschlag und dem jeweiligen Anteil an den Gesamtsicherheiten sowie, soweit gegeben, dem Zeitpunkt der Freigabe und

6.

die Gegenparteien, bei denen zum Stichtag Finanzmittel im Sinne des Artikels 47 der Verordnung (EU) Nr. 648/2012 angelegt waren, jeweils unter Angabe des angelegten Volumens und der erfolgten Besicherung.

(2) Die Unterlagen, die der Bundesanstalt nach der Verordnung (EU) Nr. 648/2012 vorzulegen sind, sind in deutscher Sprache und auf Verlangen der Bundesanstalt zusätzlich in englischer Sprache zu erstellen und vorzulegen. Die Bundesanstalt kann gestatten, dass die Unterlagen ausschließlich in englischer Sprache erstellt und vorgelegt werden.

(3) Das Bundesministerium der Finanzen kann durch Rechtsverordnung, die nicht der Zustimmung des Bundesrates bedarf, im Benehmen mit der Deutschen Bundesbank und nach Anhörung der Spitzenverbände der Institute nähere Bestimmungen erlassen über

1.

   Art, Umfang, Zeitpunkt und Form der nach Absatz 1 erforderlichen Anzeigen und der gegebenenfalls zum Nachweis erforderlichen Unterlagen,

2.

   die zulässigen Datenträger, Übertragungswege und Datenformate für diese Anzeigen und

3.

   eine Ergänzung der nach Absatz 1 bestehenden Anzeigepflichten durch die Erstattung von Sammelanzeigen und die Einreichung von Sammelaufstellungen,

soweit dies zur Erfüllung der Aufgaben der Bundesanstalt erforderlich ist, insbesondere um einheitliche Unterlagen zur Beurteilung des von zentralen Gegenparteien durchgeführten Clearings zu erhalten. Das Bundesministerium der Finanzen kann diese Ermächtigung durch Rechtsverordnung auf die Bundesanstalt mit der Maßgabe übertragen, dass die Rechtsverordnung im Einvernehmen mit der Deutschen Bundesbank zu erlassen ist.

§ 53k Auslagerung von Aktivitäten und Prozessen

Soweit eine zentrale Gegenpartei eine Auslagerung gemäß Artikel 35 der Verordnung (EU) Nr. 648/2012 vornimmt, gilt *§ 25b Absatz 3 Satz 1 und 2 Absatz 4* entsprechend.

Fußnote § 53k Kursivdruck: IdF d. Art. 1 Nr. 88 G v. 28.8.2013 I 3395 mWv 1.1.2014 (Änderung wegen offensichtlicher Unrichtigkeit der Änderungsanweisung abweichend vom Bundesgesetzblatt nach dem Wort „gilt" eingearbeitet)

§ 53l Anordnungsbefugnis; Maßnahmen bei organisatorischen Mängeln

(1) Die Bundesanstalt kann gegenüber einer zentralen Gegenpartei im Einzelfall Anordnungen treffen, die geeignet und erforderlich sind, die Einhaltung der Anforderungen der Verordnung (EU) Nr. 648/2012 sicherzustellen. Insbesondere zur Sicherstellung der ordnungsgemäßen Geschäftsorganisation, der organisatorischen Anforderungen und der Anforderungen nach den Artikeln 26, 28, 29, 31 Absatz 1 Satz 2 sowie den Artikeln 33 bis 35 der Verordnung (EU) Nr. 648/2012 kann sie anordnen, dass eine zentrale Gegenpartei

1.

   Maßnahmen zur Reduzierung von Risiken ergreift, soweit sich diese Risiken aus bestimmten Arten von Geschäften und Produkten oder aus der Nutzung bestimmter Systeme oder der Auslagerung von Aktivitäten und Prozessen auf ein anderes Unternehmen ergeben, oder

2.

   einzelne Geschäftsarten oder Dienstleistungen nicht oder nur in beschränktem Umfang betreiben darf.

(2) Die Bundesanstalt kann anstelle der in Absatz 1 Satz 2 genannten Maßnahmen oder zusammen mit diesen anordnen, dass die zentrale Gegenpartei Eigenmittelanforderungen einhalten muss, die über die Anforderungen nach Artikel 16 Absatz 2 der Verordnung (EU) Nr. 648/2012, auch in Verbindung mit technischen Regulierungsstandards nach dessen Absatz 3, hinausgehen.

§ 53m Inhalt des Zulassungsantrags

(1) Ein Antrag auf Zulassung als zentrale Gegenpartei im Inland nach den Artikeln 14 und 17 der Verordnung (EU) Nr. 648/2012 muss enthalten:

1.

   die Art der abgerechneten Produkte,

2.

eine Beschreibung der Einrichtung und Ausgestaltung der Modelle und Parameter, die zur Berechnung der Einschussanforderungen im Sinne des Artikels 41 der Verordnung (EU) Nr. 648/2012 verwendet werden, einschließlich der Angabe der relevanten Quellen für die Preisermittlung im Sinne des Artikels 40 der Verordnung (EU) Nr. 648/2012,

3.
einen Nachweis über die Einrichtung von Ausfallfonds im Sinne des Artikels 42 der Verordnung (EU) Nr. 648/2012 und eine Beschreibung deren Ausgestaltung,

4.
eine Beschreibung der Vorkehrungen zum Vorhalten sonstiger Finanzmittel im Sinne des Artikels 43 Absatz 1 der Verordnung (EU) Nr. 648/2012,

5.
eine Beschreibung der Mechanismen zur Kontrolle der Liquiditätsrisiken im Sinne des Artikels 44 der Verordnung (EU) Nr. 648/2012,

6.
eine Beschreibung der Anforderungen an die Sicherheiten gemäß Artikel 46 der Verordnung (EU) Nr. 648/2012,

7.
Angaben zur Anlagepolitik im Sinne des Artikels 47 der Verordnung (EU) Nr. 648/2012,

8.
eine Darstellung der Verfahren bei Ausfall eines Clearingmitgliedes gemäß Artikel 48 der Verordnung (EU) Nr. 648/2012,

9.
eine Darstellung der Prüfungsverfahren im Sinne des Artikels 49 der Verordnung (EU) Nr. 648/2012 sowie

10.
alle in § 32 Absatz 1 Satz 2 genannten Angaben; die gemäß § 32 Absatz 1 Satz 3 erlassene Rechtsverordnung gilt entsprechend.

(2) Die Bundesanstalt kann weitere Unterlagen verlangen, soweit diese für die Beurteilung des Zulassungsantrags erforderlich sind.

§ 53n Maßnahmen zur Verbesserung der Finanzmittel und der Liquidität einer nach der Verordnung (EU) Nr. 648/2012 zugelassenen zentralen Gegenpartei

(1) Wenn die Vermögens-, Finanz- oder Ertragsentwicklung einer zentralen Gegenpartei oder andere Umstände die Annahme rechtfertigen, dass die zentrale Gegenpartei die Anforderungen nach Artikel 41, 42, 43, 44, 46 oder 47 der Verordnung (EU) Nr. 648/2012, jeweils auch in Verbindung mit den zur näheren Ausgestaltung erlassenen technischen Regulierungsstandards nicht dauerhaft erfüllen können wird, kann die Bundesanstalt gegenüber der zentralen Gegenpartei Maßnahmen zur Verbesserung ihrer finanziellen Ausstattung und Liquidität anordnen, insbesondere

1.
die Übermittlung einer begründeten Darstellung der Entwicklung der wesentlichen Geschäftsaktivitäten über einen Zeitraum von mindestens drei Jahren einschließlich Planbilanzen, Plangewinn- und -verlustrechnungen,

2.
Maßnahmen zur besseren Abschirmung oder Reduzierung der von der zentralen Gegenpartei als wesentlich identifizierten Risiken und der damit verbundenen Risikokonzentrationen und eine Berichterstattung gegenüber der Bundesanstalt und der Deutschen Bundesbank, wobei auch über Konzepte für den Ausstieg aus einzelnen Geschäftsbereichen oder die Abtrennung von Teilen der zentralen Gegenpartei berichtet werden soll,

3.
die Übermittlung eines Berichts über geeignete Maßnahmen zur Einhaltung der Einschussanforderungen, des Umfangs des Ausfallfonds, der anderen Finanzmittel, der Liquidität, der Anforderungen an die Sicherheiten und der Anlagepolitik, oder

4.

die Übermittlung eines Konzepts zur Abwendung einer möglichen Gefahrenlage entsprechend § 35 Absatz 2 Nummer 4 an die Bundesanstalt und die Deutsche Bundesbank. Die Annahme, dass die zentrale Gegenpartei die Anforderungen dauerhaft nicht erfüllen können wird, ist regelmäßig gerechtfertigt, wenn

1.

die Einschüsse

a)

mindestens an einem Tag in zwei Meldezeiträumen nach § 53j Absatz 1 innerhalb eines Kalenderjahres nicht ausreichend sind, um die Verluste mit mindestens 99 Prozent der Forderungsveränderungen in dem Zeithorizont zu decken, der nach Artikel 41 Absatz 1 der Verordnung (EU) Nr. 648/2012, auch in Verbindung mit technischen Regulierungsstandards nach dessen Absatz 5, bestimmt ist, oder

b)

nicht in vollem Umfang mindestens auf Tagesbasis alle Risiken gegenüber allen Clearingmitgliedern und den anderen zentralen Gegenparteien, mit denen Interoperabilitätsvereinbarungen bestehen, absichern,

2.

der Ausfallfonds in zwei Meldezeiträumen nach § 53j Absatz 1 innerhalb eines Kalenderjahres nicht die Mindesthöhe nach Artikel 42 Absatz 1 Satz 2 der Verordnung (EU) Nr. 648/2012 erreicht,

3.

der Ausfallfonds und die sonstigen Finanzmittel an zwei Meldestichtagen nach § 53j Absatz 1 innerhalb eines Kalenderjahres nicht zur Abdeckung eines Ausfalls der beiden nach Artikel 43 Absatz 2 der Verordnung (EU) Nr. 648/2012 bestimmten Clearingmitglieder ausreichen,

4.

die Kreditlinien oder ähnlichen Möglichkeiten, die zur Abdeckung des Liquiditätsbedarfs nach Artikel 44 Absatz 1 der Verordnung (EU) Nr. 648/2012, auch in Verbindung mit technischen Regulierungsstandards nach dessen Absatz 2, bestehen, an zwei Meldestichtagen nach § 53j Absatz 1 nicht ausreichen, um das Liquiditätsrisiko bezüglich des Ausfalls mindestens der beiden Clearingmitglieder abzudecken, gegenüber denen die zentrale Gegenpartei die höchsten offenen Positionen hat,

5.

die zentrale Gegenpartei in zwei Meldezeiträumen nach § 53j Absatz 1 jeweils mehr als 3 Prozent der Gesamtsicherheiten ohne Beachtung der Anforderungen nach Artikel 46 Absatz 1 der Verordnung (EU) Nr. 648/2012, auch in Verbindung mit technischen Regulierungsstandards nach dessen Absatz 3, entgegengenommen hat oder

6.

die zentrale Gegenpartei in zwei Meldezeiträumen nach § 53j Absatz 1 jeweils mehr als 3 Prozent der Gesamtsicherheiten ohne Beachtung der Anforderungen nach Artikel 47 Absatz 1 der Verordnung (EU) Nr. 648/2012, auch in Verbindung mit technischen Regulierungsstandards nach dessen Absatz 8, angelegt hat.

(2) Die Bundesanstalt kann anstelle der Maßnahmen nach Absatz 1 Satz 1 oder zusammen mit diesen Maßnahmen nach Absatz 3 Satz 1 Nummer 1 bis 7 anordnen, wenn die Maßnahmen nach Absatz 1 Satz 1 keine ausreichende Gewähr dafür bieten, die Einhaltung der Anforderungen nach Artikel 41, 42, 43, 44, 46 oder 47 der Verordnung (EU) Nr. 648/2012, jeweils auch in Verbindung mit den zur näheren Ausgestaltung erlassenen technischen Regulierungsstandards nachhaltig zu sichern; insoweit ist Absatz 4 entsprechend anzuwenden.

(3) Entsprechen bei einer zentralen Gegenpartei die Finanzmittel nicht den Anforderungen nach Artikel 41, 42 oder 43 der Verordnung (EU) Nr. 648/2012, jeweils auch in Verbindung mit den zur näheren Ausgestaltung erlassenen technischen Regulierungsstandards, oder den Anforderungen nach § 45b Absatz 1 Satz 2, die Liquidität nicht den Anforderungen nach Artikel 44 der Verordnung (EU) Nr. 648/2012 auch in Verbindung mit technischen Regulierungsstandards nach dessen Absatz 2, die erhaltenen Sicherheiten nicht den Anforderungen nach Artikel 46 der Verordnung

(EU) Nr. 648/2012 auch in Verbindung mit technischen Regulierungsstandards nach dessen Absatz 3 oder die Anlage der Mittel nicht den Anforderungen nach Artikel 47 der Verordnung (EU) Nr. 648/2012 auch in Verbindung mit technischen Regulierungsstandards nach dessen Absatz 8, kann die Bundesanstalt

1.

Entnahmen durch die Inhaber oder Gesellschafter sowie die Ausschüttung von Gewinnen untersagen oder beschränken,

2.

bilanzielle Maßnahmen untersagen oder beschränken, die dazu dienen, einen entstandenen Jahresfehlbetrag auszugleichen oder einen Bilanzgewinn auszuweisen,

3.

anordnen, dass die Auszahlung jeder Art von Erträgen auf Eigenmittelinstrumente insgesamt oder teilweise ersatzlos entfällt, wenn die Erträge nicht vollständig durch einen erzielten Jahresüberschuss gedeckt sind,

4.

anordnen, dass die zentrale Gegenpartei Maßnahmen zur Reduzierung von Risiken ergreift, soweit sich diese aus bestimmten Arten von Geschäften und Produkten oder der Nutzung bestimmter Systeme ergeben,

5.

die Auszahlung variabler Vergütungsbestandteile untersagen oder auf einen bestimmten Anteil des Jahresergebnisses beschränken; dies gilt nicht für variable Vergütungsbestandteile, die durch Tarifvertrag oder im Geltungsbereich eines Tarifvertrags durch Vereinbarung der Arbeitsvertragsparteien über die Anwendung der tarifvertraglichen Regelungen oder aufgrund eines Tarifvertrags in einer Betriebs- oder Dienstvereinbarung vereinbart sind,

6.

anordnen, dass die zentrale Gegenpartei den Jahresgesamtbetrag, den sie für die variable Vergütung aller Geschäftsleiter und Mitarbeiter vorsieht (Gesamtbetrag der variablen Vergütungen), auf einen bestimmten Anteil des Jahresergebnisses beschränkt oder vollständig streicht; dies gilt nicht für variable Vergütungsbestandteile, die durch Tarifvertrag oder im Geltungsbereich eines Tarifvertrags durch Vereinbarung der Arbeitsvertragsparteien über die Anwendung der tarifvertraglichen Regelungen oder aufgrund eines Tarifvertrags in einer Betriebs- oder Dienstvereinbarung vereinbart sind, oder

7.

anordnen, dass die zentrale Gegenpartei darlegt, wie und in welchem Zeitraum sie ihre finanziellen Mittel oder ihre Liquidität nachhaltig wiederherstellen wird (Plan zur Restrukturierung der zentralen Gegenpartei) und der Bundesanstalt und der Deutschen Bundesbank regelmäßig über den Fortschritt dieser Maßnahmen zu berichten ist.

Der Plan zur Restrukturierung nach Satz 1 Nummer 7 muss transparent, plausibel und begründet sein. In ihm sind konkrete Ziele, Zwischenziele und Fristen für die Umsetzung der dargelegten Maßnahmen zu benennen, die von der Bundesanstalt überprüft werden können. Die Bundesanstalt kann jederzeit Einsicht in den Plan zur Restrukturierung der zentralen Gegenpartei und die zugehörigen Unterlagen nehmen. Die Bundesanstalt kann die Änderung des Plans zur Restrukturierung der zentralen Gegenpartei verlangen und hierfür Vorgaben machen, wenn sie die angegebenen Ziele, Zwischenziele und Umsetzungsfristen für nicht ausreichend hält oder die zentrale Gegenpartei sie nicht einhält.

(4) Die Bundesanstalt darf die in Absatz 3 bezeichneten Anordnungen erst treffen, wenn die zentrale Gegenpartei den Mangel nicht innerhalb einer von der Bundesanstalt zu bestimmenden Frist behoben hat. Soweit dies zur Verhinderung einer kurzfristig zu erwartenden Verschlechterung der finanziellen Mittel oder der Liquidität der zentralen Gegenpartei erforderlich ist oder bereits Maßnahmen nach Absatz 1 Satz 1 ergriffen wurden, sind solche Anordnungen auch ohne vorherige Androhung mit Fristsetzung zulässig. Beschlüsse über die Gewinnausschüttung sind insoweit nichtig, als sie einer Anordnung nach Absatz 3 widersprechen. Soweit Regelungen in Verträgen über Eigenmittelinstrumente einer Anordnung nach Absatz 3 widersprechen, können aus

ihnen keine Rechte hergeleitet werden. Nach oder zusammen mit einer Untersagung der Auszahlung von variablen Vergütungsbestandteilen gemäß Absatz 3 Satz 1 Nummer 5 kann die Bundesanstalt anordnen, dass die Ansprüche auf Gewährung variabler Vergütungsbestandteile ganz oder teilweise erlöschen, wenn

1.

die zentrale Gegenpartei bei oder nach einer Untersagung der Auszahlung finanzielle Leistungen des Restrukturierungsfonds oder des Finanzmarktstabilisierungsfonds in Anspruch nimmt und, im Fall einer nachträglichen Anordnung, die Voraussetzungen für die Untersagung der Auszahlung bis zu diesem Zeitpunkt nicht weggefallen oder allein aufgrund dieser Leistungen weggefallen sind,

2.

bei oder nach einer Untersagung der Auszahlung eine Anordnung der Bundesanstalt nach Absatz 3 Satz 1 Nummer 1 bis 4, 6 oder 7 getroffen wird oder schon besteht oder

3.

bei oder nach einer Untersagung der Auszahlung Maßnahmen nach § 46 oder einer Abwicklungsanordnung im Sinne des § 77 des Sanierungs- und Abwicklungsgesetzes getroffen werden.

Eine Anordnung nach Satz 5 darf insbesondere auch ergehen, wenn

1.

die Ansprüche auf Gewährung variabler Vergütungsbestandteile aufgrund solcher Regelungen eines Vergütungssystems einer zentralen Gegenpartei entstanden sind, die den aufsichtsrechtlichen Anforderungen der Verordnung (EU) Nr. 648/2012 an angemessene, transparente und auf eine nachhaltige Entwicklung der zentralen Gegenpartei ausgerichtete Vergütungssysteme widersprechen, oder

2.

anzunehmen ist, dass ohne die Gewährung finanzieller Leistungen des Restrukturierungsfonds oder des Finanzmarktstabilisierungsfonds die zentrale Gegenpartei nicht in der Lage gewesen wäre, die variablen Vergütungsbestandteile zu gewähren; ist anzunehmen, dass die zentrale Gegenpartei einen Teil der variablen Vergütungsbestandteile hätte gewähren können, sind die variablen Vergütungsbestandteile angemessen zu kürzen.

Die Sätze 5 und 6 gelten nicht, soweit die Ansprüche auf Gewährung variabler Vergütung vor dem 16. Februar 2013 entstanden sind. Zentrale Gegenparteien müssen der Anordnungsbefugnis nach Absatz 3 Satz 1 Nummer 5 oder 6 und der Regelung in Satz 1 in entsprechenden vertraglichen Vereinbarungen mit ihren Geschäftsleitern und Mitarbeitern Rechnung tragen. Soweit vertragliche Vereinbarungen über die Gewährung einer variablen Vergütung einer Anordnung nach Absatz 3 Satz 1 Nummer 5 oder 6 entgegenstehen, können aus ihnen keine Rechte hergeleitet werden.

2.
Zentralverwahrer

§ 53o Anträge nach der Verordnung (EU) Nr. 909/2014; Verschwiegenheitspflicht

(1) Die Unterlagen, die der Bundesanstalt nach der Verordnung (EU) Nr. 909/2014 vorzulegen sind, sind in deutscher Sprache und auf Verlangen der Bundesanstalt zusätzlich in englischer Sprache zu erstellen und vorzulegen. Die Bundesanstalt kann gestatten, dass die Unterlagen oder Teile davon ausschließlich in englischer Sprache erstellt und vorgelegt werden.
(2) Anträge sind der Bundesanstalt in Schriftform und elektronisch zu übermitteln. Die Bundesanstalt kann gestatten, dass bestimmte Dokumente oder Angaben, die Bestandteile eines Antrags sind, ausschließlich elektronisch übermittelt werden. Die elektronische Übermittlung hat in einem von der Bundesanstalt bestimmten Datenformat und auf einem von der Bundesanstalt bestimmten Übermittlungsweg zu erfolgen.
(3) Die Verschwiegenheitspflicht nach § 9 gilt für die Wahrnehmung der Aufgaben nach § 6 Absatz 1c entsprechend.

§ 53p Anordnungsbefugnis für die Aufsicht nach der Verordnung (EU) Nr. 909/2014

Die Bundesanstalt kann unbeschadet der anderen Bestimmungen dieses Gesetzes gegenüber einem Zentralverwahrer im Sinne des Artikels 2 Absatz 1 Nummer 1 der Verordnung (EU) Nr. 909/2014, gegenüber einem benannten Kreditinstitut im Sinne des Artikels 54 Absatz 2 Buchstabe b der Verordnung (EU) Nr. 909/2014, gegenüber deren übergeordneten Unternehmen sowie gegenüber Mitgliedern, deren Organe, deren Beschäftigten und anderen natürlichen oder juristischen Personen, die deren Geschäfte tatsächlich kontrollieren oder auf die Tätigkeiten im Sinne des Artikels 30 der Verordnung (EU) Nr. 909/2014 ausgelagert worden sind oder die ansonsten der Verordnung (EU) Nr. 909/2014 unterliegen, alle Anordnungen treffen, die geeignet und erforderlich sind, die Einhaltung der Anforderungen der Verordnung (EU) Nr. 909/2014, der darauf basierenden delegierten Rechtsakte sowie der auf Zentralverwahrer anwendbaren Bestimmungen dieses Gesetzes sicherzustellen.

§ 53q Eigentumsrechte an Zentralverwahrern

(1) Für die Unterrichtung der Bundesanstalt und der Deutschen Bundesbank über die Entscheidung, Eigentumsrechte an einem Zentralverwahrer zu übertragen, zu erwerben oder zu veräußern, der ausschließlich Dienstleistungen nach den Abschnitten A und B des Anhangs zur Verordnung (EU) Nr. 909/2014 erbringt oder der neben solchen Dienstleistungen Bankgeschäfte betreibt oder Finanzdienstleistungen erbringt, die zugleich Wertpapierdienstleistungen im Sinne des § 2 Absatz 3 des Wertpapierhandelsgesetzes sind, gilt Artikel 27 Absatz 7 der Verordnung (EU) Nr. 909/2014.
(2) Die Bundesanstalt kann dem Erwerber, Veräußerer oder dem Zentralverwahrer die Ausübung der Stimmrechte untersagen und anordnen, dass über die Anteile nur mit ihrer Zustimmung verfügt werden darf, wenn

1.

die Voraussetzungen einer Untersagungsverfügung nach Artikel 27 Absatz 8 der Verordnung (EU) Nr. 909/2014 vorliegen,

2.

der Erwerber, Veräußerer oder Zentralverwahrer seiner Pflicht nach Artikel 27 Absatz 7 und 8 der Verordnung (EU) Nr. 909/2014 zur vorherigen Unterrichtung der Bundesanstalt und der Deutschen Bundesbank nicht nachgekommen ist und diese Unterrichtung innerhalb einer von der Bundesanstalt gesetzten Frist nicht nachgeholt hat oder

3.

entgegen einer vollziehbaren Untersagung nach Artikel 27 Absatz 8 der Verordnung (EU) Nr. 909/2014 das Eigentumsrecht erworben oder veräußert oder der Anteil des Eigentumsrechts erhöht oder verringert worden ist.
Im Falle einer Untersagung nach Satz 1 gelten § 2c Absatz 2 Satz 2 bis 9 und § 44b entsprechend.

Siebenter Abschnitt
Strafvorschriften, Bußgeldvorschriften

§ 54 Verbotene Geschäfte, Handeln ohne Erlaubnis

(1) Wer

1.

Geschäfte betreibt, die nach § 3, auch in Verbindung mit § 53b Abs. 3 Satz 1 oder 2, verboten sind, oder

2.

ohne Erlaubnis nach § 32 Abs. 1 Satz 1 Bankgeschäfte betreibt oder Finanzdienstleistungen erbringt,
wird mit Freiheitsstrafe bis zu fünf Jahren oder mit Geldstrafe bestraft.
(1a) Ebenso wird bestraft, wer ohne Zulassung nach Artikel 14 Absatz 1 der Verordnung (EU) Nr. 648/2012 des Europäischen Parlaments und des Rates vom 4. Juli 2012 über OTC-Derivate,

zentrale Gegenparteien und Transaktionsregister (ABl. L 201 vom 27.7.2012, S. 1) eine Clearingdienstleistung erbringt.

(1b) Ebenso wird bestraft, wer ohne die erforderliche Zulassung nach Artikel 16 Absatz 1 der Verordnung (EU) Nr. 909/2014 eine Zentralverwahrertätigkeit ausübt.

(2) Handelt der Täter fahrlässig, so ist die Strafe Freiheitsstrafe bis zu drei Jahren oder Geldstrafe.

§ 54a Strafvorschriften

(1) Mit Freiheitsstrafe bis zu fünf Jahren oder mit Geldstrafe wird bestraft, wer entgegen § 25c Absatz 4a oder § 25c Absatz 4b Satz 2 nicht dafür Sorge trägt, dass ein Institut oder eine dort genannte Gruppe über eine dort genannte Strategie, einen dort genannten Prozess, ein dort genanntes Verfahren, eine dort genannte Funktion oder ein dort genanntes Konzept verfügt, und hierdurch eine Bestandsgefährdung des Instituts, des übergeordneten Unternehmens oder eines gruppenangehörigen Instituts herbeiführt.

(2) Wer in den Fällen des Absatzes 1 die Gefahr fahrlässig herbeiführt, wird mit Freiheitsstrafe bis zu zwei Jahren oder mit Geldstrafe bestraft.

(3) Die Tat ist nur strafbar, wenn die Bundesanstalt dem Täter durch Anordnung nach § 25c Absatz 4c die Beseitigung des Verstoßes gegen § 25c Absatz 4a oder § 25c Absatz 4b Satz 2 aufgegeben hat, der Täter dieser vollziehbaren Anordnung zuwiderhandelt und hierdurch die Bestandsgefährdung herbeigeführt hat.

§ 55 Verletzung der Pflicht zur Anzeige der Zahlungsunfähigkeit oder der Überschuldung

(1) Mit Freiheitsstrafe bis zu drei Jahren oder mit Geldstrafe wird bestraft, wer entgegen § 46b Abs. 1 Satz 1, auch in Verbindung mit § 53b Abs. 3 Satz 1, eine Anzeige nicht, nicht richtig, nicht vollständig oder nicht rechtzeitig erstattet.

(2) Handelt der Täter fahrlässig, so ist die Strafe Freiheitsstrafe bis zu einem Jahr oder Geldstrafe.

§ 55a Unbefugte Verwertung von Angaben über Millionenkredite

(1) Mit Freiheitsstrafe bis zu zwei Jahren oder mit Geldstrafe wird bestraft, wer entgegen § 14 Abs. 2 Satz 10 eine Angabe verwertet.

(2) Die Tat wird nur auf Antrag verfolgt.

§ 55b Unbefugte Offenbarung von Angaben über Millionenkredite

(1) Mit Freiheitsstrafe bis zu einem Jahr oder mit Geldstrafe wird bestraft, wer entgegen § 14 Abs. 2 Satz 10 eine Angabe offenbart.

(2) Handelt der Täter gegen Entgelt oder in der Absicht, sich oder einen anderen zu bereichern oder einen anderen zu schädigen, ist die Strafe Freiheitsstrafe bis zu zwei Jahren oder Geldstrafe.

(3) Die Tat wird nur auf Antrag verfolgt.

§ 56 Bußgeldvorschriften

(1) Ordnungswidrig handelt, wer einer vollziehbaren Anordnung nach § 36 Absatz 1 Satz 1, Absatz 2 oder Absatz 3 Satz 1 zuwiderhandelt.

(1a) Ordnungswidrig handelt, wer vorsätzlich oder leichtfertig einer unmittelbar geltenden Vorschrift in delegierten Rechtsakten der Europäischen Union, die die Verordnung (EG) Nr. 1060/2009 des Europäischen Parlaments und des Rates vom 16. September 2009 über Ratingagenturen (ABl. L 302 vom 17.11.2009, S. 1), die zuletzt durch die Verordnung (EU) Nr. 462/2013 (ABl. L 146 vom 31.5.2013, S. 1) geändert worden ist, in der jeweils geltenden Fassung ergänzen, im Anwendungsbereich dieses Gesetzes zuwiderhandelt, soweit eine Rechtsverordnung nach Absatz 4c für einen bestimmten Tatbestand auf diese Bußgeldvorschrift verweist.

(2) Ordnungswidrig handelt, wer vorsätzlich oder fahrlässig

1.

    entgegen

    a)

b)
    § 2c Absatz 1 Satz 1, 5 oder Satz 6,

c)
    § 2c Absatz 3 Satz 1 oder Satz 4,

d)
    § 12a Absatz 1 Satz 3,

e)
    § 14 Absatz 1 Satz 1 erster Halbsatz, auch in Verbindung mit einer Rechtsverordnung nach § 22 Satz 1 Nummer 4, jeweils auch in Verbindung mit § 53b Absatz 3 Satz 1 Nummer 3,

f)
    § 15 Absatz 4 Satz 5,

g)
    § 24 Absatz 1 Nummer 1, 2, 4, 6, 8, 9, 12, 15, 15a, 16 oder Nummer 17 oder Absatz 3d,

h)
    § 24 Absatz 1 Nummer 5 oder Nummer 7, jeweils auch in Verbindung mit § 53b Absatz 3 Satz 1 Nummer 5,

i)
    § 24 Absatz 1 Nummer 10, Absatz 1a oder Absatz 1b Satz 2,

j)
    § 24 Absatz 2a, 3 Satz 1 oder Absatz 3a Satz 1 Nummer 1 oder Nummer 2 oder Satz 2, jeweils auch in Verbindung mit Satz 5,

k)
    § 24 Absatz 3a Satz 1 Nummer 3,

l)
    § 24a Absatz 1 Satz 1, auch in Verbindung mit Absatz 3 Satz 1, Absatz 3a Satz 1, Absatz 3b Satz 1, Absatz 3c Satz 1, oder § 24a Absatz 4 Satz 1, auch in Verbindung mit Satz 2, jeweils auch in Verbindung mit einer Rechtsverordnung nach § 24a Absatz 5,

m)
    § 28 Absatz 1 Satz 1 oder

    § 53a Satz 2 oder Satz 5,
jeweils auch in Verbindung mit einer Rechtsverordnung nach § 24 Absatz 4 Satz 1, eine Anzeige nicht, nicht richtig, nicht vollständig oder nicht rechtzeitig erstattet,

2.
einer Rechtsverordnung nach

a)
    § 2c Absatz 1 Satz 3 oder

b)
    einer vollziehbaren Anordnung auf Grund einer solchen Rechtsverordnung zuwiderhandelt, soweit die Rechtsverordnung für einen bestimmten Tatbestand auf diese Bußgeldvorschrift verweist,

3.
einer vollziehbaren Anordnung nach

a)
    § 2c Absatz 1b Satz 1 oder Absatz 2 Satz 1,

b)
    § 6a Absatz 1,

c)
    § 10i Absatz 8 Satz 1 Nummer 1,

d)
    § 12a Absatz 2 Satz 1,

e)
    § 23 Absatz 1, auch in Verbindung mit § 53b Absatz 3 Satz 1 Nummer 3,

f)
   § 25a Absatz 2 Satz 2,
g)
   § 25b Absatz 4 Satz 1,
h)
   § 25g Absatz 3,
i)
   § 25g Absatz 5,
j)
   § 26a Absatz 2 Satz 1,
k)
   § 45 Absatz 1 Satz 1 oder Satz 3 erster Halbsatz oder Absatz 2 Satz 1 oder Absatz 5 Satz 5,
l)
   § 45a Absatz 1 Satz 1,
m)
   § 45b Absatz 1 oder
n)
   § 46 Absatz 1 Satz 1, auch in Verbindung mit § 53b Absatz 3 Satz 1 Nummer 8,
   zuwiderhandelt,
4.
   entgegen § 10i Absatz 2 oder Absatz 3 Satz 3 Nummer 1 eine Ausschüttung vornimmt,
5.
   entgegen § 18 Absatz 1 Satz 1 einen Kredit gewährt,
6.
   entgegen § 22i Absatz 3, auch in Verbindung mit § 22n Absatz 5 Satz 4, eine Leistung
   vornimmt,
7.
   entgegen § 23a Absatz 1 Satz 11, auch in Verbindung mit § 53b Absatz 3 Satz 1 Nummer 4,
   einen Hinweis nicht, nicht richtig, nicht vollständig, nicht in der vorgeschriebenen Weise oder
   nicht rechtzeitig gibt,
8.
   entgegen § 23a Absatz 2, auch in Verbindung mit § 53b Absatz 3 Satz 1 Nummer 4, einen
   Kunden, die Bundesanstalt oder die Deutsche Bundesbank nicht, nicht richtig, nicht
   vollständig, nicht in der vorgeschriebenen Weise oder nicht rechtzeitig unterrichtet,
9.
   entgegen § 24c Absatz 1 Satz 1 eine Datei nicht, nicht richtig oder nicht vollständig führt,
10.
   entgegen § 24c Absatz 1 Satz 5 nicht gewährleistet, dass die Bundesanstalt Daten jederzeit
   automatisch abrufen kann,
11.
   entgegen
   a)
      § 25 Absatz 1 Satz 1 oder Absatz 2 Satz 1, jeweils in Verbindung mit einer
      Rechtsverordnung nach Absatz 3 Satz 1, jeweils auch in Verbindung mit § 53b Absatz
      3 Satz 1 Nummer 6, oder
   b)
      § 26 Absatz 1 Satz 1, 3 oder 4 oder Absatz 3
   eine Finanzinformation, einen Jahresabschluss, einen Lagebericht, einen Prüfungsbericht,
   einen Konzernabschluss oder einen Konzernlagebericht nicht, nicht richtig, nicht vollständig
   oder nicht rechtzeitig einreicht,
11a.
   entgegen § 25g Absatz 2 nicht über interne Verfahren und Kontrollsysteme verfügt, die die
   Einhaltung der Pflichten nach der Verordnung nach § 25g Absatz 1 Nummer 1 gewährleisten,
11b.

entgegen § 25h Absatz 2 kein angemessenes Datenverarbeitungssystem betreibt und aktualisiert,

11c.
entgegen § 25h Absatz 3 Untersuchungen nicht vornimmt,

11d.
entgegen § 25i Absatz 1 die Sorgfaltspflichten nach § 10 Absatz 1 des Geldwäschegesetzes nicht erfüllt,

11e.
entgegen § 25i Absatz 3 keine Dateien führt,

12.
entgegen § 25m Nummer 1 eine Korrespondenzbeziehung oder eine sonstige Geschäftsbeziehung mit einer Bank-Mantelgesellschaft aufnimmt oder fortführt,

13.
entgegen § 25m Nummer 2 erster Halbsatz ein Konto errichtet oder führt,

14.
einer vollziehbaren Auflage nach § 32 Absatz 2 Satz 1 zuwiderhandelt,

15.
entgegen
a)
§ 44 Absatz 1 Satz 1, auch in Verbindung mit § 44b Absatz 1 Satz 1 oder § 53b Absatz 3 Satz 1 Nummer 8,
b)
§ 44 Absatz 2 Satz 1 oder
c)
§ 44c Absatz 1, auch in Verbindung mit § 53b Absatz 3 Satz 1 Nummer 8,
eine Auskunft nicht, nicht richtig, nicht vollständig oder nicht rechtzeitig erteilt oder eine Unterlage nicht, nicht richtig, nicht vollständig oder nicht rechtzeitig vorlegt,

16.
entgegen
a)
§ 44 Absatz 1 Satz 4, auch in Verbindung mit § 53b Absatz 3 Satz 1 Nummer 8,
b)
§ 44 Absatz 2 Satz 4, Absatz 4 Satz 3 oder Absatz 5 Satz 4,
c)
§ 44b Absatz 2 Satz 2 oder
d)
§ 44c Absatz 5 Satz 1, auch in Verbindung mit § 53b Absatz 3 Satz 1 Nummer 8,
eine Maßnahme nicht duldet,

17.
entgegen § 44 Absatz 5 Satz 1 eine dort genannte Maßnahme nicht oder nicht rechtzeitig vornimmt,

17a.
einer vollziehbaren Anordnung nach § 48u Absatz 1 Satz 1 zuwiderhandelt oder

18.
entgegen § 53a Satz 4 die Tätigkeit aufnimmt.

(3) (weggefallen)

(4) Ordnungswidrig handelt, wer gegen die Verordnung (EU) 2015/847 des Europäischen Parlaments und des Rates vom 20. Mai 2015 über begleitende Angaben bei Geldtransfers und zur Aufhebung der Verordnung (EU) Nr. 1781/2006 (ABl. L 141 vom 5.6.2015, S. 1) verstößt, indem er bei Geldtransfers vorsätzlich oder fahrlässig

1.
entgegen Artikel 4 Absatz 1, auch in Verbindung mit den Artikeln 5 und 6, nicht sicherstellt, dass die vorgeschriebenen Angaben zum Auftraggeber vollständig übermittelt werden,

2.

entgegen Artikel 4 Absatz 2, auch in Verbindung mit Artikel 5 Absatz 1, nicht sicherstellt, dass die vorgeschriebenen Angaben übermittelt werden,

3.
entgegen Artikel 4 Absatz 4, auch in Verbindung mit Absatz 5 und den Artikeln 5 und 6, die Richtigkeit der Angaben nicht oder nicht rechtzeitig überprüft,

4.
entgegen Artikel 7 Absatz 1 keine wirksamen Verfahren zur Feststellung der ordnungsgemäßen Ausfüllung einrichtet,

5.
entgegen Artikel 7 Absatz 2 keine wirksamen Verfahren zur Feststellung des Fehlens der dort genannten Angaben einrichtet,

6.
entgegen Artikel 7 Absatz 3, auch in Verbindung mit Absatz 5, die Richtigkeit der Angaben zum Begünstigten nicht oder nicht rechtzeitig überprüft,

7.
entgegen Artikel 7 Absatz 4, auch in Verbindung mit Absatz 5, die Richtigkeit der Angaben zum Begünstigten nicht oder nicht rechtzeitig überprüft,

8.
entgegen Artikel 8 Absatz 1 Satz 1 keine wirksamen risikobasierten Verfahren einführt,

9.
entgegen Artikel 8 Absatz 2 Satz 2 den Transferauftrag nicht oder nicht rechtzeitig zurückweist oder die vorgeschriebenen Angaben zum Auftraggeber und zum Begünstigten nicht oder nicht rechtzeitig anfordert,

10.
entgegen Artikel 8 Absatz 2 Satz 1 keine Maßnahmen ergreift,

11.
entgegen Artikel 8 Absatz 2 Satz 2 das Versäumnis oder die ergriffenen Maßnahmen nicht meldet,

12.
entgegen Artikel 10 nicht dafür sorgt, dass alle Angaben zum Auftraggeber und zum Begünstigten, die bei einem Geldtransfer übermittelt werden, bei der Weiterleitung erhalten bleiben,

13.
entgegen Artikel 11 Absatz 1 keine wirksamen Verfahren zur Feststellung der ordnungsgemäßen Ausfüllung einrichtet,

14.
entgegen Artikel 11 Absatz 2 keine wirksamen Verfahren zur Feststellung des Fehlens der dort genannten Angaben einrichtet,

15.
entgegen Artikel 12 Absatz 1 Satz 1 keine wirksamen risikobasierten Verfahren einführt,

16.
entgegen Artikel 12 Absatz 1 Satz 2 den Transferauftrag nicht oder nicht rechtzeitig zurückweist oder die vorgeschriebenen Angaben zum Auftraggeber und zum Begünstigten nicht oder nicht rechtzeitig anfordert,

17.
entgegen Artikel 12 Absatz 2 Satz 1 keine Maßnahmen ergreift,

18.
entgegen Artikel 12 Absatz 2 Satz 2 das Versäumnis oder die ergriffenen Maßnahmen nicht meldet oder

19.
entgegen Artikel 16 Absatz 1 Satz 2 Angaben zum Auftraggeber und zum Begünstigten nicht mindestens fünf Jahre aufbewahrt.

(4a) Ordnungswidrig handelt, wer vorsätzlich oder fahrlässig entgegen Artikel 3 Absatz 1 der Verordnung (EG) Nr. 924/2009 des Europäischen Parlaments und des Rates vom 16. September 2009 über grenzüberschreitende Zahlungen in der Gemeinschaft und zur Aufhebung der

191

Verordnung (EG) Nr. 2560/2001 (ABl. L 266 vom 9.10.2009, S. 11), die durch die Verordnung (EU) Nr. 260/2012 (ABl. L 94 vom 30.3.2012, S. 22) geändert worden ist, ein anderes als das dort genannte Entgelt erhebt.

(4b) Ordnungswidrig handelt, wer als Person, die für ein CRR-Kreditinstitut handelt, gegen die Verordnung (EG) Nr. 1060/2009 verstößt, indem er vorsätzlich oder leichtfertig

1.
    entgegen Artikel 4 Absatz 1 Unterabsatz 1 ein Rating verwendet,

2.
    entgegen Artikel 5a Absatz 1 nicht dafür Sorge trägt, dass das CRR-Kreditinstitut eigene Kreditrisikobewertungen vornimmt,

3.
    entgegen Artikel 8c Absatz 1 einen Auftrag nicht richtig erteilt,

4.
    entgegen Artikel 8c Absatz 2 nicht dafür Sorge trägt, dass die beauftragten Ratingagenturen die dort genannten Voraussetzungen erfüllen oder

5.
    entgegen Artikel 8d Absatz 1 Satz 2 die dort genannte Dokumentation nicht richtig vornimmt.

(4c) Das Bundesministerium der Finanzen wird ermächtigt, soweit dies zur Durchsetzung der Rechtsakte der Europäischen Union erforderlich ist, durch Rechtsverordnung ohne Zustimmung des Bundesrates die Tatbestände zu bezeichnen, die als Ordnungswidrigkeit nach Absatz 1a geahndet werden können.

(4d) Ordnungswidrig handelt, wer gegen die Verordnung (EU) Nr. 260/2012 des Europäischen Parlaments und des Rates vom 14. März 2012 zur Festlegung der technischen Vorschriften und der Geschäftsanforderungen für Überweisungen und Lastschriften in Euro und zur Änderung der Verordnung (EG) Nr. 924/2009 (ABl. L 94 vom 30.3.2012, S. 22) verstößt, indem er vorsätzlich oder fahrlässig

1.
    entgegen Artikel 4 Absatz 2 Satz 1 nicht sicherstellt, dass die technische Interoperabilität des Zahlungssystems gewährleistet wird,

2.
    entgegen Artikel 4 Absatz 2 Satz 2 eine dort genannte Geschäftsregel beschließt,

3.
    entgegen Artikel 4 Absatz 3 die Abwicklung einer Überweisung oder einer Lastschrift durch ein technisches Hindernis behindert,

4.
    entgegen Artikel 5 Absatz 1 Satz 1 oder Absatz 2 eine Überweisung ausführt,

5.
    entgegen Artikel 5 Absatz 1 Satz 1 oder Absatz 3 Satz 1 eine Lastschrift ausführt oder

6.
    entgegen Artikel 5 Absatz 8 ein Entgelt für einen dort genannten Auslesevorgang erhebt.

(4e) Ordnungswidrig handelt, wer gegen die Verordnung (EU) Nr. 648/2012 des Europäischen Parlaments und des Rates vom 4. Juli 2012 über OTC-Derivate, zentrale Gegenparteien und Transaktionsregister (ABl. L 201 vom 27.7.2012, S. 1) verstößt, indem er vorsätzlich oder fahrlässig

1.
    entgegen Artikel 7 Absatz 1 Unterabsatz 1 das Clearing nicht übernimmt oder

2.
    entgegen Artikel 7 Absatz 2 einem Antrag nicht oder nicht rechtzeitig stattgibt oder diesen nicht oder nicht rechtzeitig ablehnt.

(4f) Ordnungswidrig handelt, wer gegen die Verordnung (EU) Nr. 909/2014 des Europäischen Parlaments und des Rates vom 23. Juli 2014 zur Verbesserung der Wertpapierlieferungen und -abrechnungen in der Europäischen Union und über Zentralverwahrer sowie zur Änderung der

Richtlinien 98/26/EG und 2014/65/EU und der Verordnung (EU) Nr. 236/2012 (ABl. L 257 vom 28.8.2014, S. 1) verstößt, indem er vorsätzlich oder leichtfertig

1.
    entgegen Artikel 16 Absatz 2 nichtbankartige Nebendienstleistungen erbringt,

2.
    in seinem Antrag nach Artikel 17 Absatz 1 die nach Artikel 17 Absatz 2 erforderlichen Angaben nicht, nicht richtig oder nicht vollständig macht oder in dem Zulassungsverfahren nach Artikel 17 wesentliche Umstände gegenüber der Bundesanstalt verschweigt,

3.
    in einem Verfahren, das den Entzug der Zulassung nach Artikel 20 Absatz 1 zum Gegenstand hat, die für die Entscheidung über den Entzug der Zulassung erforderlichen Angaben nicht, nicht richtig oder nicht vollständig macht oder in dem vorgenannten Verfahren wesentliche Umstände gegenüber der Bundesanstalt verschweigt,

4.
    entgegen Artikel 25 Absatz 2 ohne die erforderliche Anerkennung Kerndienstleistungen erbringt,

5.
    entgegen Artikel 25 Absatz 2 ohne die erforderliche Anerkennung eine Zweigniederlassung gründet,

6.
    entgegen Artikel 26 Absatz 1 unzureichende Instrumente zur Überwachung von Risiken vorhält,

7.
    entgegen Artikel 26 Absatz 2 die Verantwortlichkeiten der Beschäftigten in Schlüsselpositionen nicht oder nicht richtig festlegt,

8.
    entgegen Artikel 26 Absatz 3 Vorkehrungen zur Verhinderung von Interessenkonflikten nicht oder nicht richtig trifft,

9.
    entgegen Artikel 26 Absatz 5 keine geeigneten Verfahren eingerichtet hat, durch die Beschäftigte potenzielle Verstöße gegen die Verordnung (EU) Nr. 909/2014 über einen dafür geschaffenen Mechanismus intern melden können,

10.
    entgegen Artikel 26 Absatz 6 Satz 1 Prüfungen nicht oder nicht richtig durchführt,

11.
    entgegen Artikel 26 Absatz 6 Satz 2 Ergebnisse von Prüfungen nicht der Bundesanstalt vorlegt,

12.
    entgegen Artikel 26 Absatz 6 Satz 2 Prüfungsergebnisse dem Nutzerausschuss vorenthält,

13.
    entgegen Artikel 27 Absatz 3 Vergütungsabreden trifft,

14.
    entgegen Artikel 27 Absatz 7 Buchstabe a Eigentumsverhältnisse nicht, nicht richtig oder nicht vollständig vorlegt oder veröffentlicht,

15.
    entgegen Artikel 27 Absatz 7 Buchstabe b die Bundesanstalt nicht, nicht richtig oder nicht vollständig über die Entscheidung, Eigentumsrechte zu übertragen, unterrichtet,

16.
    entgegen Artikel 28 Absatz 1 Satz 1 einen dort vorgeschriebenen Nutzerausschuss nicht einrichtet,

17.
    entgegen Artikel 28 Absatz 1 Satz 2 Einfluss auf den Nutzerausschuss nimmt,

18.

entgegen Artikel 28 Absatz 2 Satz 2 Regelungen nicht, nicht richtig oder nicht vollständig veröffentlicht,

19.

entgegen Artikel 28 Absatz 5 Satz 1 als Mitglied des Nutzerausschusses die Geheimhaltungspflicht verletzt,

20.

entgegen Artikel 28 Absatz 6 die Bundesanstalt oder den Nutzerausschuss nicht oder nicht unverzüglich unterrichtet,

21.

entgegen Artikel 29 Absatz 1 eine Aufzeichnung nicht oder nicht mindestens zehn Jahre aufbewahrt,

22.

entgegen Artikel 29 Absatz 2 Aufzeichnungen nicht zur Verfügung stellt,

23.

entgegen Artikel 30 Absatz 1 oder Absatz 2 Satz 2 Auslagerungsvereinbarungen trifft,

24.

entgegen Artikel 30 Absatz 3 Informationen nicht, nicht richtig oder nicht vollständig zur Verfügung stellt,

25.

entgegen Artikel 30 Absatz 4 eine Vereinbarung zur Auslagerung von Kerndienstleistungen trifft, ohne die erforderliche Genehmigung zu besitzen,

26.

entgegen Artikel 32 Absatz 1 nicht eindeutig bestimmte und realistische Ziele aufstellt,

27.

entgegen Artikel 32 Absatz 2 nicht über transparente Vorschriften zum Umgang mit Beschwerden verfügt,

28.

entgegen Artikel 33 Absatz 1 Satz 1 Teilnahmekriterien nicht veröffentlicht,

29.

entgegen Artikel 33 Absatz 2 eine Beschwerde nicht innerhalb eines Monats beantwortet,

30.

entgegen Artikel 34 Absatz 1 geltende Preise und Gebühren nicht, nicht richtig oder nicht vollständig bekanntgibt,

31.

entgegen Artikel 34 Absatz 2 eine Preisliste nicht, nicht richtig oder nicht vollständig veröffentlicht,

32.

entgegen Artikel 34 Absatz 6 oder 7 Informationen der Bundesanstalt nicht, nicht richtig oder nicht vollständig vorlegt,

33.

entgegen Artikel 35 nicht die internationalen offenen Kommunikationsverfahren und Normen für den Datenaustausch und Referenzdaten verwendet,

34.

entgegen Artikel 37 Absatz 1 nicht einmal pro Geschäftstag den vollständigen Depotkontenabgleich vornimmt,

35.

entgegen Artikel 37 Absatz 3 Wertpapierkredite, Sollsalden oder die Schaffung von Wertpapieren veranlasst oder nicht verhindert,

36.

entgegen Artikel 38 Absatz 1, 2, 3 oder 4 Aufzeichnungen oder Konten nicht, nicht richtig oder nicht vollständig führt,

37.

entgegen Artikel 38 Absatz 7 Wertpapiere ohne ausdrückliche vorherige Zustimmung eines Kunden verwendet,

38.

entgegen Artikel 39 Absatz 2, 4, 5, 6 oder 7 ein Wertpapierliefer- oder -abrechnungssystem betreibt,

39.

entgegen Artikel 40 Absatz 3 Informationen nicht, nicht richtig oder nicht vollständig zur Verfügung stellt,

40.

entgegen Artikel 41 Absatz 1 keine wirksamen und eindeutig festgelegten Regeln und Verfahren einrichtet,

41.

entgegen Artikel 41 Absatz 2 Regeln und Verfahren nicht, nicht richtig oder nicht vollständig veröffentlicht,

42.

einen Vertrag abschließt, dessen Inhalt gegen Artikel 43 verstößt,

43.

entgegen Artikel 44 keine soliden Management- und Kontrollsysteme und keine soliden IT-Instrumente zur Ermittlung, Überwachung und Steuerung allgemeiner Geschäftsrisiken vorhält,

44.

entgegen Artikel 45 Absatz 1 keine IT-Instrumente, Kontrollen oder Verfahren vorhält,

45.

entgegen Artikel 45 Absatz 3 und 4 keinen vorgeschriebenen Notfallsanierungsplan erstellt oder ihn nicht oder nicht richtig an geänderte Voraussetzungen anpasst,

46.

entgegen Artikel 46 Absatz 1 finanzielle Vermögenswerte nicht bei Zentralbanken, zugelassenen Kreditinstituten oder zugelassenen Zentralverwahrern hält,

47.

entgegen Artikel 46 Absatz 2 keinen sofortigen Zugang zu seinen Vermögenswerten hat,

48.

entgegen Artikel 46 Absatz 3 seine Finanzmittel nicht ausschließlich in Geld oder hochliquiden Finanzinstrumenten mit minimalem Markt- und Kreditrisiko anlegt,

49.

entgegen Artikel 46 Absatz 5 sein Gesamtrisiko gegenüber jedem einzelnen zugelassenen Kreditinstitut oder zugelassenen Zentralverwahrer, bei dem er seine finanziellen Vermögenswerte hält, nicht innerhalb akzeptabler Konzentrationsgrenzen hält,

50.

entgegen Artikel 47 Absatz 1 die darin vorgeschriebenen Eigenkapitalanforderungen nachhaltig verletzt,

51.

entgegen Artikel 47 Absatz 2 Satz 1 und 2 einen dort vorgeschriebenen Kapitalplan nicht vorhält,

52.

entgegen Artikel 47 Absatz 2 Satz 3 der Bundesanstalt die erfolgte Aktualisierung des Kapitalplans nicht, nicht vollständig oder nicht richtig mitteilt,

53.

entgegen Artikel 48 Absatz 2 eine Zentralverwahrer-Verbindung ohne eine erforderliche Genehmigung oder Anzeige einrichtet,

54.

entgegen Artikel 48 Absatz 4 die Rückübertragung von Wertpapieren veranlasst,

55.

entgegen Artikel 48 Absatz 5 geeignete Maßnahmen zur Minderung zusätzlicher Risiken nicht oder nicht richtig trifft,

56.

entgegen Artikel 48 Absatz 7 eine Zentralverwahrer-Verbindung betreibt, die keine Abwicklung „Lieferung gegen Zahlung" ermöglicht,

57.

entgegen Artikel 49 Absatz 3 einem antragstellenden Emittenten nicht innerhalb von drei Monaten eine Antwort zukommen lässt,

58.

entgegen Artikel 50 einem anderen Zentralverwahrer den Zugang über eine Stand-Verbindung verwehrt,

59.

entgegen Artikel 51 Absatz 1 den Antrag eines Zentralverwahrers auf eine kundenspezifische Verbindung ablehnt,

60.

entgegen Artikel 52 Absatz 1 einem antragstellenden Zentralverwahrer nicht innerhalb von drei Monaten eine Antwort zukommen lässt,

61.

entgegen Artikel 52 Absatz 2 den Zugang verweigert,

62.

entgegen Artikel 53 Absatz 1 Unterabsatz 1 einem Zentralverwahrer Transaktionsdaten nicht, nicht vollständig oder nicht rechtzeitig zur Verfügung stellt,

63.

entgegen Artikel 53 Absatz 1 Unterabsatz 2 und Absatz 3 einer zentralen Gegenpartei oder einem Handelsplatz nicht in geeigneter Weise Zugang zu seinem Wertpapierliefer- oder -abrechnungssystem gewährt,

64.

entgegen Artikel 53 Absatz 2 einer antragstellenden Partei nicht binnen drei Monaten antwortet,

65.

entgegen Artikel 54 Absatz 1 bankartige Nebendienstleistungen erbringt,

66.

entgegen Artikel 54 Absatz 4 bankartige Nebendienstleistungen für einen Zentralverwahrer erbringt,

67.

in dem Antrag auf Genehmigung nach Artikel 55 Absatz 1 die nach Artikel 55 Absatz 2 erforderlichen Angaben nicht, nicht richtig oder nicht vollständig macht oder in dem vorgenannten Genehmigungsverfahren wesentliche Umstände verschweigt,

68.

im Verfahren zum Entzug der Genehmigung nach Artikel 57 Absatz 1 die für die Entscheidung über den Entzug der Genehmigung erforderlichen Angaben nicht, nicht richtig oder nicht vollständig macht oder wesentliche Angaben verschweigt,

69.

entgegen Artikel 59 Absatz 3 dort genannte besondere aufsichtsrechtliche Anforderungen in Bezug auf Kreditrisiken nicht erfüllt oder

70.

entgegen Artikel 59 Absatz 4 dort genannte besondere aufsichtsrechtliche Anforderungen in Bezug auf Liquiditätsrisiken nicht erfüllt.

(4g) Ordnungswidrig handelt, wer gegen die Verordnung (EU) Nr. 1286/2014 des Europäischen Parlaments und des Rates vom 26. November 2014 über Basisinformationsblätter für verpackte Anlageprodukte für Kleinanleger und Versicherungsanlageprodukte (PRIIP) (ABl. L 352 vom 9.12.2014, S. 1, L 358 vom 13.12.2014, S. 50) verstößt, indem er vorsätzlich oder leichtfertig

1.

entgegen

a)

Artikel 5 Absatz 1,

b)

Artikel 5 Absatz 1 in Verbindung mit Artikel 6,

c)

Artikel 5 Absatz 1 in Verbindung mit Artikel 7 Absatz 2 oder

196

d)
Artikel 5 Absatz 1 in Verbindung mit Artikel 8 Absatz 1 bis 3
ein Basisinformationsblatt nicht, nicht richtig, nicht vollständig, nicht rechtzeitig oder nicht in der vorgeschriebenen Weise abfasst oder veröffentlicht,

2.
entgegen Artikel 5 Absatz 1 in Verbindung mit Artikel 7 Absatz 1 ein Basisinformationsblatt nicht in der vorgeschriebenen Weise abfasst oder übersetzt,

3.
entgegen Artikel 10 Absatz 1 Satz 1 ein Basisinformationsblatt nicht oder nicht rechtzeitig überprüft,

4.
entgegen Artikel 10 Absatz 1 Satz 1 ein Basisinformationsblatt nicht oder nicht vollständig überarbeitet,

5.
entgegen Artikel 10 Absatz 1 Satz 2 ein Basisinformationsblatt nicht oder nicht rechtzeitig zur Verfügung stellt,

6.
entgegen Artikel 9 Satz 1 in Werbematerialien Aussagen trifft, die im Widerspruch zu den Informationen des Basisinformationsblattes stehen oder dessen Bedeutung herabstufen,

7.
entgegen Artikel 9 Satz 2 die erforderlichen Hinweise in Werbematerialien nicht, nicht richtig oder nicht vollständig aufnimmt,

8.
entgegen
a)
Artikel 13 Absatz 1, 3 und 4 oder
b)
Artikel 14
ein Basisinformationsblatt nicht oder nicht rechtzeitig oder nicht in der vorgeschriebenen Weise zur Verfügung stellt,

9.
entgegen Artikel 19 Buchstabe a und b nicht, nicht richtig oder nicht in der vorgeschriebenen Weise geeignete Verfahren und Vorkehrungen zur Einreichung und Beantwortung von Beschwerden vorsieht,

10.
entgegen Artikel 19 Buchstabe c nicht, nicht richtig oder nicht in der vorgeschriebenen Weise geeignete Verfahren und Vorkehrungen vorsieht, durch die gewährleistet wird, dass Kleinanlegern wirksame Beschwerdeverfahren im Fall von grenzüberschreitenden Streitigkeiten zur Verfügung stehen.
(4h) Ordnungswidrig handelt, wer vorsätzlich oder leichtfertig

1.
entgegen § 25e Satz 1 nicht durch entsprechende Maßnahmen sicherstellt, dass ein vertraglich gebundener Vermittler die dort geforderten Anforderungen fortlaufend erfüllt,

2.
entgegen § 25e Satz 2 danach erforderliche Nachweise nicht oder nicht für die gesetzlich vorgesehene Dauer aufbewahrt,

3.
entgegen § 25e Satz 4 Vergütungssysteme nicht oder nicht ordnungsgemäß ausgestaltet,

4.
bei der Antragstellung für die Zulassung zum Geschäftsbetrieb nach § 32 Absatz 1 Satz 2 oder Absatz 1f Satz 2 gegenüber der Bundesanstalt unrichtige Angaben im Hinblick auf die nach § 32 Absatz 1 Satz 2 oder Absatz 1f Satz 2 erforderlichen Informationen macht,

5.

entgegen § 25c Absatz 1 Satz 1 der Wahrnehmung seiner Aufgaben als Geschäftsleiter nicht ausreichend Zeit widmet,

6.

entgegen § 25c Absatz 2 Satz 2 in Verbindung mit Absatz 1 Satz 3, 4 und 5 als Geschäftsleiter eine zu hohe Anzahl an Leitungs- oder Aufsichtsmandaten innehat.

(5) Ordnungswidrig handelt, wer gegen die Verordnung (EU) Nr. 575/2013 des Europäischen Parlaments und des Rates vom 26. Juni 2013 über Aufsichtsanforderungen an Kreditinstitute und Wertpapierfirmen und zur Änderung der Verordnung (EU) Nr. 646/2012 (ABl. L 176 vom 27.6.2013, S. 1) oder gegen § 1a in Verbindung mit der Verordnung (EU) Nr. 575/2013 verstößt, indem er vorsätzlich oder fahrlässig

1.

entgegen Artikel 28 Absatz 1 Buchstabe f den Kapitalbetrag von Instrumenten des harten Kernkapitals verringert oder zurückzahlt,

2.

entgegen Artikel 28 Absatz 1 Buchstabe h Ziffer i Vorzugsausschüttungen auf Instrumente des harten Kernkapitals vornimmt,

3.

entgegen Artikel 28 Absatz 1 Buchstabe h Ziffer ii oder Artikel 52 Absatz 1 Buchstabe l Ziffer i aus nicht ausschüttungsfähigen Posten Ausschüttungen auf Instrumente des harten oder zusätzlichen Kernkapitals vornimmt,

4.

entgegen Artikel 52 Absatz 1 Buchstabe i Instrumente des zusätzlichen Kernkapitals kündigt, zurückzahlt oder zurückkauft,

5.

entgegen Artikel 63 Buchstabe j Instrumente des Ergänzungskapitals kündigt, zurückzahlt oder zurückkauft,

6.

entgegen Artikel 94 Absatz 3 Satz 1 die Nichterfüllung der Bedingung nach Artikel 94 Absatz 1 Buchstabe b nicht oder nicht rechtzeitig mitteilt,

7.

entgegen Artikel 99 Absatz 1 über die Verpflichtungen nach Artikel 92 nicht, nicht richtig, nicht vollständig oder nicht rechtzeitig Meldung erstattet,

8.

entgegen Artikel 101 Absatz 1 die genannten Daten nicht, nicht richtig, nicht vollständig oder nicht rechtzeitig übermittelt,

9.

entgegen Artikel 146 die Nichterfüllung der Anforderungen nicht oder nicht rechtzeitig mitteilt,

10.

entgegen Artikel 175 Absatz 5 die Erfüllung der Anforderungen nicht, nicht richtig, nicht vollständig oder nicht hinreichend nachweist,

11.

entgegen Artikel 213 Absatz 2 Satz 1 das Vorhandensein von Systemen nicht, nicht richtig oder nicht vollständig nachweist,

12.

entgegen Artikel 246 Absatz 3 Satz 2 das Gebrauchmachen von der in Satz 1 genannten Möglichkeit nicht, nicht richtig oder nicht vollständig mitteilt,

13.

entgegen Artikel 263 Absatz 2 Satz 2 die dort genannten Tatsachen nicht, nicht richtig oder nicht vollständig mitteilt,

14.

entgegen Artikel 283 Absatz 6 die Nichterfüllung der Anforderungen nicht oder nicht rechtzeitig mitteilt,

15.

entgegen Artikel 292 Absatz 3 Satz 1 das dort bezeichnete zeitliche Zusammenfallen nicht hinreichend oder nicht rechtzeitig nachweist,

16.

entgegen Artikel 394 Absatz 1 bis 3 eine Meldung nicht, nicht richtig, nicht vollständig oder nicht rechtzeitig erstattet,

17.

entgegen Artikel 395 Absatz 1 Satz 1, auch in Verbindung mit Satz 2, eine Forderung eingeht,

18.

entgegen Artikel 395 Absatz 5 Satz 2 die Höhe der Überschreitung und den Namen des betreffenden Kunden nicht, nicht richtig, nicht vollständig oder nicht unverzüglich meldet,

19.

entgegen Artikel 396 Absatz 1 Satz 1 den Forderungswert nicht, nicht richtig, nicht vollständig oder nicht unverzüglich meldet,

20.

entgegen Artikel 405 Absatz 1 Satz 1 dem Kreditrisiko einer Verbriefungsposition ausgesetzt ist,

21.

entgegen Artikel 412 Absatz 1 Satz 1 wiederholt oder fortgesetzt liquide Aktiva in der dort bezeichneten Höhe nicht hält,

22.

entgegen Artikel 414 Satz 1 erster Halbsatz die Nichteinhaltung oder das erwartete Nichteinhalten der Anforderungen nicht, nicht richtig, nicht vollständig oder nicht unverzüglich mitteilt,

23.

entgegen Artikel 414 Satz 1 zweiter Halbsatz einen Plan nicht, nicht richtig, nicht vollständig oder nicht rechtzeitig vorlegt,

24.

entgegen Artikel 415 Absatz 1 oder Absatz 2 die dort bezeichneten Informationen über die Liquiditätslage nicht, nicht richtig, nicht vollständig oder nicht rechtzeitig meldet,

25.

entgegen Artikel 430 Absatz 1 Satz 1 oder Unterabsatz 2 Informationen über die Verschuldungsquote und deren Elemente nicht, nicht richtig oder nicht vollständig übermittelt,

26.

entgegen Artikel 431 Absatz 1 die dort bezeichneten Informationen nicht, nicht richtig, nicht vollständig oder nicht rechtzeitig veröffentlicht,

27.

entgegen Artikel 431 Absatz 2 die in den dort bezeichneten Genehmigungen enthaltenen Informationen nicht, nicht richtig, nicht vollständig oder nicht rechtzeitig offenlegt,

28.

entgegen Artikel 431 Absatz 3 Unterabsatz 2 Satz 1 und 2 die dort genannten Informationen nicht, nicht richtig, nicht vollständig oder nicht rechtzeitig veröffentlicht oder

29.

entgegen Artikel 451 Absatz 1 die dort genannten Informationen nicht, nicht richtig, nicht vollständig oder nicht rechtzeitig offenlegt.

Die Bestimmungen des Satzes 1 gelten auch für ein Kreditinstitut oder Finanzdienstleistungsinstitut im Sinne des § 1a.

(5a) Ordnungswidrig handelt, wer vorsätzlich oder fahrlässig ein höheres als in Artikel 3 Absatz 1 oder in Artikel 4 Satz 1 der Verordnung (EU) 2015/751 des Europäischen Parlaments und des Rates vom 29. April 2015 über Interbankenentgelte für kartengebundene Zahlungsvorgänge (ABl. L 123 vom 19.5.2015, S. 1) genanntes Interbankenentgelt erhebt.

(6) Die Ordnungswidrigkeit kann

1.

in den Fällen des Absatzes 2 Nummer 1 Buchstabe a, b und h, Nummer 3 Buchstabe a und f, Nummer 4 und Nummer 12, der Absätze 4f, 4h und 5 Nummer 1 bis 5, 7, 8, 16, 17, 20, 21 und 24 bis 29 mit einer Geldbuße bis zu fünf Millionen Euro,

1a.

in den Fällen des Absatzes 4g mit einer Geldbuße bis zu siebenhunderttausend Euro,

2.

in den Fällen der Absätze 1 und 2 Nummer 3 Buchstabe l und des Absatzes 5a mit einer Geldbuße bis zu fünfhunderttausend Euro,

3.

in den Fällen des Absatzes 2 Nummer 2 Buchstabe a, Nummer 3 Buchstabe b bis e, g bis k und m, Nummer 5 bis 10, 13, 14 und 17a, der Absätze 4, 4b Nummer 1 bis 5 und des Absatzes 4c in Verbindung mit Absatz 1a mit einer Geldbuße bis zu zweihunderttausend Euro und

4.

in den übrigen Fällen mit einer Geldbuße bis zu hunderttausend Euro geahndet werden.

(6a) Gegenüber einer juristischen Person oder einer Personenvereinigung kann in den Fällen der Absätze 4f und 4g über Absatz 6 hinaus eine höhere Geldbuße verhängt werden; diese Geldbuße darf den höheren der folgenden Beträge nicht übersteigen:

1.

in den Fällen des Absatzes 4f den höheren der Beträge von zwanzig Millionen Euro oder 10 Prozent des Gesamtumsatzes, den die juristische Person oder die Personenvereinigung im der Behördenentscheidung vorangegangenen Geschäftsjahr erzielt hat,

2.

in den Fällen des Absatzes 4g den höheren der Beträge von fünf Millionen Euro oder 3 Prozent des Gesamtumsatzes, den die juristische Person oder die Personenvereinigung im der Behördenentscheidung vorausgegangenen Geschäftsjahr erzielt hat,

3.

in den Fällen des Absatzes 4h den höheren der Beträge von fünf Millionen Euro oder 10 Prozent des Gesamtumsatzes, den die juristische Person oder die Personenvereinigung im der Behördenentscheidung vorausgegangenen Geschäftsjahr erzielt hat.

(6b) Gegenüber einer juristischen Person oder einer Personenvereinigung kann in den Fällen des Absatzes 2 Nummer 11b bis 13 und in den Fällen des Absatzes 4 Nummer 1 bis 3, 8, 9 und 11 bis 15, sofern es sich um nachhaltige Verstöße handelt, eine über Absatz 6 hinausgehende Geldbuße verhängt werden; die Geldbuße darf den höheren der folgenden Beträge nicht übersteigen:

1.

fünf Millionen Euro oder

2.

10 Prozent des Gesamtumsatzes, den die juristische Person oder Personenvereinigung im der Behördenentscheidung vorausgegangenen Geschäftsjahr erzielt hat.

(6c) Über die in den Absätzen 6, 6a und 6b genannten Beträge hinaus kann die Ordnungswidrigkeit in den Fällen des Absatzes 2 Nummer 11b bis 13, in den Fällen des Absatzes 4 Nummer 1 bis 3, 8, 9 und 11 bis 15 und in den Fällen der Absätze 4f bis 4h mit einer Geldbuße bis zum Zweifachen des aus dem Verstoß gezogenen wirtschaftlichen Vorteils geahndet werden. Der wirtschaftliche Vorteil umfasst erzielte Gewinne und vermiedene Verluste und kann geschätzt werden.

(6d) Gesamtumsatz im Sinne des Absatzes 6a und 6b Nummer 2 ist

1.

im Falle von Kreditinstituten, Zahlungsinstituten und Finanzdienstleistungsinstituten im Sinne des § 340 des Handelsgesetzbuchs der sich aus dem auf das Institut anwendbaren nationalen Recht im Einklang mit Artikel 27 Nummer 1, 3, 4, 6 und 7 oder Artikel 28 Nummer B1, B2, B3, B4 und B7 der Richtlinie 86/635/EWG des Rates vom 8. Dezember 1986 über den Jahresabschluss und den konsolidierten Abschluss von Banken und anderen Finanzinstituten (ABl. L 372 vom 31.12.1986, S. 1, L 316 vom 23.11.1988, S. 51), die zuletzt durch die Richtlinie 2006/46/EG (ABl. L 224 vom 16.8.2006, S. 1) geändert worden ist, ergebende Gesamtbetrag, abzüglich der Umsatzsteuer und sonstiger direkt auf diese Erträge erhobener Steuern,

2.

im Falle von Versicherungsunternehmen der sich aus dem auf das Versicherungsunternehmen anwendbaren nationalen Recht im Einklang mit Artikel 63 der Richtlinie 91/674/EWG des Rates vom 19. Dezember 1991 über den Jahresabschluss und den konsolidierten Abschluss von Versicherungsunternehmen (ABl. L 374 vom 31.12.1991, S. 7), die zuletzt durch die Richtlinie 2006/46/EG (ABl. L 224 vom 16.8.2006, S. 1) geändert worden ist, ergebende Gesamtbetrag, abzüglich der Umsatzsteuer und sonstiger direkt auf diese Erträge erhobener Steuern,

3.

im Übrigen der Betrag der Nettoumsätze nach Maßgabe des auf das Unternehmen anwendbaren nationalen Rechts im Einklang mit Artikel 2 Nummer 5 der Richtlinie 2013/34/EU des Europäischen Parlaments und des Rates vom 26. Juni 2013 über den Jahresabschluss, den konsolidierten Abschluss und damit verbundene Berichte von Unternehmen bestimmter Rechtsformen und zur Änderung der Richtlinie 2006/43/EG des Europäischen Parlaments und des Rates und zur Aufhebung der Richtlinien 78/660/EWG und 83/349/EWG des Rates (ABl. L 182 vom 29.6.2013, S. 19, L 369 vom 24.12.2014, S. 79), die zuletzt durch die Richtlinie 2014/102/EU (ABl. L 334 vom 21.11.2014, S. 86) geändert worden ist.

Handelt es sich bei der juristischen Person oder der Personenvereinigung um das Mutterunternehmen oder um eine Tochtergesellschaft, so ist anstelle des Gesamtumsatzes der juristischen Person oder der Personenvereinigung der jeweilige Gesamtbetrag in dem Konzernabschluss des Mutterunternehmens maßgeblich, der für den größten Kreis von Unternehmen aufgestellt wird. Wird der Konzernabschluss für den größten Kreis von Unternehmen nicht nach den in Satz 1 genannten Vorschriften aufgestellt, ist der Gesamtumsatz nach Maßgabe der den in Satz 1 Nummer 1 bis 3 vergleichbaren Posten des Konzernabschlusses zu ermitteln. Ist ein Jahresabschluss oder Konzernabschluss für das maßgebliche Geschäftsjahr nicht verfügbar, ist der Jahres- oder Konzernabschluss für das unmittelbar vorangegangene Geschäftsjahr maßgeblich; ist auch dieser nicht verfügbar, kann der Gesamtumsatz geschätzt werden.

(6e) § 17 Absatz 2 des Gesetzes über Ordnungswidrigkeiten ist nicht anzuwenden bei Verstößen gegen Gebote und Verbote, die in den Absätzen 6a und 6b in Bezug genommen werden. § 30 des Gesetzes über Ordnungswidrigkeiten gilt auch für juristische Personen oder für Personenvereinigungen, die über eine Zweigniederlassung oder im Wege des grenzüberschreitenden Dienstleistungsverkehrs im Inland tätig sind. Die Verfolgung der Ordnungswidrigkeiten nach den Absätzen 4f bis 4h verjährt in drei Jahren.

(7) Die Geldbuße soll den wirtschaftlichen Vorteil, den der Täter aus der Ordnungswidrigkeit gezogen hat, übersteigen. Reicht in den Fällen des Absatzes 6 das Höchstmaß, mit Ausnahme der Fälle nach Absatz 2 Nummer 11b bis 13, und in den Fällen des Absatzes 4 Nummer 1 bis 3, 8, 9 und 11 bis 15 hierzu nicht aus, so kann es für juristische Personen oder Personenvereinigungen bis zu einem Betrag in folgender Höhe überschritten werden:

1.

10 Prozent des Jahresnettoumsatzes des Unternehmens im Geschäftsjahr, das der Ordnungswidrigkeit vorausgeht, oder

2.

das Zweifache des durch die Zuwiderhandlung erlangten Mehrerlöses.

§ 17 Absatz 4 des Gesetzes über Ordnungswidrigkeiten bleibt unberührt.

(8) Der Jahresnettoumsatz im Sinne des Absatzes 7 Satz 2 Nummer 1 ist der Gesamtbetrag der in § 34 Absatz 2 Satz 1 Nummer 1 Buchstabe a bis e der Kreditinstituts-Rechnungslegungsverordnung in der jeweils geltenden Fassung genannten Erträge einschließlich der Bruttoerträge bestehend aus Zinserträgen und ähnlichen Erträgen, Erträgen aus Aktien, anderen Anteilsrechten und nicht festverzinslichen/festverzinslichen Wertpapieren sowie Erträgen aus Provisionen und Gebühren wie in Artikel 316 der Verordnung (EU) Nr. 575/2013 ausgeführt,

abzüglich der Umsatzsteuer und sonstiger direkt auf diese Erträge erhobener Steuern. Handelt es sich bei dem Unternehmen um ein Tochterunternehmen, ist auf den Jahresnettoumsatz abzustellen, der im vorangegangenen Geschäftsjahr im konsolidierten Abschluss des Mutterunternehmens an der Spitze der Gruppe ausgewiesen ist.

§§ 57 und 58 (weggefallen)

§ 59 Geldbußen gegen Unternehmen

§ 30 des Gesetzes über Ordnungswidrigkeiten gilt auch für Unternehmen im Sinne des § 53b Abs. 1 Satz 1 und Abs. 7 Satz 1, die über eine Zweigniederlassung oder im Wege des grenzüberschreitenden Dienstleistungsverkehrs im Inland tätig sind.

§ 60 Zuständige Verwaltungsbehörde

Verwaltungsbehörde im Sinne des § 36 Abs. 1 Nr. 1 des Gesetzes über Ordnungswidrigkeiten ist die Bundesanstalt.

§ 60a Beteiligung der Bundesanstalt und Mitteilungen in Strafsachen

(1) Das Gericht, die Strafverfolgungs- oder die Strafvollstreckungsbehörde hat in Strafverfahren gegen Inhaber, Geschäftsleiter oder Mitglieder der Verwaltungs- oder Aufsichtsorgane von Instituten oder Finanzholding-Gesellschaften sowie gegen Inhaber bedeutender Beteiligungen an Instituten oder deren gesetzliche Vertreter oder persönlich haftende Gesellschafter wegen Verletzung ihrer Berufspflichten oder anderer Straftaten bei oder im Zusammenhang mit der Ausübung eines Gewerbes oder dem Betrieb einer sonstigen wirtschaftlichen Unternehmung, ferner in Strafverfahren, die Straftaten nach § 54 zum Gegenstand haben, im Falle der Erhebung der öffentlichen Klage der Bundesanstalt

1.

   die Anklageschrift oder eine an ihre Stelle tretende Antragsschrift,

2.

   den Antrag auf Erlaß eines Strafbefehls und

3.

   die das Verfahren abschließende Entscheidung mit Begründung

zu übermitteln; ist gegen die Entscheidung ein Rechtsmittel eingelegt worden, ist die Entscheidung unter Hinweis auf das eingelegte Rechtsmittel zu übermitteln. In Verfahren wegen fahrlässig begangener Straftaten werden die in den Nummern 1 und 2 bestimmten Übermittlungen nur vorgenommen, wenn aus der Sicht der übermittelnden Stelle unverzüglich Entscheidungen oder andere Maßnahmen der Bundesanstalt geboten sind.

(1a) In Strafverfahren, die Straftaten nach § 54 zum Gegenstand haben, hat die Staatsanwaltschaft die Bundesanstalt bereits über die Einleitung des Ermittlungsverfahrens zu unterrichten, soweit dadurch eine Gefährdung des Ermittlungszweckes nicht zu erwarten ist. Erwägt die Staatsanwaltschaft, das Verfahren einzustellen, so hat sie die Bundesanstalt zu hören.

(2) Werden sonst in einem Strafverfahren Tatsachen bekannt, die auf Mißstände in dem Geschäftsbetrieb eines Instituts hindeuten, und ist deren Kenntnis aus der Sicht der übermittelnden Stelle für Maßnahmen der Bundesanstalt nach diesem Gesetz erforderlich, soll das Gericht, die Strafverfolgungs- oder die Strafvollstreckungsbehörde diese Tatsachen ebenfalls mitteilen, soweit nicht für die übermittelnde Stelle erkennbar ist, daß schutzwürdige Interessen des Betroffenen überwiegen. Dabei ist zu berücksichtigen, wie gesichert die zu übermittelnden Erkenntnisse sind.

(3) Der Bundesanstalt ist auf Antrag Akteneinsicht zu gewähren, soweit nicht für die Akteneinsicht gewährende Stelle erkennbar ist, dass schutzwürdige Interessen des Betroffenen überwiegen. Absatz 2 Satz 2 gilt entsprechend.

§ 60b Bekanntmachung von Maßnahmen

(1) Die Bundesanstalt soll, sofern die Bekanntmachung nicht bereits nach § 60c Absatz 1 Satz 1 erfolgt, jede gegen ein ihrer Aufsicht unterstehendes Institut oder Unternehmen oder gegen einen Geschäftsleiter eines Instituts oder Unternehmens verhängte und bestandskräftig gewordene Maßnahme, die sie wegen eines Verstoßes gegen dieses Gesetz, die dazu erlassenen Rechtsverordnungen oder die Bestimmungen der Verordnung (EU) Nr. 575/2013 oder der Verordnung (EU) 2015/847 verhängt hat, und jede unanfechtbar gewordene Bußgeldentscheidung nach Maßgabe der Absätze 2 bis 4 unverzüglich auf ihren Internetseiten öffentlich bekannt machen und dabei auch Informationen zu Art und Charakter des Verstoßes mitteilen. Die Rechte der Bundesanstalt nach § 37 Absatz 1 Satz 3 bleiben unberührt.

(2) Die Bekanntmachung einer unanfechtbar gewordenen Bußgeldentscheidung nach § 56 Absatz 4c darf keine personenbezogenen Daten enthalten.

(3) Eine unanfechtbar gewordene Bußgeldentscheidung nach § 56 Absatz 4e darf nicht nach Absatz 1 bekannt gemacht werden, wenn eine solche Bekanntmachung die Stabilität der Finanzmärkte der Bundesrepublik Deutschland oder eines oder mehrerer Vertragsstaaten des Abkommens über den Europäischen Wirtschaftsraum erheblich gefährden oder eine solche Bekanntmachung den Beteiligten einen unverhältnismäßig großen Schaden zufügen würde.

(4) Die Bundesanstalt hat eine bestandskräftig gewordene Maßnahme oder eine unanfechtbar gewordene Bußgeldentscheidung mit Ausnahme von Bußgeldentscheidungen nach § 56 Absatz 4e auf anonymer Basis bekannt zu machen, wenn eine Bekanntmachung nach Absatz 1

1.

    das Persönlichkeitsrecht natürlicher Personen verletzt oder eine Bekanntmachung personenbezogener Daten aus sonstigen Gründen unverhältnismäßig wäre,

2.

    die Stabilität der Finanzmärkte der Bundesrepublik Deutschland oder eines oder mehrerer Mitgliedstaaten des Europäischen Wirtschaftsraums oder den Fortgang einer strafrechtlichen Ermittlung erheblich gefährden würde oder

3.

    den beteiligten Instituten oder natürlichen Personen einen unverhältnismäßig großen Schaden zufügen würde.

Abweichend von Satz 1 kann die Bundesanstalt in den Fällen von Satz 1 Nummer 2 und 3 so lange von der Bekanntmachung nach Absatz 1 absehen, bis die Gründe für eine Bekanntmachung auf anonymer Basis weggefallen sind.

(5) Die Maßnahmen und Bußgeldentscheidungen im Sinne des Absatzes 1 mit Ausnahme der Bußgeldentscheidungen nach § 56 Absatz 4e sollen mindestens für fünf Jahre ab Bestandskraft der Maßnahme oder ab Unanfechtbarkeit der Bußgeldentscheidung auf den Internetseiten der Bundesanstalt veröffentlicht bleiben. Abweichend von Satz 1 sind personenbezogene Daten zu löschen, sobald ihre Bekanntmachung nicht mehr erforderlich ist.

§ 60c Bekanntmachung von Maßnahmen und Sanktionen wegen Verstößen gegen die Verordnung (EU) Nr. 909/2014, die Verordnung (EU) 2015/2365 oder die Verordnung (EU) 2016/1011

(1) Die Bundesanstalt macht Entscheidungen über Maßnahmen und Sanktionen, die wegen Verstößen gegen die Verordnung (EU) Nr. 909/2014 oder Artikel 4 oder 15 der Verordnung (EU) 2015/2365, Artikel 16 Absatz 1 bis 4 der Verordnung (EU) 2016/1011 oder die jeweils darauf basierenden delegierten Rechtsakte erlassen wurden, auf ihrer Internetseite unverzüglich nach Unterrichtung der natürlichen oder juristischen Person, gegen die die Maßnahme oder Sanktion verhängt wurde, bekannt.

(2) In der Bekanntmachung benennt die Bundesanstalt die Vorschrift, gegen die verstoßen wurde, und die für den Verstoß verantwortliche natürliche oder juristische Person oder Personenvereinigung.

(3) Ist die Bekanntmachung der Identität einer von der Entscheidung betroffenen juristischen Person oder der personenbezogenen Daten einer natürlichen Person unverhältnismäßig oder würde die Bekanntmachung laufende Ermittlungen oder die Stabilität der Finanzmärkte gefährden, so

1.

schiebt die Bundesanstalt die Bekanntmachung der Entscheidung auf, bis die Gründe für das Aufschieben weggefallen sind,

2.

macht die Bundesanstalt die Entscheidung ohne Nennung der Identität oder der personenbezogenen Daten bekannt, wenn hierdurch ein wirksamer Schutz der Identität oder der betreffenden personenbezogenen Daten gewährleistet ist oder

3.

macht die Bundesanstalt die Entscheidung nicht bekannt, wenn eine Bekanntmachung gemäß den Nummern 1 und 2 nicht ausreichend wäre, um sicherzustellen, dass

a)

die Stabilität der Finanzmärkte nicht gefährdet wird oder

b)

die Verhältnismäßigkeit der Bekanntmachung gewahrt bleibt.

(4) Bei nicht bestands- oder nicht rechtskräftigen Entscheidungen fügt die Bundesanstalt einen entsprechenden Hinweis hinzu. Wird gegen die bekanntzumachende Entscheidung ein Rechtsbehelf eingelegt, so ergänzt die Bundesanstalt die Bekanntmachung unverzüglich um einen Hinweis auf den Rechtsbehelf sowie um alle weiteren Informationen über das Ergebnis des Rechtsbehelfsverfahrens.

(5) Eine Bekanntmachung nach Absatz 1 ist fünf Jahre nach ihrer Bekanntmachung zu löschen. Abweichend von Satz 1 sind personenbezogene Daten zu löschen, sobald ihre Bekanntmachung nicht mehr erforderlich ist.

§ 60d Bekanntmachung von Maßnahmen und Sanktionen gegen Wertpapierdienstleistungsunternehmen und Betreiber von Datenbereitstellungsdiensten

(1) Die Bundesanstalt macht Entscheidungen über Maßnahmen und Sanktionen gemäß § 56 Absatz 4h, die gegen Wertpapierdienstleistungsunternehmen im Sinne des § 2 Absatz 10 des Wertpapierhandelsgesetzes und Betreiber von Datenbereitstellungsdiensten erlassen wurden, unverzüglich nach Unterrichtung der natürlichen oder juristischen Person, gegen die die Maßnahme oder Sanktion verhängt wurde, auf ihrer Internetseite bekannt. Dies gilt nicht für Entscheidungen über Ermittlungsmaßnahmen.

(2) In der Bekanntmachung benennt die Bundesanstalt die Vorschrift, gegen die verstoßen wurde, und die für den Verstoß verantwortliche natürliche oder juristische Person oder Personenvereinigung.

(3) Ist die Bundesanstalt nach einer fallbezogenen Bewertung der Verhältnismäßigkeit der Bekanntmachung zu der Ansicht gelangt, dass die Bekanntmachung der Identität der juristischen Person oder der personenbezogenen Daten der natürlichen Person unverhältnismäßig wäre, oder würde die Bekanntmachung die Stabilität der Finanzmärkte oder laufende Ermittlungen gefährden, so kann die Bundesanstalt

1.

die Entscheidung erst dann bekanntmachen, wenn die Gründe für den Verzicht auf ihre Bekanntmachung nicht mehr bestehen, oder

2.

die Entscheidung ohne Nennung personenbezogener Daten bekanntmachen, wenn diese anonymisierte Bekanntmachung einen wirksamen Schutz der betreffenden personenbezogenen Daten gewährleistet, oder

3.

gänzlich von der Bekanntmachung der Entscheidung absehen, wenn die in den Nummern 1 und 2 genannten Möglichkeiten ihrer Ansicht nach nicht ausreichend gewährleisten, dass

a)

die Stabilität der Finanzmärkte nicht gefährdet wird,

b)

die Bekanntmachung von Entscheidungen über Maßnahmen, die als geringfügiger einzustufen sind, verhältnismäßig ist.

Entscheidet sich die Bundesanstalt für eine Bekanntmachung in anonymisierter Form, kann die Bekanntmachung um einen angemessenen Zeitraum aufgeschoben werden, wenn vorhersehbar ist, dass die Gründe für die anonymisierte Bekanntmachung innerhalb dieses Zeitraums wegfallen werden.
(4) Wird gegen die Entscheidung, mit der die Sanktion oder Maßnahme erlassen wird, ein Rechtsbehelf eingelegt, so macht die Bundesanstalt auch diesen Sachverhalt und alle weiteren Informationen über das Ergebnis des Rechtsbehelfsverfahrens umgehend auf ihrer Internetseite bekannt. Ferner wird jede Entscheidung, mit der eine frühere Entscheidung aufgehoben oder geändert wird, ebenfalls bekannt gemacht.
(5) Eine Bekanntmachung nach Absatz 1 ist fünf Jahre nach ihrer Bekanntmachung zu löschen. Abweichend von Satz 1 sind personenbezogene Daten zu löschen, sobald ihre Bekanntmachung nicht mehr erforderlich ist.

Achter Abschnitt
Übergangs- und Schlußvorschriften

§ 61 Erlaubnis für bestehende Kreditinstitute

Soweit ein Kreditinstitut bei Inkrafttreten dieses Gesetzes Bankgeschäfte in dem in § 1 Abs. 1 bezeichneten Umfang betreiben durfte, gilt die Erlaubnis nach § 32 als erteilt. Die in § 35 Abs. 1 genannte Frist beginnt mit dem Inkrafttreten dieses Gesetzes zu laufen.

§ 62 Überleitungsbestimmungen

(1) Die auf dem Gebiet des Kreditwesens bestehenden Rechtsvorschriften sowie die auf Grund der bisherigen Rechtsvorschriften erlassenen Anordnungen bleiben aufrechterhalten, soweit ihnen nicht Bestimmungen dieses Gesetzes entgegenstehen. Rechtsvorschriften, die für die geschäftliche Betätigung bestimmter Arten von Kreditinstituten weitergehende Anforderungen stellen als dieses Gesetz, bleiben unberührt.
(2) Aufgaben und Befugnisse, die in Rechtsvorschriften des Bundes der Bankaufsichtsbehörde zugewiesen sind, gehen auf die Bundesanstalt über.
(3) Die Zuständigkeiten der Länder für die Anerkennung als verlagertes Geldinstitut nach der Fünfunddreißigsten Durchführungsverordnung zum Umstellungsgesetz, für die Bestätigung der Umstellungsrechnung und der Altbankenrechnung sowie für die Aufgaben und Befugnisse nach den Wertpapierbereinigungsgesetzen und dem Bereinigungsgesetz für deutsche Auslandsbonds bleiben unberührt.

§ 63 (Aufhebung und Änderung von Rechtsvorschriften)

§ 63a Sondervorschriften für das in Artikel 3 des Einigungsvertrages genannte Gebiet

(1) Soweit ein Kreditinstitut mit Sitz in der Deutschen Demokratischen Republik einschließlich Berlin (Ost) am 1. Juli 1990 Bankgeschäfte in dem in § 1 Abs. 1 bezeichneten Umfang betreiben durfte, gilt die Erlaubnis nach § 32 als erteilt.
(2) Die Bundesanstalt kann Gruppen von Kreditinstituten oder einzelne Kreditinstitute mit Sitz in dem in Artikel 3 des Einigungsvertrages genannten Gebiet von Verpflichtungen auf Grund dieses Gesetzes freistellen, wenn dies aus besonderen Gründen, insbesondere wegen der noch fehlenden Angleichung des Rechts in dem in Artikel 3 des Einigungsvertrages genannten Gebiet an das Bundesrecht, angezeigt ist.
(3) (weggefallen)

§ 64 Nachfolgeunternehmen der Deutschen Bundespost

Ab 1. Januar 1995 gilt die Erlaubnis nach § 32 für das Nachfolgeunternehmen der Deutschen Bundespost POSTBANK als erteilt. Bei der Zusammenfassung gemäß § 19 Abs. 2 Satz 1 werden bis zum 31. Dezember 2002 Anteile an den Nachfolgeunternehmen der Deutschen Bundespost nicht berücksichtigt, die von der Bundesanstalt für Post und Telekommunikation Deutsche Bundespost gehalten werden.

§ 64a (weggefallen)

§ 64b (weggefallen)

§ 64c (weggefallen)

§ 64d (weggefallen)

§ 64e Übergangsvorschriften zum Sechsten Gesetz zur Änderung des Gesetzes über das Kreditwesen

(1) Für ein Kreditinstitut, das am 1. Januar 1998 über eine Erlaubnis als Einlagenkreditinstitut verfügt, gilt die Erlaubnis für das Betreiben des Finanzkommissionsgeschäftes, des Emissionsgeschäftes, des Geldkartengeschäftes, des Netzgeldgeschäftes sowie für das Erbringen von Finanzdienstleistungen für diesen Zeitpunkt als erteilt.

(2) Finanzdienstleistungsinstitute und Wertpapierhandelsbanken, die am 1. Januar 1998 zulässigerweise tätig waren, ohne über eine Erlaubnis der Bundesanstalt zu verfügen, haben bis zum 1. April 1998 ihre nach diesem Gesetz erlaubnispflichtigen Tätigkeiten und die Absicht, diese fortzuführen, der Bundesanstalt und der Deutschen Bundesbank anzuzeigen. Ist die Anzeige fristgerecht erstattet worden, gilt die Erlaubnis nach § 32 in diesem Umfang als erteilt. Die Bundesanstalt bestätigt die bezeichneten Erlaubnisgegenstände innerhalb von drei Monaten nach Eingang der Anzeige. Innerhalb von drei Monaten nach Zugang der Bestätigung der Bundesanstalt hat das Institut der Bundesanstalt und der Deutschen Bundesbank eine Ergänzungsanzeige einzureichen, die den inhaltlichen Anforderungen des § 32 entspricht. Wird die Ergänzungsanzeige nicht fristgerecht eingereicht, kann die Bundesanstalt die Erlaubnis nach Satz 2 aufheben; § 35 bleibt unberührt.

(3) Auf Institute, für die eine Erlaubnis nach Absatz 2 als erteilt gilt, sind § 35 Abs. 2 Nr. 3 in Verbindung mit § 33 Abs. 1 Satz 1 Nr. 1 Buchstabe a bis c sowie § 24 Abs. 1 Nr. 9 über das Anfangskapital erst ab 1. Januar 2003 anzuwenden. Solange das Anfangskapital der in Satz 1 genannten Institute geringer ist als der bei Anwendung des § 33 Abs. 1 Satz 1 Nr. 1 erforderliche Betrag, darf es den Durchschnittswert der jeweils sechs vorangehenden Monate nicht unterschreiten; der Durchschnittswert ist alle sechs Monate zu berechnen und der Bundesanstalt mitzuteilen. Bei einem Unterschreiten des in Satz 2 genannten Durchschnittswertes kann die Bundesanstalt die Erlaubnis aufheben. Auf die in Satz 1 genannten Institute sind § 10 Abs. 1 bis 8 und die §§ 10a, 11 und 13 bis 13b erst ab 1. Januar 1999 anzuwenden, es sei denn, sie errichten eine Zweigniederlassung oder erbringen grenzüberschreitende Dienstleistungen in anderen Staaten des Europäischen Wirtschaftsraums gemäß § 24a. Wertpapierhandelsunternehmen, für die eine Erlaubnis nach Absatz 2 als erteilt gilt und die § 10 Abs. 1 bis 8 und die §§ 10a, 11 und 13 bis 13b nicht anwenden, haben die Kunden darüber zu unterrichten, daß sie nicht gemäß § 24a in anderen Staaten des Europäischen Wirtschaftsraums eine Zweigniederlassung errichten oder grenzüberschreitende Dienstleistungen erbringen können. Institute, für die eine Erlaubnis nach Absatz 2 als erteilt gilt, haben der Bundesanstalt und der Deutschen Bundesbank anzuzeigen, ob sie § 10 Abs. 1 bis 8 und die §§ 10a, 11 und 13 bis 13b anwenden.

(4) (weggefallen)

(5) (weggefallen)

§ 64f Übergangsvorschriften zum Vierten Finanzmarktförderungsgesetz

(1) Für ein Kreditinstitut, das am 1. Juli 2002 über eine Erlaubnis als Einlagenkreditinstitut verfügt, gilt die Erlaubnis für das Betreiben des Kreditkartengeschäfts für diesen Zeitpunkt als erteilt.

(2) Finanzdienstleistungsinstitute und Wertpapierhandelsbanken, die am 1. Juli 2002 zulässigerweise tätig waren, ohne über eine Erlaubnis der Bundesanstalt gemäß § 1 Abs. 1a Satz 2 Nr. 8 zu verfügen, haben bis zum 1. November 2002 ihre erlaubnispflichtige Tätigkeit und die Absicht, diese fortzuführen, der Bundesanstalt und der Deutschen Bundesbank anzuzeigen. § 64e Abs. 2 Satz 2 bis 5 gilt entsprechend.
(3) bis (6) (weggefallen)

§ 64g Übergangsvorschriften zum Finanzkonglomeraterichtlinie-Umsetzungsgesetz

(1) (weggefallen)
(2) Bis zum Erlass der Rechtsverordnung nach § 13c Absatz 1 Satz 2 sind sämtliche während eines Kalenderjahres durchgeführten bedeutenden gruppeninternen Transaktionen mit gemischten Holdinggesellschaften oder deren Tochterunternehmen der Bundesanstalt und der Deutschen Bundesbank vor dem 16. Januar des darauffolgenden Jahres anzuzeigen. Gruppeninterne Transaktionen sind insbesondere

1.
    Darlehen,
2.
    Bürgschaften, Garantien und andere außerbilanzielle Geschäfte,
3.
    Geschäfte, die Eigenmittelbestandteile im Sinne der §§ 10, 10a, 53c und 104g des Versicherungsaufsichtsgesetzes betreffen,
4.
    Kapitalanlagen,
5.
    Rückversicherungsgeschäfte,
6.
    Kostenteilungsvereinbarungen.
Eine gruppeninterne Transaktion ist bedeutend, wenn die einzelne Transaktion mindestens 5 Prozent der Eigenkapitalanforderung auf Gruppenebene erreicht oder übersteigt. Mehrere Transaktionen desselben oder verschiedener gruppenangehöriger Unternehmen mit einem anderen gruppenangehörigen Unternehmen während eines Geschäftsjahres sind jeweils adressatenbezogen zusammenzufassen, auch wenn die einzelne Transaktion 5 Prozent der Eigenkapitalanforderung auf Gruppenebene nicht erreicht.
(3) Bis zu einer Ergänzung der Rechtsverordnung nach § 24 Abs. 4

1.
    sind im Rahmen der Anzeigen nach § 24 Abs. 3a Satz 1 Nr. 1
    a)
        zur Beurteilung der Zuverlässigkeit der Personen, die die Geschäfte einer Finanzholding-Gesellschaft oder einer gemischten Finanzholding-Gesellschaft tatsächlich führen sollen, die nach § 8 Satz 2 Nr. 2 der Anzeigenverordnung vom 29. Dezember 1997 (BGBl. I S. 3372), die zuletzt durch Artikel 8 des Gesetzes vom 15. August 2003 (BGBl. I S. 1657) geändert worden ist, vorgesehenen Erklärungen abzugeben;
    b)
        zur Beurteilung der fachlichen Eignung der Personen, die die Geschäfte einer Finanzholding-Gesellschaft oder gemischten Finanzholding-Gesellschaft tatsächlich führen sollen, die nach § 8 Satz 2 Nr. 1 der Anzeigenverordnung vom 29. Dezember 1997 (BGBl. I S. 3372), die zuletzt durch Artikel 8 des Gesetzes vom 15. August 2003 (BGBl. I S. 1657) geändert worden ist, genannten Unterlagen beizufügen;
2.
    gilt § 27 der Anzeigenverordnung vom 29. Dezember 1997 (BGBl. I S. 3372), die zuletzt durch Artikel 8 des Gesetzes vom 15. August 2003 (BGBl. I S. 1657) geändert worden ist, in Bezug auf Anzeigen einer gemischten Finanzholding-Gesellschaft nach § 12a Abs. 1 Satz 3 entsprechend.

207

(4) (weggefallen)

§ 64h Übergangsvorschriften zum Gesetz zur Umsetzung der neu gefassten Bankenrichtlinie und der neu gefassten Kapitaladäquanzrichtlinie

(1) (weggefallen)
(2) (weggefallen)
(3) (weggefallen)
(4) (weggefallen)
(5) Institute dürfen personenbezogene Daten, die sie vor dem 1. Januar 2007 erhoben haben, nach Maßgabe des § 10 Absatz 2 verwenden.
(6) (weggefallen)
(7) § 2 Abs. 8a ist bis längstens zum 31. Dezember 2014 anzuwenden.

§ 64i Übergangsvorschriften zum Finanzmarktrichtlinie-Umsetzungsgesetz

(1) Für ein Unternehmen, das am 1. November 2007 eine Erlaubnis für ein oder mehrere Bankgeschäfte oder Finanzdienstleistungen im Sinne des § 1 Abs. 1a Satz 2 Nr. 1 bis 4 hat, gilt die Erlaubnis für die Anlageberatung als zu diesem Zeitpunkt erteilt. Für ein Finanzdienstleistungsinstitut, das nicht unter Satz 1 fällt, gilt die Erlaubnis für die Anlageberatung ab diesem Zeitpunkt bis zur Entscheidung der Bundesanstalt als vorläufig erteilt, wenn es bis zum 31. Januar 2008 einen vollständigen Erlaubnisantrag nach § 32 Abs. 1 Satz 1 und 2, auch in Verbindung mit einer Rechtsverordnung nach § 24 Abs. 4, stellt.
(2) Für ein Unternehmen, das am 1. November 2007 eine Erlaubnis für ein oder mehrere Bankgeschäfte oder Finanzdienstleistungen im Sinne des § 1 Abs. 1a Satz 2 Nr. 1 bis 4 hat und bisher auf eigene Rechnung mit Finanzinstrumenten gehandelt hat, gilt die Erlaubnis für das Eigengeschäft als zu diesem Zeitpunkt erteilt.
(3) Für ein Unternehmen, das auf Grund der Ausdehnung der Definition der Finanzinstrumente in § 1 Abs. 11 am 1. November 2007 zum Finanzdienstleistungsinstitut oder zur Wertpapierhandelsbank wird, gilt Absatz 1 Satz 2 entsprechend.
(4) Für ein Unternehmen, das am 1. November 2007 eine Erlaubnis für die Anlagevermittlung hat, gilt die Erlaubnis für den Betrieb eines multilateralen Handelssystems als zu diesem Zeitpunkt erteilt, wenn es bis zum 31. Januar 2008 einen vollständigen Erlaubnisantrag nach § 32 Abs. 1 Satz 1 und 2, auch in Verbindung mit einer Rechtsverordnung nach § 24 Abs. 4, stellt und die Bundesanstalt dem nicht binnen drei Monaten nach Eingang des vollständigen Erlaubnisantrags widerspricht. Die Bundesanstalt kann widersprechen, wenn sie im Falle eines ordentlichen Erlaubnisantrags nach § 32 das Recht hätte, die Erteilung der Erlaubnis nach § 33 zu versagen.
(5) Für ein Unternehmen, das am 1. November 2007 eine Erlaubnis für die Abschlussvermittlung hat, gilt für die Erlaubnis zur Erbringung des Platzierungsgeschäfts Absatz 1 Satz 2 entsprechend.

§ 64j Übergangsvorschriften zum Jahressteuergesetz 2009

(1) Für ein Unternehmen, das am 25. Dezember 2008 eine Erlaubnis für ein oder mehrere Bankgeschäfte im Sinne des § 1 Abs. 1 oder Finanzdienstleistungsgeschäfte im Sinne des § 1 Abs. 1a Satz 2 Nr. 1 bis 4 hat, gilt die Erlaubnis für das Factoring und das Finanzierungsleasing als zu diesem Zeitpunkt erteilt.
(2) Für Finanzdienstleistungsinstitute, die nicht unter Absatz 1 fallen, gilt die Erlaubnis für das Factoring und das Finanzierungsleasing ab dem 25. Dezember 2008 als erteilt, wenn sie bis zum 31. Januar 2009 anzeigen, dass sie diese Tätigkeiten ausüben. Für Unternehmen im Sinne des Satzes 1, die zum Zeitpunkt des Inkrafttretens des Gesetzes mindestens zwei der drei in § 267 Abs. 1 des Handelsgesetzbuchs genannten Größenkriterien nicht überschreiten, gilt eine längere Frist bis zum 31. Dezember 2009. Die Anzeige muss die Angaben nach § 32 Abs. 1 Satz 2 Nr. 2 und 6 Buchstabe a und b, den Jahresabschluss für das letzte abgelaufene Geschäftsjahr, oder – soweit dieser nach den hierfür geltenden Fristen noch nicht aufzustellen war – für das diesem vorausgegangene Geschäftsjahr, oder – soweit noch kein Jahresabschluss aufzustellen war – die Eröffnungsbilanz und eine unterjährige Gewinn- und Verlustrechnung, sowie einen aktuellen

Handelsregisterauszug und die Gewerbeanzeige nach § 14 Abs. 1 Satz 1 der Gewerbeordnung enthalten.

§ 64k Übergangsvorschrift zum Gesetz zur Umsetzung der Beteiligungsrichtlinie

Auf Verfahren nach § 2c, bei denen bis zum 17. März 2009 eine Anzeige eingegangen ist, sind die Vorschriften dieses Gesetzes in der bis zum 17. März 2009 geltenden Fassung anzuwenden.

§ 64l Übergangsvorschrift zur Erlaubnis für die Anlageverwaltung

Für ein Institut, das am 25. März 2009 die Erlaubnis für das Finanzkommissionsgeschäft, den Eigenhandel oder die Finanzportfolioverwaltung hat, gilt die Erlaubnis für die Anlageverwaltung als zu diesem Zeitpunkt erteilt. Eine Erlaubnispflicht für die Anlageverwaltung besteht nicht für solche Produkte, für die bis zum 24. September 2008 ein Verkaufsprospekt veröffentlicht wurde.

§ 64m (weggefallen)

§ 64n Übergangsvorschrift zum Gesetz zur Novellierung des Finanzvermittler- und Vermögensanlagenrechts

Für ein Unternehmen, das auf Grund der Erweiterung der Definition der Finanzinstrumente in § 1 Absatz 11 Satz 1 am 1. Juni 2012 zum Finanzdienstleistungsinstitut wird, gilt die Erlaubnis ab diesem Zeitpunkt bis zur Entscheidung der Bundesanstalt als vorläufig erteilt, wenn es bis zum 31. Dezember 2012 einen vollständigen Erlaubnisantrag nach § 32 Absatz 1 Satz 1 und 2, auch in Verbindung mit einer Rechtsverordnung nach § 24 Absatz 4, stellt.

§ 64o Übergangsvorschriften zum EMIR-Ausführungsgesetz

(1) Für Kreditinstitute, die am 16. Februar 2013 über eine Erlaubnis nach § 32 zur Ausübung der Tätigkeit einer zentralen Gegenpartei nach § 1 Absatz 1 Satz 2 Nummer 12 verfügen, findet bis zu der Erteilung einer Erlaubnis nach Artikel 14 in Verbindung mit Artikel 17 der Verordnung (EU) Nr. 648/2012 § 2 Absatz 9a und 9b keine Anwendung. § 37 Absatz 1 Satz 1 sowie § 54 Absatz 1a finden auf in Satz 1 genannte Kreditinstitute hinsichtlich der Tätigkeit als zentrale Gegenpartei im Sinne des § 1 Absatz 1 Satz 2 Nummer 12 bis zur Erteilung oder der rechtskräftigen Versagung der Erlaubnis nach Artikel 14 in Verbindung mit Artikel 17 der Verordnung (EU) Nr. 648/2012 keine Anwendung. Soweit eine Erlaubnis nach § 32 das Betreiben von Bankgeschäften nach § 1 Absatz 1 Satz 2 Nummer 1 bis 10 oder das Erbringen von Finanzdienstleistungen nach § 1 Absatz 1a umfasst, bleibt sie insoweit von der Erteilung oder der rechtskräftigen Versagung der Erlaubnis nach Artikel 14 in Verbindung mit Artikel 17 der Verordnung (EU) Nr. 648/2012 unberührt.
(2) § 29 Absatz 1 Satz 2 in der ab dem 16. Februar 2013 geltenden Fassung ist erstmals auf die Abschlussprüfung des Jahresabschlusses für ein Geschäftsjahr anzuwenden, das nach dem 31. Dezember 2012 beginnt.
(3) § 29 Absatz 1a in der ab dem 16. Februar 2013 geltenden Fassung ist erstmals auf die Abschlussprüfung des Jahresabschlusses für ein Geschäftsjahr anzuwenden, das nach dem Zeitpunkt beginnt, in dem das Kreditinstitut eine Erlaubnis nach Artikel 14 in Verbindung mit Artikel 17 der Verordnung (EU) Nr. 648/2012 erhalten hat.

§ 64p Übergangsvorschrift zum Hochfrequenzhandelsgesetz

Für ein Unternehmen, das auf Grund der Ausdehnung des Begriffs des Eigenhandels in § 1 Absatz 1a Satz 2 Nummer 4 am 15. Mai 2013 zum Finanzdienstleistungsinstitut wird, gilt die Erlaubnis für den Eigenhandel und das Eigengeschäft im Sinne des § 32 Absatz 1a als zu diesem Zeitpunkt vorläufig erteilt, wenn es bis zum 14. November 2013 einen vollständigen Erlaubnisantrag nach § 32 Absatz 1 Satz 1 und 2, auch in Verbindung mit einer Rechtsverordnung nach § 24 Absatz 4, stellt. Für ein Unternehmen, das nicht im Inland ansässig und kein Unternehmen im Sinne des § 53b Absatz 1 Satz 1 und 2 ist, gilt Satz 1 mit der Maßgabe, dass der vollständige Erlaubnisantrag bis zum 14. Februar 2014 zu stellen ist.

§ 64q Übergangsvorschrift zum AIFM-Umsetzungsgesetz

(1) Auf Finanzdienstleistungsinstitute, die durch die Änderung des § 1 und das Inkrafttreten des Kapitalanlagegesetzbuchs als Kapitalverwaltungsgesellschaften im Sinne des § 17 des Kapitalanlagegesetzbuchs oder als Anteile an Investmentvermögen im Sinne des § 1 Absatz 1 des Kapitalanlagegesetzbuchs gelten und die die Voraussetzungen von § 353 Absatz 1 bis 3 erfüllen, ist § 1 Absatz 1a in der bis zum 21. Juli 2013 geltenden Fassung weiterhin anzuwenden.

(2) Auf Finanzdienstleistungsinstitute, die durch die Änderung des § 1 und das Inkrafttreten des Kapitalanlagegesetzbuchs als Kapitalverwaltungsgesellschaften im Sinne des § 17 des Kapitalanlagegesetzbuchs oder als Anteile an Investmentvermögen im Sinne des § 1 Absatz 1 des Kapitalanlagegesetzbuchs gelten, ist dieses Gesetz in der bis zum 21. Juli 2013 geltenden Fassung bis zur Stellung des Erlaubnisantrages gemäß § 22 des Kapitalanlagegesetzbuchs oder, wenn die Voraussetzungen des § 2 Absatz 4, 4a, 4b oder Absatz 5 des Kapitalanlagegesetzbuchs erfüllt sind, bis zur Registrierung gemäß § 44 des Kapitalanlagegesetzbuchs weiterhin anzuwenden.

§ 64r Übergangsvorschriften zum CRD IV-Umsetzungsgesetz

(1) § 8 Absatz 3 Satz 7 in der ab dem 1. Januar 2014 geltenden Fassung ist ab dem 1. Januar 2015 oder, sofern ein Rechtsakt nach Artikel 151 Absatz 2 der Richtlinie 2013/36/EU erlassen wird, ab dem Ablauf des dort bestimmten Zeitraums anzuwenden. Bis zum 31. Dezember 2014 oder dem Ablauf des im vorgenannten Rechtsakt bestimmten Zeitraums ist § 8 Absatz 3 Satz 7 in der bis zum 31. Dezember 2013 geltenden Fassung weiter anzuwenden.

(2) § 8f ist ab dem 1. Januar 2015 oder, sofern ein Rechtsakt nach Artikel 151 Absatz 2 der Richtlinie 2013/36/EU erlassen wird, ab dem Ablauf des dort bestimmten Zeitraums, spätestens aber ab dem 1. Januar 2017 anzuwenden.

(3) § 10 Absatz 3 Satz 2 Nummer 5 in der ab 1. Januar 2014 geltenden Fassung ist nur bis zum 1. Januar 2016 anzuwenden.

(4) Der Abzug des Unterschiedsbetrages nach § 10a Absatz 4 Satz 4 in der ab dem 1. Januar 2014 geltenden Fassung ist im Zeitraum vom 1. Januar 2014 bis zum 31. Dezember 2017 wie folgt vorzunehmen:

1.
   vom 1. Januar 2014 bis 31. Dezember 2014 zu 80 Prozent vom Kernkapital der Gruppe gemäß Artikel 25 der Verordnung (EU) Nr. 575/2013 und zu 20 Prozent vom harten Kernkapital der Gruppe gemäß Artikel 50 der Verordnung (EU) Nr. 575/2013;

2.
   vom 1. Januar 2015 bis zum 31. Dezember 2015 zu 60 Prozent vom Kernkapital der Gruppe gemäß Artikel 25 der Verordnung (EU) Nr. 575/2013 und zu 40 Prozent vom harten Kernkapital der Gruppe gemäß Artikel 50 der Verordnung (EU) Nr. 575/2013;

3.
   vom 1. Januar 2016 bis zum 31. Dezember 2016 zu 40 Prozent vom Kernkapital der Gruppe gemäß Artikel 25 der Verordnung (EU) Nr. 575/2013 und zu 60 Prozent vom harten Kernkapital der Gruppe gemäß Artikel 50 der Verordnung (EU) Nr. 575/2013;

4.
   vom 1. Januar 2017 bis zum 31. Dezember 2017 zu 20 Prozent vom Kernkapital der Gruppe gemäß Artikel 25 der Verordnung (EU) Nr. 575/2013 und zu 80 Prozent vom harten Kernkapital der Gruppe gemäß Artikel 50 der Verordnung (EU) Nr. 575/2013.

(5) Die §§ 10c und 10d in der ab dem 1. Januar 2014 geltenden Fassung sind erstmals ab dem 1. Januar 2019 vollständig anzuwenden. In der Zeit vom 1. Januar 2016 bis zum 31. Dezember 2018 sind die in Satz 1 genannten Vorschriften mit den folgenden Maßgaben anzuwenden:

1.
   Im Zeitraum vom 1. Januar 2016 bis zum 31. Dezember 2016
   a)

      ist der Kapitalerhaltungspuffer in hartem Kernkapital zu halten und beträgt 0,625 Prozent der gesamten risikogewichteten Forderungsbeträge des Instituts, berechnet gemäß Artikel 92 Absatz 3 der Verordnung (EU) Nr. 575/2013;

b)

      beträgt der institutsspezifische antizyklische Kapitalpuffer höchstens 0,625 Prozent der gesamten risikogewichteten Forderungsbeträge des Instituts, berechnet gemäß Artikel 92 Absatz 3 der Verordnung (EU) Nr. 575/2013, so dass die geforderte kombinierte Kapitalpuffer-Anforderung abzüglich des auf den Kapitalpuffer für systemische Risiken entfallenden Betrags zwischen 0,625 Prozent und 1,25 Prozent der gesamten risikogewichteten Forderungsbeträge der Institute liegt.

2.

      Im Zeitraum vom 1. Januar 2017 bis zum 31. Dezember 2017

a)

      ist der Kapitalerhaltungspuffer in hartem Kernkapital zu halten und beträgt 1,25 Prozent der gesamten risikogewichteten Forderungsbeträge des Instituts, berechnet gemäß Artikel 92 Absatz 3 der Verordnung (EU) Nr. 575/2013;

b)

      beträgt der institutsspezifische antizyklische Kapitalpuffer höchstens 1,25 Prozent der gesamten risikogewichteten Forderungsbeträge des Instituts, berechnet gemäß Artikel 92 Absatz 3 der Verordnung (EU) Nr. 575/2013, so dass die geforderte kombinierte Kapitalpuffer-Anforderung abzüglich des auf den Kapitalpuffer für systemische Risiken entfallenden Betrags zwischen 1,25 Prozent und 2,50 Prozent der gesamten risikogewichteten Forderungsbeträge der Institute liegt.

3.

      Im Zeitraum vom 1. Januar 2018 bis zum 31. Dezember 2018

a)

      ist der Kapitalerhaltungspuffer in hartem Kernkapital zu halten und beträgt 1,875 Prozent der gesamten risikogewichteten Forderungsbeträge des Instituts, berechnet gemäß Artikel 92 Absatz 3 der Verordnung (EU) Nr. 575/2013;

b)

      beträgt der institutsspezifische antizyklische Kapitalpuffer höchstens 1,875 Prozent der gesamten risikogewichteten Forderungsbeträge des Instituts, berechnet gemäß Artikel 92 Absatz 3 der Verordnung (EU) Nr. 575/2013, so dass die geforderte kombinierte Kapitalpuffer-Anforderung abzüglich des auf den Kapitalpuffer für systemische Risiken entfallenden Betrags zwischen 1,875 Prozent und 3,750 Prozent der gesamten risikogewichteten Forderungsbeträge der Institute liegt.

(6) § 10e Absatz 5 in der ab dem 1. Januar 2014 geltenden Fassung ist erstmals ab dem 1. Januar 2015 anzuwenden.

(7) § 10f Absatz 1 in der ab dem 1. Januar 2014 geltenden Fassung ist erstmals ab dem 1. Januar 2019 vollständig anzuwenden. In der Zeit vom 1. Januar 2016 bis zum 31. Dezember 2018 ist die in Satz 1 genannte Vorschrift mit den folgenden Maßgaben anzuwenden:

1.

      Im Zeitraum vom 1. Januar 2016 bis zum 31. Dezember 2016 beträgt der Kapitalpuffer für global systemrelevante Institute 25 Prozent des nach § 10f Absatz 1 Satz 2 vorzuhaltenden Kapitalpuffers für global systemrelevante Institute;

2.

      im Zeitraum vom 1. Januar 2017 bis zum 31. Dezember 2017 beträgt der Kapitalpuffer für global systemrelevante Institute 50 Prozent des nach § 10f Absatz 1 Satz 2 vorzuhaltenden Kapitalpuffers für global systemrelevante Institute;

3.

      im Zeitraum vom 1. Januar 2018 bis zum 31. Dezember 2018 beträgt der Kapitalpuffer für global systemrelevante Institute 75 Prozent des nach § 10f Absatz 1 Satz 2 vorzuhaltenden Kapitalpuffers für global systemrelevante Institute.

(8) § 10g in der ab dem 1. Januar 2014 geltenden Fassung ist erstmals ab dem 1. Januar 2016 anzuwenden.

(9) § 10i in der ab dem 1. Januar 2014 geltenden Fassung gilt im Zeitraum vom 1. Januar 2016 bis zum 31. Dezember 2018 nach Maßgabe der in Absatz 5 und 7 geregelten Pufferbeträge.

(10) § 14 Absatz 1 in der ab dem 1. Januar 2014 geltenden Fassung ist für die nachfolgend genannten Übergangszeiträume jeweils mit folgenden Maßgaben anzuwenden:

1.

vom 1. Januar 2014 bis zum 31. Dezember 2014 beträgt die Millionenkreditmeldegrenze 1,5 Millionen Euro; dies gilt auch für die Meldung von Gemeinschaftskrediten;

2.

vom 1. Januar 2014 bis zum 31. Dezember 2018 gelten

a)

Kreditzusagen,

b)

Anteile an anderen Unternehmen unabhängig von ihrem Bilanzausweis,

c)

Bilanzaktiva, die nach Artikel 36 in Verbindung mit Artikel 19 Absatz 2 Buchstabe a der Verordnung (EU) Nr. 575/2013 vom harten Kernkapital abgezogen werden und

d)

Wertpapiere des Handelsbestandes

nicht als Kredite im Sinne des § 14 Absatz 1; § 20 bleibt unberührt. Die am Millionenkreditmeldeverfahren beteiligten Unternehmen dürfen ab dem 1. Juli 2014 diejenigen Stammdateninformationen an die Deutsche Bundesbank übermitteln, die notwendig sind, um die mit Ablauf der Übergangsfrist nach Satz 1 Nummer 1 potenziell neu zu meldenden Millionenkreditnehmer zu erfassen.

(11) § 25 Absatz 1 Satz 2 und Absatz 2 Satz 2 in der ab dem 1. Januar 2014 geltenden Fassung sind erstmalig ab dem 1. Januar 2015 anzuwenden.

(12) Die Anzeigen nach § 24 Absatz 1 Nummer 16 und Absatz 1a Nummer 5 zur modifizierten bilanziellen Eigenkapitalquote sind letztmalig zu erstatten für die Eigenkapitalverhältnisse am 31. Dezember 2014 beziehungsweise für die bis zu diesem Tag eingetretenen Veränderungen.

(13) § 25c Absatz 2 in der ab 1. Januar 2014 geltenden Fassung kommt, vorbehaltlich des Satzes 2, für Mandate als Geschäftsleiter und für Mandate in Verwaltungs- und Aufsichtsorganen, die der Geschäftsleiter am 31. Dezember 2013 bereits innehatte, nicht zur Anwendung. Für Institute, bei denen eine Systemgefährdung im Sinne des § 67 Absatz 2 Satz 1 des Gesetzes zur Sanierung und Abwicklung von Instituten und Finanzgruppen vorliegt, gilt § 25c Absatz 2 ab dem 1. Juli 2014.

(14) § 25d Absatz 3 in der ab dem 1. Januar 2014 geltenden Fassung kommt, vorbehaltlich des Satzes 2, für Mandate als Geschäftsleiter und für Mandate in Verwaltungs- und Aufsichtsorganen, die das Mitglied des Verwaltungs- und Aufsichtsorgans am 31. Dezember 2013 bereits innehatte, nicht zur Anwendung. Für Institute, bei denen eine Systemgefährdung im Sinne des § 67 Absatz 2 Satz 1 des Gesetzes zur Sanierung und Abwicklung von Instituten und Finanzgruppen vorliegt, gilt § 25d Absatz 3 ab dem 1. Juli 2014.

(15) CRR-Institute haben die in § 26a Absatz 1 Satz 2 Nummer 1 bis 3 bezeichneten Angaben erstmals zum 1. Juli 2014 und danach einmal jährlich offenzulegen. Im Übrigen ist § 26a Absatz 1 Satz 2 und 3 ab dem 1. Januar 2015 anzuwenden. Erlässt die Europäische Kommission einen Rechtsakt, der die Offenlegungspflicht nach Artikel 89 der Richtlinie 2013/36/EU aufschiebt, ist § 26a Absatz 1 Satz 2 und 3 erstmals ab dem 1. Januar 2016 anzuwenden; Satz 1 bleibt unberührt.

(16) § 53b Absatz 4, 5 und 8 in der ab dem 1. Januar 2014 geltenden Fassung ist ab dem 1. Januar 2015 oder bei Erlass eines Rechtsakts nach Artikel 151 Absatz 2 der Richtlinie 2013/36/EU ab dem Ablauf des dort bestimmten Zeitraums anzuwenden. Bis zum 31. Dezember 2014 oder dem Ablauf des in dem vorgenannten Rechtsakt bestimmten Zeitraums ist § 53b Absatz 4, 5 und 8 in der bis zum 31. Dezember 2013 geltenden Fassung weiter anzuwenden.

durch Artikel 2 der Verordnung vom 20. Dezember 1984 (BGBl. I S. 1727) geändert und durch Artikel 7 Absatz 1 des Gesetzes vom 28. August 2013 (BGBl. I S. 3395) aufgehoben worden ist, weiter anzuwenden.

(18) Für Kreditinstitute mit einer ausschließlichen Erlaubnis zum Betreiben der Tätigkeit einer zentralen Gegenpartei nach § 1 Absatz 1 Satz 2 Nummer 12 gelten bis zur Entscheidung über die Erteilung einer Zulassung nach Artikel 17 der Verordnung (EU) Nr. 648/2012 des Europäischen Parlaments und des Rates vom 4. Juli 2012 über OTC-Derivate, zentrale Gegenparteien und Transaktionsregister (ABl. L 201 vom 27.7.2012, S. 1) die Vorschriften dieses Gesetzes und der auf Grund dieses Gesetzes erlassenen Rechtsverordnungen jeweils in der bis zum 31. Dezember 2013 geltenden Fassung fort.

(19) Wohnungsunternehmen mit Spareinrichtung, die am 31. Dezember 2013 über eine Erlaubnis zum Betreiben von Bankgeschäften nach § 32 Absatz 1 verfügt haben, dürfen abweichend von § 51c Absatz 5 über ein geringeres Anfangskapital als den Gegenwert von 5 Millionen Euro verfügen. In diesem Fall darf das Anfangskapital nicht unter den am 31. Dezember 2013 vorhandenen Betrag sinken.

§ 64s Übergangsvorschrift zum Gesetz zur Abschirmung von Risiken und zur Planung der Sanierung und Abwicklung von Kreditinstituten

(1) Für ein Unternehmen, das nach § 1 Absatz 1a Satz 3 am 1. Juli 2015 als Finanzdienstleistungsinstitut gilt, gilt die Erlaubnis ab diesem Zeitpunkt bis zur Entscheidung der Bundesanstalt als vorläufig erteilt, wenn das Unternehmen innerhalb von zwölf Monaten nach Inkrafttreten dieser Bestimmung einen vollständigen Erlaubnisantrag nach § 32 Absatz 1 Satz 1 und 2, auch in Verbindung mit einer Rechtsverordnung nach § 24 Absatz 4, stellt.

(2) § 1 Absatz 1a Satz 3 und 4, § 3 Absatz 2 und 3 sowie § 25f sind erst ab dem 1. Juli 2015 anzuwenden. § 3 Absatz 4 ist erst ab dem 1. Juli 2016 anzuwenden.

§ 64t Übergangsvorschrift zur Verordnung (EU) Nr. 1060/2009

§ 29 Absatz 2 Satz 4 in der ab dem 19. Dezember 2014 geltenden Fassung ist erstmals auf die Abschlussprüfung des Jahresabschlusses für das Geschäftsjahr anzuwenden, das nach dem 31. Dezember 2014 beginnt.

§ 64u Übergangsvorschrift zum BRRD-Umsetzungsgesetz

Sofern bis zum 31. Dezember 2014 eine Übertragungsanordnung nach § 48a in der bis zum 31. Dezember 2014 geltenden Fassung erlassen wird, gelten für die Durchführung und Rechtsfolgen einer solchen Übertragungsanordnung auch nach dem 31. Dezember 2014 die §§ 48a bis 48s in der bis zum 31. Dezember 2014 geltenden Fassung.

§ 64v Übergangsvorschriften zum Ersten Finanzmarktnovellierungsgesetz

(1) Die Tätigkeit als Zentralverwahrer kann auf Grund einer Erlaubnis für das Depotgeschäft nach § 1 Absatz 1 Satz 2 Nummer 5 bis zur Bestandskraft der Entscheidung über den Antrag auf Zulassung als Zentralverwahrer nach Artikel 17 Absatz 1 der Verordnung (EU) Nr. 909/2014 fortgeführt werden. § 2 Absatz 9e und 9f sowie § 29 Absatz 1b sind bis dahin nicht anzuwenden.

(2) Ein Zentralverwahrer, der am Tag, den die Bundesregierung nach Artikel 17 Absatz 3 Satz 2 des Gesetzes vom 30. Juni 2016 (BGBl. I S. 1514) im Bundesgesetzblatt bekannt gibt, eine Erlaubnis nach § 1 Absatz 1 Satz 2 Nummer 1 oder Nummer 2 besitzt, kann die Erbringung von dadurch erlaubten Bankdienstleistungen bis zur Bestandskraft der Entscheidung über den Antrag auf Genehmigung nach Artikel 55 Absatz 1 der Verordnung (EU) Nr. 909/2014 fortführen. § 2 Absatz 9e und 9f sowie § 29 Absatz 1b sind bis dahin nicht anzuwenden.

§ 64w Übergangsregelung zum CSR-Richtlinie-Umsetzungsgesetz

Die §§ 3 und 10a in der Fassung des CSR-Richtlinie-Umsetzungsgesetzes vom 11. April 2017 (BGBl. I S. 802) sind erstmals auf Lageberichte und Konzernlageberichte anzuwenden, die sich auf ein nach dem 31. Dezember 2016 beginnendes Geschäftsjahr beziehen. Auf Lage- und

Konzernlageberichte, die sich auf vor dem 1. Januar 2017 beginnende Geschäftsjahre beziehen, bleiben die §§ 3 und 10a in der bis zum 18. April 2017 geltenden Fassung anwendbar.

§ 64x Übergangsvorschrift zum Zweiten Finanzmarktnovellierungsgesetz

(1) Für ein Kreditinstitut, das am 3. Januar 2018 über eine Erlaubnis als CRR-Kreditinstitut verfügt, und ein Finanzdienstleistungsinstitut, das über eine Erlaubnis für den Betrieb eines multilateralen Handelssystems im Sinne des § 1 Absatz 1a Satz 2 Nummer 1b verfügt, gilt die Erlaubnis für den Betrieb eines organisierten Handelssystems im Sinne des § 1 Absatz 1a Satz 2 Nummer 1d als erteilt.

(2) Für ein Unternehmen, das auf Grund des neuen Tatbestands in § 1 Absatz 1a Satz 2 Nummer 1d am 3. Januar 2018 zum Finanzdienstleistungsinstitut wird, gilt die Erlaubnis für den Betrieb eines organisierten Handelssystems als zu diesem Zeitpunkt vorläufig erteilt, wenn es bis zum 2. Juli 2018 einen vollständigen Erlaubnisantrag nach § 32 Absatz 1 Satz 1 und 2, auch in Verbindung mit einer Rechtsverordnung nach § 24 Absatz 4, stellt.

(3) Für ein Unternehmen, das auf Grund der Erweiterung des Begriffs des Finanzinstruments im Sinne des § 1 Absatz 11 um Emissionszertifikate am 3. Januar 2018 eine Erlaubnis nach § 32 Absatz 1 Satz 1 benötigt, gilt die Erlaubnis für das Betreiben der dann nach diesem Gesetz erlaubnispflichtigen Geschäfte als zu diesem Zeitpunkt vorläufig erteilt, wenn es bis zum 2. Juli 2018 einen vollständigen Erlaubnisantrag nach § 32 Absatz 1 Satz 1 und 2, auch in Verbindung mit einer Rechtsverordnung nach § 24 Absatz 4, stellt.

(4) Für ein Unternehmen, das wegen des Wegfalls des § 2 Absatz 1 Nummer 8 und Absatz 6 Satz 1 Nummer 9 und 13 in der bis zum 2. Januar 2018 gültigen Fassung dieses Gesetzes eine Erlaubnis nach § 32 Absatz 1 Satz 1 benötigt, gilt die Erlaubnis für das Betreiben der dann nach diesem Gesetz erlaubnispflichtigen Geschäfte als zu diesem Zeitpunkt vorläufig erteilt, wenn es bis zum 2. Juli 2018 einen vollständigen Erlaubnisantrag nach § 32 Absatz 1 Satz 1 und 2, auch in Verbindung mit einer Rechtsverordnung nach § 24 Absatz 4, stellt.

(5) Für ein Unternehmen, das auf Grund der Neufassung des § 2 Absatz 1 Nummer 9 und Absatz 6 Satz 1 Nummer 11 eine Erlaubnis nach § 32 Absatz 1 Satz 1 benötigt, gilt die Erlaubnis für das Betreiben der dann nach diesem Gesetz erlaubnispflichtigen Geschäfte als zu diesem Zeitpunkt vorläufig erteilt, wenn es bis zum 2. Juli 2018 einen vollständigen Erlaubnisantrag nach § 32 Absatz 1 Satz 1 und 2, auch in Verbindung mit einer Rechtsverordnung nach § 24 Absatz 4, stellt.

(6) Für ein Unternehmen, das auf Grund der Erweiterung der Erlaubnispflicht für das Betreiben des Eigengeschäfts gemäß § 32 Absatz 1a Satz 2 und 3 am 3. Januar 2018 eine Erlaubnis nach § 32 Absatz 1 Satz 1 benötigt, gilt die Erlaubnis für das Betreiben des Eigengeschäfts als zu diesem Zeitpunkt vorläufig erteilt, wenn es bis zum 2. Juli 2018 einen vollständigen Erlaubnisantrag nach § 32 Absatz 1 Satz 1 und 2, auch in Verbindung mit einer Rechtsverordnung nach § 24 Absatz 4, stellt.

(7) Für ein Unternehmen, das am 3. Januar 2018 als Datenbereitstellungsdienst tätig ist, ohne über eine Erlaubnis der Bundesanstalt zu verfügen, gilt die Erlaubnis als zu diesem Zeitpunkt vorläufig erteilt, wenn es bis zum 2. Juli 2018 einen vollständigen Erlaubnisantrag nach § 32 Absatz 1f stellt.

(8) Für ein Unternehmen mit Sitz in einem Drittstaat, das auf Grund der Erweiterung der Erlaubnispflicht für das Betreiben des Eigengeschäfts gemäß § 32 Absatz 1a Satz 2 und 3 am 3. Januar 2018 eine Erlaubnis nach § 32 Absatz 1 Satz 1 benötigt, gilt die Befreiung nach § 2 Absatz 5 ab dem 3. Januar 2018 bis zur Entscheidung der Europäischen Wertpapier- und Marktaufsichtsbehörde über eine Eintragung des Unternehmens in das Register nach Artikel 48 der Verordnung (EU) Nr. 600/2014 als vorläufig erteilt, wenn es bis zum 2. Juli 2018 einen vollständigen Freistellungsantrag nach § 2 Absatz 5 Satz 1 stellt. Für ein Unternehmen mit Sitz in einem Drittstaat, das, wenn es ein Unternehmen mit Sitz im Inland wäre, die Regelungen der Absätze 1 bis 6 in Anspruch nehmen könnte, gilt die Freistellung nach § 2 Absatz 5 ab dem 3. Januar 2018 für das Betreiben der dann nach diesem Gesetz erlaubnispflichtigen Geschäfte als zu diesem Zeitpunkt vorläufig erteilt, wenn es bis zum 2. Juli 2018 einen vollständigen Freistellungsantrag nach § 2 Absatz 5 Satz 1 stellt.

(Inkrafttreten)

Anhang I Informationsbogen für den Einleger

(Fundstelle: BGBl. I 2015, 810 - 811)

Einlagen bei (Name des Kreditinstituts einfügen) sind geschützt durch:	[Name des einschlägigen Einlagensicherungssystems einfügen] (1)
Sicherungsobergrenze:	100 000 Euro pro Einleger pro Kreditinstitut (2) [durch entsprechenden Betrag ersetzen, falls die Währung nicht auf Euro lautet] [Wenn zutreffend:] Die folgenden Marken sind Teil Ihres Kreditinstituts [alle Marken einfügen, die unter derselben Lizenz tätig sind]
Falls Sie mehrere Einlagen bei demselben Kreditinstitut haben:	Alle Ihre Einlagen bei demselben Kreditinstitut werden „aufaddiert" und die Gesamtsumme unterliegt der Obergrenze von 100 000 Euro [durch entsprechenden Betrag ersetzen, falls die Währung nicht auf Euro lautet] (2)
Falls Sie ein Gemeinschaftskonto mit einer oder mehreren anderen Personen haben:	Die Obergrenze von 100 000 Euro [durch entsprechenden Betrag ersetzen, falls die Währung nicht auf Euro lautet] gilt für jeden einzelnen Einleger (3)
Erstattungsfrist bei Ausfall eines Kreditinstituts:	20 Arbeitstage bis zum 31. Mai 2016 bzw. 7 Arbeitstage ab dem 1. Juni 2016
Währung der Erstattung:	Euro [gegebenenfalls durch andere Währung ersetzen]
Kontaktdaten:	[Kontaktdaten des einschlägigen Einlagensicherungssystems einfügen (Adresse, Telefon, E-Mail usw.)]
Weitere Informationen:	[Website des einschlägigen Einlagensicherungssystems einfügen]
Empfangsbestätigung durch den Einleger:	

Zusätzliche Informationen (für alle oder einige der nachstehenden Punkte)

(1)

[Nur wenn zutreffend:] Ihr Kreditinstitut ist Teil eines institutsbezogenen Sicherungssystems, das als Einlagensicherungssystem amtlich anerkannt ist. Das heißt, alle Institute, die Mitglied dieses Einlagensicherungssystems sind, unterstützen sich gegenseitig, um eine Insolvenz zu vermeiden. Im Falle einer Insolvenz werden Ihre Einlagen bis zu 100 000 Euro [durch entsprechenden Betrag ersetzen, falls die Währung nicht auf Euro lautet] erstattet.

[Nur wenn zutreffend:] Ihre Einlage wird von einem gesetzlichen Einlagensicherungssystem gedeckt. Im Falle einer Insolvenz Ihres Kreditinstituts werden Ihre Einlagen in jedem Fall bis zu 100 000 Euro [durch entsprechenden Betrag ersetzen, falls die Währung nicht auf Euro lautet] erstattet.

[Nur wenn zutreffend:] Ihre Einlage wird von einem gesetzlichen Einlagensicherungssystem und einem vertraglichen Einlagensicherungssystem gedeckt. Im Falle einer Insolvenz Ihres Kreditinstituts werden Ihre Einlagen in jedem Fall bis zu 100 000 Euro [durch entsprechenden Betrag ersetzen, falls die Währung nicht auf Euro lautet] erstattet.

[Nur wenn zutreffend:] Ihre Einlage wird von einem gesetzlichen Einlagensicherungssystem gedeckt. Außerdem ist Ihr Kreditinstitut Teil eines institutsbezogenen Sicherungssystems, in

(2)

dem sich alle Mitglieder gegenseitig unterstützen, um eine Insolvenz zu vermeiden. Im Falle einer Insolvenz werden Ihre Einlagen bis zu 100 000 Euro [durch entsprechenden Betrag ersetzen, falls die Währung nicht auf Euro lautet] vom Einlagensicherungssystem erstattet.

(2)

Sollte eine Einlage nicht verfügbar sein, weil ein Kreditinstitut seinen finanziellen Verpflichtungen nicht nachkommen kann, so werden die Einleger von dem Einlagensicherungssystem entschädigt. Die betreffende Deckungssumme beträgt maximal 100 000 Euro [durch entsprechenden Betrag ersetzen, falls die Währung nicht auf Euro lautet] pro Kreditinstitut. Das heißt, dass bei der Ermittlung dieser Summe alle bei demselben Kreditinstitut gehaltenen Einlagen addiert werden. Hält ein Einleger beispielsweise 90 000 Euro auf einem Sparkonto und 20 000 Euro auf einem Girokonto, so werden ihm lediglich 100 000 Euro erstattet.

[Nur wenn zutreffend:] Diese Methode wird auch angewandt, wenn ein Kreditinstitut unter unterschiedlichen Marken auftritt. Die [Name des kontoführenden Kreditinstituts einfügen] ist auch unter dem Namen [alle anderen Marken desselben Kreditinstituts einfügen] tätig. Das heißt, dass die Gesamtsumme aller Einlagen bei einem oder mehreren dieser Marken in Höhe von bis zu 100 000 Euro gedeckt ist.

(3)

Bei Gemeinschaftskonten gilt die Obergrenze von 100 000 Euro für jeden Einleger.

[Nur wenn zutreffend:] Einlagen auf einem Konto, über das zwei oder mehrere Personen als Mitglieder einer Personengesellschaft oder Sozietät, einer Vereinigung oder eines ähnlichen Zusammenschlusses ohne Rechtspersönlichkeit verfügen können, werden bei der Berechnung der Obergrenze von 100 000 Euro [durch entsprechenden Betrag ersetzen, falls die Währung nicht auf Euro lautet] allerdings zusammengefasst und als Einlage eines einzigen Einlegers behandelt.

In den Fällen des § 8 Absatz 2 bis 4 des Einlagensicherungsgesetzes sind Einlagen über 100 000 Euro hinaus [durch entsprechenden Betrag ersetzen, falls die Währung nicht auf Euro lautet] gesichert. Weitere Informationen sind erhältlich über [Website des einschlägigen Einlagensicherungssystems einfügen].

(4)

Erstattung [ist anzupassen]

Das zuständige Einlagensicherungssystem ist [Name, Adresse, Telefon, E-Mail und Website einfügen]. Es wird Ihnen Ihre Einlagen (bis zu 100 000 Euro [durch entsprechenden Betrag ersetzen, falls die Währung nicht auf Euro lautet] spätestens innerhalb 20 Arbeitstagen bis zum 31. Mai 2016 bzw. 7 Arbeitstagen ab dem 1. Juni 2016 erstatten.

Haben Sie die Erstattung innerhalb dieser Fristen nicht erhalten, sollten Sie mit dem Einlagensicherungssystem Kontakt aufnehmen, da der Gültigkeitszeitraum für Erstattungsforderungen nach einer bestimmten Frist abgelaufen sein kann. Weitere Informationen sind erhältlich über [Website des zuständigen Einlagensicherungssystems einfügen].

Weitere   wichtige   Informationen

Einlagen von Privatkunden und Unternehmen sind im Allgemeinen durch Einlagensicherungssysteme gedeckt. Für bestimmte Einlagen geltende Ausnahmen werden auf der Website des zuständigen Einlagensicherungssystems mitgeteilt. Ihr Kreditinstitut wird Sie auf Anfrage auch darüber informieren, ob bestimmte Produkte gedeckt sind oder nicht. Wenn Einlagen entschädigungsfähig sind, wird das Kreditinstitut dies auch auf dem Kontoauszug bestätigen.